Dileta Delmanto
Licenciada em Letras (Português e Inglês)
Mestre em Língua Portuguesa pela PUC-SP
Professora das redes estadual e particular de São Paulo

Laiz B. de Carvalho
Licenciada em Letras e Mestre em Literatura Brasileira pela Universidade Sagrado Coração (USC-Bauru-SP)
Professora das redes estadual e particular de São Paulo

Jornadas.port – Língua Portuguesa – 9º ano (Ensino Fundamental)
© Dileta Delmanto, Laiz B. de Carvalho, 2016
Direitos desta edição:
Saraiva Educação Ltda., São Paulo, 2016
Todos os direitos reservados

Dados Internacionais de Catalogação na Publicação (CIP)
(Câmara Brasileira do Livro, SP, Brasil)

Delmanto, Dileta
　　Jornadas.port : língua portuguesa, 9º ano : ensino fundamental / Dileta Delmanto, Laiz B. de Carvalho. -- 3. ed. -- São Paulo : Saraiva, 2016.

　　Suplementado pelo manual do professor.
　　Bibliografia.
　　ISBN 978-85-472-0057-2 (aluno)
　　ISBN 978-85-472-0058-9 (professor)

　　1. Língua portuguesa (Ensino fundamental) I. Carvalho, Laiz B. de. II. Título.

15-08274   CDD-372.6

Índice para catálogo sistemático:
1. Língua portuguesa: Ensino fundamental　　372.6

Gerente editorial	M. Esther Nejm
Editor responsável	Olivia Maria Neto
Editor	Daisy Pereira Daniel
Edição de texto	Ana Paula Enes
Coordenador de revisão	Camila Christi Gazzani
Revisores	Cesar G. Sacramento, Larissa Vazquez, Ricardo Koichi Miyake
Produtor editorial	Roseli Said
Coordenador de iconografia	Cristina Akisino
Pesquisa iconográfica	Mariana Valeiro, Ana Szcypula, Wabatan Mantovanello
Licenciamento de textos	Ricardo Corridoni
Gerente de artes	Ricardo Borges
Coordenador de artes	Narjara Lara
Design	Casa Paulistana de Comunicação
Capa	Sérgio Cândido com imagem de Thinkstock/Getty Images
Edição de arte	Rodrigo Bastos Marchini
Diagramação	Lima Estúdio Gráfico
Assistente	Camilla Cianelli
Ilustrações	Andre Flauzino, BIS, Cris Eich, Daniel Araujo, Quanta Estúdio, Rogério Borges
Tratamento de imagens	Emerson de Lima
Produtor gráfico	Thais Mendes Petruci Galvão
Impressão e acabamento	Intergraf Ind. Gráfica Eireli.

075.609.003.001

O material de publicidade e propaganda reproduzido nesta obra está sendo utilizado apenas para fins didáticos, não representando qualquer tipo de recomendação de produtos ou empresas por parte do(s) autor(es) e da editora.

SAC 0800-0117875
De 2ª a 6ª, das 8hs às 18hs
www.editorasaraiva.com.br/contato

Avenida das Nações Unidas, 7221 – 1º andar – Setor C – Pinheiros – CEP 05425-902

APRESENTAÇÃO

"Palavras são ferramentas que usamos para desmontar o mundo e remontá-lo dentro de nossa cabeça. Sem as ferramentas precisas, ficamos a espanar parafusos com pontas de facas, a destruir porcas com alicates." (Antonio Prata)

Caro aluno,

Gostamos muito dessa reflexão sobre a importância da língua como ferramenta para entender o mundo. Por isso, a escolhemos para iniciar este livro que trata de palavras e ideias, sentimentos e razões, fantasia e realidade e de escritores e de leitores que precisam conhecer e manejar essas ferramentas com precisão e sensibilidade para que possam interagir de forma eficiente com o mundo que os cerca.

Para tecer esta proposta, da qual você e seu professor serão os protagonistas, procuramos selecionar textos e atividades que possam fazer você se apaixonar cada vez mais pela leitura, percebendo-a como uma fonte inesgotável de prazer e de conhecimento que permite transformar a visão de mundo, reavaliar os sentimentos, suscitar emoções, conhecer novos mundos sem sair do lugar, viajar no tempo, compreender outras culturas e civilizações e ter contato com inúmeros livros.

Desejamos que as atividades deste livro propiciem a você muitas oportunidades de refletir sobre a realidade que o cerca, de expressar seu pensamento, de decidir como agir em relação aos desafios, de perceber a importância de atribuir sentido adequado aos textos que povoam nosso cotidiano e de conhecer as inúmeras possibilidades de expressão que a língua oferece.

Concluindo, esperamos que este livro possa levá-lo a novas descobertas e novas reflexões.

Grande abraço,

As autoras

CONHEÇA SEU LIVRO

Este livro está organizado em oito unidades. O desenvolvimento dos temas foi distribuído em diferentes seções, cada uma com finalidade específica.

Conheça essa estrutura.

Abertura da Unidade

Estas páginas são um aquecimento para o estudo da unidade. Aproveite as perguntas da seção **Trocando ideias** para conversar sobre a imagem e os assuntos que serão estudados a seguir, ao longo da unidade.

O boxe **Nesta unidade você vai** apresenta algumas das principais habilidades e conteúdos desenvolvidos na unidade.

Leitura 1 e 2

Nestas seções, sempre duas por unidade, você estudará um conjunto diversificado de gêneros textuais, como conto, fábula, lenda, poema, texto teatral, roteiro de cinema, crônica, letra de samba-enredo. Antes de iniciar a leitura desses textos, algumas perguntas em *Antes de ler* irão despertar o seu interesse pelo tema e antecipar o estudo do gênero.

DEPOIS DA LEITURA

CONSCIENTIZAÇÃO PELA PROPAGANDA

Vimos no editorial e na discussão que se seguiu uma série de atitudes necessárias para preservar a vida no planeta. Agora vamos refletir sobre outra face do mesmo problema. Reproduzimos agora algumas imagens de anúncios e cartazes criados para apelar às pessoas que se preocupem com o outro e com o meio ambiente para construir um mundo mais acolhedor para todos. Observe-os.

I

Exploração sexual de crianças e adolescentes é crime.
Denuncie! Procure o Conselho Tutelar de sua cidade ou disque 100.

Sexual Exploitation of Children and adolescents is a crime. Report it! Dial 100.

La explotación sexual de niños, niñas y adolescentes es un crimen. Denuncie! Llame al 100.

II

Peça da Campanha *Desmatamento Zero – Só pode ser coisa de quem não é desse planeta*, do Greenpeace.

III

"A moda faz mais vítimas do que você pensa."

1. Quais das imagens estão relacionadas ao problema discutido na Leitura 1? Explique.
2. Explique os elementos adicionados à foto dos animais na imagem III. O que são e o que significam?
3. A expressão "vítima da moda" é utilizada para designar a pessoa que segue incondicionalmente as tendências da moda, sem levar em conta sua personalidade ou seu estilo.
   a) De que maneira a moda está ligada ao consumo de água?
   b) Releia agora o texto verbal que acompanha a imagem: "A moda faz mais vítimas do que você pensa". Como você o explica?

Depois da leitura
Ao explorar vários aspectos da intertextualidade, sua compreensão do texto lido será expandida.

Do texto para o cotidiano
Aqui o objetivo é discutir temas como Cidadania, Ética, Meio ambiente e Pluralidade cultural.

DO TEXTO PARA O COTIDIANO

Sente-se com um colega. Observem juntos esta propaganda.

Sobre o prêmio

Desde 2001, o Prêmio Escola Voluntária já recebeu mais de 5 000 inscrições de projetos. Cada escola selecionada, ao todo dez por edição, recebe uma equipe da Rádio Bandeirantes, que transmite aos alunos conceitos de radiojornalismo e orientações práticas sobre como elaborar conteúdo para uma rádio. As reportagens produzidas pelos estudantes são veiculadas na programação da emissora. Por fim, uma comissão julgadora seleciona os melhores trabalhos, que são premiados em cerimônia [posterior].
Exemplos de mobilização das escolas em prol de suas comunidades são mostrados aos estados participantes por meio das reportagens de rádio produzidas pelos alunos.
A troca de experiências entre as escolas finalistas motiva estes jovens, que acreditam na responsabilidade social, a continuarem neste caminho. Incentivar escolas que promovem o voluntariado a ensinar que cidadania e solidariedade começam na sala de aula, é um dos objetivos desta iniciativa.

Disponível em: <http://www.escolavoluntaria.com.br/> Acesso em: 27 mar. 2015.

1. Que ações cidadãs são incentivadas por meio desse prêmio?
2. Como o Prêmio pretende atingir esses objetivos?
3. Apesar de não ser institucional, esse anúncio pode contribuir para que o leitor crie uma imagem positiva dos patrocinadores? Por quê?
4. Releiam.

   "Incentivar escolas que promovem o voluntariado a ensinar que cidadania e solidariedade começam na sala de aula é um dos objetivos desta iniciativa."

   a) Vocês sabem o que é ação voluntária ou trabalho voluntário?
   b) Vocês acreditam que ações voluntárias em grupo podem gerar mudanças positivas em uma comunidade? Por quê?
   c) Vocês já fizeram trabalho voluntário? Por quê? Se fizeram, contem como foi.

EXPLORAÇÃO DO TEXTO

1. Observe o título.
   a) Quem são "us guerreiro"?
   b) Como você explica a grafia das palavras do título?
2. Quem poderia ser o Martim a quem o eu poético se dirige? Em que você se baseia para levantar essa hipótese?
3. Quem são as personagens históricas apresentadas nesse *rap*?
4. Que associação o *rapper* faz entre essas personagens e as pessoas que ele chama de "us guerreiros"?
5. Releia esses versos.

   "Fica ligado que eles querem te arrastar
   Com drogas, dinheiro, bebida, mulher
   Querem fazer uma lavagem em sua mente [...]"

O rapper brasileiro Rappin'Hood.

Rappin'Hood
Nascido na periferia de São Paulo, em 1972, Antônio Luiz Júnior – que usa o nome artístico de Rappin'Hood, inspirado no lendário Robin Hood – é um dos importantes nomes do hip-hop paulistano. Formou, no começo dos anos 1990, o grupo de *rap* Posse Mente Zulu e, em 2001, gravou seu primeiro álbum solo, *Sujeito Homem*, em que mistura gêneros como samba e reggae ao *rap* tradicional. Durante 2008, apresentou o programa *Manos e Minas*, da TV Cultura de São Paulo.

A quem se refere o *rapper* quando afirma que "eles querem te arrastar"?

6. São características do *rap*: letra com muita informação, semelhante a uma conversa (tom dialogal), denúncia das dificuldades da vida dos habitantes de bairros pobres das grandes cidades, chamamento à luta contra a discriminação e qualquer forma de opressão, valorização do cidadão consciente, afirmação da identidade. Quais dessas características estão presentes em "Us guerreiro"?

O *rapper* utiliza uma linguagem e maneira de se expressar muito frequente no meio em que vive como forma de firmar a identidade desse grupo social. É como se o fato de ele não seguir a norma-padrão fosse parte dessa luta por construção e afirmação de identidade.

Ritmo e poesia

O termo *rap* é formado pelas letras iniciais de *rhythm and poetry* (em inglês, "ritmo e poesia"). O *rap* surgiu na Jamaica, por volta da década de 1960. Nos anos 1970, jovens jamaicanos que viviam em Nova York (EUA) introduziram esse ritmo e a presença de um MC (mestre de cerimônia que anima o público e declama/canta canções próprias em festas da comunidade).

Exploração do texto
O trabalho realizado nesta seção permitirá que você desenvolva habilidades de linguagem necessárias para se firmar como um leitor competente. Você também vai conhecer a estrutura e a função social do gênero a que pertence o texto lido, a relação entre texto, suporte e meio de circulação e outros recursos linguísticos.

Produção oral e Produção escrita

As produções propostas nestas seções são trabalhadas passo a passo. Entre os gêneros orais, você terá a oportunidade de elaborar um *rap* e apresentá-lo em público, participar de exposições orais e debates e apresentar uma propaganda em um programa de rádio. E o trabalho com gêneros escritos incluirá conto, notícia, relato de viagem, propaganda, artigo de opinião e editorial.

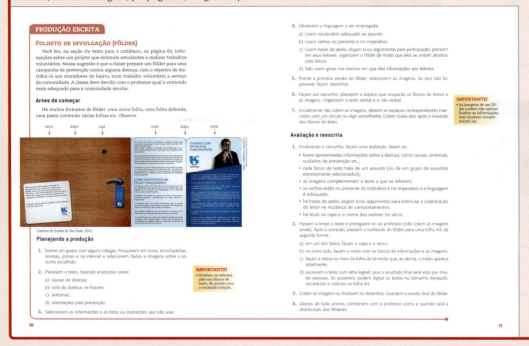

Teia do saber

Esta seção levará você a retomar os conhecimentos sobre língua abordados anteriormente, por meio do trabalho com alguns gêneros.

Reflexão sobre a língua

As atividades desta seção permitem que você reflita sobre o uso da gramática como recurso para uma comunicação oral e escrita competente e expressiva.

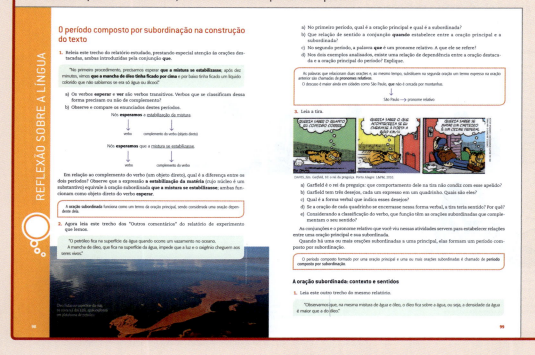

Fique atento

Este é um momento especial para a observação de questões relacionadas a ortografia, acentuação e pontuação, além de aspectos da textualidade, como coesão, coerência e conexão.

Experimente fazer

Nesta seção, você trabalha com as ferramentas indispensáveis ao estudo de todas as disciplinas: como pesquisar com eficácia, tomar notas, resumir textos, encontrar a ideia principal e secundárias de um texto e elaborar um mapa conceitual.

Ativando habilidades

Esta seção relaciona os temas vistos na unidade com a sua aplicação em provas oficiais.

Esta seção traz a oportunidade de rever e refletir sobre sua aprendizagem. Aproveite esse momento de avaliação para retomar os assuntos estudados e tirar suas dúvidas.

Conhecimento interligado

Esta seção explora a relação interdisciplinar que a área de Língua Portuguesa estabelece com as demais áreas do conhecimento (História, Geografia, Arte etc.).

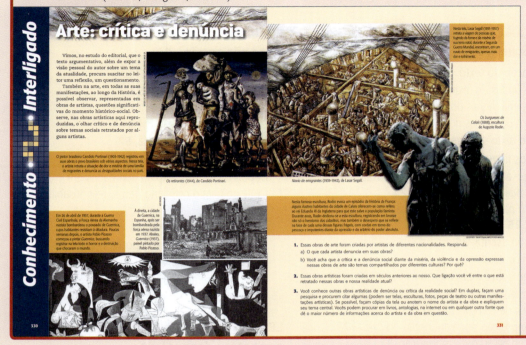

Infográficos

Este recurso, que reúne imagens e textos, é utilizado para comunicar de maneira dinâmica e direta o conteúdo trabalhado. Por meio dele, você compreende melhor os assuntos estudados.

Projeto do ano

Trabalhando em equipe, você vai organizar, planejar e realizar um grande projeto, ao longo do ano, utilizando as produções feitas no decorrer do estudo das unidades.

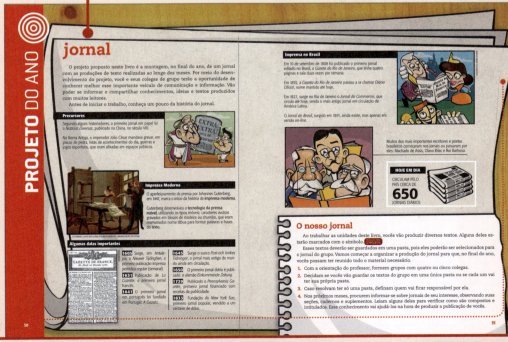

SUMÁRIO

1 Um conflito, uma história

LEITURA 1 – Conto (*Piquenique*, Moacyr Scliar), **16**

- Exploração do texto, **19**
  - Nas linhas do texto, **19**
  - Nas entrelinhas do texto, **20**
  - Além das linhas do texto, **20**
- Como o texto se organiza, **21**
- Recursos linguísticos, **22**
  - Fique atento... à pontuação na narrativa, **23**
- Depois da leitura – Minicontos, **24**
- Do texto para o cotidiano (temas: preconceito, saúde), **25**
- Produção escrita, **26**
  - Miniconto, **26**
- Reflexão sobre a língua, **28**
  - Formação de palavras por composição, **28**
  - Tipos de composição, **30**
  - Composição por aglutinação, **31**
  - Composição por justaposição, **32**
- Teia do saber, **34**

LEITURA 2 – Conto (*Bárbara*, Murilo Rubião), **36**

- Exploração do texto, **39**
- Reflexão sobre a língua, **40**
  - Outros processos de formação de palavras, **40**
- Teia do saber, **43**
  - Fique atento... aos usos do hífen, **45**
- Ativando habilidades, **49**
- PROJETO DO ANO (apresentação) – Jornal, **50**

2 Propagando ideias

LEITURA 1 – Publicidade institucional (*Diga não ao não*), **54**

- Exploração do texto, **55**
  - Nas linhas do texto, **55**
  - Nas entrelinhas do texto, **55**
  - Além das linhas do texto, **56**
- Como o texto se organiza, **57**
- Recursos linguísticos, **58**
- Depois da leitura – Explorando dados, **59**
- Do texto para o cotidiano (tema: responsabilidade social), **60**
- Reflexão sobre a língua, **61**
  - Período simples e composto: revisão, **61**
- Teia do saber, **63**
- Experimente fazer, **64**
  - Como analisar uma propaganda de rádio, **64**

LEITURA 2 – Folheto (*Sempre é hora de combater a dengue*), **66**

- Exploração do texto, **68**
- Produção escrita, **70**
  - Folheto de divulgação (fôlder), **70**
- Reflexão sobre a língua, **72**
  - O período composto por coordenação na construção do texto, **72**
- Teia do saber, **76**
  - Fique atento... à pontuação nas orações coordenadas, **78**
- Ativando habilidades, **80**
- Conhecimento interligado, **82**

3 Observar e registrar

LEITURA 1 – Relatório escolar de experiência científica (Mistura de água, óleo e álcool), 86

- Exploração do texto, 88
  - Nas linhas do texto, 88
  - Nas entrelinhas do texto, 88
  - Além das linhas do texto, 88
- Como o texto se organiza, 90
- Recursos linguísticos, 91
- Depois da leitura – Relatórios no mundo do trabalho, 92
- Do texto para o cotidiano (tema: áreas de risco de enchentes), 93
- Produção oral, 96
  - Apresentação oral de comentário, 96
- Reflexão sobre a língua, 98
  - O período composto por subordinação na construção do texto, 98
- Teia do saber, 101

LEITURA 2 – Relatório de visita escolar (Relatório de visita ao Museu Nacional de Etnologia), 104

- Exploração do texto, 106
- Produção escrita, 107
  - Relatório de visita, 107
- Reflexão sobre a língua, 111
  - A oração subordinada substantiva: contexto e sentidos, 111
- Teia do saber, 116
  - Fique atento... à pontuação nas orações subordinadas substantivas, 118
- Ativando habilidades, 120

4 Caaanta, meu pooovo!

LEITURA 1 – Letra de samba-enredo (*Sonho de um sonho*, Martinho da Vila, Rodolpho de Souza e Tião Graúna), 124

- Exploração do texto, 126
  - Nas linhas do texto, 126
  - Nas entrelinhas do texto, 127
  - Além das linhas do texto, 128
- Como o texto se organiza, 129
- Recursos linguísticos, 130
- Depois da leitura – A narração na letra do samba-enredo, 132
- Reflexão sobre a língua, 134
  - Figuras de linguagem: contextos e sentidos, 134
- Teia do saber, 140

LEITURA 2 – Letra de rap (*Us guerreiro*, Rapin' Hood), 142

- Exploração do texto, 144
- Do texto para o cotidiano (tema: hip-hop como meio de inserção social), 145
- Produção oral, 147
- Rap, 147
- Reflexão sobre a língua, 149
  - Oração subordinada adverbial: contexto e sentidos, 149
- Teia do saber, 154
  - Fique atento... à pontuação dos períodos com orações adverbiais, 156
- Ativando habilidades, 158
- Conhecimento interligado, 160

5 Como vejo o mundo

LEITURA 1 – Artigo de opinião (*Mulheres precisam querer mais*, Luiza Nagib Eluf), **164**

- Exploração do texto, **167**
  - Nas linhas do texto, **167**
  - Nas entrelinhas do texto, **167**
  - Além das linhas do texto, **168**
- Como o texto se organiza, **169**
- Recursos linguísticos, **173**
- Depois da leitura – A literatura e a defesa de um ponto de vista, **175**
- Produção oral, **176**
  - Debate, **176**
- Reflexão sobre a língua, **178**
  - O papel do pronome relativo em textos de diferentes gêneros, **178**
  - Emprego dos principais pronomes relativos, **179**
- Teia do saber, **183**
  - Fique atento... ao uso do pronome relativo onde, **184**

LEITURA 2 – Poema (*Perguntas de um trabalhador que lê*, Bertolt Brecht), **186**

- Exploração do texto, **187**
  - Do texto para o cotidiano (tema: influência da propaganda), **189**
- Experimente fazer, **190**
  - Como ler uma imagem artística, **190**
- Produção escrita, **192**
  - Artigo de opinião, **192**
- Reflexão sobre a língua, **194**
  - Oração adjetiva: contextos e sentidos, **194**
- Teia do saber, **196**
- Ativando habilidades, **198**

6 Luz, câmera, ação

LEITURA 1 – Roteiro de cinema (*O ano em que meus pais saíram de férias*, Cao Hamburger e outros), **202**

- Exploração do texto, **209**
  - Nas linhas do texto, **209**
  - Nas entrelinhas do texto, **209**
  - Além das linhas do texto, **211**
- Como o texto se organiza, **212**
- Recursos linguísticos, **214**
- Depois da leitura – Os gêneros do cinema, **216**
- Do texto para o cotidiano (tema: eleições diretas), **218**
- Reflexão sobre a língua, **219**
  - Oração reduzida: contexto e sentidos, **219**
- Teia do saber, **222**
  - Fique atento... à ambiguidade, **224**

LEITURA 2 – Roteiro de propaganda para a TV (*Semana do Trânsito*, Marcelo Abud, Paulo Toledo), **225**

- Exploração do texto, **231**
- Produção escrita, **233**
  - Roteiro, **233**
- Reflexão sobre a língua, **237**
  - As orações reduzidas na construção do texto, **237**
- Teia do saber, **239**
- Ativando habilidades, **242**
- Conhecimento interligado, **244**

7 O terror e o humor

LEITURA 1 – Conto de terror (*A dona da pensão*, Roald Dahl), 248

- Exploração do texto, 256
  - Nas linhas do texto, 256
  - Nas entrelinhas do texto, 256
  - Além das linhas do texto, 258
- Como o texto se organiza, 258
- Recursos linguísticos, 259
- Depois da leitura – Temas literários universais, 263
- Do texto para o cotidiano (tema: segurança na internet), 264
- Produção oral, 265
  - Mesa-redonda, 265
- Reflexão sobre a língua, 267
  - Concordância nominal, 267
- Teia do saber, 272

LEITURA 2 – Conto de humor (*Boa de garfo*, Luiz Vilela), 274

- Exploração do texto, 280
- Produção oral, 282
  - Narrativa oral de terror, 282
- Produção escrita, 284
  - Conto de terror, 284
- Reflexão sobre a língua, 286
  - Adjetivos compostos: usos no texto, 286
- Teia do saber, 288
  - Fique atento... ao emprego de menos e mesmo, 289
- Ativando habilidades, 291

8 Penso, logo contesto

LEITURA 1 – Editorial (*O país sem água*, Diário Catarinense), 296

- Exploração do texto, 298
  - Nas linhas do texto, 298
  - Nas entrelinhas do texto, 298
  - Além das linhas do texto, 299
- Como o texto se organiza, 299
- Recursos linguísticos, 302
- Do texto para o cotidiano (tema: gestão de recursos hídricos), 304
- Depois da leitura – Conscientização pela propaganda, 306
- Produção escrita, 307
  - Editorial, 307
- Reflexão sobre a língua, 309
  - Concordância verbal, 309
- Teia do saber, 315

LEITURA 2 – Charge e cartum (charge de Duke, cartum de Quino), 316

- Exploração do texto, 317
- Reflexão sobre a língua, 319
  - Concordância verbal: contexto e sentidos, 319
  - O verbo ser, 321
- Teia do saber, 323
  - Fique atento... à acentuação de verbos, 325
- Ativando habilidades, 327
- Conhecimento interligado, 330
- PROJETO DO ANO (elaboração) – Jornal, 332

Bibliografia, 334

UNIDADE 1
Um conflito, uma história

Nesta unidade você vai:
- conhecer as principais características do gênero conto e reconhecer o conflito gerador da ação
- analisar os efeitos de sentido provocados no conto pelas escolhas do autor e recursos empregados
- escutar a leitura de um conto e tentar reconhecer os elementos que caracterizam esse gênero
- planejar e produzir microcontos e minicontos
- refletir sobre a formação de palavras, observando possíveis regularidades como estratégia para solucionar problemas de grafia

TROCANDO IDEIAS

1. Observe e descreva a imagem acima.
2. A figura criada no asfalto, na Flórida (EUA), é obra de um grupo de artistas holandeses liderados por Leon Keer. Ela reproduz os famosos Guerreiros de Xian, figuras de terracota encontradas em escavações na China. Trata-se de cerca de 8 mil peças, entre cavalos e guerreiros, em tamanho natural, organizadas em formação militar. Enterradas junto ao mausoléu do primeiro imperador chinês, por volta de 200 a.C., foram descobertas em 1974. O Exército de Terracota é uma obra grandiosa. E quanto à imagem no asfalto? Para você, o que há nela de inusitado ou de interessante?
3. Na foto no topo desta página, você vê os "bastidores da criação" da obra, ou seja, a forma como foi reproduzida. O que se percebe? Como se explica o "buraco" no chão?
4. Você já foi enganado por uma pessoa ou acontecimento qualquer? Conte aos colegas.

LEITURA 1

ANTES DE LER

Leia apenas o título do conto reproduzido a seguir.

1. Qual poderia ser o enredo de um conto com esse título?
2. Que sensações ou ideias a palavra **piquenique** lhe traz à mente?
3. Se a palavra **medo** fosse associada à palavra **piquenique**, que tipo de história poderia ser narrada nesse conto?

Moacyr Scliar é reconhecido como um dos grandes contistas brasileiros. Leia o conto e observe os recursos que ele utiliza para envolver o leitor e levá-lo a um final revelador...

Piquenique

Agora é como um piquenique: estamos no Morro da Viúva, homens, mulheres e crianças, comemos sanduíches e tomamos água da fonte, límpida e fria. Alguns estão com os rifles, embora isto seja totalmente dispensável – temos certeza de que nada nos acontecerá. Já são cinco da tarde, logo anoitecerá e voltaremos às nossas casas. As crianças brincaram, as mulheres colheram flores, os homens conversaram e apenas eu – o distraído – fico aqui a rabiscar coisas neste pedaço de papel. Alguns me olham com um sorriso irônico, outros com ar respeitoso; pouco me importa. Encostado a uma pedra, um talo de capim entre os dentes, e revólver jogado a um lado, divirto-me pensando naquilo que os outros evitam pensar: o que terá acontecido em nossa cidade neste belo dia de abril, que começou de maneira normal: as lojas abriram às oito, os cachorros latiam na rua principal, as crianças iam à escola. De repente – eram nove horas – o sino da igreja começou a soar de maneira insistente: em nossa pequena cidade este é o sinal de alarme, geralmente usado para incêndios. Em poucos minutos estávamos todos concentrados frente à igreja e lá estava o delegado – alto, forte, a espingarda na mão.

Ele era novo em nossa cidade; na verdade, nunca tivéramos delegado. Vivíamos em boa paz, plantando e colhendo nosso soja, as crianças brincando, nós fazendo piqueniques no campo, eu tendo os meus ataques epilépticos. Um belo dia acordamos e lá estava ele, parado no meio da rua principal, a espingarda na mão; esperou que uma pequena multidão se formasse a seu redor, e então anunciou que fora designado para representante da lei na região. Nós o aceitamos bem; a seu pedido, fizemos uma cadeia – uma cadeia pequena, mas resistente. Construímo-la num domingo, todos os cidadãos, num só domingo, e antes que o sol se pusesse tínhamos colocado o telhado, comemos os sanduíches feitos por nossas mulheres e bebemos a boa cerveja da terra.

ROGÉRIO BORGES

Às seis horas da tarde olhei para o delegado, de pé diante da cadeia, o rosto avermelhado pelo crepúsculo; naquele momento, tive a certeza de que já o vira antes, e ia dizer a todos, mas em vez disto soltei um grito, antes que o ar passasse por minha garganta eu já sabia que seria um grito espantoso e que depois cairia de borco na rua poeirenta, me debatendo; que as pessoas se afastariam, temerosas de me tocarem e se contaminarem com minha baba viscosa, e que depois acordaria sem me recordar de nada. Permaneceria a confusa impressão de já ter visto o homem alto em algum lugar e isto eu diria ao doutor e o doutor me responderia que não, que não o vira, que isto era uma sensação comum a epilépticos. Restaria um dolorimento pelo corpo, um entorpecimento da mente. Então eu sairia ao campo, e recostado numa pedra, um talo de capim entre os dentes, escreveria ou rabiscaria coisas várias. Dizem – as pessoas supersticiosas – que tenho o dom da premonição e que tudo quanto escrevo após uma convulsão é profético; mas ninguém jamais conseguiu confirmá-lo, pois escrevo e rasgo, rabisco e rasgo. Os pedacinhos de papel são levados pelo vento, depois caem na terra úmida e apodrecem.

Agora mesmo, sentado aqui, neste dia de abril, fixo os olhos num pedacinho de papel amarelado que ficou preso entre as pedras e onde se lê "... no jornal". É minha letra, eu sei, mas quando o escrevi? E que queria dizer? Foi há muito tempo, é certo, mas antes da chegada do delegado? Hoje pela manhã ELE NOS REUNIU FRENTE À IGREJA: Do adro o homem alto, espingarda na mão, falou-nos; lembrou o dia em que chegara, não há muito tempo. "Aqui cheguei para proteger vocês..." Todos de pé, imóveis, silenciosos. Mas eu estava sentado; numa cadeira, na calçada do café, que fica fronteira à igreja. E entregava-me ao meu passatempo: lápis e papel. Mas não escrevia: desenhava, o que também faço muito bem. Do meu lápis surgiu o rosto impassível do homem alto. *Fui informado há pouco que um grupo de bandidos se dirige à nossa cidade. Devem chegar aqui dentro de uma hora. Sabem que a agência bancária está com muito dinheiro...* Era verdade: o soja fora vendido, os colonos haviam feito grandes depósitos durante a semana.

É minha obrigação defendê-los. Entretanto, conto com a ajuda de todos os cidadãos válidos... Naturalmente, anotei algumas destas frases: senti nelas o peso do histórico. As pessoas cochichavam entre si, assustadas.

Vão para casa – concluiu o homem alto. *Armem-se e voltem. Espero-os aqui dentro de meia hora.* As pessoas se dispersaram e eu vi rostos apreensivos, crianças chorosas, as mulheres murmurando aos ouvidos dos maridos.

A praça ficou deserta. Apenas o homem alto parado na praça, o rosto iluminado de frente pelo sol forte, e eu oculto na sombra projetada pelo toldo do café. Cinco minutos depois, chegou o primeiro cidadão; era o barbeiro; quando surgiu na praça eu já sabia o que ele diria; que o delegado o perdoasse, mas que era chefe de família, tinha muitos filhos; e eu já sabia que o delegado ia desculpá-lo, recomendando que fosse para o Morro da Viúva com sua família onde estaria seguro. Mal o barbeiro se fora, e o farmacêutico aparecia, gordo, os olhos esbugalhados, a testa molhada de suor; que o delegado compreendesse... O delegado compreendia e também ao dono do bar e ao lojista que surgiram depois.

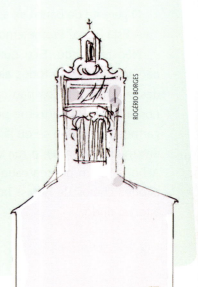

O último foi o gerente do banco; este tentou levar o delegado consigo, mas foi repelido brandamente; antes de sair correndo, gritou: *Delegado, o cofre está aberto; se não conseguir atemorizar os ladrões, pelo amor de Deus, entregue o dinheiro e salve a sua vida!* O delegado fez que sim com a cabeça e o homem partiu.

Foi então que o delegado me viu. Creio que só nós dois estávamos na cidade, à exceção dos cães que farejavam a sarjeta.

O homem alto ficou a me olhar por uns instantes. Depois atravessou a rua a passos lentos. Postou-se diante de mim, o homem com a espingarda na mão.

– O senhor não tem ajudante – eu disse – sem parar de rabiscar.

– É verdade – ele me respondeu. – Nunca precisei.

– Mas precisa agora.

– Também é verdade.

– Aqui me tem.

Tênue sorriso.

– Tu és doente, meu filho.

– Por isso mesmo – digo-lhe. – Quero provar que sirvo para alguma coisa.

É então que ele vê o retrato em minhas mãos; seu rosto se contrai, ele avança para mim, arranca-me o papel: – *Me dá isto, rapaz, não quero que se lembrem de mim depois* – ele diz, e eu vou protestar, vou dizer que ele não faça isto, mas aí o seu rosto está diante de mim – onde? onde? – e sinto o grito fugir do meu peito, e nada mais vejo.

Quando acordo estou amarrado a um cavalo que sobe lentamente o morro. Lá em cima, entre as pedras, toda a população da cidade: desmontaram-me, espantados, me desamarram; alguns me olham de maneira irônica, outros me fazem perguntas. Por fim me deixam em paz.

Fico sentado a ouvir o que dizem: o telegrafista está explicando que tentou mandar um telegrama à guarnição, sem resultado, porém. *Na certa, eles cortaram os fios.*

Foi então que os cinco tiros ecoaram nos morros. Levantamo-nos todos, ficamos inteiriçados, à escuta, um grande silêncio caiu sobre a região.

– Vamos até lá – ouvi a voz, com grande surpresa, pois era a minha própria. Todos se voltaram para mim. Eu continuava sentado, um talo de capim entre os dentes.

O gerente do banco se aproximou.

– Está louco? Prometemos voltar quando soassem os sinos ou às seis da tarde!

Não respondo. Fico quieto a rabiscar. O sol vai se pondo agora, e os sinos não soaram. Estão todos alegres, pois é melhor ficar pobre do que morrer. Breve desceremos e todos não cabem em si de ansiedade: o que encontraremos em nossa cidade? Divirto-me pensando no que encontraremos; sei que quando chegarmos será como se eu já tivesse visto tudo (o que, segundo o doutor, é comum em minha doença): a rua vazia, as portas do banco escancaradas, o cofre vazio. Acho também que na estrada, muito longe, vai um homem alto a cavalo, com os alforjes cheios de notas. Talvez sejam três ou quatro, mas é certo que o homem alto vai rindo.

SCLIAR, Moacyr. In:_____ et alii. *Para gostar de ler*. São Paulo: Ática, 1993. v. 13: Histórias divertidas.
© by herdeiros de Moacyr Scliar.

EXPLORAÇÃO DO TEXTO

Nas linhas do texto

1. Releia um trecho do primeiro parágrafo do conto.

> "Agora é como um piquenique: estamos no Morro da Viúva, [...]"

a) A quem o narrador se refere ao utilizar a primeira pessoa do plural?

b) Ainda no primeiro parágrafo, como o narrador descreve a si próprio?

c) Como são os demais habitantes da cidadezinha?

d) O narrador compara aquele instante em que estão no morro a um piquenique. Que elementos do texto justificam essa associação feita por ele?

2. A doença do narrador tem um papel importante na narrativa, pois interfere em seu olhar sobre os fatos e no modo como se relaciona com as outras personagens.

a) O ataque descrito por ele era algo frequente ou esporádico? Em que você se baseou para responder?

b) Qual era a reação das pessoas diante dos ataques que o acometiam?

c) O que esses ataques acarretavam ao narrador e como se sentia após esses episódios?

d) Qual era a avaliação do médico a respeito de suas vagas recordações?

3. Certo dia, chegou à cidadezinha um estranho.

a) De que forma ele se apresentou?

b) Como os moradores o receberam?

4. Um fato incomum quebrou a rotina da cidadezinha e levou os habitantes ao alto do morro.

a) Que fato foi esse?

b) Como as pessoas da cidade reagiram ao convite do delegado para que o auxiliassem a enfrentar o problema?

c) Quem permaneceu na cidade?

5. O narrador acabou unindo-se aos demais moradores da cidade. Como isso aconteceu?

Moacyr Scliar.

Moacyr Scliar

Moacyr James Scliar (1937-2011), médico e escritor brasileiro, nascido em Porto Alegre, Rio Grande do Sul, escreveu mais de sessenta livros (contos, romances, crônicas, ensaios), muitos deles destinados ao público infantojuvenil, e colaborou em jornais de circulação nacional, como *Folha de S. Paulo* e *Zero Hora*. Entre suas obras, pelas quais recebeu vários prêmios literários, estão *O tio que flutuava*, *Pra você eu conto*, *Um país chamado infância* e *Dicionário do viajante insólito*.

Nas entrelinhas do texto

1. Releia as quatro primeiras linhas do conto.

   a) Por que o narrador afirma que a posse dos rifles é "totalmente dispensável"?

   b) Há algum outro momento do conto que demonstre que os habitantes desejam manter-se distantes da zona de conflito?

2. Em muitos momentos, o narrador afirma "eu já sabia", demonstrando que desconfiava do delegado. Como é possível relacionar essas suspeitas com o fragmento de papel amarelo onde se lê "[...] no jornal"?

3. Releia o diálogo entre o narrador e o delegado quando estão a sós na cidade.

   a) O que provocou a ira do delegado?

   b) O que é possível concluir a respeito da ação do delegado na cidade?

4. Releia este trecho do parágrafo final.

   > "Breve desceremos e todos não cabem em si de ansiedade: o que encontraremos em nossa cidade?"

   a) O que os habitantes esperam encontrar?

   b) E o narrador?

5. As falas diretas (do narrador) e indiretas (de outros personagens) em uma narrativa representam diferentes "vozes" na narrativa. Neste conto, há várias outras falas que não são as do narrador.

   a) Localize no conto quais são essas vozes.

   b) Quais dessas vozes fazem parte das cenas narradas? Quais das vozes não fazem parte das cenas?

Além das linhas do texto

No conto "Piquenique", os habitantes da cidade cometeram um erro fatal em sua avaliação a respeito do delegado: confiaram a "proteção" de seus bens materiais a um desconhecido.

1. Em sua opinião, por que os habitantes da cidade preferiram deixar nas mãos do "delegado" a defesa de suas casas e de seu dinheiro? Você faria o mesmo? Por quê?

2. Em quais situações da vida em sociedade as pessoas facilmente se deixam enganar? A que podemos atribuir esse comportamento?

NÃO DEIXE DE LER

- ***Venha ver o pôr do sol e outras histórias,*** de Lygia Fagundes Telles, editora Ática
  Oito contos repletos de fatos insólitos e dramáticos que prendem a atenção e envolvem o leitor.

COMO O TEXTO SE ORGANIZA

1. O conto é uma narrativa breve, ligada a uma única situação ou evento.

   a) Por meio da narração, o que ficamos sabendo sobre as personagens?

   b) O espaço dos acontecimentos no conto é delimitado. Onde acontece o fato principal narrado?

   c) O tempo também é restrito. Quanto duram os fatos narrados?

> Os **contos** caracterizam-se por serem breves, concisos. Contribuem para essa concisão estes elementos: um único conflito, poucas personagens, descrições limitadas à sua importância no enredo, tempo e espaço restritos.

2. Um conto pode ser narrado segundo a ordem cronológica dos fatos ou de acordo com a importância que o narrador lhes atribui. Como os acontecimentos são narrados nesse conto?

> O tempo, em um conto, pode ser classificado como **cronológico** (ordem linear dos acontecimentos) ou **psicológico** (não linear, isto é, o que segue a ordem escolhida pelo narrador).
>
> Para narrar acontecimentos fora de sua ordem linear, é possível lançar mão de dois recursos:
> - *flashback* (em inglês, "olhar para trás"): recurso literário ou cinematográfico utilizado para contar algo que aconteceu antes do momento em que se narra. Exemplo: quando um narrador rememora algo que lhe aconteceu na infância.
> - *flashforward* (em inglês, "olhar para frente") ou antecipação: recurso utilizado para antecipar algo que ainda não aconteceu no momento em que se narra. Exemplo: quando um narrador faz a referência a um fato posterior, ainda não relatado, mas conhecido dele.

3. Releia o conto e responda, no caderno, se os acontecimentos destacados a seguir correspondem a um *flashback* ou *flashforward* (antecipação).

   a) A cidade antes do ocorrido.

   b) O narrador anunciando e descrevendo o ataque epilético que o acometerá.

   c) O dia da chegada do delegado.

   d) O narrador prevê o que o médico dirá sobre suas premonições.

4. A narrativa, neste conto, é feita em primeira pessoa.

   a) Como se classifica esse tipo de narrador?

   b) Que efeito produz a escolha de um narrador que sofre de uma doença que causa dificuldade para recordar?

5. Um conto se organiza a partir de um **enredo**.

   a) Neste conto, a partir de que momento começa o desenvolvimento das ações em direção ao ponto de maior tensão da narrativa?

   b) Quando ocorre o clímax da narrativa?

   c) O desfecho do conto "Piquenique" é imprevisível? Explique.

6. Este trecho do conto apresenta palavras e expressões que ajudam a manter a continuidade da narração. Leia-o e responda.

> "Cinco minutos depois, chegou o primeiro cidadão; era o barbeiro; quando surgiu na praça eu já sabia o que ele diria; que o delegado o perdoasse, mas que era chefe de família, tinha muitos filhos [...]. Mal o barbeiro se fora, e o farmacêutico aparecia, gordo, os olhos esbugalhados, a testa molhada de suor; que o delegado compreendesse... O delegado compreendia e também ao dono do bar e ao lojista que surgiram depois.
> O último foi o gerente do banco [...]".

a) Quais são as palavras e expressões que reforçam a progressão de tempo?

b) No trecho, o uso das expressões **o primeiro**, **o último** também contribui para a continuidade e progressão da história? Explique.

RECURSOS LINGUÍSTICOS

1. Existem procedimentos linguísticos que servem para explicitar as diferentes "vozes" em um texto. Um deles é representar as falas por meio do discurso direto ou indireto. Releia este trecho.

> "*Do meu lápis surgiu o rosto impassível do homem alto. Fui informado há pouco que um grupo de bandidos se dirige à nossa cidade. Devem chegar aqui dentro de uma hora. Sabem que a agência bancária está com muito dinheiro...* Era verdade: o soja fora vendido, os colonos haviam feito grandes depósitos durante a semana.
> *É minha obrigação defendê-los. Entretanto, conto com a ajuda de todos os cidadãos válidos...* Naturalmente, anotei algumas destas frases: senti nelas o peso do histórico."

a) As frases destacadas em itálico representam a fala de quem? Essa representação é feita em discurso direto ou indireto?

b) Observe que esse modo de indicar as falas foge ao usual. Que efeito de sentido essa escolha causa no leitor?

c) Isso ocorre em todos os momentos em que há representação de falas? Anote no caderno um trecho que comprove sua resposta.

2. Nos trechos a seguir, as formas verbais destacadas estão no presente, no passado ou no futuro. Observe o quadro e indique, no caderno, o que cada uma expressa em relação ao tempo da ação verbal.

AÇÃO HABITUAL	AÇÃO NO PRESENTE (TEMPO DA NARRAÇÃO)
AÇÃO QUE PERDURA NO PASSADO	AÇÃO QUE TERMINA NO PASSADO

a) "Agora é como um piquenique: estamos no Morro da Viúva, homens, mulheres e crianças, comemos sanduíches e tomamos água da fonte, límpida e fria."

Partes do enredo

O enredo é a sucessão de acontecimentos e de ações realizadas por personagens em um texto narrativo. Divide-se em:
Situação inicial: apresentação dos elementos principais da narrativa: as personagens, o espaço, o tempo.
- **complicação:** é o momento em que surge o conflito.
- **desenvolvimento (ações):** sequência de ações das personagens diante do(s) conflito(s).
- **clímax:** o ponto de maior tensão da narrativa.
- **desfecho:** a resolução do conflito e a conclusão da narrativa.

b) "[...] os cachorros latiam na rua principal, as crianças iam à escola."
c) "Já são cinco da tarde, logo anoitecerá e voltaremos às nossas casas."
d) "[...] esperou que uma pequena multidão se formasse a seu redor, e então anunciou que fora designado para representante da lei na região. Nós o aceitamos bem; a seu pedido, fizemos uma cadeia – uma cadeia pequena, mas resistente."
e) "[...] escrevo e rasgo, rabisco e rasgo."

3. Advérbios, além de indicar circunstâncias de tempo, modo, lugar etc., podem também expressar informações implícitas. Releia.

"É então que ele vê o retrato em minhas mãos; seu rosto se contrai, ele avança para mim, arranca-me o papel: – Me dá isto, rapaz, não quero que se lembrem de mim depois – ele diz [...]."

Nesse contexto, que informação está implícita no emprego do advérbio **depois**?

FIQUE ATENTO... À PONTUAÇÃO NA NARRATIVA

1. O autor explora o uso da pontuação ao longo do conto para produzir determinados efeitos. Releia cada trecho e indique no caderno quais são esses efeitos.

destacar expressão, enfatizando-a	indicar gradação de ações
expressar angústia, incerteza	indicar interrupção de pensamento

a) "Mal o barbeiro se fora, e o farmacêutico aparecia, gordo, os olhos esbugalhados, a testa molhada de suor; que o delegado compreendesse**...**
b) "[...] seu rosto se contrai**,** ele avança para mim**,** arranca-me o papel [...] a rua vazia**,** as portas do banco escancaradas, o cofre vazio."
c) "As crianças brincaram, as mulheres colheram flores, os homens conversaram e apenas eu **–** o distraído **–** fico aqui a rabiscar coisas neste pedaço de papel [...]."
d) "[...] vou dizer que ele não faça isto, mas aí o seu rosto está diante de mim – onde**?** onde**?** – e sinto o grito fugir do meu peito [...]"

🛈 Para lembrar

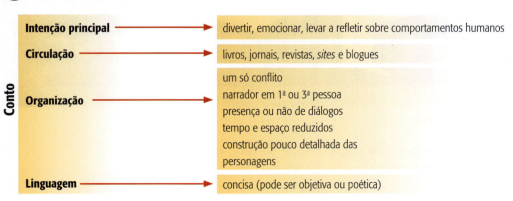

DEPOIS DA LEITURA

MINICONTOS

O que você diria a alguém que lhe dissesse que é possível escrever contos com cinquenta letras no máximo? Ou no *Twitter*, utilizando no máximo os 140 caracteres permitidos? Você diria que é impossível?

Pois bem, esse gênero existe. Estamos falando dos **minicontos**, a respeito dos quais conversaremos a seguir.

1. Forme dupla com um colega. Leiam o texto abaixo, que comenta como deve ser um miniconto para atrair a atenção do leitor.

> Dá para comparar um miniconto a uma boa piada. Esta não pode ser comprida demais senão a atenção de quem a ouve vai para o espaço. Há uma história, na anedota, que pega o ouvinte de cara, desenvolve-se e fecha com uma frase surpreendente ou por uma situação inesperada dos personagens, provocando o riso pela surpresa. O miniconto, como qualquer ficção curta, tem de pegar o leitor de cara, com recursos expressivos capazes de interessá-lo a seguir o desenvolvimento da história até chegar a uma reviravolta que provocará a surpresa e que geralmente é o objetivo do escritor.
>
> FERRAZ, Geraldo G. . "Histórias em apenas uma linha". In: *Revista Língua Portuguesa*. São Paulo, Segmento, 2 jul. 2007.

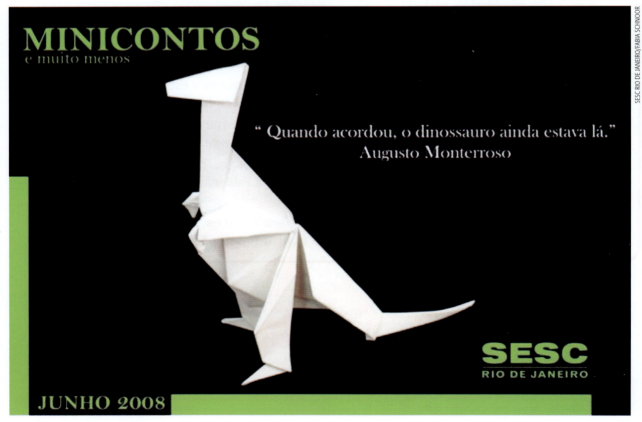

Cartaz de evento em que se tratou de minicontos.

a) Ao comparar o miniconto com uma piada, o autor do texto menciona três qualidades que um miniconto deve ter. Quais são elas?

b) Qual é o principal objetivo do autor de um miniconto?

2. Leiam, a seguir, minicontos compostos de, no máximo, cinquenta caracteres (sem contar título, espaços e pontuação). Depois, respondam às questões.

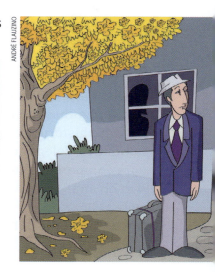

Só

Se eu soubesse o que procuro
com esse controle remoto...

Fernando Bonassi

No embalo da rede

Vou,
mas levo as crianças.

Carlos Herculano Lopes

Assim:

Ele jurou amor eterno.
E me encheu de filhos.
E sumiu por aí.

Luiz Rufato

Fumaça

Olhou a casa, o ipê florido.
Tudo para ela.
Suspendeu a mala e foi.

Ronaldo Correia de Brito

FREIRE, Marcelino (Org.). *Os cem menores contos brasileiros do século.* Cotia: Ateliê Editorial, 2004.

a) Em um miniconto, é importante deixar ao leitor espaço para que ele reflita sobre o que lê e "preencha" os outros sentidos da narrativa. Qual seria a intenção do narrador ao fazer isso?

b) Escolham um dos minicontos acima reproduzidos. Releiam-no e sugiram possibilidades de desdobramento do enredo, imaginando uma história que poderia se desenrolar a partir dessas breves indicações. Depois, comparem suas versões com as dos colegas.

DO TEXTO PARA O COTIDIANO

No conto "Piquenique", Moacyr Scliar desenvolve a narrativa sob o ponto de vista do narrador, que apresentava uma doença chamada epilepsia. Com maestria, Scliar constrói o conto de acordo com os lapsos de memória e as lembranças do narrador. Releia este episódio em que o narrador-personagem reativa a memória ao ver o suposto delegado.

> "[...] naquele momento, tive a certeza de que já o vira antes, e ia dizer a todos, mas em vez disto soltei um grito, antes que o ar passasse por minha garganta eu já sabia que [...] as pessoas se afastariam, temerosas de me tocarem e se contaminarem com minha baba viscosa, e que depois acordaria sem me recordar de nada. Permaneceria a confusa impressão de já ter visto o homem alto em algum lugar e isto eu diria ao doutor e o doutor me responderia que não, que não o vira, que isto era uma sensação comum a epilépticos."

1. Como você explica a atitude das pessoas que rodeiam o narrador?

2. Atitudes como essas acontecem a seu redor? Em que tipo de situação?

3. Você acha que as pessoas estão preparadas para conviver com pessoas com necessidades especiais? O que é possível fazer para que essas pessoas não se sintam excluídas do convívio em sociedade? Justifique seu ponto de vista.

PRODUÇÃO ESCRITA

MINICONTO

Que tal produzir seus próprios minicontos? Para isso, você deverá seguir algumas orientações e utilizar seu poder de síntese para narrar uma história que possa interessar seus futuros leitores, ou seja, familiares, colegas e professores. Esses minicontos serão guardados para comporem a seção literária do jornal que publicaremos no projeto do ano.

Antes de começar

Para inspirar-se, leia estes três contos vencedores de um concurso de minicontos promovido pela Academia Brasileira de Letras em 2010.

1º lugar

Toda terça ia ao dentista e voltava ensolarada. Contaram ao marido sem a menor anestesia. Foi achada numa quarta, sumariamente anoitecida.

DA PIEVE, Bibiana Silveira, Rio de Janeiro - RJ

2º lugar

Joguei. Perdi outra vez! Joguei e perdi por meses, mas posso apostar: os dados é que estavam viciados. Somente eles, não eu.

CAPELETI, Carla Ceres Oliveira, Piracicaba - SP

3º lugar

Não sabia ao certo onde tecer sua teia. Escolheu um cantinho de parede da cozinha. Acertou na mosca.

MAGALHÃES, Eryck Gustavo Silva de, Guaratinguetá - SP

Disponível em: <http://noticias.universia.com.br/destaque/noticia/2010/07/06/625695/divulgado-resultado-do-concurso-microcontos-da-abl.html>. Acesso em: 9 fev. 2015

Reúna-se com um colega. Tentem identificar nos minicontos acima:
- quem é o narrador;
- que situação vive;
- o que teria dado origem a essa situação;
- qual poderia ser o desdobramento da história.

Depois, apresentem suas conclusões à classe. Ouçam a interpretação dos colegas, comparando as diversas compreensões.

Planejando o texto

Vamos planejar o miniconto passo a passo. Em dupla, decidam os pontos a seguir.

1. Comecem com uma ideia simples. Por exemplo, uma pessoa que não consegue dormir; um barco que não consegue chegar ao seu destino.

2. Pensem em outras ideias relacionadas a ela.

3. Escolham as que lhes parecerem mais interessantes e façam uma única frase ou um único parágrafo com elas.

4. Não coloquem detalhes (lembrem-se do que falamos sobre deixar espaço ao leitor para preencher os detalhes, imaginar o que não foi dito pelo narrador, completar a história a seu modo).

5. Comecem diretamente com o ponto de mudança: o que aconteceu, a ação principal. Um começo impactante é essencial no miniconto.

6. Pensem em um final surpreendente para seu conto. Vocês devem colocar uma frase inesperada para o leitor.

7. Coloquem um título que oriente o leitor, que lhe facilite a compreensão do texto.

8. Sugestão: utilizem poucas linhas, como nos minicontos que vimos. Evidentemente, não há limite de linhas nem de letras. Sintam-se mais livres: preocupem-se apenas em não escrever um conto muito longo.

Avaliação e reescrita

1. Terminados os minicontos, troquem sua produção com uma dupla de colegas, que deverão:
   - observar se vocês produziram um miniconto de acordo com as orientações dadas;
   - pensar se é possível desenvolver uma narrativa com base nele;
   - analisar se o título foi bem escolhido.

2. Reescrevam o texto levando em conta as sugestões dos colegas e, depois, entreguem-no ao professor para avaliação.

   Depois de receberem o conto avaliado pelo professor, verifiquem se é necessário refazer ou melhorar algo. Com a versão final pronta, escolham uma pessoa para mostrar sua produção. Peçam-lhe que leia e comente seu texto.

NÃO DEIXE DE LER

- *O homem do furo na mão e outras histórias*, de Ignácio de Loyola Brandão, editora Ática
Apresenta uma série de contos que levam o leitor para o mundo do inesperado, do imprevisto, do surpreendente.

Formação das palavras por composição

No volume anterior, vimos que a maior parte das palavras da língua portuguesa é formada com base em palavras que já existem na língua. Vamos relembrar?

1. Releia este trecho do conto "Piquenique".

> "[...] – temos certeza de que nada nos acontecerá. [...] As crianças brincaram, as mulheres colheram flores, os homens conversaram e apenas eu – o distraído – fico aqui a rabiscar coisas neste pedaço de papel. Alguns me olham com um sorriso irônico, outros com ar respeitoso."

a) Que sentimentos alguns dos habitantes da cidade expressam em relação ao narrador?

b) Pelo que você já sabe do assunto, como se formaram as palavras **certeza**, **irônico** e **respeitoso**?

c) No trecho "E entregava-me ao meu passatempo: lápis e papel", temos um substantivo composto, que é **passatempo**.

   I. Ele é formado pelo mesmo processo das palavras analisadas acima? Explique.

   II. De que maneira ele é formado?

2. Leia este trecho de notícia.

Surto de dengue esvazia cartão-postal de Tóquio

O Japão enfrenta o seu primeiro surto de dengue em quase 70 anos, com 47 casos confirmados até agora.

Todos os pacientes, segundo o Ministério da Saúde, contraíram a doença quando estiveram no parque Yoyogi [...].

Shoichi Kitamura, de 23 anos, contou à BBC Brasil que costuma correr no parque quase todas as tardes com um grupo de amigos.

Desde a semana passada, a atividade foi suspensa e, nesta quarta-feira, o japonês foi caminhar sozinho.

TOBACE, Ewerthon. Surto de dengue esvazia cartão-postal de Tóquio. BBC Brasil. 3 set. 2014. Disponível em: <http://www.bbc.co.uk/portuguese/noticias/2014/09/140903_dengue_et_ebc>. Acesso em: 9 fev. 2015.

Vista aérea do Parque Yoyogi. Tóquio, Japão.

a) A que a palavra **cartão-postal** se refere no título da notícia?

b) Nesse trecho da notícia, há dois substantivos formados pelo mesmo processo que a palavra **passatempo**. Quais são eles?

c) Em que esses substantivos que você assinalou diferem do substantivo **passatempo**?

> Ao processo que faz a junção de duas palavras para formar uma única, de novo sentido, damos o nome de **composição**, que é, como a derivação, um dos principais processos de formação de palavras na língua. As palavras compostas podem ser grafadas com ou sem hífen.

3. Veja neste cartum como a composição pode produzir palavras a partir da aproximação de duas ou mais palavras simples já existentes na língua. Leia.

DUKE. Disponível em: <http://www.dukechargista.com.br>. Acesso em: 9 fev. 2015.

a) Qual a intenção do cartunista ao comparar o Dia Internacional da Mulher com todos os outros dias da semana?

b) Em sua opinião, esse cartum representa a situação atual da mulher?

c) Os nomes dos dias da semana são formados pelo processo da composição, empregando-se um numeral e um substantivo. Qual o efeito da repetição desses substantivos compostos no cartum?

4. Leia este trecho de um guia que dá informações sobre a região Centro-Oeste do Brasil.

> [...] Este Guia Ecológico do Planalto Central apresenta opções para a parte da região Centro-Oeste do Brasil que tem ao centro o Distrito Federal e em volta alguns municípios, pertencentes a Goiás e Minas. Todos têm em comum a vegetação de cerrado, com áreas mais ou menos preservadas. Em seu núcleo, a altitude situa-se entre 900 e 1300 metros acima do nível do mar, no planalto de onde nascem no coração da América do Sul três das principais bacias hidrográficas brasileiras – Tocantins, Paraná-Prata e São Francisco. [...]
>
> Disponível em: <http://www.eco.tur.br/ecoguias/planalto/default.html>. Acesso em: 9 fev. 2015.

a) Além da vegetação, o guia chama a atenção para outra característica geográfica do local. Qual é?

b) Observando o contexto em que é usada a palavra **planalto**, em sua opinião, por que a região foi caracterizada assim?

c) A palavra **planalto** foi formada pelo processo de composição (= plano + alto). Há mais duas palavras no texto formadas pelo mesmo processo. Anote-as no caderno.

Tipos de composição

Existem diferentes possibilidades de formar palavras por meio do processo de composição.

1. Releia esta frase do texto sobre a região Centro-Oeste e observe as palavras destacadas, formadas por composição.

> Este Guia Ecológico do **Planalto** Central apresenta opções para a parte da região **Centro-Oeste** do Brasil que tem ao centro o Distrito Federal.

a) Qual é a principal diferença entre os dois processos de composição?

b) Em qual das duas palavras houve perda de fonemas no processo de composição?

> Nas palavras compostas por **justaposição**, os elementos são apenas justapostos – separados ou não por hífen. Neste caso, tanto juntas ou separadas, as palavras mantêm o mesmo som. Nas palavras compostas por **aglutinação**, os elementos se fundem, geralmente com perda de fonema(s).

2. Leia um trecho deste texto informativo.

Hidrografia do Brasil

[...]

A rede hidrográfica brasileira é constituída por rios navegados em corrente livre e por hidrovias geradas pela canalização de trechos de rios, além de extensos lagos isolados, criados pela construção de barragens para fins exclusivos de geração hidrelétrica. [...]

Na produção de energia elétrica, o uso dos rios é muito grande. Aproximadamente cerca de 90% da eletricidade brasileira provém dos rios. Seu potencial hidráulico vem de quedas-d'água e corredeiras, dificultando a navegabilidade desses mesmos rios. Na construção da maioria das usinas hidrelétricas, não foi levado em conta a possibilidade futura de navegação, dificultando o transporte hidroviário. [...]

Ambiente Brasil. Disponível em: <http://ambientes.ambientebrasil.com.br/agua/recursos_hidricos/hidrografia_do_brasil.html>.
Acesso em: 9 fev. 2015.

a) O trecho citado anteriormente é construído em torno de determinadas palavras que provêm de um mesmo elemento de composição. Qual é esse elemento e quais são essas palavras?

b) Qual a relação dessas palavras com o assunto do trecho?

c) Você conhece outras palavras que têm o mesmo elemento em sua composição? O que essas palavras significam?

Composição por aglutinação

1. Leia o texto.

Cariama cristata
Cariamidae

Aves pernaltas de porte avantajado, terrícolas, [que] nidificam sobre as árvores. Asas largas com penas rijas e cauda longa. A plumagem é cinzenta com algumas tonalidades pardacentas ou amareladas. [...] Come gafanhotos e outros artrópodes roedores, lagartos e outros animais pequenos, inclusive pequenas cobras. [...] Não é imune ao veneno ofídico. [...] Vive nos cerrados, campos sujos e também nos planaltos descampados do Sudeste do Brasil.

IBAMA. Algumas das espécies da nossa fauna. Disponível em: <http://www.ibama.gov.br/fauna/especies.php>. Acesso em: 9 fev. 2015.

Seriema

a) No trecho, há algumas palavras formadas por aglutinação. Anote-as no caderno de acordo com os significados abaixo.

 I. Que fica entre o Sul e o Leste.

 II. Que tem pernas altas.

b) A partir de que palavras elas foram formadas?

c) A caracterização da ave, na primeira frase do texto, justifica o uso da classificação "ave pernalta"? Por quê?

2. Observe a imagem da saga *Crepúsculo* e a legenda que a acompanha.

a) Na legenda, aparecem dois substantivos que nomeiam seres fictícios. Qual a relação desses substantivos com o título da saga?

b) A palavra **lobisomem** formou-se pelo processo de composição por aglutinação (lobis+homem). Compare.

lobo-homem   **homem-lobo**   **lobisomem**

c) Em sua opinião, por que prevaleceu no uso a palavra **lobisomem** em vez de **lobo--homem** ou **homem-lobo**?

Bella (protagonista da saga *Crepúsculo*) descobre que seu melhor amigo faz parte de uma alcateia de lobisomens, inimigos naturais dos vampiros.

Composição por justaposição

1. Leia os versos desta canção.

    ### Passaredo

Ei, pintassilgo	Xô, ave-fria
Oi, pintarroxo	Xô, pescador-martim
Melro, uirapuru	Some, rolinha
Ai, chega-e-vira	Anda, andorinha
Engole-vento	Te esconde, bem-te-vi
Saíra, inhambu	Voa, bicudo
Foge asa-branca	Voa, sanhaço
Vai, patativa	Vai, juriti
Tordo, tuju, tuim	Bico calado
Xô, tié-sangue [...]	Muito cuidado
Ei, quero-quero	Que o homem vem aí
Oi, tico-tico	O homem vem aí
Anum, pardal, chapim	O homem vem aí
Xô, cotovia	

    HIME, Francis e BUARQUE, Chico. *Passaredo*. In: Chico Buarque. Meus caros amigos. Philips, 1976.

    a) Qual a relação das palavras da canção com o título?
    b) Qual a intenção do eu poético ao nomear tantos pássaros e aves?
    c) O eu poético aconselha os pássaros a fugir ou se esconder e a não cantar. Por quê?
    d) Parte dos nomes de pássaros citados na canção é composta de duas palavras, pelo processo da justaposição. Encontre nos versos um exemplo de nome formado por dois verbos, um por dois substantivos e um por substantivo e adjetivo.
    e) Você conhece outros pássaros ou aves cujos nomes sejam compostos dessa maneira?

2. Leia estes títulos de matérias jornalísticas e observe as palavras neles destacadas.

    I

    Veja a cronologia das tréguas entre Israel e o Hamas nos últimos dias

    Israel e Hamas iniciaram trégua humanitária na manhã deste sábado (26). Grupos não entram em acordo sobre a extensão do cessar-fogo

    Disponível em: <http://g1.globo.com/mundo/noticia/2014/07/veja-cronologia-das-treguas-entre-israel-e-o-hamas-nos-2-ultimos-dias.html>. Acesso em: 9 fev. 2015.

    II

    Prêmio de fotografia da Sociedade de Biologia

    A ONG 'Sociedade de Biologia' do Reino Unido promove o concurso internacional de fotografia. O tema deste ano é 'Lar, Habitat e Abrigo', confira as imagens dos finalistas.

    Disponível em: <http://veja.abril.com.br/multimidia/galeria-fotos/premio-de-fotografia-da-sociedade-de-biologia-2014/>. Acesso em: 31 mar. 2015.

III Astrologia
Novo ciclo lunar traz ilusões e enganos e pede cuidado

Disponível em: <http://vidaeestilo.terra.com.br/horoscopo/astrologia/novo-ciclo-lunar-traz-ilusoes-e-enganos-e-pede-cuidado,26413192bdd08410VgnVCM20000099cceb0aRCRD.html>. Acesso em: 9 fev. 2015.

IV. Programa de Estágio em Oftalmologia 2015
Está aberto o Programa de Estágio em Oftalmologia 2015, realizado pelo Visão Institutos Oftalmológicos.

Disponível em: <http://www.jornalbrasil.com.br/?pg=desc-noticias&id=157283&nome=Programa%20de%20Est%E1gio%20em%20Oftalmologia%202015>. Acesso em: 9 fev. 2015.

V Dicas de psicologia
Quais as cinco chaves para ser feliz?
É possível que cada pessoa encontre a felicidade de uma forma distinta, mas existem chaves comuns que facilitam esse caminho. [...] Todas são essenciais para uma vida feliz.

Disponível em: <http://br.mundopsicologos.com/artigos/categoria/dicas-de-psicologia>. Acesso em: 9 fev. 2015.

VI Estágio do Estudante de Odontologia: regulação e responsabilidades
Universitários devem observar normas do CFO no período de estágio.

Disponível em: <http://cfo.org.br/todas-as-noticias/estagio-do-estudante-de-odontologia-regulacao-e-responsabilidades/>. Acesso em: 9 fev. 2015.

Todas as fases da Lua no ciclo lunar.

a) As palavras destacadas nos títulos das matérias têm em comum o elemento de composição **-logia**. Considerando o contexto em que são usadas, qual seria o significado desse elemento que as compõe?

b) Com base em sua resposta anterior, consulte o quadro ao lado e explique no caderno o significado das palavras **cronologia**, **biologia**, **astrologia**, **oftalmologia**, **psicologia** e **odontologia**.

c) Que outras palavras você conhece que apresentam o mesmo elemento **-logia** em sua composição?

3. Reflita: a que se deve a necessidade de processos de formação de palavras em um idioma?

> Elementos de composição e seus significados:
> - **crono-:** tempo
> - **bio-:** vida
> - **astro-:** estrela, corpo celeste
> - **oftalmo-:** olho
> - **psico-:** sopro de vida, alma, espírito
> - **odonto-:** dente

> A formação de palavras está em nosso dia a dia e no discurso da ciência, que recorre, por exemplo, aos elementos de composição gregos e latinos para nomear as medidas do mundo da tecnologia. Os elementos gregos que indicam essas medidas são:
> - **mega:** um milhão de unidades;
> - **giga:** um bilhão de unidades;
> - **tera:** um trilhão de unidades;
> - **peta:** um quatrilhão de unidades.

33

teia do saber

1. A formação de palavras por composição é um mecanismo da língua para exprimir conceitos simultâneos, sintetizando uma explicação mais longa. Tente descobrir o nome, formado por composição, de cada ser, fenômeno ou objeto descrito.

a) Pássaro que, ao se alimentar do néctar da flor, parece beijá-la.

b) Inseto que tem luz própria e vaga sem destino pelo ar.

c) Jogo de montagem de peças que obriga uma pessoa a raciocinar muito.

d) Arco luminoso originado pela refração da luz branca nas gotículas suspensas da chuva.

2. Observe.

Sambódromo

Televendas

Videolocadora

Hortifrutigranjeiros

Telentrega

a) Anote no caderno as palavras formadas por justaposição que exprimem os trechos a seguir.

 I. Entregas a distância/Entregamos pedidos feitos por telefone.

 II. Frutas e produtos que têm origem em hortas e granjas.

 III. Lugar onde desfilam escolas de samba.

 IV. Fazemos vendas por meio do telefone.

 V. Alugamos vídeos.

b) A justaposição na formação dessas palavras atende a uma estratégia de publicidade e vendas, que poderíamos chamar de necessidade de novas palavras, desejo de rapidez e concisão na informação ou esclarecimento do que se trata o anúncio?

3. Leia esta matéria.

[...] Das quase 1 000 espécies de morcegos, apenas três são hematófagas, isto é, alimentam-se exclusivamente de sangue. [...]

Os hábitos alimentares dos morcegos são os mais diversos dentro de uma única ordem de mamíferos. Há um numeroso contingente de devoradores de insetos (insetívoros), amantes de frutas (frugívoros), apaixonados por néctar (nectarívoros), gourmets de peixes (piscívoros), apreciadores de pequenos vertebrados (carnívoros), glutões que comem de tudo um pouco, como frutos, flores e pequenos vertebrados (onívoros), e os já citados hematófagos. Ah, sim, na luta pela sobrevivência, vale tudo: há morcegos que comem outros morcegos. [...]

Superinteressante. Disponível em: <http://super.abril.com.br/mundo-animal/morcegos-443423.shtml>. Acesso em: 9 fev. 2015.

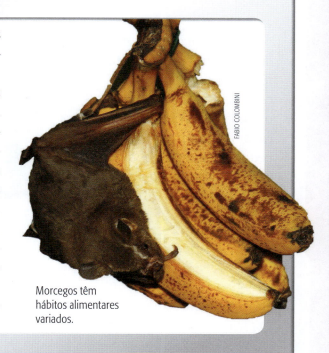

Morcegos têm hábitos alimentares variados.

a) De acordo com o texto, todos os morcegos se alimentam de sangue? Por quê?

b) Os elementos da composição de **hematófago** são **hemato-** (**sangue**) e **-fago** (**comer**). Nas palavras usadas para classificar outros animais, de acordo com seus hábitos alimentares, é usado também o elemento **-voro**, com significado equivalente a **-fago**, de **hematófago**. Escreva outras palavras formadas por **-voro**.

ATIVIDADE DE ESCUTA

Em uma atividade de escuta, existem alguns pontos que demonstram que se compreendeu o que foi ouvido: ser capaz de refletir, fazer comentários e opinar. Nesta unidade, analisamos alguns dos elementos constitutivos do gênero conto. Ouça atentamente o conto que será lido pelo professor para responder às questões propostas.

1. Qual o tema explorado no conto?
2. Qual o clímax do conto?
3. O final surpreende o leitor. Por quê?
4. Como você interpreta a ação do primeiro velhinho?

LEITURA 2

ANTES DE LER

A imagem da capa do livro **Contos reunidos** está intimamente relacionada com o conto que leremos a seguir. Poderia o oceano caber em um frasco tão pequeno? Vamos ver o que essa imagem tem a ver com o conto.

1. Observe ao lado a capa de uma das edições do livro *Contos reunidos*, em que aparece o conto que você vai ler. A imagem da capa é o resultado de uma montagem de fotos que representam elementos do mundo real. O que há de estranho nessa imagem que não poderia acontecer no mundo real?

2. Murilo Rubião ficou conhecido como um dos melhores representantes do conto fantástico brasileiro. Que características você acha que é posssível encontrar nos contos desse livro de Murilo Rubião?

Bárbara

Bárbara gostava somente de pedir. Pedia e engordava.

Por mais absurdo que pareça, encontrava-me sempre disposto a lhe satisfazer os caprichos. Em troca de tão constante dedicação, dela recebi frouxa ternura e pedidos que se renovavam continuamente. Não os retive todos na memória, preocupado em acompanhar o crescimento do seu corpo, se avolumando à medida que se ampliava sua ambição. Se ao menos ela desviasse para mim parte do carinho dispensado às coisas que eu lhe dava, ou não engordasse tanto, pouco me teriam importado os sacrifícios que fiz para lhe contentar a mórbida mania. [...]

Houve tempo – sim, houve – em que me fiz duro e ameacei abandoná-la ao primeiro pedido que recebesse.

Até certo ponto, minha advertência produziu o efeito desejado. Bárbara se refugiou num mutismo agressivo e se recusava a comer ou conversar comigo. Fugia à minha presença, escondendo-se no quintal e contaminava o ambiente com uma tristeza que me angustiava. Definhava-lhe o corpo, enquanto lhe crescia assustadoramente o ventre.

Desconfiado de que a ausência de pedidos em minha mulher poderia favorecer uma nova espécie de fenômeno, apavorei-me. O médico me tranquilizou. Aquela barriga imensa prenunciava apenas um filho.

Ingênuas esperanças fizeram-me acreditar que o nascimento da criança eliminasse de vez as estranhas manias de Bárbara. E suspeitando que a sua magreza e palidez fossem prenúncio de grave moléstia, tive medo que, adoecendo, lhe morresse o filho no ventre. Antes que tal acontecesse, lhe implorei que pedisse algo.

Pediu o oceano.

Bárbara, 2006, de Leo Brizola.

Não fiz nenhuma objeção e embarquei no mesmo dia, iniciando longa viagem ao litoral. Mas, frente ao mar, atemorizei-me com o seu tamanho. Tive receio de que a minha esposa viesse a engordar em proporção ao pedido, e lhe trouxe somente uma pequena garrafa contendo água do oceano.

No regresso, quis desculpar meu procedimento, porém ela não me prestou atenção. Sofregamente, tomou-me o vidro das mãos e ficou a olhar, maravilhada, o líquido que ele continha. Não mais o largou. Dormia com a garrafinha entre os braços e, quando acordada, colocava-o contra a luz, provava um pouco da água. Entrementes, engordava.

Momentaneamente despreocupei-me da exagerada gordura de Bárbara. As minhas apreensões voltavam-se agora para o seu ventre a dilatar-se de forma assustadora. [...]

Para meu desapontamento, nasceu um ser raquítico e feio, pesando um quilo. Desde os primeiros instantes, Bárbara o repeliu. Não por ser miúdo e disforme, mas apenas por não o ter encomendado. [...]

Quando Bárbara se cansou da água do mar, pediu-me um baobá, plantado no terreno ao lado do nosso. De madrugada, após certificar-me de que o garoto dormia tranquilamente, pulei o muro divisório com o quintal do vizinho e arranquei um galho da árvore.

Ao regressar a casa, não esperei que amanhecesse para entregar o presente à minha mulher. Acordei-a, chamando baixinho pelo seu nome. Abriu os olhos, sorridente, adivinhando o motivo por que fora acordada:

— Onde está?

— Aqui. E lhe exibi a mão, que trazia oculta nas costas.

— Idiota! gritou, cuspindo no meu rosto. — Não lhe pedi um galho. — E virou para o canto, sem me dar tempo de explicar que o baobá era demasiado frondoso, medindo cerca de dez metros de altura.

Dias depois, como o dono do imóvel recusava-se vender a árvore separadamente, tive que adquirir toda a propriedade por um preço exorbitante.

Fechado o negócio, contratei o serviço de alguns homens que, munidos de picaretas e de um guindaste, arrancaram o baobá do solo e o estenderam no chão.

Feliz e saltitante, lembrando uma colegial, Bárbara passava as horas passeando sobre o grosso tronco. Nele também desenhava figuras, escrevia nomes. Encontrei o meu debaixo de um coração, o que muito me comoveu. Este foi, no entanto, o único gesto de carinho que dela recebi. Alheia à gratidão com que eu recebera a sua lembrança, assistiu ao murchar das folhas e, ao ver seco o baobá, desinteressou-se dele. [...]

Muito tarde verifiquei a inutilidade dos meus esforços para modificar o comportamento de Bárbara. Jamais compreenderia o meu amor e engordaria sempre. Deixei que agisse como bem entendesse e aguardei resignadamente novos pedidos. Seriam os últimos. Já gastara uma fortuna com as suas excentricidades.

Baobá, árvore cujo tronco chega a atingir 9 metros de diâmetro.

37

Afetuosamente, chegou-se para mim, uma tarde, e me alisou os cabelos. Apanhado de surpresa, não atinei de imediato com o motivo do seu procedimento. Ela mesma se encarregou de mostrar a razão:

— Seria tão feliz, se possuísse um navio!

— Mas ficaremos pobres, querida. Não teremos com que comprar alimentos e o garoto morrerá de fome.

— Não importa o garoto, teremos um navio, que é a coisa mais bonita do mundo.

Irritado, não pude achar graça nas suas palavras. Como poderia saber da beleza de um barco, se nunca tinha visto um e se conhecia o mar somente através de uma garrafa?!

Contive a raiva e novamente embarquei para o litoral. Dentre os transatlânticos ancorados no porto, escolhi o maior. Mandei que o desmontassem e o fiz transportar à nossa cidade. [...]

Montado o barco, ela se transferiu para lá e não mais desceu à terra. Passava os dias e as noites no convés, inteiramente abstraída de tudo que não se relacionasse com a nau.

O dinheiro escasso, desde a compra do navio, logo se esgotou. Veio a fome, o guri esperneava, rolava na relva, enchia a boca de terra. Já não me tocava tanto o choro de meu filho. Trazia os olhos dirigidos para minha esposa, esperando que emagrecesse à falta de alimentação.

Não emagreceu. Pelo contrário, adquiriu mais algumas dezenas de quilos. A sua excessiva obesidade não lhe permitia entrar nos beliches e os seus passeios se limitavam ao tombadilho, onde se locomovia com dificuldade.

Eu ficava junto ao menino e, se conseguia burlar a vigilância de minha mulher, roubava pedaços de madeira ou ferro do transatlântico e trocava-os por alimento.

Vi Bárbara, uma noite, olhando fixamente o céu. Quando descobri que dirigia os olhos para a lua, larguei o garoto no chão e subi depressa até o lugar em que ela se encontrava. Procurei, com os melhores argumentos, desviar-lhe a atenção. Em seguida, percebendo a inutilidade das minhas palavras, tentei puxá-la pelos braços. Também não adiantou. O seu corpo era pesado demais para que eu conseguisse arrastá-lo.

Desorientado, sem saber como proceder, encostei-me à amurada. Não lhe vira antes tão grave o rosto, tão fixo o olhar. Aquele seria o derradeiro pedido. Esperei que o fizesse. Ninguém mais a conteria.

Mas, ao cabo de alguns minutos, respirei aliviado. Não pediu a lua, porém uma minúscula estrela, quase invisível a seu lado. Fui buscá-la.

RUBIÃO, Murilo. *O pirotécnico Zacarias*. São Paulo: Ática, 1986.

Antes de iniciar o estudo do texto, tente descobrir o sentido das palavras desconhecidas pelo contexto em que elas aparecem. Se for preciso, consulte o dicionário.

EXPLORAÇÃO DO TEXTO

1. O primeiro parágrafo do texto já antecipa toda a ação da narrativa.

  a) Há uma palavra nesse parágrafo que reforça a ideia de que o ato de Bárbara pedir era obsessivo. Qual é?

  b) O que há de estranho ou fora do comum na personagem que é revelado ao leitor logo no início da narrativa?

  c) Cite alguns episódios em que os pedidos de Bárbara são absurdos ou impossíveis de serem realizados no mundo real.

  d) O que há de real na personagem Bárbara?

> O **conto fantástico** explora a convivência entre o real e o fantasioso, isto é, o estranho, o extraordinário, o que só existe na imaginação.
> Um dos traços característicos do conto fantástico moderno é a aceitação das personagens diante dos eventos insólitos (incomuns), que se tornam corriqueiros, comuns.

2. Os pedidos de Bárbara vão ficando cada vez mais difíceis de serem atendidos ao longo do conto. O que, na reação do marido a esses pedidos, mais chama a atenção?

3. No conto, a única personagem que recebe nome é Bárbara. Que significado assume no texto o fato de o homem ser mencionado apenas como "marido"?

4. Em um conto fantástico, o narrador é figura central da narrativa.

  a) Quem é o narrador do conto?

  b) É um narrador observador ou uma personagem que participa da história?

  c) Qual a importância dessa escolha de ponto de vista para a narrativa?

Realidade x fantasia

Em uma entrevista, Murilo Rubião fala sobre o desafio a vencer ao escrever um conto fantástico: "O desafio principal é exatamente a dificuldade que o escritor tem de impor uma possível realidade como sendo realidade, o suprarreal dado em termos claros e normais. Como se a convivência cordial com os seus dragões, os seus monstros, tivesse a maior naturalidade."

Disponível em: <http://www.mondoweb.com.br/murilorubiao/teste05/entrevista.aspx#topo>. Acesso em: 9 fev. 2015.

🛈 PARA LEMBRAR

NÃO DEIXE DE LER

- *Histórias fantásticas*, vários autores, editora Ática
  Reúne autores brasileiros e estrangeiros que escreveram histórias fantásticas em que o mundo real e o imaginado se misturam.

39

Outros processos de formação de palavras

Onomatopeia

1. Leia estes versos de uma canção.

> O coração do meu peito tique-taque, tique-taque
> Bate por você também
>
> Teixeirinha. *Bate, bate, coração.* Disponível em: <http://letras.terra.com.br/teixeirinha-musicas/806668/>. Acesso em: 9 fev. 2015.

A **onomatopeia** é um recurso de linguagem que procura reproduzir determinado som.

a) Por meio de que palavra o compositor busca imitar o som das batidas de seu coração?

2. A palavra que você indicou recebe o nome de **onomatopeia**. Indique no caderno as palavras derivadas de onomatopeias nos trechos a seguir e explique sua formação.

a)
> Miau, boa pedida,
> eu sou um gato,
> gato miando nos telhados lá da Augusta.
>
> CHAVES, Juca. *Nós, os gatos.* Disponível em: <http://letras.terra.com.br/juca-chaves/380113/>. Acesso em: 9 fev. 2015.

ILUSTRAÇÕES ANDRÉ FLAUZINO

b)
> A reprodução é o único motivo pelo qual os mosquitos picam e, portanto, apenas as fêmeas procuram o sangue humano. As da espécie Culex, por exemplo, atacam durante a noite e, muito provavelmente, são elas que fazem aquele zumbido agudo que perturba o seu sono.
>
> *Superinteressante.* Disponível em: <http://super.abril.com.br/ciencia/mosquitos-perigo-ar-442853.shtml>. Acesso em: 9 fev. 2015.

Abreviação vocabular

1. Leia este texto pergunta-resposta, tirado de uma revista.

> **O que mudou nas regras do futsal nos últimos 20 anos?**
>
> Praticamente tudo. Antes das mudanças, a bola era bem menor e mais pesada, existiam bandeirinhas, cobrava-se lateral com as mãos, o juiz dava acréscimo ao tempo de jogo e por aí em diante.
>
> Revista *Mundo Estranho.* Disponível em: <http://mundoestranho.abril.com.br/esporte/pergunta_287075.shtml>. Acesso em: 16 nov. 2011.

a) O que quer dizer **futsal**?
b) Tente explicar como se formou essa palavra na língua portuguesa.

REFLEXÃO SOBRE A LÍNGUA

2. A abreviação de palavras é um mecanismo que também dá origem a palavras novas na língua.

   a) Pense no seu dia a dia. Você conhece outras palavras ou expressões em que acontece esse mesmo fenômeno?

   b) Na abreviação vocabular, ocorre perda de fonemas. Em sua opinião, qual a intenção das pessoas quando abreviam uma palavra ou expressão?

> A **abreviação vocabular** é um mecanismo que dá origem a palavras por meio da redução de outras já existentes até o limite permitido pela compreensão.

Neologismo

Novas palavras são frequentemente incorporadas à língua devido à evolução da sociedade e às novas conquistas tecnológicas. Essas palavras são chamadas de **neologismos**.

1. Leia o texto e tente identificar nele um neologismo.

> **Quem deseja provar que não bebeu terá de recorrer ao bafômetro, diz ministro**
>
> O ministro da Justiça [...] afirmou nesta terça-feira que o governo federal estuda com o Congresso Nacional modificar a Lei Seca de forma que os motoristas com sinais de embriaguez possam ser enquadrados mesmo sem fazerem o teste do bafômetro.
>
> A Tribuna. Disponível em: <http://www.atribuna.com.br/noticias.asp?idnoticia=134057&idDepartamento=8&idCategoria=0>. Acesso em: 9 fev 2015.

Neologismos são inovações linguísticas; podem ser de conhecimento coletivo ou de uso particular de um autor. Podem surgir de:
- criações dentro dos usos da língua: **sem-teto**, **sem-terra**;
- palavras antigas com novos sentidos: **mala** (pessoa inconveniente);
- criações literárias: "Havia uma aldeia em algum lugar, nem maior nem menor, com velhos e velhas que **velhavam** [...]", Guimarães Rosa, *Fita verde no cabelo*.
- criações populares, como: **pivete**.

   a) Qual o neologismo presente no trecho da notícia e o que ele significa?
   b) De que forma foi formada essa palavra?
   c) Essa formação obedece às regras da língua portuguesa para a formação de palavras? Explique.

2. Leia o fragmento de uma narrativa.

> Começou. Uma correria. Ir pra loja com os cadernos, estudar no meio do almoço, tomar um banho **voando**, engolir um jantar expresso e correr pra escola. Primeiro sentei com a **moçada do fundão**: Agatha, Ré, Sil, Jô e mais um bando. Depois percebi que só saía **papo** e que não conseguia ouvir nada. Pulei pra **turma do gargarejo**.
>
> ANDRADE, Telma Guimarães Castro. *Rita-você-é-um-doce*. São Paulo: Atual, 2005.

   a) Observe as palavras e expressões destacadas. Elas são próprias da linguagem informal. Explique cada uma delas.
   b) Em sua opinião, palavras e expressões como essas podem ser consideradas neologismos?

41

Empréstimo

Novas palavras são também incorporadas à língua devido ao contato entre povos de línguas diferentes. São os **empréstimos**.

1. Leia este trecho de notícia.

Rogério Ceni bate novo recorde mundial com vitória sobre o Goiás

O goleiro Rogério Ceni se tornou o jogador profissional com mais vitórias pelo mesmo clube no futebol mundial. [...]

Além da marca que ele bateu nesta segunda, Rogério Ceni já era reconhecido pelo livro dos recordes como o jogador que mais defendeu a camisa do mesmo clube (1.117 jogos), o que mais vezes foi capitão (866) e o goleiro com o maior número de gols (113). [...]

Disponível em: <http://esporte.uol.com.br/futebol/campeonatos/brasileiro/serie-a/ultimas-noticias/2014/10/27/rogerio-bate-outro-recorde-mundial-o-jogador-com-mais-vitorias-na-carreira.htm>. Acesso em: 9 fev. 2015.

a) Qual é o assunto do trecho?

b) No trecho, há várias palavras que foram "emprestadas" de outras línguas para o português. Quais são elas e de que língua vieram? Se necessário, consulte um dicionário.

As palavras que vieram de outras línguas e entraram no vocabulário do português ao longo de sua evolução, quando incorporadas ao vocabulário, geralmente, são aportuguesadas, isto é, passam a ser escritas conforme as regras do português, como as que vimos acima. Quando mantêm sua grafia original, são chamadas de **estrangeirismos**.

2. Observe os estrangeirismos empregados no texto.

Trinta minutos depois de embarcar no trem em Amsterdã, o visitante descobre que o clima de festa e agitação da capital holandesa ficou para trás. [...] Saem de cena as baladas da capital, entram as manifestações artísticas. Em plena primavera, você pode deparar com um piano (!) sobre rodas, circulando por um *shopping center* e seguido de perto por uma pequena multidão, que aplaude o repertório tocado ao vivo. [...] Pode ser uma criativa projeção no pátio de uma igreja, um show de luzes no teto de um belo edifício histórico, um sutil jogo de ilusão de ótica sob uma ponte.

O Estado de S. Paulo, 29 mar. 2011.

Shopping center e *show* são estrangeirismos e conservam a grafia da língua de origem, que é o inglês. Que palavras ou expressões poderiam substituí-los em português?

> **Empréstimos** são palavras de outros idiomas incorporadas a uma língua; podem ser adaptados graficamente ou conservar a grafia de origem – nesse caso, são chamados de **estrangeirismos**.

42

1. Leia o fragmento de uma matéria jornalística.

Troque o agito pela cultura de Utrecht

Assim como a festeira Amsterdã, cidade tem canais, prédios de tijolinho aparente, bicicletas nas ruas. Mas se destaca mesmo pela ampla oferta de opções artísticas

Disponível em: <http://www.estadao.com.br/noticias/suplementos, troque-o-agito-pela-cultura-de-utrecht,698488,0.htm>. Acesso em: 9 fev. 2015.

a) Indique no caderno a palavra formada por abreviação vocabular.

b) Experimente substituir a palavra formada por abreviação pela que lhe deu origem. O que é possível observar levando-se em conta, principalmente, que se trata de um título de matéria jornalística?

2. Leia a tira abaixo.

ITURRUSGARAI, Adão. Disponível em: <http://www2.uol.com.br/adaoonline/v2/tiras/aline/tiras/killer10.htm>. Acesso em: 18 nov. 2011.

a) O que provoca humor na tira?

b) O policial, no último quadrinho, chama um dos garotos de "anglicista". Por quê?

3. Leia o poema reproduzido a seguir.

Estrelas

Há estrelas brancas, azuis, verdes, vermelhas.
Há estrelas-peixes, estrelas-pianos, estrelas-meninas,
Estrelas-voadoras, estrelas-flores, estrelas-sabiás.
Há estrelas que veem, que ouvem,
Outras surdas, outras cegas.
Há muito mais estrelas que máquinas, burgueses e operários:
Quase que só há estrelas.

MENDES, Murilo. Os quatro elementos. 1935. Em: QUINET, Antonio. *A lição de Charcot*. Rio de Janeiro: Jorge Zahar editores, 2005. p. 88.

a) Nesse poema, Murilo Mendes utiliza muitas figuras de linguagem.

• Procure um exemplo de personificação e um de hipérbole.

• Com que intenção poderiam ser utilizadas essas figuras?

43

b) O poeta cria uma série de neologismos. Quais são eles?

c) Que efeito produzem esses neologismos no poema?

4. Leia o parágrafo abaixo.

> Antônio Maria [de Araújo Morais] [...] nasceu em Recife, PE, em 17 de março de 1921. [...] Cronista, jornalista, radialista esportivo [...], [...] apaixonado pela boemia, virava noites rindo e brincando com Vinícius de Moraes [...]. Quando ficou doente (um enfarte), o médico lhe tirou tudo o que gostava: a costela, a feijoada. Seguiu adiante com bom humor e resignação. Um dia cansou, e veio o segundo infarto. [...] [E] escreveu a tão famosa frase: *"Com vocês, por mais incrível que pareça, Antônio Maria, brasileiro, cansado, 43 anos, cardisplicente (isto é: desdenha o próprio coração). Profissão: esperança."*
>
> Disponível em: <http://mpbnet.com.br/musicos/antonio.maria/>.
> Acesso em: 13 abr. 2015.

a) De que modo o uso da palavra esperança, designada como a profissão do autor, se explica no contexto?

b) Procure no trecho lido um exemplo de palavra criada pelo processo de composição.

c) Que elementos participam da composição da palavra que você selecionou?

5. Leia esta notícia que comenta o uso de estrangeirismos na língua portuguesa.

> ### Aurélio incorpora estrangeirismos e transforma Twitter em verbo
>
> A nova versão do dicionário Aurélio irá incorporar alguns estrangeirismos à língua portuguesa.
>
> O serviço de microblog Twitter rendeu um novo verbo ao Aurélio: "tuitar", que o dicionário ensina a conjugar como "eu tuito", embora a maioria das pessoas pronuncie "eu tuíto", hiato em vez de ditongo, segundo informa a Folha.com.
>
> Foram incluídos também os substantivos "bullying", "pet shop", "sex shop", "pen drive" e "reality show". "Tuíte" e "post", no entanto, ficaram fora da lista de novas aquisições à língua.
>
> Disponível em: <http://portalimprensa.uol.com.br/portal/ultimas_noticias/2010/11/03/imprensa39030.shtml>.
> Acesso em: 9 fev. 2015.

a) Qual recurso gráfico é utilizado pelo autor da notícia para sinalizar os estrangeirismos?

b) O próprio autor usa um estrangeirismo em seu texto. Qual?

c) Dos estrangeirismos incorporados ao dicionário, nenhum sofreu adaptação à grafia do português. Por que isso aconteceu?

d) O que você acha do uso de estrangeirismos na língua? Todos eles devem ser incorporados ao dicionário?

FIQUE ATENTO... AOS USOS DO HÍFEN

1. Leia esta charge.

Disponível em: <http://d.yimg.com/gg/rachdonna/34d7d64f056ce1e476170310f3d7f2ba99abf617.jpeg>. Acesso em: 9 fev. 2015.

a) A resposta obtida pelo cliente está de acordo com o contexto da cena (uma oficina de assistência técnica)? Por quê?

b) Você sabe por que o técnico dá essa resposta? Se não souber, converse com seus colegas e professor.

2. Observe.

a) Anote no caderno a palavra de cada título de matéria com o mesmo tipo de formação que a palavra micro-ondas.

> **I** Anti-inflamatório reduz risco de mal de Parkinson
>
> *Folha de S.Paulo*. Disponível em: <http://www.folha.uol.com.br/>. Acesso em: 23 nov. 2011.
>
> **II** Hospitais preparam contra-ataque
>
> *Correio Braziliense*. Disponível em: <http://www.correiobraziliense.com.br>. Acesso em: 23 nov. 2011.

b) O que a formação do vocábulo micro-ondas tem em comum com as palavras que você destacou?

c) Qual seria a regra para o emprego do hífen nessas palavras?

Essa mesma regra vale para as palavras formadas por outros prefixos ou por outros elementos, como **aero-**, **agro-**, **auto-**, **bio-**, **eletro-**, **geo-**, **hidro-**, **inter-**, **macro-**, **micro-**, **mini-**, **multi-**, **neo-**, **pan-**, **pluri-**, **pseudo-**, **semi-**, **tele-** etc.

> Nas palavras formadas por prefixação ou por acréscimo de outro elemento:
> - **emprega-se hífen** quando o primeiro elemento termina pela mesma vogal com que se inicia o segundo elemento. Exemplos: **anti-imperialista**, **auto-observação**, **contra-atacar**, **micro-ônibus**, **semi-internato** etc.;
> - **não se emprega hífen** quando o primeiro elemento termina por vogal diferente daquela com que se inicia o segundo elemento. Exemplos: **hidroavião**, **antiaderente**, **autoajuda**, **contraexemplo**, **microeconomia** etc.

3. Agora leia.

| antiaéreo   autoadesivo   eletroeletrônico   semiaberto |

A grafia dessas palavras confirma o que você observou na atividade 2?

4. Observe as palavras destacadas nos trechos a seguir.

I

JOVENS ESCRITORES

Livros digitais e internet abrem possibilidade para autopublicação.

Disponível em: <http://noticias.universia.com.br/>. Acesso em: 21 nov. 2011.

II

NOVA LANTERNA INFRAVERMELHA BRILHA POR 360 HORAS

Disponível em: <http://info.abril.com.br/noticias/ciencia/>. Acesso em: 21 nov. 2011.

Que regra você estabeleceria para o emprego do hífen com base na grafia das palavras **autopublicação** e **infravermelha**?

> Não se emprega hífen se o primeiro elemento da formação da palavra termina com vogal e o segundo inicia com consoante. Exemplos: **anteprojeto**, **geopolítica**, **semicírculo**.

5. Observe a capa destes livros.

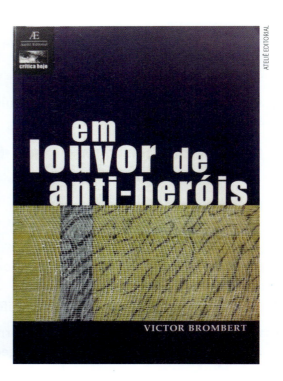

O segundo elemento de **pré-história** e **anti-herói** começa com a letra **h**. Esse fato é responsável por outra regra da prefixação. Como você a escreveria?

> Emprega-se o hífen quando o segundo elemento de formação da palavra começa com **h**. Exemplos: **anti-higiênico**, **ultra-honesto** etc.

46

6. Leia a informação antes de responder à questão.

> Nas palavras formadas por prefixação ou acréscimo de outro elemento, quando o segundo elemento da palavra começa por **r** ou **s**, essas letras são dobradas.

Nos fragmentos de matérias jornalísticas a seguir, quais palavras exemplificam essa regra?

I
No dia 27 de junho, estreia no Teatro Café Pequeno o espetáculo "Antessala" [...]. Com texto de Lucília e direção da Guida Viana, o espetáculo conta a história de duas mulheres que se conhecem na antessala de um consultório de psicanálise. [...]

Disponível em: <http://ritmocultural.blogspot.com.br/2014/06/no-dia-27-de-junho-estreia-no-teatro.html>. Acesso em: 11 fev. 2015

II
Um fotógrafo se surpreendeu com as imagens feitas por um macaco da espécie Macaca nigra, que roubou sua câmera e acabou fazendo um "sorridente" autorretrato em um pequeno parque nacional na ilha de Sulawesi, na Indonésia. [...]

Disponível em: <http://g1.globo.com/planeta-bizarro/noticia/2011/07/macaco-rouba-camera-de-fotografo-e-faz-um-autorretrato-sorridente.html>. Acesso em: 11 fev. 2015.

7. Agora leia estes fragmentos de matérias jornalísticas.

I
Ron Mueck leva suas esculturas hiper-realistas à Pinacoteca de SP
A partir de 20 de novembro, a Pinacoteca de São Paulo presenteia o público com as esculturas hiper-realistas do artista australiano Ron Mueck.

Disponível em: <https://catracalivre.com.br/sp/agenda/barato/ron-mueck-leva-suas-esculturas-hiper-realistas-a-pinacoteca/>. Acesso em: 11 fev. 2015.

II
Justin Bieber tem um Cadillac inspirado no Batmóvel
"Sou fã do super-herói e queria um carro assim há muito tempo", revelou o cantor durante um programa que será exibido na televisão norte-americana nas próximas semanas.

Disponível em: <http://www.dn.pt/pesquisa/default.aspx?Pesquisa=super-herói>. Acesso em: 21 nov. 2011.

III
Supermercados de Manaus abrem 1,2 mil vagas temporárias de fim de ano
Vagas são para balconista, operador de caixa e repositor de mercadorias. Oportunidades são oferecidas nos principais estabelecimentos da cidade.

Disponível em: <http://g1.globo.com/am/amazonas/noticia/2014/11/supermercados-de-manaus-abrem-12-mil-vagas-temporarias-de-fim-de-ano.html>. Acesso em: 11 fev. 2015.

a) No caderno, anote as palavras em que aparecem os prefixos hiper- e super- e observe a presença ou não do hífen.

b) Observando a letra inicial do segundo elemento de cada palavra, em que casos se emprega o hífen nas palavras que têm os prefixos hiper- e super-?

> Usa-se o hífen após **hiper-**, **inter-** e **super-** quando o elemento que vem a seguir começa com **r** ou **h**. Exemplos: **hiper--rancoroso**, **inter-racial**, **super-homem** etc.
>
> Não se usa hífen quando esses prefixos se juntam a elementos iniciados por vogal ou outras consoantes: **hipercalórico**, **interamericano**, **supersensível** etc.

8. Você viu na atividade 1 palavras formadas por justaposição que são grafadas com hífen. Em geral, quando formadas dessa maneira, são ligadas por hífen, mas há exceções. Leia.

> [...] À tardinha o Leonardo entrou pela loja do compadre, aflito e triste. O pequeno estremeceu no banco em que se achava sentado, lembrando-se do passeio aéreo que o **pontapé** de seu pai lhe fizera dar de manhã.
>
> ALMEIDA, Manuel Antônio de. *Memórias de um sargento de milícias.*
> Disponível em: <http://www.dominiopublico.gov.br/download/texto/bn000022.pdf>.
> Acesso em: 11 fev. 2015.

a) A que se refere o narrador ao falar do "passeio aéreo" do pequeno?

b) Qual o processo de formação da palavra **pontapé**? Pode-se aplicar a ela a mesma regra que você escreveu na questão anterior?

> As palavras formadas por justaposição geralmente são escritas com hífen. Exemplos: **ano-luz**, **médico-cirurgião**, **tenente-coronel**, **mato-grossense**, **primeiro-ministro**, **guarda-chuva** etc.
> Algumas exceções: **girassol**, **mandachuva** etc.

9. Leia este texto, em que se encontram palavras formadas pelo mesmo processo.

> ***Mico-leão-dourado***
>
> Existem quatro espécies de micos-leões, todas encontradas apenas no Brasil: o mico-leão-dourado, que vive na Mata Atlântica de Baixada Costeira do estado do Rio de Janeiro; o mico-leão-da-cara-dourada, encontrado na região cacaueira do sul da Bahia; o mico-leão-preto, encontrado no Morro do Diabo, Pontal do Paranapanema (SP); e o mico-leão-da-cara-preta, último a ser descoberto, em 1990, que vive na região do Lagamar (Paraná e São Paulo).
>
> Disponível em: <http://belezadanatureza.wordpress.com/2011/05/27/curiosidades-sobre-a-mata-atlantica/>.
> Acesso em: 23 nov. 2011.

a) Anote no caderno as palavras do texto formadas por justaposição e grafadas com hífen.

b) As palavras do quadro a seguir também são escritas com hífen. O que elas têm em comum entre si e com as palavras copiadas no item **a** quanto ao sentido?

> onça-pintada   pinheiro-do-paraná   peixe-boi
> erva-doce   erva-cidreira
> noz-moscada   cana-de-açúcar

> Emprega-se hífen nos compostos que designam espécies botânicas e zoológicas.

REVISORES DO COTIDIANO

O professor comenta que está lendo um livro chamado *Gramática da fantasia*, em que o autor, Gianni Rodari, propõe "prefixos arbitrários", isto é, escolhidos ao acaso, para criar novas palavras, como **descanhão**, **maxicoberta**, **descanivete**, **superfósforo**, **micro-hipopótamo**.

1. O professor, então, desafia vocês: que utilidade teriam objetos ou seres com esses nomes? Use a imaginação, a fantasia, conforme propõe o livro de onde as palavras foram tiradas, e diga para que serve um descanhão, uma maxicoberta, um descanivete, um superfósforo e um micro-hipopótamo.

2. As pessoas, em seu dia a dia, têm a liberdade de inventar palavras? Explique.

ATIVANDO HABILIDADES

1. (Prova Brasil)

O homem que entrou no cano

Abriu a torneira e entrou pelo cano. A princípio incomodava-o a estreiteza do tubo. Depois se acostumou. E, com a água, foi seguindo. Andou quilômetros. Aqui e ali ouvia barulhos familiares. Vez ou outra um desvio, era uma seção que terminava em torneira.

Vários dias foi rodando, até que tudo se tornou monótono. O cano por dentro não era interessante.

No primeiro desvio, entrou. Vozes de mulher. Uma criança brincava. Ficou na torneira, à espera que abrissem. Então percebeu que as engrenagens giravam e caiu numa pia. À sua volta era um branco imenso, uma água límpida. E a cara da menina aparecia redonda e grande, a olhá-lo interessada. Ela gritou: "Mamãe, tem um homem dentro da pia."

Não obteve resposta. Esperou, tudo quieto. A menina se cansou, abriu o tampão e ele desceu pelo esgoto.

BRANDÃO, Ignácio de Loyola. *Cadeiras proibidas*. São Paulo: Global, 1988. p. 89.

O conto cria uma expectativa no leitor pela situação incomum criada pelo enredo. O resultado não foi o esperado porque:

a) a menina agiu como se fosse um fato normal.
b) o homem demonstrou pouco interesse em sair do cano.
c) as engrenagens da tubulação não funcionaram.
d) a mãe não manifestou nenhum interesse pelo fato.

Encerrando a unidade

Nesta unidade, você conheceu as principais características do gênero conto, reconhecendo o seu conflito gerador; estudou os processos de formação de palavras e o uso dos hifens na escrita das palavras.

1. Você entendeu quais são os tipos de narrador? Explique-os.
2. O que caracteriza um conto fantástico?
3. Dê alguns exemplos de palavras formadas por onomatopeia, de neologismo e de estrangeirismo.

PROJETO DO ANO

jornal

O projeto proposto neste livro é a montagem, no final do ano, de um jornal com as produções de texto realizadas ao longo dos meses. Por meio do desenvolvimento do projeto, você e seus colegas de grupo terão a oportunidade de conhecer melhor esse importante veículo de comunicação e informação. Vão poder se informar e compartilhar conhecimentos, ideias e textos produzidos com muitos leitores.

Antes de iniciar o trabalho, conheça um pouco da história do jornal.

Precursores

Segundo alguns historiadores, o primeiro jornal em papel foi o *Notícias Diversas*, publicado na China, no século VIII.

Na Roma Antiga, o imperador Júlio César mandava gravar, em placas de pedra, listas de acontecimentos do dia, guerras e jogos esportivos, que eram afixadas em espaços públicos.

Imprensa Moderna

O aperfeiçoamento da prensa por Johannes Gutenberg, em 1447, marca o início da história da **imprensa moderna**.

Gutenberg desenvolveu a **tecnologia da prensa móvel**, utilizando os tipos móveis: caracteres avulsos gravados em blocos de madeira ou chumbo, que eram rearrumados numa tábua para formar palavras e frases do texto.

GUTENBERG: LOOK AND LEARN/THE BRIDGEMAN ART LIBRARY/GRUPO KEYSTONE

Algumas datas importantes

1605 Surge, em Antuérpia, o *Nieuwe Tijdinghen*, a primeira publicação impressa periódica regular (semanal).

1631 Publicação de *La Gazette*, o primeiro jornal francês.

1641 O primeiro jornal em português foi fundado em Portugal: *A Gazeta*.

1645 Surge o sueco *Post-och Inrikes Tidningar*, o jornal mais antigo do mundo ainda em circulação.

1650 O primeiro jornal diário é publicado: o alemão *Einkommende Zeitung*.

1729 Publicado o *Pennsylvania Gazette*, primeiro jornal financiado com receitas da publicidade.

1833 Fundação do *New York Sun*, primeiro jornal popular, vendido a um centavo de dólar.

Imprensa no Brasil

Em 10 de setembro de 1808 foi publicado o primeiro jornal editado no Brasil, a *Gazeta do Rio de Janeiro*, que tinha quatro páginas e saía duas vezes por semana.

Em 1892, a *Gazeta do Rio de Janeiro* passou a se chamar *Diário Oficial*, nome mantido até hoje.

Em 1827, surge no Rio de Janeiro o *Jornal do Commercio*, que circula até hoje, sendo o mais antigo jornal em circulação da América Latina.

O *Jornal do Brasil*, surgido em 1891, ainda existe, mas apenas em versão *on-line*.

Muitos dos mais importantes escritores e poetas brasileiros começaram nos jornais ou passaram por eles: Machado de Assis, Olavo Bilac e Rui Barbosa.

HOJE EM DIA

CIRCULAM PELO PAÍS CERCA DE

650

JORNAIS DIÁRIOS

O nosso jornal

Ao trabalhar as unidades deste livro, vocês vão produzir diversos textos. Alguns deles estarão marcados com o símbolo. **PRODUÇÃO PARA O PROJETO**

Esses textos deverão ser guardados em uma pasta, pois eles poderão ser selecionados para o jornal do grupo. Vamos começar a organizar a produção do jornal para que, no final do ano, vocês possam ter reunido todo o material necessário.

1. Com a orientação do professor, formem grupos com quatro ou cinco colegas.
2. Decidam se vocês vão guardar os textos do grupo em uma única pasta ou se cada um vai ter sua própria pasta.
3. Caso resolvam ter só uma pasta, definam quem vai ficar responsável por ela.
4. Nos próximos meses, procurem informar-se sobre jornais de seu interesse, observando suas seções, cadernos e suplementos. Leiam alguns deles para verificar como são compostos e intitulados. Esse conhecimento vai ajudá-los na hora de produzir a publicação de vocês.

UNIDADE 2
Propagando ideias

TROCANDO IDEIAS

1. A imagem reproduzida fez parte de uma campanha realizada por uma organização não governamental que luta contra a degradação da natureza. Considere apenas a imagem.
   a) Que elemento falta nela, causando um grande impacto em quem a observa?
   b) Que recurso foi empregado para revelar ao leitor a ausência desse elemento?
   c) Imagine a cena sem a sombra da árvore projetada no muro. O efeito seria o mesmo?

2. Observe o cenário. Que sensação ele provoca? Que elementos colaboraram para criar essa sensação?

3. O texto que acompanha a imagem é "21 de setembro. Dia da Árvore".
   a) O que há de incongruente entre esse texto e a imagem?
   b) Que efeito essa incongruência produz no leitor?

4. Observe o logotipo e o símbolo da organização que assina a propaganda. O conteúdo da imagem está de acordo com os ideais dessa organização? Por quê?

Nesta unidade você vai:

- refletir sobre as características dos gêneros publicidade institucional e folheto de divulgação para identificar ideias e valores implícitos e recursos de persuasão
- analisar criticamente uma propaganda
- planejar e produzir um folheto de divulgação
- refletir sobre as estratégias utilizadas por uma propaganda de rádio para convencer o ouvinte e identificar os recursos utilizados para produzir efeitos de sentido
- refletir sobre a organização do período composto por coordenação e seus efeitos e valores na construção de enunciados

21 de setembro.
Dia da Árvore.

LEITURA 1

Leia a frase em destaque nesta propaganda. Em sua opinião, qual será o assunto tratado?

ANTES DE LER

1. Propagandas, em geral, anunciam produtos ou serviços. Você já viu alguma propaganda que não divulgasse um produto nem um serviço específico? Conte aos colegas e ao professor.

2. Qual você supõe que seja o objetivo de uma empresa ao fazer um anúncio que não apresenta um produto de sua marca?

Revista Veja. São Paulo: Abril, 1º out. 2008.

Antes de iniciar o estudo do texto, tente descobrir o sentido das palavras desconhecidas pelo contexto em que elas aparecem. Se for preciso, consulte o dicionário.

EXPLORAÇÃO DO TEXTO

Nas linhas do texto

1. Segundo o texto, mesmo com a incredulidade de alguns, os brasileiros são capazes de ousar e atingir seus objetivos. Quem o texto menciona como exemplos dessa capacidade e por quê?

2. Releia o apelo feito no título: "Diga não ao não".
   a) Segundo a propaganda, o que os pessimistas normalmente dizem?
   b) Que frase do anúncio exprime a ideia de que as coisas acontecem apesar dos pessimistas?

3. O anunciante identifica-se como uma empresa que agiu com ousadia para atingir seus objetivos, assim como os brasileiros citados na propaganda. Anote no caderno frases do texto que comprovem isso.

4. Como você identificou a empresa que a propaganda está representando?

Nas entrelinhas do texto

1. O que significa, de acordo com o texto, dizer "não ao não"?

2. Observe os elementos visuais que compõem a propaganda.
   a) Qual elemento tem maior destaque? Explique o que esse elemento pode representar no contexto do anúncio.
   b) Que efeito a grande quantidade de símbolos, gráficos e fórmulas produz?
   c) Associe pelo menos uma figura, equação ou símbolo a cada uma dessas disciplinas: Ciências da Natureza, Matemática, História e Arte.

3. Na sequência das atitudes necessárias "para transformar o não em sim", há mais um apelo feito ao leitor. Qual é e o que significa?

4. Esta propaganda anuncia diretamente o produto que vende? Por que razão isso pode ter acontecido?

5. Em geral, a propaganda trabalha visando às necessidades do ser humano, como a ambição e a vontade de progredir, a procura pelo bem-estar e conforto, a busca do saber.
   a) Neste anúncio, a empresa trabalha com algo muito valorizado na sociedade em que vivem seus consumidores. De que se trata?
   b) Qual a relação que essa empresa tenta estabelecer entre esse valor e a imagem que ela pretende veicular a respeito de si mesma?

Visconde de Mauá

Irineu Evangelista de Souza (1833-1889), o Visconde de Mauá, foi banqueiro, político, diplomata, economista e pioneiro da industrialização no Brasil. Grande empreendedor, foi o responsável pela construção da primeira estrada de ferro do Brasil, ligando a cidade do Rio de Janeiro a Petrópolis, em 1854. Em 1856, inaugurou o trecho inicial da primeira rodovia pavimentada do país, entre Petrópolis (RJ) e Juiz de Fora (MG).

Além das linhas do texto

De acordo com o anúncio, para transformar o não em sim, é preciso curiosidade, mente aberta e vontade de arriscar. O texto a seguir fala sobre uma pessoa que tinha essas características.

Einstein, o homem que mudou o mundo

Albert Einstein foi o humilde demolidor da Física clássica e o fundador da ciência contemporânea. Depois dele, ideias como espaço, tempo, massa e energia já não são mais as mesmas.

Até a idade de três anos, ele não falou uma única palavra. Aos nove, tinha ainda tantas dificuldades de se expressar que seus pais temeram que pudesse ser retardado mental. Na escola, um professor profetizou que ele não seria nada na vida. Com apenas 26 anos, porém, publicaria sua Teoria Especial da Relatividade – uma das mais extraordinárias revoluções da história das ideias.

Einstein alcançou uma dimensão só comparável à do filósofo grego Aristóteles (século IV a.C.) e à do físico inglês Isaac Newton (1643-1727). Sua Teoria da Relatividade seria o marco fundador da Física contemporânea, com profundas repercussões em outros ramos da ciência. Ela daria a chave para a explicação da origem do Universo e para a desintegração do átomo. [...]

[...] a fama não veio imediatamente para Einstein. O Prêmio Nobel de Física, por exemplo, só lhe seria dado em 1921. [...]

Disponível em: <http://super.abril.com.br/superarquivo/1987/conteudo_110962.shtml>. Acesso em: 28 abr. 2015.

Einstein aos 40 anos.

1. Albert Einstein é um exemplo de como transformar o não em sim. Como isso fica evidente no texto?

2. Você tem um sonho ou projeto que desejaria realizar? O que seria necessário, em seu projeto, "para transformar o não em sim"?

3. Como a educação o ajudará nesse desafio?

COMO O TEXTO SE ORGANIZA

1. Os anúncios publicitários fazem parte de nosso cotidiano.

   a) Onde é possível encontrar anúncios?

   b) Em relação ao objetivo, qual é a diferença entre o anúncio reproduzido e a maioria dos anúncios que encontramos em revistas, jornais e *sites*?

   c) Qual é a intenção da empresa ao criar um anúncio como esse?

> A **publicidade institucional** divulga uma empresa ou instituição, associando-a a um conceito ou causa social. Sua função é promover a empresa agregando a ela valores como empreendedorismo, sustentabilidade, respeito ao meio ambiente, desenvolvimento de projetos sociais e outros.

2. Anúncios publicitários impressos recorrem à linguagem verbal e não verbal para chamar a atenção do leitor de forma mais efetiva.

   a) No anúncio em estudo, predomina a linguagem verbal ou não verbal?

   b) São usadas poucas cores no anúncio. Qual é a cor que atua como um ponto de interesse, atraindo mais o olhar do leitor?

3. A frase "Diga não ao não" funciona como uma chamada para o anúncio.

   a) Qual é a importância da chamada em um anúncio publicitário?

   b) Essa chamada está de acordo com o que se diz no texto? Por quê?

4. Em um anúncio, é importante que o leitor identifique a marca ou o produto anunciado. Para isso, aparece o logotipo e, às vezes, um *slogan*.

   a) Nessa propaganda, o logotipo e o *slogan* recebem destaque visual? Explique.

   b) Que qualidades da empresa o *slogan* "95 anos no Brasil" sugere ao leitor?

   c) Ao lado do logotipo e do *slogan*, em geral, poderia aparecer o nome da empresa, no entanto ele não aparece. Na sua opinião, por que se optou por não colocá-lo?

> **Logotipo:** representação visual ou gráfica, de cor e formato constantes e fixos, que identifica uma marca ou empresa.
> *Slogan*: expressão ou frase curta, fácil de ser memorizada, utilizada em propagandas, associada ao produto anunciado para identificá-lo e fortalecer a marca.

5. Um texto publicitário é sempre concebido para um determinado público-alvo.

   a) De que maneira este anúncio espelha os ideais de possíveis leitores?

   b) A empresa que encomendou o anúncio produz e comercializa combustíveis. Sendo assim, qual é o público-alvo dessa peça publicitária?

RECURSOS LINGUÍSTICOS

1. Releia o título e este trecho do texto do anúncio.

> "Diga **não** ao **não**"
> [...] E ainda assim, **sim**.
> **Sim**, Santos Dumont foi o primeiro [...]
> **Sim**. Visconde de Mauá [...]"

a) A contraposição dos advérbios **não** e **sim** forma uma figura de linguagem muito explorada em propagandas, a **antítese**. Que efeito de sentido ela provoca nesse texto?

b) Que efeito a repetição do advérbio **não** produz nesse trecho?

c) A repetição do advérbio de afirmação **sim** é um recurso que reforça a argumentação. Qual seria o resultado esperado pelo autor da propaganda no uso desse recurso?

> **Antítese** é uma figura de linguagem que consiste na aproximação de palavras ou expressões de sentidos opostos.

2. Em um texto publicitário, o autor procura estabelecer, de diferentes maneiras, um diálogo com o leitor, a quem visa convencer de algo. No texto, uma pergunta inicia esse diálogo.

> "Quem disse que alguma coisa é impossível?"

a) Essa pergunta, da forma como está construída, pressupõe que seu autor vá confirmá-la ou negá-la? Por quê?

b) O autor do texto está esperando uma resposta a essa pergunta?

3. Releia.

> "Impossível."
> "Impraticável."
> "Não."

a) Por que foram usadas aspas nessas frases nominais?

b) Essas falas respondem a alguma pergunta do texto? Justifique.

4. A linguagem empregada no texto é adequada a seu público-alvo?

⚠ PARA LEMBRAR

Publicidade institucional impressa		
Intenção principal	→	promover a imagem de uma empresa ou instituição; fortalecer uma marca; criar empatia com o consumidor
Publicação	→	jornal e revista
Leitor	→	leitores de jornal e revista
Organização	→	presença de recursos verbais e não verbais enfoque em um conceito atrelado à marca argumentos para convencer o leitor presença de *slogan* e logotipo
Linguagem	→	de acordo com o público-alvo

DEPOIS DA LEITURA

EXPLORANDO DADOS

A propaganda está em toda parte: jornal, revista, TV, rádio, cinema, faixas, embalagens, internet, *outdoors* etc.

O gráfico a seguir apresenta os resultados de uma pesquisa que teve como objetivo medir o nível de confiança dos consumidores nos vários canais de publicidade. A pesquisa foi realizada *on-line* em 58 países, com 29 mil consumidores com acesso à internet, que responderam à pergunta "Até que ponto você confia nas seguintes formas de propaganda?".

Até que ponto você confia nas seguintes formas de propaganda?

Média global – percentagem que confia completamente/um pouco

FORMA DE PROPAGANDA	2013	2007	DIFERENÇA 2013 VS. 2007
Recomendações de conhecidos	84%	78%	6%
Websites de marcas	69%	60%	9%
Opiniões de consumidores *on-line*	68%	61%	7%
Conteúdo editorial, como artigos de jornal	67%	*	*
Comerciais de TV	62%	56%	6%
Patrocínios de marcas	61%	49%	12%
Anúncios em jornais	61%	63%	-2%
Anúncios em revistas	60%	56%	4%
Outdoors e outras mídias exteriores	57%	*	*
Anúncios na rádio	57%	54%	3%
E-mails que solicitei receber	56%	49%	7%
Comerciais antes de filmes	56%	38%	18%
Exposição de produtos em programas de TV	55%	*	*
Anúncios *on-line* em resultados de buscas	48%	34%	14%
Vídeos publicitários *on-line*	48%	*	*
Propagandas em redes sociais	48%	*	*
Propagandas nas telas de aparelhos móveis	45%	*	*
Banners de anúncios *on-line*	42%	26%	16%
Texto em telefones móveis	37%	18%	19%

Fonte: Pesquisa Global da Nielsen Sobre a Confiança em Publicidade, 3º trimestre de 2007 e 1º trimestre de 2013.
* [Dados] Não incluídos na Pesquisa Global da Nielsen conduzida em 2007.

1. Qual o canal de propaganda em que os consumidores mais confiam, de acordo com essa pesquisa? Explique sua resposta com dados do gráfico.

2. Observando o gráfico, o que se pode concluir a respeito do grau de confiança do consumidor na propaganda tradicional (feita em jornais, revistas, rádio e TV)?

3. E sobre a propaganda *on-line*, o que é possível observar e concluir?

DO TEXTO PARA O COTIDIANO

Sente-se com um colega. Observem juntos esta propaganda.

Sobre o prêmio

Desde 2001, o Prêmio Escola Voluntária já recebeu mais de 5 000 inscrições de projetos. Cada escola selecionada, ao todo dez por edição, recebe uma equipe da Rádio Bandeirantes, que transmite aos alunos conceitos de radiojornalismo e orientações práticas sobre como elaborar conteúdo para uma rádio. As reportagens produzidas pelos estudantes são veiculadas na programação da emissora. Por fim, uma comissão julgadora seleciona os melhores trabalhos, que são premiados em cerimônia [posterior].

Exemplos de mobilização das escolas em prol de suas comunidades são mostrados aos estados participantes por meio das reportagens de rádio produzidas pelos alunos.

A troca de experiências entre as escolas finalistas motiva estes jovens, que acreditam na responsabilidade social, a continuarem neste caminho. Incentivar escolas que promovem o voluntariado a ensinar que cidadania e solidariedade começam na sala de aula, é um dos objetivos desta iniciativa.

Disponível em: <http://www.escolavoluntaria.com.br/>. Acesso em: 27 mar. 2015.

1. Que ações cidadãs são incentivadas por meio desse prêmio?

2. Como o Prêmio pretende atingir esses objetivos?

3. Apesar de não ser institucional, esse anúncio pode contribuir para que o leitor crie uma imagem positiva dos patrocinadores? Por quê?

4. Releiam.

"Incentivar escolas que promovem o voluntariado a ensinar que cidadania e solidariedade começam na sala de aula é um dos objetivos desta iniciativa."

a) Vocês sabem o que é ação voluntária ou trabalho voluntário?

b) Vocês acreditam que ações voluntárias em grupo podem gerar mudanças positivas em uma comunidade? Por quê?

c) Vocês já fizeram trabalho voluntário? Por quê? Se fizeram, contem como foi.

Período simples e período composto: revisão

1. Este texto foi tirado de um anúncio que fez parte de uma campanha promovida pelo governo federal.

> *Dirija com um único sentido: viver. Pegue a estrada com consciência.*
>
> Álcool não combina com direção nem com motorista consciente. Por isso, se for dirigir, não beba. Quem pega no volante sem pegar em bebida alcoólica faz um brinde à vida. [...]
>
> **O governo federal está cuidando das nossas estradas.**
> **Faça sua parte: dirija com responsabilidade.**

a) O texto faz apelos ao leitor. Cite um deles.
b) Por que, segundo o texto, quem dirige sem beber faz um brinde à vida?
c) Releia.

> "Álcool não combina com direção nem com motorista consciente. Por isso, se for dirigir, não beba. Quem pega no volante sem pegar em bebida faz um brinde à vida."

Quantos períodos há nesse trecho?

> Lembre-se: **oração** é a frase que se organiza em torno de um verbo; é também chamada de frase verbal. A frase composta de uma ou mais orações recebe o nome de **período**.

2. Leia estes períodos.
   I. "Pegue a estrada com consciência."
   II. "Por isso, se for dirigir, não beba."

a) Nesse anúncio, qual é a correspondência entre as ações de "pegar a estrada com consciência" e "não beber"?
b) Quantas orações há em cada um desses períodos? Como você chegou a essa conclusão?
c) Qual deles pode ser considerado um período simples e qual é um período composto? Em que você se baseou para responder?

REFLEXÃO SOBRE A LÍNGUA

61

d) Qual dos períodos a seguir é simples e qual é composto?

> "O governo federal está cuidando das nossas estradas."
> "Faça sua parte: dirija com responsabilidade."

> O **período simples** é formado por uma única oração.
> O **período composto** é formado por duas ou mais orações.

3. Leia este fragmento retirado de um *site* dirigido à segurança no trânsito.

[...]
A segurança no trânsito é um problema atual, sério e mundial, mas absolutamente urgente no Brasil. A cada ano, mais de 33 mil pessoas são mortas e cerca de 400 mil tornam-se feridas ou inválidas em ocorrências de trânsito. Nossos índices de fatalidade na circulação viária são bastante superiores às dos países desenvolvidos e representam uma das principais causas de morte prematura da população economicamente ativa. [...]
O verdadeiro papel do estado é assumir a liderança de um grande e organizado esforço nacional em favor de um trânsito seguro, mobilizando, coordenando e catalisando as forças de toda a sociedade.
[...]

Fonte: Denatran – Departamento Nacional de Trânsito. Disponível em: <http://www.denatran.gov.br/download/PNT.pdf>. Acesso em: 14 fev. 2015.

a) Os três períodos iniciais do trecho apresentam duas orações cada um. Quais dessas orações são unidas por meio de uma conjunção?
b) No 4º período, há quatro orações. Elas são unidas por conjunção ou estão apenas justapostas, unidas sem que haja necessidade de uma conjunção entre elas?

> Em um período composto, as orações podem ser unidas por uma conjunção ou ser justapostas (sem conjunção).
> **Conjunções** são palavras que ligam orações, estabelecendo relação de sentido entre elas. Quando duas ou mais palavras têm o mesmo valor de uma conjunção, elas formam uma **locução conjuntiva**.
> Algumas conjunções podem unir apenas palavras. Exemplos: **e**, **nem**, **ou**.

NÃO DEIXE DE ASSISTIR

- *Crazy People – Muito loucos* (EUA, 1990), direção de Tony Bill
  Um publicitário em crise cria uma campanha baseada em dizer somente a verdade sobre o produto anunciado. Seu chefe, enfurecido, manda interná-lo.

62

1. Leia a tira.

DAVIS, Jim. *Garfield*: um gato de charme. Porto Alegre: L&PM, 2011. V. 7.

a) Jon interage com seu gato Garfield. Descreva as alterações na expressão de Jon em cada quadrinho e explique por que essas mudanças ocorrem.

b) Nos balões de fala e pensamento, há mais períodos simples do que compostos. Em sua opinião, por que isso acontece?

c) No primeiro balão de pensamento de Garfield, uma mesma conjunção aparece duas vezes. Se fosse excluída a primeira ocorrência dessa conjunção, a frase provocaria o mesmo efeito de sentido? Explique.

2. Leia a notícia.

> **Menino engole tesoura, mas passa bem**
> **Acidente aconteceu com adolescente da Inglaterra**
> Curtis Francis, um garoto inglês de 12 anos que sofre de um distúrbio que afeta sua noção de perigo, aproveitou o momento em que a mãe não estava olhando para engolir uma pequena tesoura usada para cortar unhas.
>
> Disponível em: <http://revistagalileu.globo.com/Revista/Common/0,,EMI185092-17770,00-MENINO+ENGOLE+TESOURA+MAS+PASSA+BEM.html>.
> Acesso em: 11 fev. 2015.

a) O que se poderia fazer para que acidentes como esse não acontecessem?

b) Qual a importância do uso da conjunção **mas** no título da notícia?

c) No título, há um período composto de duas orações. Se fosse usado um período simples no título, o efeito para o leitor seria o mesmo? Por quê?

3. Leia este enunciado.

> Faça sua parte: dirija com responsabilidade.

a) Qual a relação que se estabelece, independentemente do uso ou não da conjunção, entre as duas ações (*faça*, *dirija*)?

b) Reescreva o enunciado, substituindo os dois pontos por uma conjunção que não altere seu sentido global.

EXPERIMENTE FAZER

▶ Como analisar uma propaganda de rádio

É muito importante ficarmos atentos ao grau de persuasão das agências publicitárias, que têm como objetivo influenciar o comportamento das pessoas e induzir ações por meio de mecanismos de sedução. Para evitar essa influência, é preciso desenvolver um olhar crítico em relação ao que nos é apresentado diariamente nos mais diferentes meios de comunicação.

Vamos pensar em alguns aspectos que devem ser considerados sempre que lemos ou ouvimos uma propaganda. Eles podem auxiliar quando nos deparamos com uma propaganda dedicada essencialmente a vender um produto ou uma propaganda institucional, dedicada a veicular ideias.

Portanto, leve em conta estes pontos.

1. Observe se a propaganda é institucional ou voltada para a venda de um bem de consumo.
2. Verifique se o objetivo é vender um produto, um serviço ou uma ideia.
3. Observe o veículo escolhido pelo anunciante e reflita sobre o porquê dessa escolha.
4. Note se, na propaganda, o texto é selecionado com o objetivo provocar algum tipo de estranhamento ou surpresa no leitor. Se sim, qual a intenção do publicitário ao recorrer a eles?

Reflita ainda:
- você considera a propaganda criativa? Em que essa criatividade ajuda a vender o produto ou a ideia?

64

- os verbos do texto estão no modo imperativo? Ou seja, sugerem ações que devem ser tomadas pelo leitor, potencialmente um consumidor?
- a que valores recorre a propaganda? (Por exemplo, valorização da juventude, atração pelo novo, ideologia do prazer e do sucesso, competência, sociabilidade, valorização do grupo, relevância dos relacionamentos amorosos, qualidade de vida etc.).
- como esses valores ajudam a "vender" o produto ou a ideia?

1. Recorrendo a esses elementos, vamos analisar anúncios veiculados pelo rádio. Para isso:
   - escolha uma estação de rádio para acompanhar a programação;
   - acompanhe a programação por cinco dias, no horário que lhe parecer mais apropriado;
   - preste atenção às propagandas: há maior número de anúncios que procuram vender diretamente um produto ou de anúncios institucionais?
   - se possível, escolha uma das propagandas institucionais ouvidas. Se não tiver encontrado nenhuma, analise propagandas que se destinam a divulgar diretamente um produto.

2. Ao analisar a propaganda escolhida, tenha em mãos o roteiro abaixo e anote no caderno:
   - quem diz (quem é o anunciante);
   - a quem diz (público visado);
   - onde diz (veículo utilizado);
   - o que diz (assunto);
   - com que intenção diz;
   - como diz (recursos utilizados: música de fundo, locução, estilo das propagandas – informativas, lazer, educativas, políticas). Verifique que outros aspectos, entre os sugeridos, podem auxiliá-lo na análise crítica da propaganda.

3. Se possível, procure ouvir a propaganda mais uma vez em outro dia, para notar detalhes que não havia percebido anteriormente.

4. Apresente suas conclusões ao professor e à turma.

65

LEITURA 2

ANTES DE LER

1. Você já leu textos que chamavam a atenção para um problema de saúde pública? Se sim, como era esse texto?
2. Onde podemos buscar informação sobre prevenção, sintomas e tratamento de doenças, além de livros, enciclopédias e sites?

Leia a parte interna de um folheto que fala sobre um problema de saúde pública.

Antes de iniciar o estudo do texto, tente descobrir o sentido das palavras desconhecidas pelo contexto em que elas aparecem. Se for preciso, consulte o dicionário.

EXPLORAÇÃO DO TEXTO

1. Observe a parte interna do folheto, com as ilustrações de crianças e os sete blocos de texto.

    a) A quem o folheto é dirigido?
    b) Quem são os responsáveis pelo folheto?
    c) O que é divulgado?
    d) Qual a finalidade desse texto?
    e) Que tipo de atitude se espera do público-alvo desse texto?

2. Quais são os elementos que compõem essa parte do folheto?

3. Releia.

    "Juntos somos mais fortes nessa luta."

    a) Quem se inclui nesse "nós"?
    b) Qual o efeito criado pelo uso da primeira pessoa do plural?

4. Considerando os interlocutores envolvidos, responda.

    a) A linguagem empregada é formal ou informal? Segue a norma-padrão?
    b) Considerando que o folheto destina-se a estudantes de escolas do Brasil todo, por que foi escolhida essa linguagem?
    c) Que palavras e expressões pertencem ao campo semântico da área da saúde?

5. Folhetos como esse são também chamados de **fôlderes**. Eles empregam recursos verbais e não verbais para chamar a atenção do leitor.

    a) Como está organizada a parte verbal na parte interna do folheto, destinada às crianças?
    b) Indique no caderno em que bloco estão os seguintes conteúdos:
    - apelo para o leitor aderir à campanha;
    - ciclo de transmissão da doença;
    - cuidados;
    - prevenção;
    - sintomas.
    c) Quais são os principais recursos visuais empregados para direcionar o olhar do leitor, de forma que ele leia as informações na ordem desejada?
    d) A forma como as informações são apresentadas lembra um infográfico? Justifique sua resposta.

6. Nas propagandas, o *slogan* é empregado como um recurso para convencer o leitor de algo.

    a) Qual o *slogan* desse folheto?
    b) Qual o efeito criado com a inserção do *slogan* dentro da imagem de um despertador?

68

7. Observe e compare estes blocos de enunciados com verbo no modo imperativo, todas dirigidas ao leitor.

"Disque Saúde 136."	"Vá imediatamente a um médico."
"Faça sua parte."	"Fique em repouso."
"Alerte sua família e seus vizinhos."	"Beba muito líquido."

Qual dos blocos contém orientações e qual pede a colaboração do leitor?

8. Observe o cartum abaixo e compare-o às orientações do outro folheto.

1. Jogue no lixo todo objeto que possa acumular água.
2. Remova tudo que possa impedir a água de correr pelas calhas [da casa].
3. Feche bem o saco de lixo e deixe-o fora do alcance de animais.
4. Encha de areia até a borda os pratinhos dos vasos de planta.

Disponível em: <http://www.dengue.pr.gov.br/modules/conteudo/conteudo.php?conteudo=7>. Acesso em: 27 mar. 2015

a) O que produz humor no cartum?

b) Anote no caderno quais das orientações do folheto sobre combate à dengue estão diretamente relacionadas ao cartum.

PARA LEMBRAR

PRODUÇÃO ESCRITA

Folheto de divulgação (fôlder)

Você leu, na seção Do texto para o cotidiano, na página 60, informações sobre um projeto que estimula estudantes a realizar trabalhos voluntários. Nossa sugestão é que a classe prepare um fôlder para uma campanha de prevenção contra alguma doença, com o objetivo de distribuí-lo aos moradores do bairro, num trabalho voluntário a serviço da comunidade. A classe deve decidir com o professor qual o conteúdo mais adequado para a comunidade escolar.

Antes de começar

Há muitos formatos de fôlder: uma única folha, uma folha dobrada, uma pasta contendo várias folhas etc. Observe.

Governo do Estado de São Paulo, 2010.

Planejando a produção

1. Forme um grupo com alguns colegas. Pesquisem em livros, enciclopédias, revistas, jornais e na internet e selecionem dados e imagens sobre o assunto escolhido.

2. Planejem o texto, fazendo anotações sobre:

    a) causas da doença;

    b) ciclo da doença, se houver;

    c) sintomas;

    d) orientações para prevenção.

3. Selecionem as informações e as fotos ou ilustrações que irão usar.

IMPORTANTE!
- Dividam as informações em blocos de texto, de acordo com o conteúdo tratado.

4. Observem a linguagem a ser empregada.

   a) Usem vocabulário adequado ao assunto.

   b) Usem verbos no presente e no imperativo.

   c) Usem frases de apelo, *slogan* e/ou argumentos para participação; pensem em seus leitores: organizem o fôlder de modo que eles se sintam atraídos pela leitura.

   d) Não usem gírias nos trechos em que dão informações aos leitores.

5. Pronta a primeira versão do fôlder, selecionem as imagens. Se isso não for possível, façam desenhos.

6. Façam um rascunho: planejem o espaço que ocuparão os blocos de textos e as imagens. Organizem o texto verbal e o não verbal.

7. Inicialmente não colem as imagens, deixem os espaços correspondentes marcados com um círculo ou algo semelhante. Colem todas elas após a inserção dos blocos de texto.

IMPORTANTE!
- As imagens de um fôlder podem não apenas ilustrar as informações, mas também complementá-las.

Avaliação e reescrita

1. Finalizando o rascunho, façam uma avaliação. Vejam se:
   - foram apresentadas informações sobre a doença, como causas, sintomas, cuidados de prevenção etc.;
   - cada bloco de texto trata de um assunto (ou de um grupo de assuntos estreitamente relacionados);
   - as imagens complementam o texto a que se referem;
   - os verbos estão no presente do indicativo e no imperativo e a linguagem é adequada;
   - há frases de apelo, *slogan* e/ou argumentos para estimular a colaboração do leitor na mudança de comportamentos;
   - há título na capa e o nome dos autores no verso.

2. Passem a limpo o texto e entreguem-no ao professor (não colem as imagens ainda). Após a correção, passem o conteúdo do fôlder para uma folha A4, da seguinte forma:

   a) em um dos lados, façam a capa e o verso;

   b) no outro lado, façam o miolo com os blocos de informações e as imagens;

   c) façam a dobra no meio da folha de tal modo que, ao abri-la, o miolo apareça totalmente;

   d) escrevam o texto com letra legível, pois o resultado final será visto por muitas pessoas. Se quiserem, podem digitar os textos no tamanho desejado, recortá-los e colá-los na folha A4.

3. Colem as imagens ou finalizem os desenhos. Guardem a versão final do fôlder.

4. Depois de tudo pronto, combinem com o professor como e quando será a distribuição dos fôlderes.

O período composto por coordenação na construção do texto

1. Leia mais estas outras orientações sobre o combate à dengue.

Coloque o lixo em sacos plásticos e mantenha a lixeira bem fechada. Não jogue lixo em terrenos baldios.

Entregue seus pneus velhos ao serviço de limpeza urbana ou guarde-os sem água em local coberto e abrigados da chuva.

Não devem ser usados medicamentos à base de ácido acetil salicílico e anti-inflamatório [...], pois podem aumentar o risco de hemorragias.

Fonte: <http:www.dengue.org.br>. Acesso em: 27 mar. 2015.

a) Segundo essas orientações, o que uma pessoa deve fazer diante do perigo da dengue?
b) Na primeira orientação, organizada em um período composto, a conjunção **e** liga duas orações, em uma relação de soma. Qual a conjunção que, na segunda orientação, liga as ações expressas pelos verbos entregar e guardar?
c) Qual a função dessa conjunção nesse contexto?
d) Na última orientação, qual a função da conjunção **pois**?

2. Leia estes textos publicados num *site* de pergunta e resposta.

Tratamento

1. Qual é o tratamento para a doença?
A pessoa doente deve repousar e ingerir bastante líquido [...]
2. Quem já teve dengue uma vez pode ser contaminado novamente ou fica imune?
Estudos indicam que uma pessoa doente de dengue fica imune para sempre [...].

Precauções com o mosquito

Por que algumas pessoas são picadas, mas não ficam doentes?
Por características do sistema imunológico de cada um.

Disponível em: <http://www.combateadengue.com.br/?page_id=13#G11>. Acesso em: 21 fev. 2015.

a) De qual dessas informações você ainda não tinha conhecimento?
b) Localize as conjunções que ligam as orações sublinhadas.
c) Que relação entre as orações cada uma delas expressa?

As conjunções que você indicou nessa atividade e na anterior servem para estabelecer relações entre duas orações, coordenando-as em um período composto. Conjunções com essa função são chamadas de **conjunções coordenativas**. Orações coordenadas entre si formam um período composto por coordenação.

> **O período composto por coordenação** é formado por duas ou mais orações coordenadas entre si.

A oração coordenada: contexto e sentidos

1. Leia este período.

> "Cuide de sua casa, fale com seus vizinhos e converse com a Prefeitura."

a) De que maneira se estabelece a coordenação entre essas orações?
b) No período composto, as orações podem aparecer somente justapostas ou ligadas por uma conjunção. Indique as orações coordenadas justapostas no período acima.

Quando as orações coordenadas não estão ligadas por uma conjunção coordenativa, dizemos que são **orações coordenadas assindéticas**. Quando são ligadas por uma conjunção coordenativa, são chamadas de **orações coordenadas sindéticas**.

> A palavra **sindética** vem do grego *sýndeton*, que significa "ligado, unido". A palavra **assindética** vem de a + *sýndeton*, que significa "unido sem conjunção".

> A oração **coordenada assindética** é a que se liga a outra sem a presença de conjunção.
> A oração **coordenada sindética** é a que se liga a outra por meio de uma conjunção.

2. Leia o trecho de uma matéria jornalística e observe as locuções conjuntivas destacadas.

> Os maiores responsáveis pela poluição na cidade [de São Paulo] não surpreendem: os veículos. Com uma frota de quase sete milhões de carros, motocicletas e caminhões (segundo dados de julho de 2010 do Detran-SP), a cidade vê **não só** o trânsito piorar **como também** a saúde dos que a habitam. [...] Investir em áreas verdes poderia ser uma medida eficaz **não só** para São Paulo **mas também** para outras cidades que sofrem com a poluição.
>
> Disponível em: <http://www.cienciahoje.uol.com.br/noticias/2010/08/filtro-verde-para-a-poluicao/searchterm=n%C3A3o%20s%C3%B3%20mas%C3%A9m>. Acesso em: 21 fev. 2015.

a) Uma locução conjuntiva tem o mesmo valor de uma conjunção. Qual a relação estabelecida pelas locuções destacadas?
b) Anote no caderno o(s) período(s) que melhor corresponde(m) à frase "[...] a cidade vê não só o trânsito piorar como também a saúde dos que a habitam".

I. O trânsito na cidade piora e a população sofre com problemas de saúde.

II. O trânsito piora na cidade, mas os habitantes sofrem com problemas de saúde.

III. O trânsito da cidade e a saúde dos habitantes pioram com a poluição.

IV. Embora o trânsito piore, a saúde dos habitantes não sofre.

3. Leia um trecho do poema de Olavo Bilac em que o autor ressalta a beleza da natureza ao amanhecer. Observe o emprego repetido da conjunção **e**.

Manhã de verão

[...]
E a floresta, que canta, e o sol, que abre a coroa
De ouro fulvo, espancando a matutina bruma,
E o lírio, que estremece, e o pássaro, que voa,
E a água, cheia de sons e de flocos de espuma
[...]

BILAC, Olavo. *Alma inquieta*. Belém: Núcleo de Educação a Distância da Universidade do Amazonas.

a) Qual o efeito que essa repetição cria?

b) Você já viu vários exemplos de conjunções unindo orações. Isso também ocorre no trecho "cheia de sons e de flocos de espuma"? Por quê?

> A figura de linguagem criada pela repetição da mesma conjunção entre vários elementos chama-se **polissíndeto** (*polys*, "em grande número" + *sýndeton*, "unir; ligar" (conjunção)).

4. As conjunções, ao estabelecer relações semânticas entre as orações dos períodos que organizam um texto, exercem um papel fundamental na construção de seu significado. Leia esta resenha e anote no caderno as relações estabelecidas entre as orações de acordo com o quadro.

Nossa vida inteira depende da eletricidade, **portanto**, quando um grande apagão toma conta do mundo, a situação se modifica completamente. Aviões caem do céu, hospitais fecham suas portas e a tecnologia se torna algo do passado.

Agora, 15 anos depois, a vida retornou para aquilo que conhecemos antes da revolução industrial: famílias vivem em seus vilarejos e, quando o sol se põe, as lanternas e velas se acendem. **Mas** será que a vida ficou mais tranquila?

74

Nas pequenas comunidades, o perigo se aproxima, mudando de vez a vida de uma jovem garota. Uma milícia local chega **e** mata seu pai, alguém que misteriosamente – **e** sem que ela saiba – tem algo a ver com o *blackout*. O encontro brutal a leva para uma jornada para encontrar as respostas sobre o passado e por esperança pelo futuro. A nova série é produzida por J. J. Abrams (Fringe, Lost) e Eric Kripke (Supernatural). A direção fica a cargo de Jon Favreau (Homem de Ferro).

Disponível em: <http://www.minhaserie.com.br/serie/647-revolution>.
Acesso em: 15 fev. 2015.

De acordo com a relação que estabelecem entre duas orações coordenadas, as conjunções coordenativas classificam-se em aditivas, alternativas, adversativas, explicativas ou conclusivas. Veja o quadro.

Conjunções e locuções conjuntivas coordenativas	
Aditivas	e, nem, não só... mas também, não só... como também
Alternativas	ou, ora
Adversativas	mas, porém, entretanto, todavia, no entanto
Explicativas	pois (anteposta ao verbo), que, porque
Conclusivas	portanto, logo, pois (posposta ao verbo), por isso

Da mesma forma, a oração introduzida por uma dessas conjunções ou locuções conjuntivas coordenativas é denominada coordenada sindética aditiva, alternativa, adversativa, explicativa ou conclusiva.

1. Releia estes períodos retirados do anúncio estudado na Leitura 1.

> "Sim, a Shell Brasil também inovou no país.
> Abasteceu o primeiro voo comercial brasileiro.
> Foi a primeira empresa privada a produzir petróleo na Bacia de Campos.
> Desenvolveu um óleo combustível mais limpo, o OC Plus."

a) Qual é a relação de sentido que se percebe entre o primeiro período e os outros, ainda que não haja conjunção ligando-os?

b) E entre os três últimos períodos? Por quê?

c) No caderno, transforme os quatro períodos em um só, ligando o primeiro aos demais por meio de uma conjunção que explicite a relação de sentido que há entre eles. Use a pontuação adequada.

2. Leia este texto.

Com açúcar e com afeto

O açúcar vem de muito longe e já adoçou a boca de muitas pessoas em diferentes idiomas e lugares. A palavra "açúcar" é proveniente do árabe *ar-sukkar*, que por sua vez nasceu do persa *shakar*, cuja origem está no sânscrito (língua clássica da Índia), *çarkara*, que queria dizer: "grãos doces".

PERISSÉ, Gabriel. *Palavras e origens*: considerações etimológicas. São Paulo: Saraiva, 2010.

a) De acordo com o texto, qual foi o caminho percorrido pela palavra açúcar até ser grafada como é hoje, em português?

b) Além dessas informações históricas, quais são as duas principais afirmações do autor a respeito do açúcar?

c) As orações coordenadas que expressam essas afirmações são sindéticas ou assindéticas?

d) Qual é a relação estabelecida pela conjunção ao ligar essas orações?

3. Leia este texto tirado de uma revista de divulgação científica.

> Foi pensando em comercializar um produto barato que Marcel Bich, um italiano nacionalizado francês, fez sua fortuna e deixou seu sobrenome, sem o "h", eternizado. Em 1949, ele comprou uma pequena fábrica de canetas esferográficas, invento de um argentino, José Ladislau Biro. **Elas não eram lá tão práticas: vazavam muito** e manchavam os dedos e o papel. Apesar disso, Marcel percebeu seu potencial. E comprou a patente do produto. Não fosse isso, hoje você teria uma caneta Biro.
>
> Revista *Aventuras na História*. Disponível em: <http://historia.abril.com.br/economia/bic-gillete-colgate-pessoas-tras-marcas-famosas-434604.shtml>. Acesso em: 21 fev. 2015.

a) As duas orações destacadas estão separadas por dois-pontos. Qual é a relação de sentido estabelecida entre elas por essa pontuação?

b) Reescreva-as no caderno, substituindo os dois-pontos por uma conjunção, sem alterar essa relação de sentido.

4. Leia um poema do escritor angolano José Eduardo Agualusa.

Os rios atónitos

Há palavras a dormir sobre o seu largo
assombro
Por exemplo, se dizes Quanza ou dizes Congo
é como se houvesse pronunciado os próprios rios

Ou seja, as águas
pesadas de lama, os peixes todos e os perigos
inumeráveis
O musgo das margens, o escuro
mistério em movimento.

Dizes Quanza ou dizes Congo e um rio corre
lento
em tua boca.
Dizes Quanza
e o ar se preenche de perfumes perplexos.

E dizes Congo
e onde o dizes há grandes aves
e súbitos sons redondos e convexos.
E dizes Quanza, ou dizes Congo
e sempre que o dizes acorda em torno
um turbilhão de águas:
a vida, em seu inteiro e infinito assombro.

AGUALUSA, José Eduardo. Disponível em: <http://poeticasemportugues.blogspot.com/2009/11/os-rios-atonitos.html>. Acesso em: 21 fev. 2015.

a) Quanza e Congo são dois rios do continente africano. O que o fato de dizer seus nomes traz ao eu poético?

b) O polissíndeto foi empregado como recurso de estruturação do poema, seja unindo palavras, seja unindo orações. Que efeito de sentido provoca no leitor?

c) Qual a função dos dois-pontos no penúltimo verso?

d) Observando a relação expressa pelas conjunções, anote no caderno:

I. um verso em que se somam ideias expressas pelo eu poético.

II. um trecho que expressa possibilidade de escolha e alternância entre duas ações.

REVISORES DO COTIDIANO

Leia estas manchetes.

Portuguesa vence mais fica fora da série A

Disponível em: <http://www.futebolofical.com/2010/11/portuguesa-vence-mais-fica-fora-da.html>. Acesso em: 21 fev. 2015

CSE lutou mais não conseguiu vencer o Murici

Disponível em: <http://www.palmeira24horas.com.br/v3/index.php?option=com_content&view=article&id=2931:cse-lutou-mais-nao-consegue-vencer-o-murici&catid=61:cse-alagoano-2011&Itemid=162>. Acesso em: 21 fev. 2015

Ao analisar as duas manchetes, percebemos que há, em ambas, a intenção de estabelecer uma relação de oposição entre dois fatos. Entretanto, a forma como as orações coordenadas estão ligadas entre si contém um equívoco. Qual é ele? Tente explicar por que, provavelmente, os autores das manchetes cometeram esse equívoco.

FIQUE ATENTO...   À PONTUAÇÃO NAS ORAÇÕES COORDENADAS

1. Leia este trecho de uma crônica.

> **H de hotéis**
>
> Anthony Burguess tem um conto sobre um homem que resolve passar a vida viajando de avião. Ele come nos aviões, ele dorme nos aviões, ele lê nos aviões. Aproveita os aeroportos para tomar banho, trocar de roupa e fazer uma ou outra compra. [...]
>
> SCLIAR, Moacyr. *Dicionário do viajante insólito*. Porto Alegre: L&PM, 2003.

a) O segundo e o terceiro períodos justificam a afirmação inicial sobre um homem que passa a vida viajando de avião. De que forma isso é feito?

b) Qual o sinal de pontuação empregado para separar, nos dois períodos, as ações expressas por essas orações coordenadas?

c) Compare os dois períodos. Por que só no primeiro há esse sinal de pontuação e, no segundo, foi usada a conjunção?

2. Leia agora este trecho.

> As pessoas falam muito de felicidade, se atropelam para serem felizes, mas poucos se interessam pela felicidade dos outros. É um erro porque a felicidade de um beneficia a todos, quando mais não seja pela beleza do espetáculo.
>
> VEIGA, José J. *Sombras de reis barbudos*. Rio de Janeiro: Bertrand Brasil, 1997.

a) No primeiro período, o narrador apresenta um comportamento humano contraditório. Qual é ele?

b) A relação de oposição entre a segunda e a terceira orações desse período é estabelecida por qual conjunção?

c) Além da conjunção, que sinal de pontuação separa essas orações?

d) Que sinal de pontuação separa as duas orações coordenadas iniciais do primeiro período desse trecho?

e) Reescreva o período todo, substituindo a conjunção por outra de sentido equivalente.

> A **vírgula** pode separar orações coordenadas sem conjunção (assindéticas) e orações coordenadas iniciadas por conjunção (sindéticas).

3. Leia o trecho e observe os sinais de pontuação empregados.

> Do coche que nos levava [meu pai e eu], eu olhava boquiaberto os altos prédios, a multidão que enchia as ruas. [...] Eu nunca tinha visto tanta gente, eu nunca tinha ouvido tanto ruído; uma estranha inquietação foi crescendo dentro de mim, uma ansiedade incontrolável. O ar me faltava, a cabeça girava, tudo ficou escuro...
>
> SCLIAR, Moacyr. *Os cavalos da república*. São Paulo: FTD, 1990.

a) Releia.

> "Eu nunca tinha visto tanta gente, eu nunca tinha ouvido tanto ruído; uma estranha inquietação foi crescendo dentro de mim [...]"

Nesse trecho, há uma enumeração de ações? Explique.

b) Que conjunção ou locução conjuntiva poderiam substituir o ponto e vírgula nesse trecho?

4. Observe o uso do ponto e vírgula nestas orações coordenadas assindéticas.

> Um solavanco inesperado [do trem] atira a mulher para longe; na primeira e segunda classes passageiros espirram das poltronas; no carro-restaurante uma xícara estilhaça no chão.
>
> PELLEGRINI, Domingos et alii. *Já não somos mais crianças*. São Paulo: Ática, 2005. (Col. Para Gostar de Ler).

a) Nessas orações, qual é o sujeito referente às formas verbais **atira**, **espirram** e **estilhaça**?

b) Por que foi usado o ponto e vírgula para separar as orações assindéticas?

> O **ponto e vírgula** pode separar uma oração coordenada que estabeleça relação de conclusão com a anterior ou uma enumeração de orações coordenadas longas ou com sujeitos diferentes.

5. Leia o trecho do texto e observe o emprego dos dois-pontos.

> [...] Abby foi proibida de entrar no quarto [da mãe]. Disseram-lhe que devia correr e brincar: a mamãe estava muito doente. [...]
>
> TWAIN, Mark. O disco da morte. In: PELLEGRINI, Domingos et al. *Já não somos mais crianças*. São Paulo: Ática, 2005. (Col. Para Gostar de Ler).

a) Reescreva a oração coordenada eliminando os dois-pontos e substituindo-os por uma das conjunções do quadro.

E	MAS	PORÉM	POIS	PORTANTO

b) Com a conjunção que você empregou, qual é a relação que se estabelece entre as orações do segundo período?

c) A substituição dos dois-pontos pela conjunção alterou o sentido do período?

> Os **dois-pontos** podem separar uma oração coordenada assindética que estabeleça relação de explicação com a oração anterior.

ATIVANDO HABILIDADES

1. (Saresp) Observe a figura para responder à questão.

Disponível em: <http://www2.petrobras.com.br/propaganda/pop/images/Biodiversidade_Baleia%20Franca_B.jpg>. Acesso em: 5 dez. 2011.

MUITAS ESPÉCIES ESTÃO NA LISTA DE EXTINÇÃO, MAS SE DEPENDER

DA PETROBRAS A BALEIA-FRANCA NÃO VAI CONTINUAR NELA.

Quanto à finalidade, ao gênero e ao assunto, podemos afirmar que o texto é:

a) uma reportagem, cujo assunto é a proteção de espécies animais em extinção e tem por finalidade incentivar sua proteção.

b) uma notícia, cujo assunto é a proteção de espécies animais em extinção e tem por finalidade informar que a empresa possui um programa voltado à proteção da baleia-franca.

c) um cartaz, cujo assunto é a proteção de espécies animais em extinção e tem por finalidade incentivar a proteção desses animais, exceto a baleia-franca.

d) um anúncio publicitário, cujo assunto é a proteção de espécies animais em extinção e tem por finalidade informar que a empresa possui um programa voltado à proteção da baleia-franca.

2. (Enem) A figura abaixo é parte de uma campanha publicitária.

NEM SEMPRE É O CRIMINOSO QUEM VAI PARAR ATRÁS DAS GRADES

Com Ciência Ambiental, n. 10, abr. 2007.

Essa campanha publicitária relaciona-se diretamente com a seguinte afirmativa:

a) O comércio ilícito da fauna silvestre, atividade de grande impacto, é uma ameaça para a biodiversidade nacional.

b) A manutenção do mico-leão-dourado em jaula é a medida que garante a preservação dessa espécie animal.

c) O Brasil, primeiro país a eliminar o tráfico do mico-leão-dourado, garantiu a preservação dessa espécie.

d) O aumento da biodiversidade em outros países depende do comércio ilegal da fauna silvestre brasileira.

e) O tráfico de animais silvestres é benéfico para a preservação das espécies, pois garante-lhes a sobrevivência.

Encerrando a unidade

Nesta unidade, você estudou as características dos gêneros publicidade institucional e folheto de divulgação, analisou criticamente uma propaganda e refletiu sobre a organização do período composto por coordenação e seus efeitos e valores na construção do enunciado. Com base no que você aprendeu, responda:

1. O que faz com que um anúncio seja classificado como institucional?
2. Em que situações e com que finalidade seria útil elaborar e distribuir textos do gênero folheto?
3. Na elaboração de um texto, de que modo se podem usar as orações coordenadas sindéticas e assindéticas para obter mais expressividade?

Interação entre as línguas

Na unidade 2, falamos sobre os processos de formação de palavras e sobre a origem da língua portuguesa, que derivou do latim vulgar, língua falada no Lácio, antiga região da Itália habitada pelo povo romano. Dessa variante popular do latim, derivaram as chamadas línguas neolatinas (ou românicas): o português, o espanhol (ou castelhano), o italiano, o francês e o romeno.

Ao longo de sua história, desde que se consolidou, a partir do século XIII, como língua oficial de Portugal, a língua portuguesa recebeu contribuições linguísticas de outros idiomas, devido a vários fatores, como por exemplo a influência de costumes e o intercâmbio econômico entre as nações. Esses termos "emprestados" de outros idiomas são incorporados porque trazem consigo novos conhecimentos, conceitos, valores e hábitos culturais.

1. Vivemos na era da globalização, um fenômeno de integração econômica, social, política e cultural que ganhou grande impulso com a rede mundial de computadores. Em consequência disso, incorporamos muitos empréstimos linguísticos de outros países.
Que palavras de outros idiomas você costuma empregar em conversa com os colegas?
Leia a letra da música "Samba do approach", na qual o compositor Zeca Baleiro emprega alguns termos estrangeiros, muitos deles bastante utilizados em nosso dia a dia.

Samba do approach

Venha provar meu brunch
Saiba que eu tenho approach
Na hora do lunch
Eu ando de ferryboat... (2 vezes)

Eu tenho savoir-faire
Meu temperamento é light
Minha casa é high-tech
Toda hora rola um insight
[...]

Eu tirei o meu green card
E fui pra Miami Beach
Posso não ser pop star
Mas já sou um nouveau riche...
[...]

Zeca Baleiro. Disponível em: <http://letras.terra.com.br/zeca-baleiro/#maisacessadas/43674>. Acesso em: 28 abr. 2015.

2. Zeca Baleiro utiliza, de forma bem-humorada, alguns termos estrangeiros para produzir certos efeitos de sentido. Responda.

   a) Você conhece o sentido de todas as palavras estrangeiras empregadas no samba? Converse com seus colegas e depois escreva no caderno o significado de cada uma.

   b) Em sua opinião, qual a intenção do compositor ao "rechear" a letra da canção com tantos estrangeirismos?

3. Como a cultura em que nascemos é um fator de identidade da nação e o uso do mesmo idioma e suas variantes é um fator que une a comunidade, muitas pessoas acreditam que a presença de palavras importadas – ou seu excesso – pode gerar a desagregação ou empobrecimento da língua e comprometer a identidade nacional.

   a) Você seria a favor da aprovação de uma lei que restringisse o uso de palavras estrangeiras? Antes de responder, vamos refletir mais um pouco. Observe as imagens.

   b) Nas imagens acima, você acha que houve exagero no uso de termos de língua estrangeira? Existem, em português, palavras que poderiam ser empregadas no lugar desses estrangeirismos?

   c) Em sua opinião, o excesso de estrangeirismos na língua interfere em nossa identidade cultural?

4. Vamos registrar cenas contemporâneas da língua portuguesa com seus empréstimos e estrangeirismos atuais? Para isso, forme um grupo com alguns colegas. Juntos, fotografem ocorrências de estrangeirismos em: jornais, revistas, outdoors, cartazes, cardápios, letras de música etc. Em seguida, organizem essas fotos em um mural ou painel na sala de aula para obter um pequeno panorama do uso atual de estrangeirismos na língua portuguesa.

UNIDADE 3
Observar e registrar

Nesta unidade você vai:

- compreender a organização do gênero relatório escolar de experiência científica e de visita

- reconhecer os contextos em que são utilizados e compreender sua finalidade como registro de pesquisa e de experimentos

- planejar e produzir um relatório de visita

- transcrever um texto da modalidade oral para a escrita

- refletir sobre a organização do período composto por subordinação e os valores semânticos das orações subordinadas

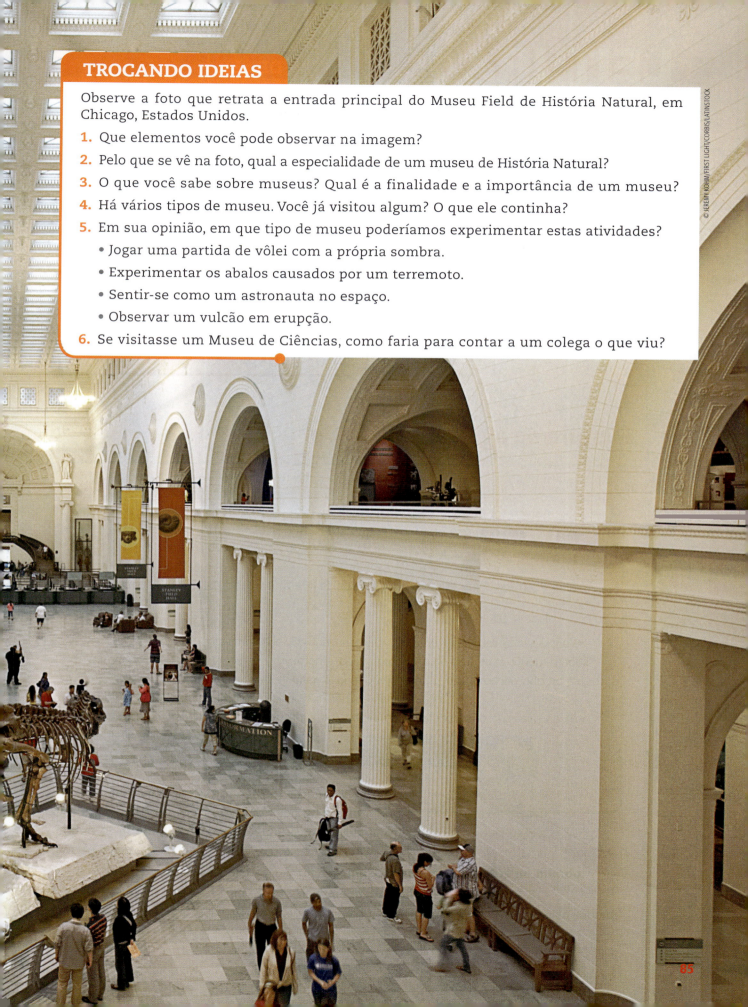

TROCANDO IDEIAS

Observe a foto que retrata a entrada principal do Museu Field de História Natural, em Chicago, Estados Unidos.

1. Que elementos você pode observar na imagem?
2. Pelo que se vê na foto, qual a especialidade de um museu de História Natural?
3. O que você sabe sobre museus? Qual é a finalidade e a importância de um museu?
4. Há vários tipos de museu. Você já visitou algum? O que ele continha?
5. Em sua opinião, em que tipo de museu poderíamos experimentar estas atividades?
   - Jogar uma partida de vôlei com a própria sombra.
   - Experimentar os abalos causados por um terremoto.
   - Sentir-se como um astronauta no espaço.
   - Observar um vulcão em erupção.
6. Se visitasse um Museu de Ciências, como faria para contar a um colega o que viu?

LEITURA 1

Leia o texto que descreve a realização e expõe os resultados de uma experiência científica escolar. Você estudará de que forma o trabalho é organizado para atingir os objetivos visados. Também verá de que maneira a conclusão dessa experiência leva a uma reflexão dos autores sobre uma questão ambiental.

ANTES DE LER

1. Você gosta das aulas de Ciências? Já teve oportunidade de realizar experiências no laboratório sob a supervisão e com a ajuda do professor?
2. Que tipo de experiência você fez e qual era seu objetivo ao realizá-la?
3. Como você registrou o processo realizado? Você obteve o resultado que esperava?
4. Você teve de expor ao professor ou aos colegas os resultados obtidos? De que maneira fez isso?
5. Você já teve a oportunidade de ler, alguma vez, um texto que expusesse resultados de uma experiência ou pesquisa? Em caso afirmativo, como era esse texto, onde você o leu e a quem era dirigido?

Mistura de água, óleo e álcool

Objetivo:

Mostrar que, quando misturamos líquidos que não se dissolvem (imiscíveis), eles se distribuem no frasco de acordo com os valores das suas densidades.

Materiais:

- Frasco transparente, como uma garrafa ou um copo de vidro
- 1/4 copo de água colorida com tinta aquarela
- 1/4 copo de óleo
- 1/4 copo de álcool

86

Procedimento:

Era necessário colocar os três líquidos no frasco; primeiro nós desconfiamos que o mais pesado fosse o óleo e ele iria logo para baixo do copo, e se ele caísse primeiro no copo ele logo iria ocupar o fundo. Então fizemos de várias maneiras:

a) colocamos os três líquidos ao mesmo tempo, sem nenhuma ordem

b) colocamos a água junto com o álcool, e o óleo por cima

c) colocamos primeiro o óleo, depois o álcool e a água por último

d) colocamos primeiro a água no recipiente, logo após o óleo e em seguida o álcool;

Fizemos isso cuidadosamente seguindo essa sequência e dessa vez sem deixar borbulhar.

Resultados:

No primeiro procedimento, precisamos esperar que a mistura se estabilizasse; após dez minutos, vimos que a mancha de óleo tinha ficado por cima e por baixo tinha ficado um líquido colorido e não sabíamos se era só a água ou álcool; aconteceu a mesma coisa quando fizemos o segundo e o terceiro procedimentos: a camada amarela com óleo sempre dava um jeito de ficar por cima de tudo, e embaixo ficava o álcool junto com a água. No último procedimento, tivemos cuidado de fazer a água ficar separada do álcool. Observamos a água embaixo, o óleo no meio e o álcool por cima.

Conclusão:

Observamos que, na mistura de água e óleo, o óleo fica sobre a água, ou seja, a densidade da água é maior que a do óleo. Misturando álcool e óleo acontece o contrário, isto é, o óleo fica submerso, pois tem densidade maior que a do álcool. Mas a mistura de água e álcool tem densidade maior que a do óleo e portanto ela fica sempre por baixo mesmo. Esta é a razão do resultado da mistura dos três líquidos.

Outros comentários:

Quando ocorre um rompimento no casco de grandes navios e o petróleo vaza nas águas do mar, o petróleo fica na superfície da água porque é menos denso que a água, e isso é um perigo porque essa mancha impede a luz e o oxigênio de chegarem aos seres vivos que precisam de oxigênio para viver.

Disponível em: <http://www.cienciamao.usp.br/tudo/exibir.php?midia=lcn&cod=_densidadedosliquidos>. Acesso em: 25 fev. 2015. Adaptado.

Antes de iniciar o estudo do texto, tente descobrir o sentido das palavras desconhecidas pelo contexto em que elas aparecem. Se for preciso, consulte o dicionário.

EXPLORAÇÃO DO TEXTO

Nas linhas do texto

1. Esse texto está relacionado a uma das três áreas do estudo de Ciências no ensino fundamental.

   a) Qual é essa área?

   b) Comprove sua resposta com um trecho do texto.

2. O texto, como você já deve ter percebido, é um relatório, gênero textual por meio do qual são apresentados os resultados de atividades variadas — como experimentos, visitas, trabalhos etc. —, com a descrição de objetivos, procedimentos e conclusões.

   a) Segundo o relatório, qual foi a experiência realizada e qual seu objetivo?

   b) Ao fazer a experiência, que procedimento foi realizado? Por quê?

   c) Que resultados foram registrados em relação ao procedimento?

3. O objetivo proposto no início do relatório foi alcançado? Comprove sua resposta com um trecho do texto.

Nas entrelinhas do texto

1. Considerando o assunto, em sua opinião:

   a) quem escreveu esse texto?

   b) a que público se destina?

   c) a linguagem empregada é fácil de ser entendida pelo público que você indicou? Explique.

2. Por que os estudantes pensavam que o "mais pesado" dos elementos comparados era o óleo?

3. Qual foi a intenção dos autores ao expor detalhadamente a forma como a experiência foi realizada?

Além das linhas do texto

Você leu um relatório sobre uma experiência científica, escrito pelos estudantes que a realizaram. Você acha importante para estudantes fazer experiências como essa? Leia o que diz sobre esse assunto o trecho de uma matéria publicada em uma revista.

Estudantes realizando a experiência.

88

"Eureca" na sala de aula

Deixar que os alunos aprendam por meio de descobertas: eis a essência do método de ensino criado há um século pelo inglês Edward Armstrong [...]

Sua ideia: a sala de aula seria lugar para experimentar, conhecer com os erros e acertos. [...] A aprendizagem deveria ser por meio de descobertas, e não por fórmulas que não se relacionariam diretamente com a vida do aluno. [...]

O químico inglês defendia o aluno-professor, que podia – e devia – ser uma espécie de descobridor original. Muitos o criticaram por essa ideia. [...]

O curso de química de Armstrong exigia do aluno muita prática de laboratório, com o objetivo de ilustrar o método científico através da observação, experimento e raciocínio com a ajuda de hipóteses, mas não perdia a ligação com questões da vida cotidiana, isto é, se preocupava em utilizar situações que faziam parte da experiência do estudante. [...]

A essência do objetivo do método defendido por Armstrong era mudar o comportamento do tipo de cidadão que queremos ajudar a construir em nossas escolas: estudantes com poder de iniciativa, questionadores, críticos, reflexivos. [...]

Revista *Ciência Hoje*. Disponível em: <http://cienciahoje.uol.com.br/alo-professor/intervalo/a-ciencia-em-experimentar/?searchterm=experimento%20na%20sala%20de%20aula>. Acesso em: 25 fev. 2015.

Heureca!

A origem da expressão heureca! (ou eureca!: "achei!", "descobri!") está relacionada ao matemático grego Arquimedes (287-212 a.C.), que recebeu uma incumbência do rei: descobrir se a coroa encomendada a um ourives havia sido feita de ouro puro. O problema era que o peso da quantidade de ouro entregue ao artista correspondia ao peso da coroa. Arquimedes teria dito "Heureca!" durante o banho, ao observar a quantidade de água derramada da banheira enquanto ele submergia. Nesse momento, percebeu que o volume de um corpo pode ser calculado medindo o volume de água deslocada quando esse corpo é submerso: ao mergulhar a quantidade de ouro original e medir a água transbordada, percebeu que o volume desta era maior. Dessa forma, desmascarou o ourives, demonstrando que sólidos com diferentes densidades, apesar de terem o mesmo peso, ocupam espaços diferentes.

Xilogravura representando Arquimedes (1547).

1. De que modo você relacionaria a realização de uma experiência em aula de Ciências com as ideias defendidas pelo educador Armstrong?

2. Como o tipo de aprendizagem proposto por Armstrong contribui para o crescimento do estudante como cidadão?

3. No item "Outros comentários", de que forma a experiência foi associada a problemas que ocorrem na vida real?

4. Leia este trecho de notícia.

Milhares limpam vazamento de petróleo na Nova Zelândia

Mais de 2 mil voluntários trabalham neste sábado para limpar o petróleo que vazou no litoral norte da Nova Zelândia por causa do naufrágio do cargueiro Rena, enquanto os técnicos tentam extrair o combustível que resta no navio.

Disponível em: <http://noticias.terra.com.br/mundo/noticias/0,,OI5413706-EI17616,00-Milhares+limpam+vazamento+de+petroleo+na+Nova+Zelandia.html>. Acesso em: 25 fev. 2015.

a) De que modo é possível evitar tragédias como essa?

b) Como as pessoas podem colaborar quando ocorre uma tragédia desse tipo?

COMO O TEXTO SE ORGANIZA

1. Além do título e do texto, que outros elementos podem compor um relatório de experiência científica?

Aparelhos de um laboratório de Ciências.

> **Tipos de relatório**
> Você leu um relatório escolar de experiência científica, mas existem outros tipos de relatório:
> • relatório comercial;
> • relatório de visita a um local;
> • relatório de pesquisa científica;
> • relatório médico;
> • relatório de atividades escolares;
> • relatório feito por organizações ambientais.

2. A diagramação de um relatório tem características próprias. Observe novamente o texto.

　a) Como o texto é distribuído na página?

　b) Que pontuação é empregada?

　c) Como são indicadas as quantidades de material usadas?

　d) Em um relatório de experiência científica, é importante indicar as quantidades de material dessa maneira? Por quê?

3. Nesse relatório, observamos a divisão do texto em cinco partes principais. No caderno, relacione cada afirmação à parte do relatório a que está associada: objetivo, materiais, procedimento, resultados e conclusão.

　I. Descreve a metodologia empregada.

　II. Explicita o que se pretendia.

　III. Expõe o que se obteve no processo.

　IV. Registra o que foi observado.

　V. Relaciona o que foi utilizado no experimento.

Em um relatório, antes e depois do texto propriamente dito – em que é descrita a atividade realizada, seus objetivos e conclusões –, aparecem algumas informações a que chamamos de **elementos pré-textuais** e **pós-textuais**. Eles têm a função de identificar, por exemplo, o assunto do relatório, o tempo, o espaço, os participantes e os responsáveis.

Elementos pré-textuais: título do relatório, dados como data, horário, participantes etc.

Elementos pós-textuais: nome do(s) relator(es), turma ou ano, nome da instituição etc.

---

4. Em um relatório, que outras observações poderiam ser incluídas no item "Outros comentários"?

5. Analise a sequência do relatório e responda: para escrever um relatório de experiência científica, como seu autor deve proceder?

90

RECURSOS LINGUÍSTICOS

1. Observe os verbos no relatório. Que tempo predomina? Por quê?

2. Releia esta frase e observe a palavra destacada.

> "[...] quando misturamos líquidos que não se dissolvem (**imiscíveis**), eles se distribuem no frasco de acordo com os valores das suas densidades."

a) A conclusão da experiência prova que os líquidos são imiscíveis? Por quê?

b) O uso dessa palavra está ligado ao emprego de uma linguagem cotidiana ou técnica? Por quê?

c) Qual é o sinal de pontuação empregado para dar destaque ao termo?

3. Releia o trecho e observe o emprego dos adjuntos adverbiais destacados.

> "**No primeiro procedimento**, precisamos esperar que a mistura se estabilizasse; após dez minutos, vimos que a mancha de óleo tinha ficado por cima e por baixo tinha ficado um líquido colorido e não sabíamos se era só a água ou álcool [...]. **No último procedimento**, tivemos cuidado de fazer a água ficar separada do álcool."

a) Adjuntos adverbiais são comuns em relatórios. O que eles indicam nesse trecho?

b) Escreva outros adjuntos adverbiais que poderiam ser usados em um relatório com a função que você apontou acima.

4. O relatório foi escrito na primeira pessoa do plural. Por quê? Poderia ser escrito na 1ª pessoa do singular?

PARA LEMBRAR

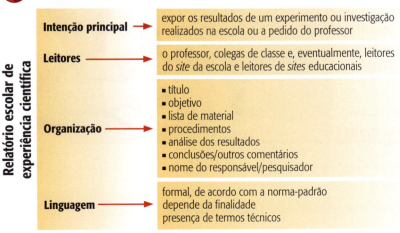

NÃO DEIXE DE LER

- *O livro do cientista*, de Marcelo Gleiser, editora Companhia das Letrinhas

O físico Marcelo Gleiser conduz o leitor numa viagem pela história da ciência a partir de sua própria experiência. O livro traz fotos de satélite, mapas, pinturas antigas, gráficos e outros elementos que ajudam a entender a história das descobertas.

DEPOIS DA LEITURA

RELATÓRIOS NO MUNDO DO TRABALHO

Você leu um relatório escolar de experiência científica. Quem mais elabora relatórios? Será que conhecer e saber empregar esse gênero de texto é importante apenas na escola? Em que áreas do mundo do trabalho também é necessário escrever relatórios?

1. Leia estes textos, baseados em *sites* de oferta de emprego, nos quais são descritas as principais funções e tarefas de cada cargo anunciado.

Engenheiro ambiental. Acompanhar o cumprimento das condicionantes ambientais. Elaborar plano de ação para regularização de atividades propostas pela área de meio ambiente para as mais diversas situações. Analisar e interpretar resultados das análises laboratoriais. Elaborar e atualizar relatórios de controles ambientais.

Técnico em Química. Responsável por realizar testes e emitir relatórios. Elaborar análises de matéria-prima e produto acabado. Trabalhar com controle de qualidade de processos e produtos. Atuar diretamente no processo produtivo. Auxiliar no processo de compra de insumos.

Técnico de produção na área de alimentos. Observar todos os setores da indústria, elaborar relatório com identificação de anomalias e implantação de projetos.

Secretária executiva. Fazer atualização de agendas e *e-mails*, redigir ofícios, circulares e cartas comerciais. Convocar reuniões de conselho. Acompanhar a realização de eventos na federação. Elaborar relatórios e atas de reunião, arquivar documentos, emitir e receber correspondências, entre outros.

A técnica em Química.

a) Entre as atividades relacionadas às funções dos profissionais, há uma que é comum a todos esses cargos. Qual?

b) Quem seriam os possíveis leitores dos relatórios de cada um desses profissionais?

2. No caderno, associe cada profissional a um dos possíveis objetivos de relatório que poderia produzir.

> Engenheiro ambiental   Secretária executiva   Técnico em Química
> Técnico de produção na área de alimentos

a) Informar a respeito da eficiência de controles de poluição.

b) Informar problemas encontrados na elaboração de produtos e apresentar avaliação do desenvolvimento de um determinado projeto.

c) Registrar e divulgar experiências realizadas com apresentação de resultados.

d) Registrar e informar decisões tomadas em reuniões.

3. Abaixo relacionamos alguns tipos de relatório.

  I. Relatório de estágio

 II. Relatório de visita

III. Relatório de vendas

IV. Relatório de inspeção

a) Que informações poderiam ser apresentadas em cada um desses relatórios?

b) Por que a atribuição de fazer relatórios é importante em cada cargo?

DO TEXTO PARA O COTIDIANO

Sente-se com um colega. Leia e discuta com ele as questões a seguir. Preparem-se para compartilhar oralmente suas respostas e opiniões com os colegas.

Um relatório pode ter diferentes finalidades. A conclusão de um relatório técnico numa fábrica, por exemplo, pode mostrar que é necessário mudar um processo de produção ou substituir um material na fabricação de um produto. Veja o que pode ocorrer quando são desconsiderados conhecimentos ou conclusões obtidos por meio de pesquisa e expostos em relatórios.

1. Leiam o trecho de uma notícia para compará-lo ao trecho de um relatório.

Efeito das fortes chuvas.

> ### Reféns das chuvas, Duque de Caxias ignorou estudo sobre áreas de risco
>
> [...]
>
> Rio de Janeiro – Maior cidade da Baixada Fluminense, Duque de Caxias aprendeu ao longo dos anos a conviver com o medo da chuva durante o verão. Logo nos primeiros dias de 2013, as fortes precipitações comuns à estação mais uma vez provocaram inundações, deslizamentos e outros desgastes, sobretudo no distrito de Xerém, causando a morte de um homem e fazendo 1.200 desalojados.

O luto e o transtorno, no entanto, teriam sido evitados se a prefeitura não tivesse ignorado um estudo realizado pelo governo estadual que aponta a existência de 98 áreas de risco no município.

[...] o tenente-coronel Ronaldo Reis aponta o que considera ser o principal motivo da não divulgação do estudo nas escolas na gestão anterior: "A partir do momento em que você entrega um relatório desses ao poder público e ele, por inércia ou negligência, não faz nada e depois acontece alguma coisa, o cidadão poderá questionar até mesmo juridicamente. O estudo estava pronto e se sabia inclusive quais eram as ruas. Não havia dificuldade em se fazer um trabalho de prevenção e alerta, mas essa não era a prioridade do prefeito." [...]

THUSWOHL, Maurício. RBA – Rede Brasil Atual. 22 jan. 2013. Disponível em: <http://www.redebrasilatual.com.br/cidades/2013/01/refem-das-chuvas-duque-de-caxias-ignorou-estudo-sobre-areas-de-risco>. Acesso em: 21 fev. 2015.

• Agora leiam o trecho de um relatório que aborda o mesmo assunto.

Estudo aponta que enchentes e deslizamentos serão mais frequentes na capital paulista

[...]

O relatório aponta medidas de adaptação que as cidades da Região Metropolitana e suas instituições públicas e privadas terão que enfrentar em busca de soluções para os impactos e perigos que sofrerão. Entre elas, estão maior controle sobre construções em áreas de risco, investimentos em transportes coletivos, sobretudo o ferroviário, proteção aos recursos naturais e criação de áreas de proteção ambiental nas áreas de várzeas de rios (como os parques lineares propostos pela prefeitura de São Paulo e governo do Estado) e investimentos em pesquisas voltadas para a modelagem do clima, quantificação de benefícios decorrentes de medidas de adaptação às mudanças climáticas, entre outras.

[...]

Relatório coordenado pelo Centro de Ciência do Sistema Terrestre do Instituto Nacional de Pesquisas Espaciais (CST/INPE) e pelo Núcleo de População da Universidade Estadual de Campinas (NEPO/UNICAMP). Publicado em: Mudanças climáticas. Estudo aponta que enchentes e deslizamentos serão frequentes na capital paulista. Disponível em: <http://www.mudancasclimaticas.andi.org.br/node/1458/>. Acesso em: 21 fev. 2015.

a) De que fala o trecho da notícia "Refém das chuvas, Duque de Caxias ignorou estudo sobre áreas de risco"?

b) Se as medidas recomendadas no relatório tivessem sido adotadas, quais seriam os possíveis resultados?

c) Sobre o que alerta o trecho do relatório que vocês leram?

d) Na comparação entre os dois trechos, podemos refletir sobre alguns fatores que tornam os habitantes das cidades mais vulneráveis aos desastres naturais, como deslizamentos e enchentes. Que providências vocês julgam necessárias para minimizar os problemas decorrentes desses desastres?

2. Vamos ler a seguir o **comentário** de um jornalista sobre problemas semelhantes aos apresentados nos textos da atividade anterior.

O **comentário** é um gênero em que se tecem reflexões sobre determinado(s) fato(s). O comentarista faz a análise e avaliação de um assunto da atualidade, geralmente publicado na mídia, e expõe sua opinião sobre ele baseando-a em argumentos.

"Que tipo de gente joga lixo no chão?"

Para comentarista, muita gente responsabiliza só as prefeituras. Mas não são as prefeituras que produzem o lixo e o jogam em qualquer lugar.

Todos os anos é assim. As prefeituras chegam depois do início das chuvas e todos começam a contar os prejuízos. Foi assim no ano passado e nos anos que passaram. Mas ainda há tempo de discutir se vai ser assim no ano que vem e nos próximos. Podem ter certeza de que vai continuar chovendo torrencialmente no início do verão e podem estar certos de que a água vai descer por causa da gravidade.

O problema é que muita gente pensa que a responsabilidade é só das prefeituras. Mas não são as prefeituras que produzem o lixo e o jogam em qualquer lugar. Ao contrário, elas é que fazem a limpeza urbana e recolhem o lixo.

E a natureza tinha seus caminhos para escoar as águas, chamados córregos e rios. Aí nós chegamos, ocupamos as encostas, impermeabilizamos o solo, aterramos os córregos e entupimos os rios.

E ainda há quem pense que a cidade é da prefeitura. Não é, não. É nossa. Como nossa casa, a cidade é o lugar onde moramos. Cabe, sim, às prefeituras fiscalizar, impedir, multar, fazer obras. Mas que tipo de gente joga lixo no chão da cidade-morada?

Ainda ontem, eu vi, do carro da frente, o motorista jogar pela janela o resto do cigarro que no ano que vem vai ajudar a bloquear o bueiro e inundar o carro dele. Mas, aí eu pensei, se ele joga sujeira no próprio pulmão, não vai se importar em sujar a cidade.

GARCIA, Alexandre. G1– Bom dia Brasil.7 nov. 2014. Disponível em: <http://g1.globo.com/bom-dia-brasil/noticia/2014/11/que-tipo-de-gente-que-joga-lixo-no-chao-pergunta-alexandre-garcia.html>. Acesso em: 21 fev. 2015.

a) O comentarista apresenta sua opinião a respeito do papel das autoridades, mas aponta outro fator que deve ser levado em conta quando se fala de prevenção de enchentes. Qual é?

b) Procure uma frase do comentarista que expresse sua opinião e o argumento que utiliza para defendê-la.

c) O jornalista apresenta também um argumento de exemplificação para embasar o que afirma no comentário. Que argumento é esse?

d) Você concorda com o comentarista no que se refere à causa dos problemas das enchentes e dos deslizamentos? Justifique sua resposta.

PRODUÇÃO ORAL

APRESENTAÇÃO ORAL DE COMENTÁRIO

O comentário é um gênero jornalístico, no entanto, fazer comentários sobre diversos assuntos é uma atividade cotidiana, que ocorre naturalmente em nosso dia a dia. Você vai se preparar para fazer um comentário para ser apresentado oralmente em sala de aula.

Antes de começar

1. Leia este trecho de outro comentário.

A saída da crise é salvar a mata Atlântica

[...]

Enquanto a Amazônia brasileira chama a atenção do mundo, com seu corte raso já tendo atingido cerca de 19% da floresta original, grande parte da população de nosso país ignora ou nada faz para acabar com seu próprio prejuízo pela devastação da mata Atlântica, que já alcança mais de 87% de seu domínio desde o Descobrimento do Brasil e é um dos principais fatores da crise hídrica e energética que prejudica a região Sudeste.

[...]

No outro lado do país, na mata Atlântica, as proporções se invertem. Ao contrário da Amazônia, onde a preservação é maior que a devastação, na grande floresta tropical que se estendia por 131 milhões de hectares do Rio Grande do Sul ao Piauí e do litoral ao Centro-Oeste, resta hoje apenas cerca de 16,5 milhões de hectares, ou seja, pouco mais de 12%.

Se não cuidarmos desses poucos remanescentes e não recuperarmos grande parte do que foi desmatado, nunca conseguiremos nos livrar da crise hídrica. [...]

TUFFANI, Maurício. *Folha de S. Paulo*. Disponível em: <http://mauriciotuffani.blogfolha.uol.com.br/tag/desmatamento/>. Acesso em: 25 mar. 2015.

Obra ocupando espaço da mata.

---

a) De que modo o comentarista retoma o que pensa ser do conhecimento geral?

b) Após introduzir uma nova informação sobre a mata Atlântica, o comentarista expressa sua opinião e apresenta um argumento para defendê-la. Anote no caderno o trecho em que isso ocorre.

c) Qual é o alerta que faz à população em geral em seu comentário?

Planejando a produção

Sente-se com um colega e faça com ele o que se pede a seguir.

1. Um comentário pode ter como objeto diferentes assuntos: eventos, fatos esportivos, comportamentos, costumes e outros. Que assunto vocês vão comentar? Que reflexões poderão fazer a respeito? Se for necessário, complementem o que sabem sobre o assunto, pesquisando em livros, revistas, jornais ou *sites*.

2. Anotem no caderno a organização do comentário e escrevam o texto.

    a) Apresentem o assunto ou façam uma retomada do que leram, viram ou ouviram sobre ele.

    b) Façam um balanço dos fatos, de forma a situar seus ouvintes ou leitores sobre o que ocorreu.

    c) Registrem sua opinião, usando pelo menos um argumento para embasá-la. Se possível, apresentem exemplos.

    d) Usem uma linguagem adequada aos seus ouvintes ou leitores. Atenção: a linguagem pode ser informal, mas evitem gírias e marcas de oralidade.

    e) Quando o texto estiver pronto, entreguem-no ao professor, que fará observações sobre o que já está bom e sobre o que eventualmente precisa ser melhorado.

Apresentando o comentário

1. Depois que o professor avaliar e entregar o texto, reúna-se com seu colega e escolham um dos comentários para ser apresentado aos demais colegas.

2. Comecem retomando o que leram ou ouviram. Falem em voz alta e de forma clara. Não se esqueçam de enfatizar o argumento utilizado.

3. Vocês podem usar notas escritas para orientar a exposição, mas evitem lê-las para não tornar a atividade monótona.

4. Durante a apresentação das outras duplas, permaneçam em silêncio e atentos à apresentação. O professor será o mediador do debate sobre os comentários.

Avaliação

1. Após as apresentações, o professor organizará a classe em grupos. Avalie a apresentação com seus colegas, observando os seguintes pontos.

    - Qual assunto predominou nos comentários apresentados?
    - Nas apresentações, foi possível perceber, com clareza, a opinião dos comentaristas?
    - Essa opinião estava embasada em um argumento válido? Foram dados exemplos?
    - Qual dos comentários provocou mais interesse?

2. Guardem uma cópia do comentário apresentado para o projeto de final de ano, o jornal.

O período composto por subordinação na construção do texto

1. Releia este trecho do relatório estudado, prestando especial atenção às orações destacadas, ambas introduzidas pela conjunção **que**.

   "No primeiro procedimento, precisamos esperar **que a mistura se estabilizasse**; após dez minutos, vimos **que a mancha de óleo tinha ficado por cima** e por baixo tinha ficado um líquido colorido que não sabíamos se era só água ou álcool."

   a) Os verbos **esperar** e **ver** são verbos transitivos. Verbos que se classificam dessa forma precisam ou não de complemento?

   b) Observe e compare os enunciados destes períodos.

   Nós **esperamos** a estabilização da mistura.

   verbo   complemento do verbo (objeto direto)

   Nós **esperamos** que a mistura se estabilizasse.

   verbo   complemento do verbo

   Em relação ao complemento do verbo (um objeto direto), qual é a diferença entre os dois períodos? Observe que a expressão **a estabilização da matéria** (cujo núcleo é um substantivo) equivale à oração subordinada **que a mistura se estabilizasse**; ambas funcionam como objeto direto do verbo **esperar**.

   > A **oração subordinada** funciona como um termo da oração principal, sendo considerada uma oração dependente dela.

2. Agora leia este trecho dos "Outros comentários" do relatório de experimento que lemos.

   "O petróleo fica na superfície da água quando ocorre um vazamento no oceano.
   A mancha de óleo, que fica na superfície da água, impede que a luz e o oxigênio cheguem aos seres vivos."

Óleo flutua na superfície do mar, na costa sul dos EUA, após explosão em plataforma de petróleo.

a) No primeiro período, qual é a oração principal e qual é a subordinada?

b) Que relação de sentido a conjunção **quando** estabelece entre a oração principal e a subordinada?

c) No segundo período, a palavra **que** é um pronome relativo. A que ele se refere?

d) Nos dois exemplos analisados, existe uma relação de dependência entre a oração destacada e a oração principal do período? Explique.

> As palavras que relacionam duas orações e, ao mesmo tempo, substituem na segunda oração um termo expresso na oração anterior são chamadas de **pronomes relativos**.
>
> O descaso é maior ainda em cidades como São Paulo, **que** não é cercada por montanhas.
>
> ↓
>
> São Paulo ⟶ pronome relativo

3. Leia a tira.

DAVIS, Jim. *Garfield, 10:* o rei da preguiça. Porto Alegre: L&PM, 2010.

a) Garfield é o rei da preguiça: que comportamento dele na tira não condiz com esse apelido?

b) Garfield tem três desejos, cada um expresso em um quadrinho. Quais são eles?

c) Qual é a forma verbal que indica esses desejos?

d) Se a oração de cada quadrinho se encerrasse nessa forma verbal, a tira teria sentido? Por quê?

e) Considerando a classificação do verbo, que função têm as orações subordinadas que complementam o seu sentido?

As conjunções e o pronome relativo que você viu nessas atividades servem para estabelecer relações entre uma oração principal e sua subordinada.

Quando há uma ou mais orações subordinadas a uma principal, elas formam um período composto por subordinação.

> O período composto formado por uma oração principal e uma ou mais orações subordinadas é chamado de **período composto por subordinação**.

A oração subordinada: contexto e sentidos

1. Leia este outro trecho do mesmo relatório.

> "Observamos que, na mesma mistura de água e óleo, o óleo fica sobre a água, ou seja, a densidade da água é maior que a do óleo."

Se quiséssemos resumir esse período, poderíamos fazê-lo da seguinte forma:

Durante a experiência, percebemos a **densidade** maior da água.

(substantivo / objeto direto)

A expressão **a densidade maior da água** tem o valor de um substantivo, porque seu núcleo é o substantivo **densidade**.

Reescreva o período no caderno, transformando o objeto direto em uma oração subordinada.

A oração que você criou é uma **oração subordinada substantiva**, porque equivale a uma expressão com valor de substantivo e exerce função de um objeto direto em relação ao verbo da principal.

> A **oração subordinada substantiva** pode exercer a função sintática de sujeito, objeto direto, objeto indireto, complemento nominal, predicativo ou aposto.

2. Reescreva este provérbio no caderno, substituindo o termo destacado por uma oração introduzida pelo pronome relativo **que**.

O homem **feliz** é como um barco que navega com vento favorável. (provérbio chinês)

adjetivo com a função de adjunto adnominal

A oração que você criou, equivalente a um adjetivo, é uma oração subordinada adjetiva; exerce a função de um adjunto adnominal em relação a um termo da oração principal.

> A **oração subordinada adjetiva** exerce a função sintática de adjunto adnominal de um termo da oração principal.

3. Leia este início de notícia e depois reescreva o título, de modo que passe a apresentar uma oração introduzida pela conjunção **enquanto**.

Detran apreende 11 veículos durante fiscalização em Manaus

Operação Carga Pesada teve objetivo de fiscalizar veículos na capital. Ação foi realizada na manhã desta terça-feira (17), na Zona Leste

G1 Amazonas. Disponível em: <http://g1.globo.com/am/amazonas/noticia/2015/03/detran-apreende-11-veiculos-durante-fiscalizacao-em-manaus.html>. Acesso em: 26 mar. 2015.

A oração que você criou, equivalente a uma locução adverbial, é uma **oração subordinada adverbial**; exerce a função de um adjunto adverbial em relação à principal.

> A **oração subordinada adverbial** exerce a função sintática de adjunto adverbial em relação à oração principal.

1. Leia a charge abaixo.

AMORIM. Disponível em: <www.amorimcartoons.com.br>. Acesso em: 26 mar. 2015.

a) A que fato se refere a charge?

b) O que provoca o humor na charge?

c) Qual o efeito de sentido da locução adverbial com sorte?

d) Desenvolva a frase do balão em uma oração subordinada adverbial introduzida por uma conjunção que provoque o mesmo efeito de sentido.

2. Leia esta matéria.

Porcos, aves e vacas são os animais que mais sofrem maus-tratos no mundo

[...]

Os culpados por tanta crueldade? Os consumidores de carne, ovos e laticínios, já que esses animais são maltratados, exclusivamente, para a produção de alimentos. Quem manda o recado é a HSI – Humane Society International-Brasil, que [...] está promovendo no país uma campanha em prol do bem-estar dos animais de produção.

O foco central da ação não é levantar a bandeira do vegetarianismo, mas sim do consumo consciente. [...]

Disponível em: <http://super.abril.com.br/blogs/planeta/porcos-aves-e-vacas-sao-os-animais-que-mais-sofrem-maus-tratos-no-mundo/>. Acesso em: 25 fev. 2015.

a) Qual é a palavra que introduz a oração subordinada no título da matéria?

b) Compare.

I. "Porcos, aves e vacas são os animais que **mais sofrem maus-tratos no mundo**."

II. Porcos, aves e vacas são os animais **mais maltratados no mundo**.

Pela equivalência dos trechos destacados, como poderíamos classificar a oração subordinada no período I? Como você chegou a essa resposta?

3. Leia.

BROWNE, Dick; BROWNE, Chris. *O melhor de Hagar, o horrível*. Porto Alegre: L&PM, 2009. v. 5.

a) Qual é a frase responsável pelo humor na tira? Por quê?

b) As duas falas de Helga começam com verbos que necessitam de complemento. Quais?

c) Quais são as orações que completam o sentido desses verbos, respectivamente?

4. Leia este trecho de notícia.

> **NASA acha condições favoráveis à vida em solo de Marte**
>
> [...]
> Entre os elementos químicos encontrados em uma rocha, chamada pelos cientistas de John Klein, estão nitrogênio, hidrogênio, oxigênio, fósforo, enxofre e carbono, todos ingredientes vitais para o desenvolvimento de bactérias e outros micro-organismos. Além disso, as rochas continham argila que foi formada em um ambiente aquoso - um ambiente favorável para vida, com pH neutro e quantidades apropriadas de sais. [...]
>
> IG. Último segundo – Ciências. 13 mar. 2015. Disponível em: <http://ultimosegundo.ig.com.br/ciencia/2013-03-12/nasa-acha-condicoes-favoraveis-a-vida-em-solo-de-marte.html>.
> Acesso em: 23 fev. 2015.

a) Segundo a notícia, por que há condições favoráveis à vida em Marte?

b) Observe.

... condições favoráveis <u>à vida</u>...   ... condições favoráveis <u>a que exista vida</u>.
↑   ↑
expressão cujo núcleo é um substantivo (**vida**)   expansão para uma oração substantiva

No caderno, expanda a expressão substantiva destacada a seguir de modo a formular uma oração substantiva que faça sentido.

> Entre os elementos químicos [...] estão nitrogênio, hidrogênio, oxigênio, fósforo, enxofre e carbono, todos ingredientes vitais **para o desenvolvimento de bactérias e outros micro-organismos.**

5. Leia.

> Com o surgimento do homem na Terra, [...] teve início a Pré-História. Nesse longo período, que se estenderia por milhões de anos, civilizações estabeleceram suas próprias linguagens e formas de comunicação.
>
> DUARTE, Marcelo. *O guia dos curiosos*: língua portuguesa. São Paulo: Panda Books, 2003.

a) Quais são os adjuntos adverbiais que marcam o tempo no texto?

b) Transforme o adjunto adverbial inicial em uma oração subordinada adverbial.

c) Qual foi a conjunção que você empregou?

6. Leia este trecho de uma notícia.

> Os trabalhadores da coleta de lixo de Curitiba encerraram na tarde desta sexta-feira a greve deflagrada pela manhã, após acordo na Justiça do Trabalho. [...] Por causa da paralisação, ruas da área central da cidade e bairros mais afastados chegaram a registrar acúmulo de lixo nas calçadas.
>
> Disponível em: <http://www1.folha.uol.com.br/cotidiano/887580-lixeiros-encerram-greve-em-curitiba-no-pr.shtml>. Acesso em: 29 nov. 2011.

a) Qual é a expressão que indica a razão do lixo acumulado nas ruas?

b) Observe e compare.

I. "**Por causa da paralisação**, ruas da área central da cidade e bairros mais afastados chegaram a registrar acúmulo de lixo nas calçadas."

II. **Porque a coleta foi paralisada**, ruas da área central da cidade e bairros mais afastados chegaram a registrar acúmulo de lixo nas calçadas.

Em qual dos períodos há mais concisão e rapidez na comunicação com o leitor? Por quê?

7. Observe o período a seguir.

Há condições favoráveis <u>à ocorrência de chuva</u>.
↓
expressão cujo núcleo é um substantivo (**ocorrência**)

Há condições favoráveis <u>a que ocorra chuva</u>.
↓
oração substantiva

No caderno, transforme os trechos destacados nas frases abaixo em orações subordinadas substantivas como no exemplo acima.

a) Acreditávamos **no sucesso de nossa experiência**.

b) Foi importante **o cuidado com a segurança em todas as etapas do processo**.

c) Em uma experiência, é fundamental **a observação cuidadosa dos resultados**.

LEITURA 2

ANTES DE LER

1. Você já teve a oportunidade de visitar um museu ou um jardim botânico com os colegas e professores? Em caso positivo, qual foi e o que você viu?
2. Se você ainda não saiu com seus colegas e professores para uma visita desse tipo, qual lugar gostaria de visitar com eles?

Leia este relatório, escrito por estudantes de uma escola de Portugal.

Relatório da visita ao Museu Nacional de Etnologia

23 de janeiro de 2009
Hora de partida – 7h30
Hora de chegada a Tavira – 20h30
Professores acompanhantes: Anna Alba Caruso, Maria Alberta Fitas e Rui Carmo

Na nossa visita ao Museu Nacional de Etnologia em Lisboa foi possível verificar as diferenças entre a nossa cultura e a cultura de várias tribos da Amazónia e das comunidades Patua, do estado de Bengala, na Índia.

Primeiro, fomos acompanhados de uma guia visitar as Galerias da Amazónia onde, primeiramente, vimos as máscaras que os Wauja, uma tribo da Amazónia, usavam quando um dos seus adoecia. Essas doenças eram provocadas por um Apapatai, específico para cada doença. Os Wauja ao usarem essas máscaras, nas festas, acreditavam que o Apapatai viria a possuir essa máscara indo-se, desse modo, embora e a pessoa doente ficava curada.

Com a guia, vimos, ainda, instrumentos de caça e de guerra. Os Wauja tinham uma tradição que consistia em cortar a cabeça do seu inimigo e encolhê-la em sinal de respeito pelo seu adversário. Vimos também, num mapa, a localização de algumas das tribos da Amazónia, junto das quais foram recolhidos muitos objectos que pertencem ao Museu. [...]

Máscara da tribo Wauja (localizada no Parque Nacional do Xingu, Mato Grosso) exposta no museu de Etnologia de Lisboa.

"Pintura cantada", extensa tira de papel que reproduz histórias cantadas em apresentação ao público pelas mulheres Naya, do estado de Bengala, Índia.

Depois de visitarmos a cultura das tribos da Amazónia, fomos, desta vez sem guia, ver as Pinturas Cantadas feitas pelas mulheres de Naya (Índia).

Essas pinturas relatam acontecimentos que marcaram o Mundo e são também referentes às suas tradições. São feitas em grandes extensões de fita de papel, que eram depois de desenhadas, pintadas pelas mulheres. Para sobreviverem, essas mulheres tentam vender as suas pinturas a turistas que as visitam.

Foi interessante verificar que as pinturas representam acontecimentos tão distantes geograficamente, como o 11 de Setembro, ou tão comuns como o infanticídio, a SIDA, a discriminação das mulheres e algumas histórias da Índia, ou o horror do *tsunami* de dezembro de 2004.

No final da visita reflectimos sobre a visita e verificámos que os valores mudam consoante a cultura; com os Wauja percebemos o que é uma vivência de comunhão espiritual com a Natureza e a saúde, de modo bem diferente da sociedade em que vivemos e os valores estéticos das mulheres Naya também nos surpreendem pela sua exuberância e originalidade.

Alexandre Pires nº 1 – 10º A1
João Gonçalves nº 19 – 10º A1

Escola Secundária com 3º Ciclo do Ensino Básico Dr. Jorge Augusto Correia, na cidade de Tavira, Portugal. Disponível em: <http://estbiblioblogue.blogspot.com/2009/03/relatorio-da-visita-ao-museu-nacional.html>. Acesso em: 25 fev. 2015.

Antes de iniciar o estudo do texto, tente descobrir o sentido das palavras desconhecidas pelo contexto em que elas aparecem. Se for preciso, consulte o dicionário.

EXPLORAÇÃO DO TEXTO

1. Leia.

   Etnologia: ciência que faz o estudo de diferentes culturas buscando estabelecer um paralelo entre elas por meio da apreciação comparativa de costumes, hábitos, religião, crenças e valores.

   a) Qual foi o objetivo da visita dos estudantes e seus professores ao Museu de Etnologia de Lisboa?

   b) Levando em conta o significado da palavra **etnologia**, o objetivo da visita estava de acordo com a exposição promovida pelo museu? Por quê?

2. Na visita programada a um local, é importante ter critérios para selecionar as informações que servirão para se atingir o objetivo da visita.

   a) Para conhecer a cultura Wauja, o que os estudantes observaram em relação a:

   I. costumes e crenças?

   II. tradições?

   b) E sobre a cultura das mulheres Naya, o que perceberam em relação aos temas das pinturas?

3. Uma guia orientou os estudantes e professores na primeira parte da visita. É importante a presença desse profissional em um museu? Explique sua resposta com elementos do texto.

4. Em um relatório de visita também aparecem elementos pré-textuais e pós-textuais, conforme explicamos no estudo do relatório de experiência científica.

   a) Quais são esses elementos neste relatório?

   b) Qual a função deles?

5. Sem considerar os elementos pré-textuais e pós-textuais, o relatório divide-se em três partes distintas. Em seu caderno, indique o assunto e onde termina e começa cada uma delas.

   1ª parte: Introdução

   2ª parte: Desenvolvimento

   3ª parte: Conclusão

6. Releia a conclusão apresentada pelos autores. As afirmações estão de acordo com o objetivo da visita? Explique sua resposta.

Museu de Etnologia de Lisboa

O Museu de Etnologia de Lisboa, em Portugal, foi criado em 1965 com o objetivo de expor e divulgar trabalhos de caráter cultural. No acervo permanente, há coleções de origem africana, representativas de povos e culturas de Angola, Moçambique, Cabo Verde, Guiné-Bissau e outros países.
No Brasil, há vários museus de etnologia, entre eles, em São Paulo, o Museu de Arqueologia e Etnologia da Universidade de São Paulo e o Museu Afro-Brasileiro; o Museu de Arqueologia e Etnologia da Universidade Federal da Bahia, em Salvador, e o Museu do Índio, em Manaus.

Fachada do Museu de Etnologia de Lisboa.

A LÍNGUA NÃO É SEMPRE A MESMA

No relatório, escrito por estudantes não brasileiros, percebe-se a presença da variedade da língua portuguesa em Portugal.
Releia.

> [...] as pinturas representam acontecimentos tão distantes geograficamente como o 11 de setembro, ou tão comuns como o infanticídio, a SIDA [...]

1. Qual o significado da sigla SIDA? A que sigla, no Brasil, ela corresponde? Se não souber, converse com seus colegas ou professor.
2. Encontre no relatório uma frase que reflita outras diferenças entre o português de Portugal e o português do Brasil. De que tipo são essas diferenças? Elas são significativas? Explique.

Grafia de Portugal

O Acordo Ortográfico estabelecido pelos países lusófonos e que entrou em vigor em 2009 previa que, em determinados países, não haveria mudanças em algumas palavras quando sua grafia correspondesse à pronúncia. Por isso, cerca de 2% do vocabulário geral da língua não sofreu alteração na ortografia, e algumas palavras possuem mais de uma grafia.

PARA LEMBRAR

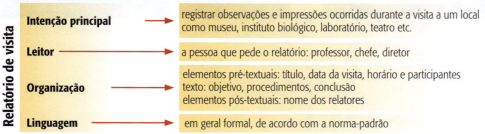

NÃO DEIXE DE ACESSAR

- http://www.eravirtual.org/
  Esse endereço dá acesso a vários museus virtuais brasileiros, entre eles, Casa de Guimarães Rosa (MG), Casa de Cora Coralina (GO), Museu Nacional do Mar (SC), Museu da República (RJ), entre outros.

PRODUÇÃO ESCRITA

Relatório de visita

Que tal vivenciar a experiência de registrar suas observações e impressões em um relatório de visita a um museu? Se você nunca foi a um museu, esta será uma oportunidade. Se não tiver acesso a uma instituição como essa, poderá experimentar uma visita virtual. Com a orientação do professor, analise as possibilidades que há em sua cidade. Durante a visita, colete informações para o relatório.

Levando em conta a organização que observamos no relatório estudado nesta unidade, utilize uma linguagem de acordo com a norma padrão. Lembre-se de que leitor será o professor e as pessoas que tiverem acesso ao nosso jornal, no projeto de final de ano.

Antes de começar

1. Este trecho indica o objetivo da visita ao museu em Lisboa.

> "Na nossa visita ao Museu Nacional de Etnologia em Lisboa foi possível verificar as diferenças entre a nossa cultura e a cultura de várias tribos da Amazónia e das comunidades Patua, do estado de Bengala, na Índia."

107

Qual poderia ser o objetivo de uma visita aos museus listados a seguir?

a) Museu da Língua Portuguesa (São Paulo – SP)

b) Museu Imperial (Petrópolis – RJ)

c) Museu do Homem do Nordeste (Recife – PE)

Museu do Homem do Nordeste, em Recife (PE).

Museu Imperial, em Petrópolis (RJ), construído entre 1845 e 1864.

2. O emprego de adjuntos adverbiais é muito importante em um relatório de visita. Veja.

> "Primeiro, fomos acompanhados de uma guia [...]"
> "Depois de visitarmos a cultura das tribos [...]"
> "No final da visita reflectimos [...]"

a) Quais são as palavras ou expressões nesses trechos que funcionam como articuladores da sequência temporal?

b) Que outras palavras ou expressões poderiam ser usadas com a mesma intenção? Escreva pelo menos dois exemplos.

3. O uso de palavras e expressões para introduzir informações novas também é importante nos relatórios.

a) Nestas frases, que palavras têm a função de acrescentar algo ao que foi dito?

> "Com a guia, vimos, ainda, instrumentos de caça e de guerra."
> "Vimos também, num mapa, a localização de algumas das tribos da Amazónia [...]"

b) Quais das expressões a seguir exercem a mesma função? Anote-as no caderno.

> apesar disso   além disso   por causa disso   não só... mas também

c) De que modo essas expressões contribuem para a construção do texto?

Planejando o texto

Planeje seu relatório de visita real ou virtual, de acordo com o que estudamos na unidade. Siga os passos sugeridos a seguir.

Antes da visita

1. Que local a classe irá visitar?
2. Leia com antecedência sobre o local e anote o que mais gostaria de ver. Geralmente, há muitas possibilidades, e é preciso ter um foco para não se perder entre tantas alternativas.
3. Certifique-se de que poderá anotar ou gravar as informações recebidas no local.

Durante a visita

1. Anote os dados que farão parte dos elementos pré-textuais do relatório: local, data, participantes.
2. Obedeça ao itinerário previsto no objetivo da visita.
3. Registre suas observações, impressões e reflexões.

Após a visita

1. Escreva o relatório organizando-o em três partes principais.
2. Use a linguagem adequada ao seu leitor e ao gênero.
3. Inclua expressões que marquem tempo e lugar e contribuam para a coesão do texto.

A Galeria Uffizi, em Florença, Itália, que abriga obras de Leonardo da Vinci e Michelangelo.

Autoavaliação e reescrita

1. Após finalizar o texto, releia-o, verificando estes pontos.
   - O conteúdo exposto está de acordo com o objetivo pretendido?
   - Foram registradas observações e impressões?
   - A conclusão é coerente com o desenvolvimento e há reflexões pessoais?
   - Foram usadas expressões articuladoras da sequência temporal e espacial e elementos coesivos?
2. Reescreva seu texto, aperfeiçoando-o de acordo com o que notou na autoavaliação.
3. Digite no computador a versão final ou escreva-a à mão, com letra legível.
4. Guarde uma cópia do seu relatório para o projeto de final de ano.

ORALIDADE

A seguir, você lerá a transcrição do trecho de um relatório de pesquisa apresentado oralmente. Leia-o com atenção.

Influência do gênero e do comportamento de cães no seu sistema imunológico

O comportamento de um cão está diretamente ligado a alterações em seus sistemas imunológicos. [Em nossa pesquisa], primeiro a gente fez uma filmagem dentro do canil [...]

Feito isso, a gente fez uma primeira coleta de sangue. [...] Aí depois a gente avaliou também a fenotipagem de linfócitos [...]. Depois disso, a gente ainda avaliou as dosagens hormonais [...]. Depois dessa primeira etapa, foi feito um transporte desses animais, desses trinta cães para outro canil. Durou mais ou menos uma hora e meia e depois desse transporte a gente fez uma nova coleta de sangue avaliando os mesmos parâmetros. Depois de fazer essa segunda coleta, a gente colocou os animais em outros grupos. [...] da nossa pesquisa, a gente conclui que o gênero e a personalidade dos cães influenciam o sistema imunológico.

MAGALHÃES, Rúvila. Agência USP de notícia. Sistema imunológico canino é relacionado ao comportamento. 6 dez. 2013. Disponível em: <http://www.usp.br/agen/?p=163919>. Acesso em: 26 mar. 2015.

Um cão da raça Mastiff.

1. Qual o objetivo do relatório?

2. Há palavras ou expressões que se repetem várias vezes durante a apresentação do relatório. Quais chamaram sua atenção?

3. Anote no caderno os articuladores textuais, característicos da fala, que servem para estabelecer a sequência da exposição do relatório.

> **Articuladores ou marcadores textuais** são palavras ou expressões que colaboram para a construção do sentido global do texto. Eles relacionam segmentos textuais de qualquer extensão (períodos, parágrafos, sequências textuais).

4. Para estabelecer a coesão, evitando repetições desnecessárias, que outros articuladores poderiam ser utilizados?

5. Se o relatório fosse publicado em nosso jornal, haveria necessidade de transpô-lo para a modalidade escrita. Reescreva o trecho transcrito, eliminando as palavras ou expressões, características da fala, e substituindo-as por outras mais adequadas a uma situação de comunicação mais formal.

REFLEXÃO SOBRE A LÍNGUA

A oração subordinada substantiva: contexto e sentidos

1. Em relatórios, é comum o uso de orações subordinadas. Releia.

"[...] verificámos que os valores mudam consoante a cultura [...]"

oração principal   oração subordinada equivalente a um **objeto direto** do verbo **verificar**

Se, nesse período, a oração subordinada substantiva tem a função de um objeto direto, como poderíamos denominá-la?

- No período abaixo, a oração subordinada substantiva tem a função de sujeito da oração principal. Observe.

Foi-nos dito que os Wauja também tinham os seus passatempos [...]

oração principal   oração subordinada equivalente ao sujeito da locução verbal **foi-nos dito**

Lance uma hipótese: se, nesse período, a oração subordinada substantiva tem a função de sujeito, como poderíamos denominá-la?

> Como o próprio nome indica, as **orações subordinadas substantivas** equivalem a substantivos e têm a função que eles podem exercer na oração: sujeito, complemento verbal ou nominal, aposto ou predicativo.

2. Leia a tira.

WALKER, Mort. *O Estado de S. Paulo*, 20 mar. 2011.

a) O que significa **cavar uma trincheira**? Se necessário, consulte um dicionário.

b) O que o Recruta Zero exige para cavar a trincheira?

c) Por que essa exigência de Zero provoca humor na tira?

d) Para relatar essa exigência, o colega de Zero faz uso de uma oração subordinada substantiva que tem função de objeto direto. Qual?

> A oração subordinada que exerce a função de objeto direto em relação à principal recebe o nome de **oração subordinada substantiva objetiva direta**.

111

3. Leia o trecho de uma entrevista com o cientista Ray Greek sobre o uso de animais em pesquisas de laboratório pelas empresas farmacêuticas.

Médico americano afirma que a pesquisa com animais atrasa o avanço do desenvolvimento de remédios

"As drogas deveriam ser testadas em computadores, depois em tecido humano e daí, sim, em seres humanos. Empresas farmacêuticas já admitiram que essa será a forma de testar remédios no futuro."

Há 20 anos, Ray Greek abandonou o consultório para convencer a comunidade científica de que a pesquisa com animais para fins médicos não faz sentido. Greek é autor de seis livros, nos quais, sem recorrer a argumentos éticos ou morais, tenta explicar cientificamente como a sua posição se sustenta. [...]

O senhor seria cobaia de uma pesquisa que está desenvolvendo algum remédio?

Claro. Se a pesquisa estivesse sendo conduzida eticamente eu seria voluntário. Milhares de pessoas fazem isso todos os dias. Por vezes elas doam tecido para que possamos aprender mais sobre uma doença, em outros momentos ingerem novos remédios para o tratamento de doenças na esperança de que a nova droga apresente alguma cura. [...]

Testar em animais não nos dá informações sobre o que irá acontecer em humanos. Assim, você pode testar uma droga em um macaco, por exemplo, e talvez ele não sofra nenhum efeito colateral. Depois disso, o remédio é dado a seres humanos que podem morrer por causa dessa droga. Em alguns casos, macacos tomam um remédio que resulta em efeitos colaterais horríveis, mas são inofensivos em seres humanos. O meu argumento é que não interessa o que determinado remédio faz em camundongos, cães ou macacos, ele pode causar reações completamente diferentes em humanos.

Disponível em: <http://veja.abril.com.br/noticia/ciencia/%E2%80%9Ca-pesquisa-cientifica-com-animais-e-uma-falacia%E2%80%9D-diz-o-medico-ray-greek>. Acesso em: 25 fev. 2015.

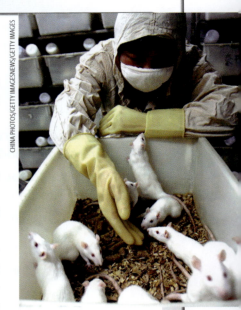

Ratos-brancos em laboratório.

a) Por que, na opinião do cientista, testar drogas em animais não faz sentido?

b) Releia.

> "Há 20 anos, Ray Greek abandonou o consultório para convencer a comunidade científica de que a pesquisa com animais para fins médicos não faz sentido."

No período acima, o verbo **convencer** é simultaneamente transitivo direto e indireto. Qual é o complemento que tem a função de objeto direto (sem preposição)?

c) O complemento que tem o papel de objeto indireto de **convencer** é desenvolvido em uma oração, chamada de objetiva indireta. Qual é ela?

> A oração subordinada que exerce a função de objeto indireto em relação à principal recebe o nome de **oração subordinada substantiva objetiva indireta**.

4. Leia a tira.

GONSALES, Fernando. Disponível em: <http://www2.uol.com.br/niquel/>. Acesso em: 25 fev. 2015.

a) Níquel Náusea realmente duvida que os filhos façam o que ele diz? Justifique.

b) No último quadrinho, a "psicologia" da personagem se volta contra ela. Explique por quê.

c) O verbo **duvidar** é transitivo indireto, ou seja, liga-se a seu complemento por meio de preposição. Qual é o termo que funciona como complemento verbal de **duvido** no primeiro balão?

d) Esse termo se liga ao verbo **duvidar** por meio de preposição?

5. Agora vamos analisar este trecho da entrevista lida anteriormente.

> "Por vezes elas doam tecido para que possamos aprender mais sobre uma doença, em outros momentos ingerem novos remédios para o tratamento de doenças na esperança de que a nova droga apresente alguma cura."

a) Qual é a esperança a que o texto se refere?

b) Compare estas duas construções sintáticas.

> "[...] ingerem novos remédios para o tratamento de doenças na **esperança** [...]"
> "[...] ingerem novos remédios para o tratamento de doenças na **esperança** de que a nova droga apresente alguma cura."

Sem a oração subordinada que se segue ao substantivo **esperança**, seria possível entender do que fala o cientista? Por quê?

A oração que completa o sentido do substantivo **esperança** é uma oração subordinada substantiva completiva nominal, pois exerce a função equivalente à de um complemento nominal.

> A oração subordinada que exerce a função de complemento nominal em relação à principal recebe o nome de **oração subordinada substantiva completiva nominal**.

113

6. Leia a notícia.

Ônibus do Hemocentro estará nesta quinta no Pantanal Shopping

[...]
Para doar sangue, é necessário que a pessoa sinta-se bem, com saúde. Ela deve apresentar um documento com foto, emitido por órgão oficial e válido em todo o território nacional, ter entre 18 e 67 anos e 11 meses de idade, e mais de 50 quilos. Os candidatos à doação com idades entre 16 e 18 anos devem estar acompanhados por um responsável. [...]

Disponível em: <http://www.odocumento.com.br/materia.php?id=377591>. Acesso em: 29 nov. 2011.

a) Com que finalidade será realizada a campanha de sensibilização de que fala a notícia?

b) Observe e compare.

> Para doar sangue, é necessário **saúde**.
> Para doar sangue, é necessário **que a pessoa sinta-se bem, com saúde**.

Qual é o sujeito na primeira oração?

c) Esse sujeito é equivalente a que trecho no período seguinte?

A oração **que a pessoa sinta-se bem, com saúde** exerce a função de sujeito em relação à oração principal, por isso recebe o nome de **subjetiva**.

> A oração subordinada que exerce a função de sujeito em relação à principal recebe o nome de **oração subordinada substantiva subjetiva**.

7. Leia a capa de um disco gravado ao *vivo*, durante um *show* ocorrido em 1974.

a) Releia.

> "O importante é que a nossa emoção sobreviva."

Há duas orações nesse período. Qual é o sujeito da primeira.

b) Transforme esse período composto em um período simples, empregando o substantivo correspondente ao verbo **sobreviver**.

c) O trecho **que a nossa emoção sobreviva** exerce a função de predicativo do sujeito. Como podemos denominar a oração subordinada que corresponde ao predicativo?

> A oração subordinada que exerce a função de predicativo em relação à principal recebe o nome de **oração subordinada substantiva predicativa**.

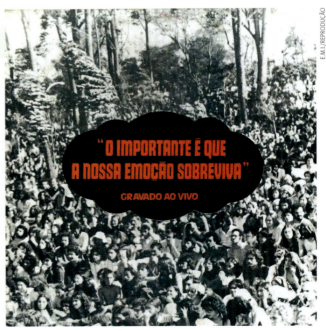

8. Leia estes quadrinhos.

DZWONIK, Cristian. *Gaturro*. Cotia: Vergara & Riba, 2008. v. 1.

a) O que dá origem ao humor da tira?
b) No segundo balão, a oração subordinada **Papai Noel não existe** refere-se a que palavra da oração principal?
c) Anote no caderno qual das afirmações abaixo melhor explica a função dessa oração subordinada em relação à palavra que você apontou acima.

I. Explica seu sentido.

II. Completa seu sentido.

III. Dá-lhe uma qualidade.

d) Qual é o sinal de pontuação que separa as duas orações?
e) Leia.

> Querido Papai Noel, eu quero um presente: um *"videogame"*.

A palavra *videogame*, um estrangeirismo, é um aposto porque explica outro termo da oração (**presente**). Como podemos denominar a oração subordinada que corresponde a um aposto?

> A oração subordinada que exerce a função de aposto em relação a um termo da oração principal recebe o nome de **oração subordinada substantiva apositiva**.

115

1. Leia o início da reportagem a seguir. Um dos assuntos do texto são os fertilizantes e pesticidas nos alimentos que consumimos.

O lado escuro da comida

A indústria da comida nunca produziu tanta tranqueira. Seu prato polui mais que o seu carro. E estamos sendo envenenados por pesticidas. Ou não? Descubra o que é verdade e o que é mentira nas intrigas que rondam os alimentos

[...] os fertilizantes são a matéria-prima de tudo o que você come hoje, seja alface, seja dois hambúrgueres, alface, queijo e molho especial - no pão com gergelim.

[...]

Sem eles para anabolizar as plantações, não haveria comida para todo mundo. O problema é que, com eles, **podemos ficar sem mundo**. [...] A agropecuária consegue emitir sozinha 33% dos gases-estufa do mundo, mais do que todos os carros, trens, navios e aviões juntos, que somam 14%.

Além disso, os fertilizantes deixam resíduos debaixo da terra que chegam aos lençóis freáticos e acabam no mar.

CARMELLO, Claudia; AXT, Barbara; SKLARZ, Eduardo; VERSIGNASSI Alexandre. *Superinteressante*. Dez. 210. Disponível em: <http://super.abril.com.br/alimentacao/lado-escuro-comida-614494.shtml>. Acesso em: 22 dez. 2011.

a) Segundo o texto, os fertilizantes têm um aspecto positivo e um negativo. Quais são eles?

b) Em "O problema é que, com eles, podemos ficar sem mundo", qual é o sujeito do verbo **ser**?

c) O verbo **ser** é de ligação: liga o sujeito a um predicativo. Qual é o predicativo do sujeito?

d) O predicativo que você mencionou é expresso por uma oração. Qual é ela e como é possível chegar a essa conclusão?

2. Leia a tira.

GONSALES, Fernando. Disponível em: <http://www2.uol.com.br/niquel/>. Acesso em: 27 mar. 2015.

a) No primeiro quadrinho, a personagem faz uma pergunta e imediatamente responde a ela no segundo. De que modo se poderia responder à pergunta feita pela outra personagem no último quadrinho?

b) Como se classificam as orações subordinadas que completam o sentido do verbo **saber** na tira?

c) As frases do primeiro e do terceiro quadrinhos terminam com ponto de interrogação. Elas têm a intenção de obter uma resposta do interlocutor?

3. Leia a tira.

SCHULZ, Charles M. *Snoopy*. Porto Alegre: L&PM, 2011. v. 7: Doces ou travessuras?

a) Segundo as duas primeiras falas de Lucy, o que ela gostaria de saber de Schroeder?

b) O que nos diz o desenho do último quadrinho a respeito do que sente Lucy?

c) Anote no caderno as orações objetivas diretas que completam o sentido do verbo **saber** no primeiro e no segundo balões de fala.

4. Na seção Do texto para o cotidiano, vimos o quanto a falta de cuidados com o meio ambiente causa tragédias e mortes. De que modo você completaria os períodos a seguir, alertando para a necessidade desses cuidados? Anote no caderno suas propostas e depois compartilhe-as com seus colegas.

a) É fundamental que...

b) Será necessário que...

c) O mais importante é que...

d) É urgente que...

5. Leia esta chamada para uma reportagem.

Gira-gira ao redor da Terra

Milhares de objetos feitos por humanos giram ao redor da Terra: são os satélites artificiais. Fora da atmosfera terrestre, eles têm várias missões, como capturar imagens e outros tipos de dados por meio de sofisticados instrumentos.

Revista *Ciência Hoje das Crianças*, ed. 221, mar. 2011.

a) A que expressão da oração anterior se refere a oração subordinada substantiva "são os satélites artificiais"?

b) Essa oração subordinada qualifica ou explica essa expressão?

c) O termo da oração que explica outro termo da oração anterior denomina-se aposto. Como podemos classificar essa segunda oração?

6. Leia este poema.

Dialética

É claro que a vida é boa
E a alegria, a única indizível emoção
É claro que te acho linda
Em ti bendigo o amor das coisas simples
É claro que te amo
E tenho tudo para ser feliz
Mas acontece que eu sou triste...

MORAES, Vinicius de. *Poesia completa e prosa*. Rio de Janeiro: José Aguilar, 1974.

a) O eu poético trabalha com uma oposição de significados. Qual é ela? Explique.

b) Releia estes versos.

> "É claro que a vida é boa"
> "É claro que te acho linda"
> "É claro que te amo"

Que tipo de oração subordinada é usada para explicar os motivos do eu poético para ser feliz? Anote os versos no caderno.

c) A oração "[...] que sou triste..." é também uma subordinada. Ela se classifica da mesma forma que as anteriores?

d) O uso predominante desse tipo de oração no poema contribui para enfatizar o que acontece com o eu poético? Explique.

NÃO DEIXE DE ASSISTIR

- **Uma verdade inconveniente** (EUA, 2006), direção de Davis Guggenheim

  Baseado em palestras sobre o aquecimento global proferidas pelo ex-vice-presidente dos Estados Unidos, Al Gore, em que este expõe sua preocupação com a preservação do meio ambiente.

REVISORES DO COTIDIANO

A notícia a seguir foi publicada em um jornal on-line. Observe o uso da forma verbal destacada.

Mutirão vai conscientizar moradores sobre a dengue na zona sul de Londrina

Um mutirão de conscientização sobre a dengue vai passar pelas casas do Parque Ouro Branco, na zona sul de Londrina, na tarde deste sábado (5). A iniciativa é da Asssociação de Moradores do Parque Ouro Branco, dos Bombeiros Mirins e tem o apoio da Secretaria Municipal de Saúde. [...]

"A prevenção da dengue é feita com ações simples, como colocar areia nos pratinhos dos vasos, cuidar para entulhos não juntarem água no quintal. As pessoas precisam se conscientizar que a prevenção da dengue é responsabilidade de todos", lembra a presidente da associação de moradores. [...]

Disponível em: <http://londrina.odiario.com/londrina/noticia/389497/mutirao-vai-conscientizar-sobre-a-dengue-na-zona-sul/>. Acesso em: 27 mar. 2015.

1. De acordo com a norma-padrão, o verbo **conscientizar**, quando usado com o pronome **se** (**conscientizar-se**), rege seu complemento por meio da preposição **de**. Essa regra foi seguida no texto do jornal?

2. O trecho em que foi usada a forma verbal refere-se a uma frase do repórter ou de uma pessoa entrevistada?

3. Espera-se que um jornal diário de grande público respeite a norma-padrão. Na sua opinião, o trecho deveria ser escrito com a preposição **de**? Justifique.

FIQUE ATENTO... À PONTUAÇÃO NAS ORAÇÕES SUBORDINADAS SUBSTANTIVAS

1. Leia este trecho de uma entrevista que reproduz a fala de Zico, treinador de um time de futebol no Rio de Janeiro.

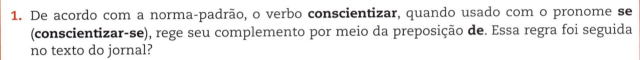

Zico culpa título brasileiro do Flamengo por polêmicas, diz que conquista foi "ruim" e pede desculpas

Eu peço desculpa ao torcedor do Flamengo. Peço que compreenda e apoie esse grupo que está aí. Estou de peito aberto enfrentando tudo isso.

Disponível em: <http://esportes.r7.com/futebol/times/flamengo/area-publica/noticias/zico-culpa-titulo-brasileiro-do-flamengo-por-polemicas-diz-que-conquista-foi-ruim-e-pede-desculpas-20100713.html>. Acesso em: 27 mar. 2015.

a) Além de pedir desculpas, o que mais Zico pede ao torcedor do Flamengo?

b) As orações subordinadas **que compreenda** e **(que) apoie esse grupo** exercem a função de objeto direto do verbo **pedir**. Reescreva o período usando o objeto direto correspondente.

c) Na frase que você escreveu, há ocorrência de vírgula entre o verbo **pedir** e seu objeto direto?

Da mesma forma que não se separa o verbo de seu complemento, também não se separa a oração principal de sua subordinada substantiva.

> Não se separa por vírgula a oração principal de suas subordinadas substantivas, exceto a apositiva.

2. Leia este trecho de um conto de João do Rio (1881-1921), contista e cronista que escreveu sobre sua época e o Rio de Janeiro.

O homem de cabeça de papelão

No País que chamavam de Sol, apesar de chover, às vezes, semanas inteiras, vivia um homem de nome Antenor. Não era príncipe. Nem deputado. Nem rico. Nem jornalista. Absolutamente sem importância social.

[...]

Antenor, apesar de não ter importância alguma, era exceção malvista. Esse rapaz, filho de boa família (tão boa que até tinha sentimentos), agira sempre em desacordo com a norma dos seus concidadãos.

Desde menino, a sua respeitável progenitora descobriu-lhe um defeito horrível: Antenor só dizia a verdade. Não a sua verdade, a verdade útil, mas a verdade verdadeira. Alarmada, a digna senhora pensou em tomar providências. Foi-lhe impossível. Antenor era diverso no modo de comer, na maneira de vestir, no jeito de andar, na expressão com que se dirigia aos outros. [...]

RIO, João do. O homem de cabeça de papelão. In: RAMOS, Ricardo (org.). *A palavra é... humor.* São Paulo: Scipione, 1989.

a) Que crítica João do Rio faz à sociedade de seu tempo por meio da história em que quem diz a verdade é malvisto?

b) Qual a oração subordinada substantiva apositiva que explica qual o defeito horrível de Antenor?

c) Qual é o sinal de pontuação que a separa da oração principal?

> A oração subordinada substantiva apositiva deve ser separada da oração principal por dois-pontos, assim como pode ocorrer com o aposto. Às vezes, pode-se usar a vírgula ou o travessão.

3. Leia estes textos, depois anote no caderno os períodos compostos em que haja oração apositiva, usando a pontuação adequada para separá-la da oração principal.

a)

Dilema no Alasca: salmão ou ouro

Uma rede de rios e lagoas define a geografia da baía Bristol. O povo local vive um dilema pescar salmão ou prospectar ouro?

Revista *National Geographic Brasil.* São Paulo, Abril, abr. 2011.

b)

Gregos e quadrados

A coluna de Marco Moriconi desta edição traz um desafio de lógica que já preocupava os gregos antigos, em particular o filósofo Zeno de Eleia. O paradoxo é o seguinte como a soma de números finitos pode resultar em um número infinito?

Revista *Ciência Hoje.* Rio de Janeiro, SBPC, mar. 2011.

ATIVANDO HABILIDADES

1. (Saresp)

As cidades modernas precisam de enormes quantidades de água, porque seu consumo é muito alto, chegando algumas a bilhões de litros por dia. Toda essa água, retirada de rios, lagos e poços, chega às torneiras após passar por um longo tratamento de limpeza.

EXPERIÊNCIA – Filtragem da água

Esta experiência mostra que até um filtro grosseiro, feito em casa, pode ser eficiente para remover sujeira e detritos da água. Podem-se ver com clareza pedras, terra, folhas e areia, mas há também sujeira que não se consegue enxergar, como bactérias e material em decomposição.

VOCÊ PRECISA DE:

- 1 xícara de carvão moído
- 1 xícara de areia lavada
- 1 xícara de cascalho lavado
- vaso de barro de 15 cm de diâmetro
- filtro de papel para café
- água de rio ou lagoa
- peneira fina
- vasilha grande

1 Lave bem o vaso e deixe secar. Ajeite nele o filtro de papel, coloque-o na vasilha e encha um terço com carvão. Ponha a areia numa peneira e enxague em água corrente. Enquanto ainda estiver molhada, preencha outro terço do vaso. Por fim, lave o cascalho numa bacia e use-o para completar o vaso.

2 Segure a peneira sobre o vaso e derrame a água da lagoa devagar, num fluxo constante, para não desmanchar as camadas de carvão, areia e cascalho.

Detritos grandes que passam pela peneira são barrados pelo cascalho. A areia segura os pedaços menores de sujeira, enquanto o carvão e o filtro de papel prendem partículas mais finas. Se você comparar a água do rio com o que sai da vasilha, verá que esta ficou bem mais limpa, embora ainda não sirva para beber, por conter germes invisíveis.

EXPERIÊNCIA: filtragem de água. In: *COMO a ciência funciona*. São Paulo: Ed. Globo, 1991. p. 22-23.

a) Para que a água suja da lagoa seja filtrada adequadamente, é preciso colocar, em ordem, no vaso

    (I) areia, carvão e cascalho.   (III) cascalho, carvão e areia.

    (II) carvão, cascalho e areia.   (IV) carvão, areia e cascalho.

b) A ilustração permite concluir que a experiência foi bem-sucedida porque

    (I) a peneira está cheia de galhos e gravetos.

    (II) a vasilha de vidro contém água sem detritos visíveis.

    (III) o vaso utilizado para a filtragem está cheio de água limpa.

    (IV) a água submetida a essa filtragem está pronta para ser bebida.

c) O objetivo principal do texto é

    (I) apresentar os materiais necessários para filtrar a água.

    (II) demonstrar como funciona um sistema de filtragem de água.

    (III) mostrar que a água não tratada é suja.

    (IV) comprovar que a peneira pode ser utilizada como filtro.

2. (Enem) Leia com atenção o texto.

> [Em Portugal], você poderá ter alguns probleminhas se entrar numa loja de roupas desconhecendo certas sutilezas da língua. Por exemplo, não adianta pedir para ver os ternos — peça para ver os fatos. **Paletó** é **casaco**. **Meias** são **peúgas**. **Suéter** é **camisola** — mas não se assuste, porque **calcinhas** femininas são **cuecas**. (Não é uma delícia?)
>
> CASTRO, Ruy. *Viaje Bem*. Ano VIII, n. 3, 78.

O texto destaca a diferença entre o português do Brasil e o de Portugal quanto:

a) ao vocabulário.   d) ao gênero.

b) à derivação.   e) à sintaxe.

c) à pronúncia.

Encerrando a unidade

Nesta unidade, você conheceu o gênero relatório de visita e o contexto em que ele é usado; planejou e produziu um relatório de visita; transcreveu um texto oral e refletiu sobre a organização do período composto por subordinação e os valores semânticos das orações subordinadas.

1. Quais são as principais características do gênero relatório? Qual a principal diferença entre um relatório escolar e um relatório de visita?

2. Você acredita que o estudo de gêneros desenvolvido nesta unidade poderá ajudá-lo em sua vida escolar ou em seu futuro profissional? Por quê?

3. Você acha que conhecer os diferentes tipos de orações substantivas pode ajudá-lo a tornar seus textos mais elaborados?

UNIDADE

4

Caaanta, meu pooovo!

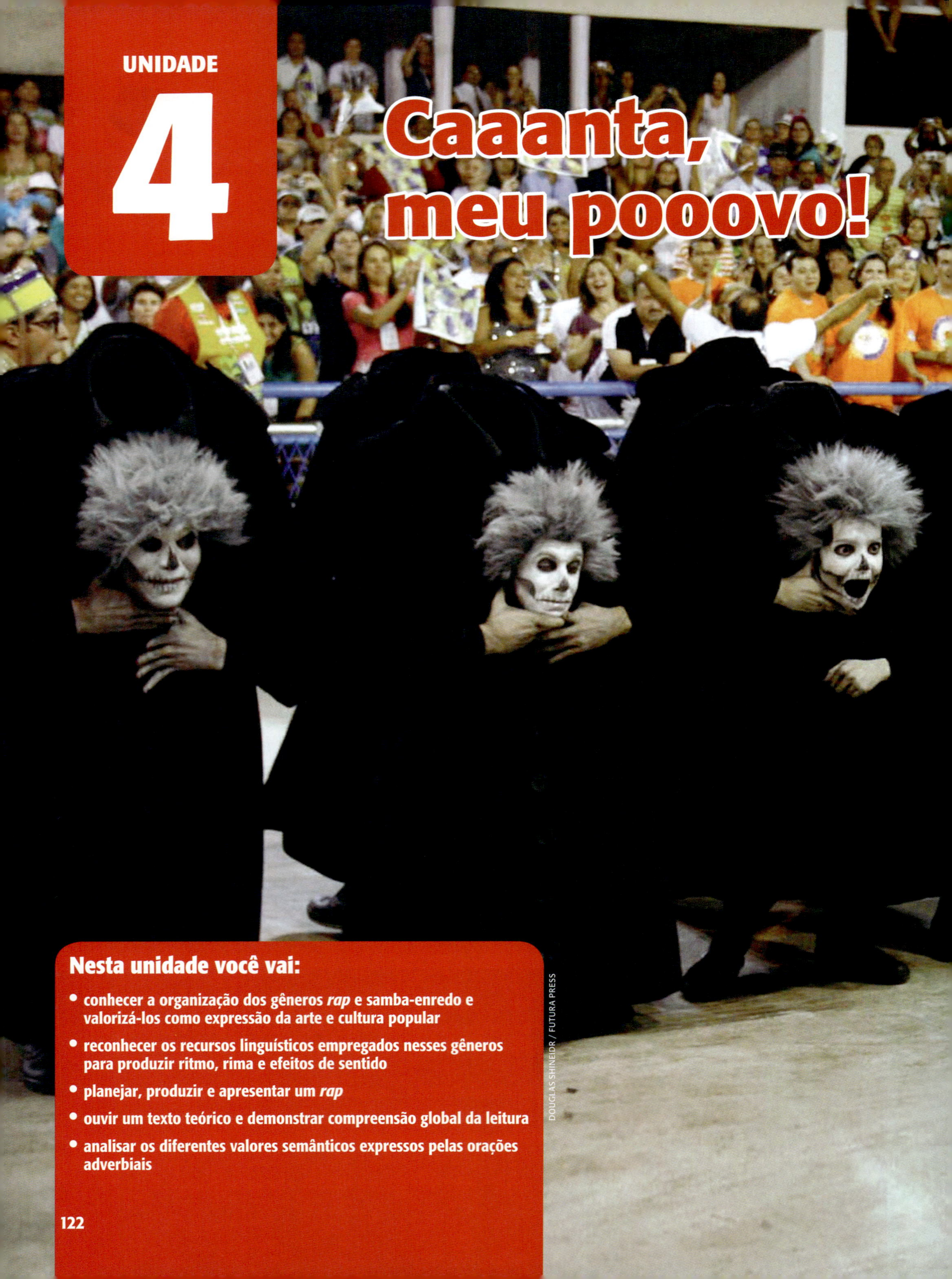

DOUGLAS SHINEIDR / FUTURA PRESS

Nesta unidade você vai:

- conhecer a organização dos gêneros *rap* e samba-enredo e valorizá-los como expressão da arte e cultura popular
- reconhecer os recursos linguísticos empregados nesses gêneros para produzir ritmo, rima e efeitos de sentido
- planejar, produzir e apresentar um *rap*
- ouvir um texto teórico e demonstrar compreensão global da leitura
- analisar os diferentes valores semânticos expressos pelas orações adverbiais

TROCANDO IDEIAS

1. O que há de inusitado na fotografia? Ela chama sua atenção?
2. Que truque poderia ter dado origem a esse efeito visual?
3. Essa fotografia mostra a comissão de frente da escola de samba carioca Unidos da Tijuca, em 2011. Você já ouviu falar em comissão de frente? Saberia explicá-la a seus colegas?

LEITURA 1

ANTES DE LER

1. Na sua cidade ou em seu estado, ocorrem manifestações da cultura popular que são acompanhadas por músicas? Quais?

2. Os desfiles de escolas de samba no Carnaval ganharam tanta popularidade que se transformaram em um dos símbolos da cultura do país no exterior. É forte a presença dessa manifestação popular em sua cidade?

3. Você aprecia o desfile de escolas de samba? Já participou de algum? Se participou, conte a seus colegas como foi a experiência e se gostou dela.

Você vai ler agora a letra de um samba-enredo de uma escola de samba do Rio de Janeiro, a Unidos de Vila Isabel. O samba-enredo, feito especialmente para o desfile de uma escola de samba, é um gênero musical surgido no Rio de Janeiro na década de 1930.

Sonho de um sonho

Sonhei
Que estava sonhando
Um sonho sonhado
O sonho de um sonho
Magnetizado
As mentes abertas
Sem bicos calados
Juventude alerta
Os seres alados

Sonho meu
Eu sonhava que sonhava (bis)
E por isso eu sonhei

Sonhei
Que eu era um rei que reinava
Como um ser comum
Era um por milhares
Milhares por um
Como livres raios
Riscando os espaços
Transando o universo
Limpando os mormaços.

Ai de mim, ai de mim que mal sonhava! (bis)

Desfile da escola de samba Unidos de Vila Isabel no carnaval de 2006, no Rio de Janeiro.

Na limpidez do espelho
Só vi coisas limpas
Como a lua redonda
Brilhando nas grimpas
O sorriso sem fúria
Entre o réu e o juiz,
A clemência e a ternura
Por amor na clausura
A prisão sem tortura
Inocência feliz!

Ai, meu Deus,
Ouça o sonho que eu sonhava!
Ai de mim!
Eu sonhei que não sonhava!
Mas sonhei!

Unidos de Vila Isabel, Rio de Janeiro, 1980. Compositores: Martinho da Vila, Rodolpho de Souza e Tião Graúna.

Mestre-sala e porta-bandeira da Unidos de Vila Isabel, em 2012.

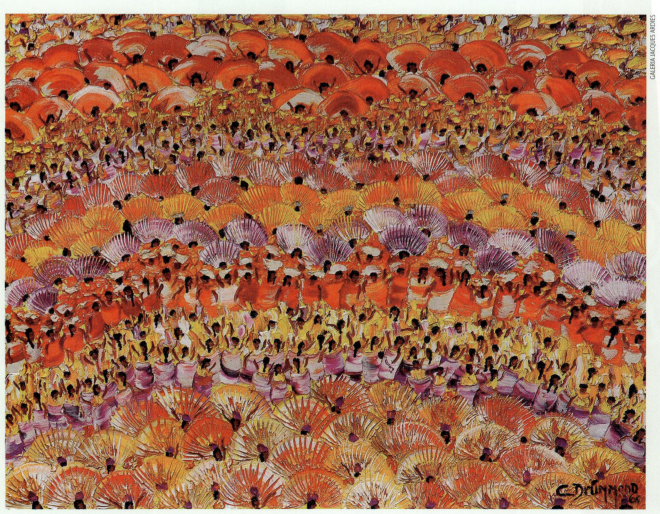

Alegria do samba, de C. Drummond.

Antes de iniciar as atividades, procure esclarecer suas dúvidas em relação às palavras desconhecidas do texto. Tente compreender seu significado pelo contexto ou consulte um dicionário.

Nas linhas do texto

1. O sonho narrado do eu poético tem uma característica que o diferencia dos sonhos comuns. Qual?

2. Localize os versos em que o eu poético diz como eram as pessoas que habitavam o mundo por ele sonhado.

3. Como o eu poético se via no sonho?

4. O samba-enredo "Sonho de um sonho" dialoga com outro texto, um poema de mesmo título, em um jogo de intertextualidade. Nesse poema, o eu poético diz em uma de suas estrofes:

Sonhei certo espelho límpido
com a propriedade mágica
de refletir o melhor
sem azedume ou frieza
por tudo o que fosse obscuro
mas antes o iluminando
mansamente o convertendo
em fonte mesma de luz.

ANDRADE, Carlos Drummond de. *Poesia completa e prosa*. Rio de Janeiro: Aguilar, 1973.

O poeta Carlos Drummond de Andrade.

Que versos do samba-enredo estabelecem o diálogo entre os dois textos?

5. Em que versos o eu poético diz como se sente ao descobrir que seu sonho era falso?

Escolas de samba

O termo **escola de samba** é originário deste período de formação do gênero (início do século XX). O termo foi adotado por grandes grupos de sambistas numa tentativa de ganhar aceitação para o samba e para as suas manifestações artísticas; o morro era o terreno onde o samba nascia e a "escola" dava aos músicos um senso de legitimidade e organização que permitia romper com as barreiras sociais.

Disponível em: <http://www.sambacarioca.com.br/historia-do-samba.html>. Acesso em: 2 mar. 2015.

Nas entrelinhas do texto

1. Nesse samba-enredo há um eu que sonha e outro que parece viver a realidade sonhada. Qual seria a realidade sonhada (desejada)? Justifique.

2. A palavra **sonho** pode assumir vários significados, conforme você pode ler a seguir.

    1. pensamentos ou fantasias do inconsciente durante o sono

    2. devaneio, ilusão

    3. desejo intenso e constante; anseio

    a) "Um **sonho** sonhado
    O **sonho** de um sonho
    Magnetizado
    As mentes abertas
    Sem bicos calados
    Juventude de alerta
    Os seres alados!"

    b) "**Sonhei**
    Que eu era um rei que reinava
    Como um ser comum
    Era um por milhares
    Milhares por um
    Como livres raios
    Riscando os espaços
    Transando o universo
    Limpando os mormaços."

3. Vamos agora reler os três últimos versos da letra do samba-enredo, que nos dão a chave para a compreensão do texto.

    > "Ai de mim!
    > Eu sonhei que não sonhava!
    > Mas sonhei!"

    a) Por que o eu poético diz "Ai de mim!"?
    b) Como pode ser interpretado o último verso, "Mas sonhei!"?

O samba-enredo

Quando surgiram os primeiros sambas-enredo, os próprios compositores ou pessoas de seu convívio escolhiam o tema sobre o qual se produziria o samba. Escolhido o tema, o enredo era desenvolvido por um ou mais membros da comunidade. Atualmente, o samba-enredo é feito sob encomenda; por isso, a criatividade do compositor está subordinada a um tema previamente escolhido. Depois, a própria comunidade sambista escolhe, entre os sambas apresentados, aquele que considera o melhor para representá-la no desfile.

NÃO DEIXE DE ACESSAR

- http://www.apoteose online.cjb.net/

Nesse *site* há um histórico dos desfiles de Carnaval do Rio de Janeiro, desde a década de 1920. Permite *download* de sambas-enredo.

Intertextualidade

É uma relação de correspondência ou citação entre um texto e outro. Essas referências a uma obra podem aparecer em outras obras: romances, filmes, pinturas, músicas, programas de televisão, histórias em quadrinhos, publicidade, até mesmo em conversas do dia a dia.

Moça com brinco de pérola (1665), do pintor Johannes Vermeer.

Releitura do quadro *Moça com brinco de pérola*, feita por Vando Figueirêdo, com colagens de revistas, s/d.

4. O samba-enredo geralmente aborda temas sociais ou culturais relacionados ao povo brasileiro. Por esse motivo, é necessário conhecer o contexto em que foi produzido um samba-enredo para que se possa entendê-lo melhor. Leia agora um comentário relacionado ao samba-enredo da Leitura 1.

Contexto histórico-social e político

[...] Baseado em poema de mesmo nome do imortal Carlos Drummond de Andrade, [o samba-enredo] falava do sonho de uma sociedade mais livre, mais democrática e mais aberta.

Os leitores mais atentos hão de perceber que o enredo era uma alegoria; na prática, o que se pedia era mais liberdade, abertura política e social. A anistia política havia sido decretada há menos de um ano, mas o clima político ainda era o da abertura "lenta, gradual e segura" [...]. Havia pressões por um novo fechamento do regime e, embora não houvesse mais tortura nos porões do regime, a liberdade de expressão ainda era diminuta.

[...]

Disponível em: <http://pedromigao.blogspot.com/2011/01/samba-de-terca-sonho-de-um-sonho.html>. Acesso em: 28 fev. 2015.

Alegoria: representação de conceitos, qualidades e abstrações de forma figurada.

a) Com base no comentário e na letra do samba, como você entende os versos que falam de "mentes abertas", "sem bicos calados"?

b) Nesse contexto, também é possível interpretar o verso que diz "Era um por milhares, milhares por um" e deduzir qual o tipo de sociedade que o eu poético deseja? Explique.

c) Que relação o contexto histórico-social e político estabelece com o verso do samba-enredo "prisão sem tortura"?

Além das linhas do texto

O samba-enredo da Unidos de Vila Isabel fala do ideal de todo ser humano de ser livre e de poder expressar seu pensamento "sem amarras". Junte-se a um colega. Discutam os seguintes aspectos:

1. Por que é tão importante ter direito à liberdade de expressar ideias e opiniões?

2. Há pessoas que extrapolam a liberdade de expressão. Quais situações vocês consideram um abuso do direito de expressar-se livremente? Escrevam o resultado da discussão.

COMO O TEXTO SE ORGANIZA

Samba-enredo é um gênero artístico-musical, como o choro, o samba, o baião etc. Nele, letra e música se complementam. Cada parte tem sua importância na construção de um resultado harmonioso.

1. Leia este texto, que fala da importância do enredo para o desfile de uma escola de samba.

> Enredo, em desfile de escola de samba, é a criação artística de um tema ou conceito. A partir dele os compositores criarão o samba-enredo, o carnavalesco e a sua equipe criarão as alegorias e fantasias. O próprio roteiro do desfile, a disposição das alas, o posicionamento de carros alegóricos e destaques têm como objetivo o enredo, sua argumentação e seu desenvolvimento.
>
> Disponível em: <http://alapavilhaoimperiano.webnode.com.br/products/quesitoenredo/>. Acesso em: 28 fev. 2015. Texto adaptado.

Com base nessas informações, qual a importância da letra em um samba-enredo?

2. Leia este texto sobre os temas abordados em sambas-enredo.

> Com seu surgimento no Rio de Janeiro, na década de 1930, os sambas-enredo abordavam temas ligados a acontecimentos históricos e suas personagens. Aos poucos, foram introduzidos outros temas, como o universo literário, os mitos indígena e africano, temas políticos e sociais, homenagens a personalidades do mundo artístico e do cotidiano e, ultimamente, o enaltecimento dos aspectos mais exuberantes das cidades e estados brasileiros.

Porta-bandeira e mestre-sala da escola de samba Imperatriz Leopoldinense.

O julgamento dos quesitos

Um júri atribui notas para os quesitos bateria, harmonia, evolução, samba-enredo (letra do samba e melodia), enredo, fantasia, alegoria, comissão de frente, mestre-sala e porta-bandeira.

No quesito samba-enredo, consideram-se: a adequação da letra ao enredo; sua riqueza poética, beleza e bom gosto; sua adaptação à melodia, ou seja, o perfeito entrosamento entre os versos e a frase melódica; as características rítmicas próprias do samba; a capacidade de sua harmonia musical facilitar o canto e a dança dos integrantes da escola.

Quesito: ponto ou questão sobre a qual se pede a opinião ou o juízo de alguém.

Em qual desses grupos temáticos se enquadra o samba-enredo "Sonho de um sonho"? Justifique sua resposta.

3. Um samba-enredo pode ser de exaltação (louvar as belezas de um lugar, acontecimento, o valor cultural de um povo, de uns personagens da História etc.) ou de crítica (a costumes, à política etc.). Com qual dessas intenções foi composto o samba "Sonho de um sonho"?

4. Uma letra de samba-enredo é composta em versos curtos, que facilitam a memorização, e utiliza variados recursos que colaborem para o ritmo, a rima.

   a) Um desses recursos é a repetição, a intervalos regulares, de um verso ou conjunto de versos, denominado refrão ou estribilho. Escreva no caderno os versos que constituem o refrão no samba "Sonho de um sonho".

   b) Qual a importância do refrão em um samba-enredo?

   c) Releia o texto. Identifique outros recursos empregados na composição dos versos para marcar o ritmo que facilitam a memorização da letra do samba.

RECURSOS LINGUÍSTICOS

1. Entre os diferentes recursos poéticos que podem ser utilizados para atribuir novos sentidos às palavras está a **metáfora**.

   > **Metáfora** é uma figura de linguagem que consiste em designar um ser atribuindo a ele uma característica de outro, por meio de associação por semelhança.

   a) Anote no caderno os versos que utilizam esse recurso de expressão poética.

   I. "Era um por milhares / Milhares por um"

   II. "As mentes abertas / Sem bicos calados"

   III. "Juventude alerta / Os seres alados"

   IV. "Sonho meu / Eu sonhava que sonhava"

   b) Explique no caderno o sentido das metáforas que você indicou acima.

2. Assim como a metáfora, a comparação também permite a criação de novas associações entre palavras e realidade. Procure no samba-enredo um verso ou versos em que apareça uma comparação e anote-o no caderno.

   > **Comparação** é uma figura de linguagem que consiste em comparar um ser a outro. Em uma comparação, aparecem os conectivos **como**, **feito**, **tal qual** etc.

PARA LEMBRAR

Letra de samba-enredo

Intenção principal	organizar o desfile em torno do tema escolhido
Público	população em geral
Organização	temas e personagens do cotidiano ou da História do país valorização da música, do ritmo por meio de rimas e repetições versos, estrofes e refrão linguagem poética (figuras de linguagem)
Linguagem empregada	próxima do dia a dia, acessível

A LÍNGUA NÃO É SEMPRE A MESMA

Os autores das letras dos sambas-enredo geralmente utilizam linguagem bastante próxima da que empregamos no dia a dia. Alguns seguem a norma-padrão; outros recorrem a termos ou construções da linguagem informal. Leia trechos da letra destes dois sambas-enredo.

Mangueira no desfile do Carnaval de 1988, no Rio de Janeiro (RJ).

Cem anos de liberdade: realidade ou ilusão?

[...]
Será que já raiou a liberdade
Ou se foi tudo ilusão
Será que a Lei Áurea tão sonhada
Há tanto tempo assinada
Não foi o fim da escravidão?
Hoje dentro da realidade
Onde está a liberdade?
Onde está que ninguém viu?
[...]

G.R.E.S. Estação Primeira de Mangueira, Rio de Janeiro, 1988.
Compositores: Helio Turco, Jurandir e Alvinho.

Festa profana

O rei mandô
Cair dentro da folia
Eh! Lá vou eu
[...]
Vem na magia
Me beija nesse mar de amor
Vem, me abraça mais
Que eu quero é mais
O teu coração
Eu vou tomar um porre de felicidade
Vou sacudir, eu vou zoar toda a cidade (bis)
[...]

Unidos do Porto da Pedra no desfile do Carnaval de 2004, no Rio de Janeiro (RJ). G.R.E.S. Unidos do Porto da Pedra, Rio de Janeiro, 2005. Compositores: Franco J. Brito e Bujão.

Unidos do Porto da Pedra no desfile do Carnaval de 2004, no Rio de Janeiro (RJ).

1. Qual das letras de samba-enredo segue a norma-padrão?
2. Anote no caderno o uso de termos da linguagem informal que ocorre em um dos fragmentos.
3. No que se refere à linguagem, o samba-enredo "Sonho de um sonho" aproxima-se mais de qual dessas duas letras? Há alguma diferença entre ele e os sambas reproduzidos?

DEPOIS DA LEITURA

A NARRAÇÃO NA LETRA DO SAMBA-ENREDO

Um samba-enredo pode ser predominantemente narrativo (conta a história de um indivíduo ou de um povo, por exemplo) ou interpretativo (fala de maneira genérica sobre o tema escolhido, sem fixar-se em detalhes).

1. Leia a letra deste samba-enredo.

Quem descobriu o Brasil foi seu Cabral, no dia 22 de abril, dois meses depois do carnaval

Eu quero é mais
Viver feliz,
Sambando com a Imperatriz (bis)

Terra à vista!
Um grito de conquista do descobridor
A ordem do rei é navegar
E monopolizar riquezas de além-mar
Partiram caravelas de Lisboa
Com o desejo de comercializar
As especiarias da Índia
E o ouro da África

Mas depois o rumo se modificou
Olhos no horizonte, um sinal surgiu
Em 22 de abril, quando ele avistou
Se encantou (bis)

Tão linda, tão bela!
Paraíso tropical
Foi seu Cabral quem descobriu o Brasil
Dois meses depois do carnaval (bis)

Terra abençoada de encantos mil
De Vera Cruz, de Santa Cruz... Brasil!
Iluminada é a nossa terra,
O branco, o negro e o índio
No encontro, a origem da nação
E hoje a minha escola é toda raça
Convida a "massa" e canta a nossa história
São 500 anos vivos na memória
De luta, esperança, amor e paz

Eu quero é mais
Viver feliz,
Sambando com a Imperatriz (bis)

G.R.E.S. Imperatriz Leopoldinense, Rio de Janeiro, 2000.
Compositores: Marquinhos Lessa, Amaurizão, Guga, Chapinho, Tuninho Professor.

Destaque da escola de samba Imperatriz Leopoldinense, em 2000.

a) A letra do samba-enredo da Imperatriz Leopoldinense encaixa-se na categoria de samba-enredo predominantemente narrativo? Explique.

b) Como você classificaria a letra de "Sonho de um sonho"? Por quê?

c) Nos textos narrativos, há uma sequência de fatos ao longo do tempo. Na letra do samba-enredo da Imperatriz Leopoldinense, em que versos se inicia a narrativa da viagem de Cabral e em qual verso se narra o término da viagem com o Descobrimento do Brasil?

d) Além de narrar o evento do Descobrimento, a letra do samba-enredo deixa claro o tema que mobilizou a escola de samba a contar esse fato. Qual é o tema da escola? Justifique sua resposta com versos do texto.

2. Compare a letra de "Quem descobriu o Brasil foi seu Cabral, no dia 22 de abril, dois meses depois do carnaval" com a de "Sonho de um sonho" quanto à linguagem. Reproduza este quadro no caderno e preencha-o de acordo com as características presentes em cada texto.

	"Sonho de um sonho"	"Quem descobriu o Brasil..."
Linguagem predominantemente objetiva		
Linguagem predominantemente figurada		
Predomínio de substantivos abstratos		
Empregos de rimas, versos e estrofes		
Presença de refrão		

ATIVIDADE DE ESCUTA

Ouça atentamente a leitura que seu professor fará. Depois, demonstre sua compreensão respondendo às perguntas propostas.

1. O que o texto diz a respeito do Carnaval e do local onde acontece?

2. Segundo o texto, dentre as festas de carnaval, uma se destaca. Qual? Por que isso ocorre?

3. O autor cita uma série de fatos que demonstram que o Carnaval carioca passou por contínuas transformações até se tornar o que é hoje. Quais poderiam ser citadas?

4. Discuta com seus colegas: a cobrança de ingressos e a profissionalização dos responsáveis pelos desfiles ajudam ou atrapalham a realização de uma festa popular?

NÃO DEIXE DE ACESSAR

- http://letras.mus.br/sambas/
Para conhecer alguns sambas-enredo de escolas do Rio de Janeiro.

Figuras de linguagem: contexto e sentidos

Em um texto literário, o autor pretende não apenas reproduzir a realidade que o cerca, mas recriá-la de forma particular, subjetiva. Para isso, como não basta a linguagem comum, é frequente a utilização da **linguagem figurada**.

Leia a letra desta canção.

Duas contas

Teus olhos
São duas contas pequeninas
Qual duas pedras preciosas
Que brilham mais que o luar

São eles
Guias do meu caminho escuro
Cheio de desilusão e dor
[...]

GAROTO. "Duas contas". In: LP Trio Surdina.
Trio Surdina. Musidisc, 1953.

1. Sobre o que fala o eu poético?
2. Para isso é utilizada a linguagem figurada? Justifique sua resposta com um exemplo do texto.

Já estudamos a comparação, a metáfora e a personificação. Vamos agora tratar de outras figuras que caracterizam a linguagem poética e que também são empregadas na linguagem cotidiana.

Metonímia

Leia este trecho de uma canção.

Benvinda Benvinda Benvinda
Que o meu pinho está chorando,
Que o meu samba está pedindo
Que eu estou sozinho

BUARQUE Chico. "Benvinda". In: LP *Chico Buarque de Hollanda*. RGE, 1968. "

1. Quando a canção fala de pinho chorando, a que o eu poético se refere?
2. Na referência acima, a palavra **pinho** (um tipo de madeira) substituiu um assunto (o samba), uma ação (o choro) ou um objeto?

A figura de linguagem que consiste em usar uma palavra ou um termo no lugar de outro com o qual este tem relação é chamada de **metonímia**. Por exemplo: o material no lugar do objeto, uma parte no lugar do todo, o instrumento no lugar da pessoa etc.

REFLEXÃO SOBRE A LÍNGUA

3. Veja agora um exemplo de metonímia em um texto do cotidiano.

Incêndio destrói duas casas no centro

Lajeado — *Duas famílias ficaram sem teto* na tarde desta segunda-feira após um incêndio destruir as moradias. O sinistro aconteceu na rua Marechal Deodoro, no centro. O fogo também atingiu parte de uma terceira casa. Todas ficavam no mesmo terreno. Ninguém se feriu.

[...]

Jornal *A Hora*. 18 nov. 2014. Disponível em: <http://www.jornalahora.inf.br/?oxi=lerNoticia&noticiaId=3225&jid=805>. Acesso em: 28 fev. 2015.

a) No trecho destacado em itálico, qual é a palavra que expressa uma metonímia? Que termo ela substitui?

b) Nesse caso de metonímia, que relação se estabelece entre os termos?

Há vários tipos de metonímia. Ela ocorre, por exemplo, quando empregamos:
- o autor pela obra: Gosto de ler **Manoel de Barros**. (= Gosto de ler a obra de Manoel de Barros.)
- a causa pelo efeito: Ela sempre ganhou a vida com o **suor de seu rosto**. (= Ela sempre ganhou a vida com **seu trabalho**.)
- o continente (o que está fora) pelo conteúdo (o que está dentro): Bebeu apenas um **copo** de vinho. (= Bebeu todo o **vinho** que estava no copo.)
- o singular e plural: O brasileiro é, em geral, bastante hospitaleiro. (= Os brasileiros são bastante hospitaleiros.)

Hipérbole

1. Leia a letra deste samba e observe os versos destacados em itálico.

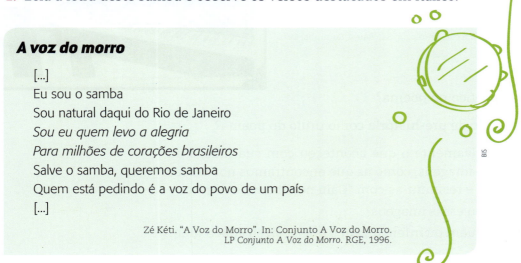

A voz do morro

[...]
Eu sou o samba
Sou natural daqui do Rio de Janeiro
Sou eu quem levo a alegria
Para milhões de corações brasileiros
Salve o samba, queremos samba
Quem está pedindo é a voz do povo de um país
[...]

Zé Kéti. "A Voz do Morro". In: Conjunto A Voz do Morro.
LP *Conjunto A Voz do Morro*. RGE, 1996.

O eu poético se exprime de maneira exagerada nesses versos? Com que intenção faz isso?

2. Veja agora um exemplo de outra figura em uma notícia.

> **Jogador "superemotivo" chora "rio de lágrimas" durante hino dos EUA**
>
> Knowshon Moreno virou hit ao ser flagrado em partida de futebol americano. Cena gerou comentários e até "versão" com música de Whitney Houston.
>
> [...]
>
> G1. *Planeta bizarro*. 3 dez. 2013. Disponível em: <http://g1.globo.com/planeta-bizarro/noticia/2013/12/jogador-super-emotivo-chora-rio-de-lagrimas-durante-hino-dos-eua.html>. Acesso em: 5 maio 2015.

O que há de comum entre as ideias expressas em **um rio de lágrimas** e o trecho destacado do samba?

> A figura de linguagem que consiste em usar uma expressão exagerada para dar mais ênfase ao que se diz é chamada de **hipérbole**. É muito utilizada no dia a dia. Exemplos:
> Já te disse um milhão de vezes para não fazer isso!
> Estou morrendo de fome!

Eufemismo

Leia o poema.

Pré-História

Mamãe vestida de rendas
Tocava piano no caos.
Uma noite abriu as asas
Cansada de tanto som,

Equilibrou-se no azul,
De tonta não mais olhou
Para mim, para ninguém!
Caiu no álbum de retratos.

MENDES, Murilo. *O menino experimental*: antologia. São Paulo: Summus, 1979.

1. De quem fala o eu poético no poema?

2. Qual o possível sentido de **pré-história** como título do poema?

3. Em vez de dizer objetivamente o que aconteceu com sua mãe, o eu poético utilizou várias imagens, como as que encontramos nos versos destacados em itálico, e resumiu-as com "Caiu no álbum de retratos".

   a) Como você entendeu essas imagens?

   b) Essas imagens atenuam ou intensificam o que ocorreu com a mãe?

> A figura de linguagem usada para suavizar ou atenuar ideias consideradas desagradáveis é chamada de **eufemismo**. Exemplo: Pedro foi desta para melhor. (morreu)

Gradação

Leia o poema.

Antievasão

Pedirei
Suplicarei
Chorarei
Não vou para Pasárgada
Atirar-me-ei ao chão
E prenderei nas mãos convulsas
Ervas e pedras de sangue
Não vou para Pasárgada
Gritarei
Berrarei
Matarei
Não vou para Pasárgada

MARTINS, Ovídio. "Antievasão". In: BENJAMIN, Abdala Júnior. *Literatura: história e política*: literaturas de língua portuguesa no século XX. São Paulo: Ática, 1989.

1. No poema "Antievasão", o poeta cabo-verdiano Ovídio Martins (1928--1999) faz referência à guerra pela independência de seu país. Observe o tom dramático dado ao poema por meio da escolha das palavras. Identifique um dos versos em que há uma grande e forte intensificação no modo de expressar o sentimento.

2. Observe a enumeração de ações nos três primeiros versos. A intensidade da emoção expressa é da menor para a maior ou da maior para a menor?

3. Com que intenção o poeta optou por essa sequência de verbos?

4. A essa forma de construir uma enumeração damos o nome de **gradação**, pois apresenta uma sequência de termos em grau de intensidade crescente ou decrescente. Encontre no poema mais um exemplo de gradação.

> "Vou-me embora pra Pasárgada" é um poema de Manuel Bandeira. Nesse poema, a palavra **Pasárgada** é uma alegoria de paraíso e remete à ideia de uma realidade em que ganham espaço privilegiado todos os desejos do eu poético.

Gradação: figura de linguagem que consiste em empregar várias palavras ou expressões em progressão ascendente ou descendente de forma a intensificar ou atenuar uma ideia. Exemplo: O céu foi se abrindo, clareando e inundando de azul aquela tarde.

Ironia

Leia este fragmento de um poema.

Moça linda bem tratada

Moça linda bem tratada,
Três séculos de família,
Burra como uma porta:
Um amor.
[...]

ANDRADE, Mário de. *Antologia dos poetas brasileiros*. Rio de Janeiro: Edições de Ouro, 1968.

1. Qual o assunto da estrofe?
2. No terceiro verso, há uma quebra da expectativa do leitor. Justifique.
3. No contexto dessa estrofe, o verso "Um amor" constitui um elogio à moça ou é depreciativo? Como você chegou a essa conclusão?

> Quando utilizamos palavras ou frases que, pelo uso, contexto ou entonação, dizem o contrário do que se quer expressar, utilizamos uma figura de linguagem denominada **ironia**.
> Exemplo: Quem foi o gênio que apagou todos os meus arquivos?

Antítese

Amor às vezes pode ser dor. Leia este trecho de uma canção de Tom Jobim e Chico Buarque.

[...]
Lá vou eu de novo como um tolo
Procurar o desconsolo
Que cansei de conhecer
Novos dias tristes, noites claras
Versos, cartas, minha cara
Ainda volto a lhe escrever
Pra lhe dizer que isso é pecado
Eu trago o peito tão marcado
[...]

JOBIM, Tom; HOLLANDA, Chico Buarque de. Retrato em branco e preto. In: LP *Chico Buarque de Hollanda* – volume 3. RGE, 1968.

1. Na canção, o eu poético fala de um relacionamento novo? Indique versos que justifiquem sua resposta.
2. Procure no trecho termos que se opõem.

> A figura de linguagem em que se empregam, na mesma frase, palavras de sentido oposto é chamada de **antítese**.

Paradoxo

Leia agora os versos desta canção.

> Você foi o maior dos meus casos
> De todos os abraços
> O que eu nunca esqueci
> Você foi, dos amores que eu tive,
> O mais complicado
> E o mais simples pra mim
>
> [...]
> Você foi a mentira sincera
> Brincadeira mais séria
> Que me aconteceu
> [...]
>
> ISOLDA. "Outra vez". In: CARLOS, Roberto. LP *Amigo*. CBS, 1977.

> **Antítese *versus* paradoxo**
> Não confunda as figuras de linguagem **antítese** e **paradoxo**.
> **Antítese**: emprego de termos de sentidos contrários, opostos.
> **Paradoxo**: emprego de termos contraditórios.

Observe os termos destacados neste verso.

"Você foi a **mentira sincera**"

1. Como uma mentira pode ser sincera? O que você entende por essa contradição?

2. Procure no texto mais duas palavras ou expressões que, colocadas lado a lado, se contradizem como essas, a ponto de se excluírem mutuamente.

> A figura de linguagem em que ocorre a associação de termos que se contradizem totalmente é chamada de **paradoxo**.

Sinestesia

Leia este fragmento de um romance.

> Aquela precipitação amorosa em arranjar o ninho – provando uma paixão impaciente, toda ocupada dela – produziu-lhe uma dilatação doce do orgulho; ao mesmo tempo que aquele Paraíso secreto, como num romance, lhe dava a esperança de felicidades excepcionais; e todas as suas inquietações, os sustos da carta perdida se dissiparam de repente sob uma sensação cálida, como flocos de névoa sob o sol que se levanta.
>
> QUEIRÓS, Eça de. *O primo Basílio*. São Paulo: Publifolha, 1997.

1. Procure nesse fragmento duas expressões que mesclam sensações provenientes de diferentes sentidos para descrever o estado de espírito da personagem e anote-as no caderno.

2. Com que intenção o autor recorre a recursos estilísticos como esse?

> A figura de linguagem que mescla sensações originárias de diferentes órgãos do sentido, como visão, tato, olfato, paladar e audição, é denominada **sinestesia**.

1. Vamos ler um trecho da letra de uma canção.

Paz do meu amor

Você é isso: Uma beleza imensa,
Toda recompensa de um amor sem fim.
Você é isso: Uma nuvem calma
No céu de minh'alma; é ternura em mim.
Você é isso: Estrela matutina,
Luz que descortina um mundo encantador.
Você é isso: É parto de ternura,
Lágrima que é pura, paz do meu amor.

VIEIRA, Luiz. *Paz do meu amor*.
In: LP *Luiz Vieira*. Odeon, 1974.

a) Nessa canção, o eu lírico define a amada do jeito como a vê. Que figura de linguagem o autor escolheu para expressar esses sentimentos? Cite dois exemplos para comprovar sua resposta.

b) Ao descrever a amada com o uso dessa figura de linguagem que você apontou, qual o verbo empregado predominantemente pelo poeta?

2. Em textos não verbais e mistos (propagandas, cartazes, pinturas, esculturas) também encontramos figuras de linguagem. Identifique a figura de linguagem na imagem a seguir. Justifique sua resposta.

Conselho dos animais, de Antonio Caboclo.

Montagem fotográfica de gelo e fogo.

3. Componha no caderno frases evidenciando as figuras de linguagem identificadas por você nas imagens da atividade anterior. Use os elementos dados e outros que julgar necessários.

a) macaco, porco, escrever, documento

b) boi, elefante, interromper, conselho

c) gelo, queimar, fogo, gelar

d) frio, arder, calor, resfriar

4. No trecho da canção a seguir, há diversas figuras de linguagem.

> Oh! Madalena
> O meu peito percebeu
> Que o mar é uma gota
> Comparado ao pranto meu...
> Fique certa
> Quando o nosso amor desperta
> Logo o sol se desespera
> E se esconde lá na serra...
> [...]
>
> LINS, Ivan; SOUZA, Ronaldo Monteiro de. Madalena. In: LINS, Ivan. LP *Ivan Lins, agora...* Forma VDL, 1970.

a) Anote no caderno pelo menos duas figuras de linguagem que você identifica no trecho da canção.

b) Que efeito de sentido o uso dessas figuras de linguagem produz nos versos?

REVISORES DO COTIDIANO

Imagine que um amigo esteja estudando para um concurso. Como está em dúvida em relação a uma questão, resolveu conferir a resposta com você. Segundo o amigo, a resposta correta seria a alternativa **c**. Leia a questão e verifique se ele acertou.

Uma das vacinas recomendadas é a da gripe, **já que** a gestante faz parte do grupo de risco do vírus *influenza*. "Os sistemas imunológico e fisiológico da grávida estão em transformação. Por isso, é comum que o vírus comprometa a parte respiratória", diz o ginecologista Edílson Egeda, do Hospital Samaritano (SP).

Disponível em: <http://revistacrescer.globo.com/Revista/Crescer/0,,EMI298182-10544,00.html>. Acesso em: 28 fev. 2015.

A expressão destacada no texto acima exprime ideia de:

a) causa

b) condição

c) consequência

d) proporção

e) tempo

O que você responderia a ele?

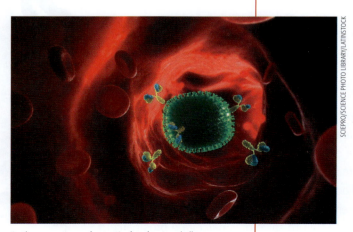

Anticorpos atacando partículas de vírus influenza (arte computadorizada).

LEITURA 2

ANTES DE LER

1. Você costuma ouvir música? Que estilos prefere e por quê?
2. Você sabia que o *rap*, estilo musical apreciado por muitos jovens, é uma manifestação da cultura popular urbana? Você já ouviu algum *rap*? O que sabe sobre esse gênero musical?

Você leu nesta unidade um samba-enredo que faz uma crítica indireta à sociedade em que vivemos. Agora vai ler um rap, o canto falado que faz contundentes denúncias sobre a condição social de uma parcela da juventude, principalmente a que vive na periferia das grandes cidades, e expõe, sem meias palavras, a injustiça social sofrida por ela.

Us guerreiro

Dedicado a Martim

Os herdeiros, os novos guerreiros
Novos descendentes, afro-brasileiros
Da periferia, lutam noite e dia
Tão na correria como vive a maioria
Guardam na memória, uma bela história
De um povo guerreiro, então, cheio de glórias
Zumbi, o líder desse povo tão sofrido
E sem liberdade, pro quilombo eles surgiram
Palmares, o local da nossa redenção
Pra viver sem corrente, sem escravidão
Dandara, que beleza negra, joia rara
A linda guerreira comandava a mulherada
Faz tempo, hoje em dia é outro movimento
A luta dos mais velhos amenizou o sofrimento
Escuta, acorda pois não acabou a guerra
Você infelizmente nasceu no meio dela
Já era, o nosso povo vive na favela
Enquanto o colonizador só usufrui da terra
Vitória é o que eu desejo pra minha criança
Tenha sua herança, você é nossa esperança

Refrão

Só os favelado, só os maloquero
Us guerreiro, us guerreiro
Na África de antes, os príncipes herdeiros
Us guerreiro, us guerreiro
Só os aliado, só os companhero
Us guerreiro, us guerreiro
Eu mando aqui um salve pras parceira e pros parcero
Us guerreiro, us guerreiro

ROGÉRIO BORGES

Palmares era assim, um lugar bem sossegado
Os preto lado a lado, tudo aliado
A mística, o sonho de rever nossa mãe África
Angola, Nigéria, Zimbábue, Arábia
Tudo acorrentado dentro de um navio
Tomando chibatada até chegar no Brasil
Mais de 500 anos depois pouco mudou
Ligou? Na verdade só o tempo passou
Naquele tempo tinha o capitão do mato
Que era o mó traíra, tremendo atrasa lado
Ficava na espreita, pra ver quem fugia
Muito parecido com quem hoje é a polícia
Se liga, muitos morreram pra você viver
Orgulho tem que ter, responsa e proceder
Vai vendo, curte pois você ainda é pequeno
Ainda é criança e não sabe do veneno
Menino, você é o futuro desse jogo
Pra resgatar de novo, a honra desse povo
Quando fizer 18 você vai se alistar
E vai se preparar para guerra enfrentar
Então se liga

Só os favelado, só os maloquero
Us guerreiro, us guerreiro
Na África de antes, os príncipes herdeiros
Us guerreiro, us guerreiro
Só os aliado, só os companhero
Us guerreiro, us guerreiro
Eu mando aqui um salve pras parceira e pros parcero
Us guerreiro, us guerreiro

Persiste, pra entrar pro pelotão de elite
Um grande guerreiro é aquele que resiste
Que não desiste mesmo na diversidade
Que bate de frente pela sua liberdade
Axé, Jesus com nós pro que der e vier
Pois é, tem gente que não bota uma fé
Não acredita que somos todos irmãos
Não acreditam que o sangue é igual
É nesse mundo que você irá viver
Você tem de aprender a se defender
Tem de saber, que não há nada errado
Com seu tom de pele, seu cabelo enrolado
Fica ligado que eles querem te arrastar
Com drogas, dinheiro, bebida, mulher
Querem fazer uma lavagem em sua mente
Querem que você seja um cara inconsciente

Tipo um demente, uma marionete
É isso que o sistema quer do negro quando cresce
A escravidão não acabou é apenas um sonho
Tem alguns brancos controlando o dinheiro do mundo
Tem alguns negros guerreando contra todos e tudo
E alguns manos nas ruas querendo roubar um banco
Não seja um tolo, amante do dinheiro
Batalhe dia a dia pois você é um guerreiro

Só os favelado, só os maloquero
Us guerreiro, us guerreiro
Na África de antes, os príncipes herdeiros
Us guerreiro, us guerreiro
Só os aliado, só os companhero
Us guerreiro, us guerreiro
Eu mando aqui um salve pras parceira e pros parcero
Us guerreiro, us guerreiro

Sabe Martim, o mundo não é como você pensava meu neguinho
Papai Noel?! É seu pai, negô
Então vai, se cobre aí, se cobre aí
Dorme, dorme, dorme

Us Guerreiro. Antônio Luiz Júnior [Rappin'Hood] © Raízes Discos.

EXPLORAÇÃO DO TEXTO

1. Observe o título.
   a) Quem são "us guerreiro"?
   b) Como você explica a grafia das palavras do título?

2. Quem poderia ser o Martim a quem o eu poético se dirige? Em que você se baseia para levantar essa hipótese?

3. Quem são as personagens históricas apresentadas nesse *rap*?

4. Que associação o *rapper* faz entre essas personagens e as pessoas que ele chama de "us guerreiros"?

5. Releia esses versos.

   "Fica ligado que eles querem te arrastar
   Com drogas, dinheiro, bebida, mulher
   Querem fazer uma lavagem em sua mente [...]"

   A quem se refere o *rapper* quando afirma que "eles querem te arrastar"?

6. São características do *rap*: letra com muita informação, semelhante a uma conversa (tom dialogal), denúncia das dificuldades da vida dos habitantes de bairros pobres das grandes cidades, chamamento à luta contra a discriminação e qualquer forma de opressão, valorização do cidadão consciente, afirmação da identidade. Quais dessas características estão presentes em "Us guerreiro"?

> O *rapper* utiliza uma linguagem e maneira de se expressar muito frequente no meio em que vive como forma de firmar a identidade desse grupo social. É como se o fato de ele não seguir a norma-padrão fosse parte dessa luta por construção e afirmação de identidade.

O *rapper* brasileiro Rappin'Hood.

Rappin'Hood

Nascido na periferia de São Paulo, em 1972, Antônio Luiz Júnior – que usa o nome artístico de Rappin'Hood, inspirado no lendário Robin Hood – é um dos importantes nomes do *hip-hop* paulistano. Formou, no começo dos anos 1990, o grupo de *rap* Posse Mente Zulu e, em 2001, gravou seu primeiro álbum solo, *Sujeito Homem*, em que mistura gêneros como samba e reggae ao *rap* tradicional. Durante 2008, apresentou o programa *Manos* e *Minas*, da TV Cultura de São Paulo.

Ritmo e poesia

O termo *rap* é formado pelas letras iniciais de *rhythm and poetry* (em inglês, "ritmo e poesia"). O *rap* surgiu na Jamaica, por volta da década de 1960. Nos anos 1970, jovens jamaicanos que viviam em Nova York (EUA) introduziram esse ritmo e a presença de um MC (mestre de cerimônia que anima o público e declama/canta canções próprias em festas da comunidade).

144

A LÍNGUA NÃO É SEMPRE A MESMA

Em uma letra de *rap*, a linguagem costuma ser informal, com muitas gírias, presença de vocabulário representativo da comunidade ou de membros de grupos específicos. Nessa letra de Rappin'Hood, mesclam-se usos mais e menos informais. Procure no texto e anote no caderno exemplos de:

a) termos próprios da linguagem oral;
b) gírias;
c) vocabulário característico dos *rappers*;
d) ausência da dupla marca de plural (o substantivo não tem marca de plural porque a palavra que o antecede já está no plural);
e) um vocabulário mais formal, com palavras que não costumam estar na fala do dia a dia.

MC e DJ

Geralmente, o *rap* é cantado e tocado por uma dupla composta de um DJ (disc-jóquei, responsável pelos efeitos sonoros e mixagens) e por um MC (mestre de cerimônia, que se responsabiliza pela letra cantada).

Para lembrar

Letra de rap
- **Intenção principal** → fazer crítica social, afirmar a identidade de um grupo, entreter
- **Público** → população em geral
- **Organização** → valorização da letra
  ritmo e letra que lembram uma conversa (tom dialogal)
  temas e personagens do cotidiano; geralmente temas sociais
  versos e estrofes
  refrão muito frequente
- **Linguagem** → informal, emprego de gíria e de vocabulário representativo de uma comunidade

DO TEXTO PARA O COTIDIANO

O *rap* é uma das formas de expressão do *hip-hop*, ao lado da dança de rua (*street dance*) e do grafite. O *hip-hop* surgiu nos anos 1960, quando o movimento de luta pelos direitos civis nos Estados Unidos se fortaleceu e começou a valorizar a cultura da população afrodescendente e a preocupar-se em oferecer opções para a juventude, substituindo a violência das ruas pela expressão artística.

Leia a seguir um pouco sobre o grafite e a dança de rua.

- O **grafite** (em italiano, *graffitto*, "desenho ou escritura feita com uma ponta dura sobre pedra ou similar") é a manifestação visual do *hip-hop*. Arte essencialmente urbana, o grafite é a forma de expressar a opressão e injustiça vividas pelos menos favorecidos, mostrando a realidade das ruas.

Grafite e pichação diferenciam-se, pois o grafite não quer apenas preencher o branco dos muros: apresenta preocupação estética com o uso das formas e cores. A pichação é caracterizada pelo ato de escrever em muros, edifícios, monumentos e vias públicas, como rebeldia ou com intenção destrutiva.

Otávio Pandolfo grafitando muro em São Paulo, 2009.

145

- Costuma-se chamar de **dança de rua** um conjunto de modalidades de dança vinculado ao movimento *hip-hop*, que surgiu para substituir o cotidiano da violência nas ruas. Mais do que um estilo de dança influenciado por vários ritmos, a dança de rua sempre esteve associada à cultura e à identidade daqueles que a praticam. Na dança de rua, a música tem sempre uma batida forte, e os movimentos acrobáticos e rápidos deixam muito espaço à criatividade dos dançarinos.

O *break* é uma das modalidades de dança de rua.

A dança como estilo de vida

[...] Toda diferença pra nós merece respeito, e o *hip-hop* foi feito pra UNIR e não separar! O *hip-hop* deve ser valorizado como arte de qualidade, e suas manifestações devem ser livres de ideologia política. O *hip-hop* salva porque a arte leva o ser humano ao encontro de sua essência, sem máscaras... Acima de tudo, valorizamos nossa origem brasileira, com todas as etnias e misturas que formaram o nosso povo e nossa cultura. E amamos dançar!! Seja na rua, no palco, em festas ou em casa... Não importa, o que vale é deixar a música nos levar!!!! [...]

Disponível em: <http://www.bboydownload.com/2009/09/brasil-style-bgirls-brasilia-distrito.html>. Acesso em: 2 mar. 2015.

1. A dança de rua espalhou-se por vários países. Você já dançou *break* ou outra modalidade de dança de rua? Se sim, conte como foi/é essa experiência. Se não, diga se gostaria de dançar e justifique sua resposta.

2. Os jovens que participam do movimento *hip-hop* são, muitas vezes, pessoas que se veem excluídas da esfera pública e buscam, por meio de uma manifestação artística, inserir-se na sociedade. O trecho a seguir mostra esse aspecto do movimento.

> O *hip-hop*, como "cultura de rua", engloba ações comunitárias e questões políticas; promove o encontro dos jovens para a formação de grupos não apenas artísticos, mas políticos, em que podem atuar discutindo questões sociais e políticas. O movimento se constitui, assim, como uma possibilidade de intervenção político-cultural construída na periferia, que promove, atuando na esfera cultural, formas não tradicionais de se fazer política.
>
> Disponível em: <http://www.psicolatina.org/19/hiphop.html>. Acesso em: 22 dez. 2011.

NÃO DEIXE DE LER

- *O grito do hip-hop*, de Luiz Puntel e Fátima Chaguri, editora Ática

Com seus amigos Gera e Beó, Toninho adora pichar muros e paredes, deixando sua marca pela cidade.

A alegria rápida do *spray*, contudo, vai perdendo a graça à medida que ele entra em contato com o movimento *hip-hop*.

Como a dança de rua, o grafite e o rap podem se transformar em instrumento político de reivindicação e denúncia? Justifique sua resposta com base no texto.

PRODUÇÃO ORAL

Rap

Vamos produzir nossos próprios *raps* para apresentá-los em público? Para isso, siga as orientações e crie a letra. Os *raps* poderão ser apresentados a outros alunos da escola durante o intervalo das aulas ou aos pais em um evento escolar. Ou a turma pode criar um concurso que, apresentado no pátio, no intervalo entre as aulas, escolha o melhor *rap*.

As letras também poderão ser publicadas no jornal da classe no final do ano.

Antes de começar

1. Leia, com um colega, este trecho do *rap* "Beco sem saída".

Beco sem saída

Às vezes eu paro e reparo, fico a pensar
qual seria meu destino senão cantar
um rejeitado, perdido no mundo, é um bom exemplo
irei fundo no assunto, fique atento
A sarjeta é um lar não muito confortável
O cheiro é ruim, insuportável
O viaduto é o reduto nas noites de frio
onde muitos dormem, e outros morrem, ouviu?
São chamados de indigentes pela sociedade
A maioria negros, já não é segredo, nem novidade

Vivem como ratos jogados,
homens, mulheres, crianças,
Vítimas de uma ingrata herança
A esperança é a primeira que morre
E sobrevive a cada dia a certeza da eterna miséria
O que se espera de um país decadente
onde o sistema é duro, cruel, intransigente

Beco sem saída! [...]

ROCK, Edy e KLJ. Beco sem saída. In: Racionais MC's. *Holocausto urbano*, RDS Fonográfica, 1990.

a) Nessa letra, também há crítica e denúncia, como em "Us guerreiro". Qual é a situação criticada?

b) A crítica é mais ou menos direta que a feita por Rappin'Hood?

c) Identifiquem na letra acima algumas das características do gênero *rap*.

2. Leia esta tira.

ITURRUSGARAI, Adão. *Folha de S.Paulo*, 6 ago. 2011.

Que crítica social a leitura dessa tira poderia inspirar na elaboração de um *rap*?

Planejando o texto

Junte-se a um colega para fazer esta atividade. Planejem juntos o texto.

1. Seu *rap* fará uma denúncia, será um grito de revolta, um convite à ação? Sugestão: tomem como ponto de partida um programa de TV, um filme, um livro, um grafite ou um tema social que preocupe sua comunidade.

2. Decidido o assunto, façam uma lista dos aspectos que abordarão em relação a sua escolha. Mantenham o foco em aspectos sociais e em personagens do cotidiano.

3. Ao escreverem os versos, empreguem imagens para obter efeitos expressivos e procurem compor rimas e versos curtos, como nos textos lidos, pois isso contribui para criar ritmo.

4. Mantenham o tom de diálogo, uma das marcas do *rap*, e criem um refrão, que pode ter versos mais curtos e fáceis de lembrar.

5. Os *raps* têm linguagem informal, mas vocês devem adequar essa característica a seu público.

6. Deem um título ao seu *rap*.

Quando terminarem a letra do *rap*, troquem-na com outra dupla e peçam que deem sugestões para melhorá-la. Depois, levando em conta as sugestões apresentadas pelos colegas e pelo professor, redijam a versão final, que fará parte do jornal de final de ano.

Apresentando o *rap*

1. No dia combinado com o professor, participe da apresentação dos *raps* criados.

2. Organize-se com os colegas para que todos possam mostrar seus talentos: os que gostarem mais de interpretar poderão declamar os *raps*, quem tiver algum conhecimento musical pode se encarregar das músicas de fundo, das mixagens, quem souber dançar pode apresentar números de dança de rua.

3. Se for participar da apresentação, faça como os cantores de *rap* que "falam", em vez de cantar, e declamam os versos num ritmo de diálogo, espécie de canto falado, bem rápido, em que a letra, a "batida", importam mais que a melodia.

4. Embora em ritmo rápido, articule bem as palavras para que todos possam entender a letra e fale num tom de voz adequado ao ambiente.

Avaliação

Quando terminarem as apresentações, faça, junto com seus colegas, uma avaliação com base nestes critérios e anote o que pode ser melhorado.

1. O tom de crítica social foi mantido?

2. Os versos formam estrofes? Há rimas? Há um refrão?

3. O ritmo foi valorizado e se manteve o tom de diálogo?

4. A linguagem é informal, porém adequada a seu público e ao ambiente escolar?

5. Todos puderam entender a letra do *rap*?

Oração subordinada adverbial: contexto e sentidos

Para entender o que são as orações adverbiais, vamos primeiro ver se você se recorda dos adjuntos adverbiais.

1. Leia este texto de horóscopo.

> **Gêmeos**
>
> Seu dia **hoje** deve ser repleto de acontecimentos, inclusive **na área do romance**. O problema é que seu bom senso pode estar de folga hoje, comprometendo a sua capacidade de tomar decisões. Mas nem tudo está perdido, pois quando mais precisar, um bom amigo estará por **perto** para trazê-lo de volta à realidade.
>
> Disponível em: <www.ofluminense.com.br/editorias/cidades?page=401>. Acesso em: 13 abr. 2015.

a) Que tipo de informação um leitor espera obter ao consultar um horóscopo?

b) Em textos de horóscopo, é comum o uso de advérbios e locuções verbais. Nesse contexto, que circunstâncias expressam as palavras ou expressões destacadas? Anote-as no caderno.

> Os advérbios ou as locuções adverbiais que, em uma oração, têm a função de indicar modo, tempo, lugar, causa, afirmação, negação, dúvida são chamados de **adjuntos adverbiais**.

c) Por que, em um texto de horóscopo, é importante a presença de adjuntos adverbiais de tempo?

2. Releia este trecho.

> Seu dia **hoje** deve ser repleto de acontecimentos, inclusive **na área do romance**.

a) Quantas orações há nesse período?
b) Qual a função exercida pelo advérbio e pela locução adverbial destacados no período?
c) Agora compare estes dois períodos.
I. Seu dia hoje deve ser repleto de acontecimentos, inclusive na área do romance.
II. **Quando mais precisar**, um bom amigo estará por perto.
Quantas orações há no período II?
d) Qual o papel desempenhado pela oração destacada em relação à oração principal?

Observe que nesse período temos uma oração inteira exercendo o papel de adjunto adverbial.

> As orações que exercem a função de um adjunto adverbial em relação à oração principal são chamadas de **orações subordinadas adverbiais**.

REFLEXÃO SOBRE A LÍNGUA

149

3. Leia o provérbio.

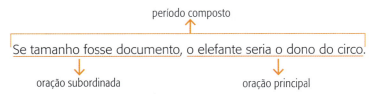

a) O elefante seria dono do circo em qualquer situação? Por quê?
b) Nesse caso, o que a oração subordinada expressa em relação ao que se afirma na principal: tempo, modo, lugar, causa, condição, finalidade?
c) Que conjunção introduz a oração subordinada?

> As orações adverbiais que expressam uma hipótese ou condição para que aconteça o que se enuncia na oração principal são chamadas de **orações subordinadas adverbiais condicionais**.

4. Leia este trecho de uma reportagem sobre uma antiga e movimentada avenida da cidade de São Paulo, a avenida Paulista.

[...]
Para morar na Paulista é preciso gostar de barulho e movimento, como a professora Shirley Mendonça Ferreira, 70, que há 20 anos mora na avenida [...].
"Gosto da avenida porque ela é barulhenta. Nada me espanta por aqui, nem correria [de assaltantes], nem batidas [de veículos]", afirma a professora, que tem 50 anos de profissão.
[...]

Disponível em: <http://www1.folha.uol.com.br/folha/cotidiano/ult95u128876.shtml>. Acesso em: 1º mar. 2015.

A avenida Paulista, na cidade de São Paulo.

a) Qual é a razão de a professora entrevistada gostar da avenida Paulista?
b) Anote no caderno a oração que expressa essa razão.

> As orações que indicam causa, razão do que se diz na oração principal são chamadas de **orações subordinadas adverbiais causais**.

150

5. Abaixo você encontra o trecho de uma matéria que, como o *rap* "Beco sem saída", também fala da situação de vida de muitos brasileiros.

> **A situação da moradia no Brasil e no Estado de São Paulo**
>
> No Brasil, moramos muito mal. É o que nos dizem os dados do IBGE. Também é o que nos mostram as pessoas em cada canto deste país. [...] **todos os dias** milhões convivem com o barranco, o córrego, a palafita, a falta de dinheiro para pagar o aluguel, a água e a luz **no final do mês**, o quarto escuro e sem ventilação, o amontoado de gente no cômodo precário, as horas perdidas no transporte coletivo.
>
> [...]
>
> Disponível em: <http://www.sp.unmp.org.br/index.php?option=com_content&view=article&id=140:a-situacao-da-moradia-no-brasil-e-no-estado-de-sao-paulo&catid=45&Itemid=49>. Acesso em: 1 mar. 2015.

a) Que diferença você vê entre a maneira como o assunto é tratado no *rap* e o ponto de vista da matéria?

b) No trecho, destacamos adjuntos adverbiais que indicam uma mesma circunstância. Qual? Tempo, modo, causa, finalidade?

c) Se substituíssemos o segundo adjunto adverbial por "... quando termina o mês...":

I. a circunstância continuaria a mesma?

II. que diferença haveria entre a redação original e o novo formato?

> As orações que indicam o momento, o tempo em que acontece o fato expresso na oração principal são chamadas de **orações subordinadas adverbiais temporais**.

6. Leia o provérbio.

<u>Como o verniz cobre um pote de barro</u>, <u>as palavras fingidas cobrem um coração mau</u>.
          oração subordinada   oração principal

a) Explique a comparação que é feita nesse provérbio.

b) Qual é o termo da frase que indica essa comparação?

> A oração subordinada que estabelece uma comparação com o que expressa a principal é uma **oração subordinada adverbial comparativa**. Nesse tipo de oração, é comum que o segundo verbo esteja implícito. Exemplo: Atualmente, as espécies de anfíbio são mais ameaçadas **do que as de aves e mamíferos** (são ameaçadas).

7. Leia o anúncio ao lado.

a) O que significa **assim** em "[...] para que o redator não crie mais anúncios assim"?

b) Você concorda com essa análise? Explique.

c) Observe.

> "Contrata-se assistente de arte para que o redator não crie mais anúncios assim."

CONTRATA-SE
ASSISTENTE DE ARTE
PARA QUE O REDATOR NÃO CRIE MAIS ANÚNCIOS ASSIM.

Indispensável muita criatividade, comprometimento e conhecimento dos programas COREL DRAW e PHOTOSHOP.

Os interessados devem enviar currículo e portfólio para:
xxx@yyyyyyy.com.br ou ligar 0000-0000

Que tipo de circunstância a oração introduzida pela locução conjuntiva **para que** expressa?

> As orações que indicam a finalidade, o objetivo, a intenção do que se expressa na oração principal são chamadas de **orações subordinadas adverbiais finais**.

8. Leia este trecho de uma notícia.

> **Segundo** disse [o gerente], o tumulto começou por volta das 18 horas, na Vigário Calixto, e muitos passageiros que não tinham nenhum envolvimento com as torcidas também foram prejudicados. "Um dos motoristas ficou machucado e sua situação só não piorou porque existe uma película que protege o vidro. [...] De acordo com o gerente, em todos os jogos que envolvem os dois times, a empresa encaminha um ofício ao Batalhão de Polícia Militar, pedindo maior proteção, e, **conforme** disse, a empresa sempre é atendida.
>
> Diário da Borborema, 12 abr. 2011.

Observe as conjunções subordinativas destacadas, que introduzem orações subordinadas adverbiais.

a) Ambas as conjunções têm o mesmo sentido?
b) Com que intenção essas conjunções foram utilizadas no texto?
c) Qual destas expressões poderia substituir essas conjunções: **mesmo assim**, **de acordo com**, **antes que**, **sempre que**?

> A oração subordinada adverbial que expressa uma relação de conformidade com o fato mencionado na oração principal é chamada de **oração subordinada adverbial conformativa**.

9. Leia uma pergunta postada em um *site* destinado a esclarecer dúvidas de internautas.

> Quanto mais eu pintar o cabelo mais aparecerá cabelo branco?
>
> Disponível em: <http://br.answers.yahoo.com/question/index?qid=20110425074350AAzHAAB>. Acesso em: 1 mar. 2015.

a) Qual é a provável preocupação do internauta que faz a pergunta?
b) A expressão **quanto mais... mais** indica: progressão de um fato, proporcionalidade entre dois fatos ou diminuição de um fato em relação ao outro?

> A oração subordinada adverbial que expressa uma relação de proporcionalidade com o que se declara na oração principal é chamada de **oração adverbial proporcional**.

10. O anúncio a seguir, publicado em uma revista, foi impresso em tecido em vez de papel.

a) O produto anunciado é um amaciante de roupas. Por que se afirma que o fabricante do produto "também gosta tanto de roupa"?

b) Observe este trecho da propaganda.

"A gente [...] gosta **tanto** [...] **que** nosso anúncio não poderia ser em papel."

oração principal — oração subordinada

A expressão destacada estabelece entre a oração principal e a subordinada uma relação de condição, finalidade, causa ou consequência entre os dois fatos?

> A oração subordinada adverbial que exprime consequência em relação ao que se declara na oração principal é chamada de **oração subordinada adverbial consecutiva**.

11. O fragmento abaixo, tirado de um *site* especializado em cinema, fala sobre a definição do ator que viveria certa personagem em um filme de ação.

> A indefinição do nome do ator que dará vida ao lendário Capitão América no cinema continua e a lista não é pequena.
> **Embora muita gente acredite que John Krasinski é quem** tem maior potencial de ser escolhido, eis que surge um nome mais conhecido para interpretar o personagem: "Chris Evans. [...]"
>
> Disponível em: <www.adorocinema.com>. Acesso em: 1 mar. 2015.

Chris Evans como *Capitão América*.

Releia e observe a oração adverbial destacada neste período.

a) A conjunção **embora** introduz um fato contrário ou complementar ao que se diz na oração principal?

b) **Embora** pode ser substituída pela conjunção **mas**, com as orações redigidas de outra forma. No caderno, anote o período, fazendo essa substituição. Comece com: "Chris Evans surge..."

> A oração subordinada que expressa um fato contrário ao expresso na oração principal, mas incapaz de impedi-lo, é chamada de **oração subordinada adverbial concessiva**. Pode exprimir oposição, exceção, ressalva.

153

teia do saber

1. Leia um trecho de uma receita de musse de limão.

> Misture o leite condensado, o suco e a metade das raspas de limão até formar um creme consistente. Bata as claras em um ponto de neve firme, adicione o açúcar e bata mais um pouco. Misture junto com o creme de limão. Coloque o doce em taças individuais e decore a musse com as raspas de limão que restaram. Leve à geladeira para que o doce fique consistente e firme.
>
> Disponível em: <http://www.oreceitafacil.com/receita-de-mousse-de-limao.html>.
> Acesso em: 27 dez. 2011.

a) No gênero receita, costuma predominar o imperativo. Isso ocorre no trecho lido? Exemplifique.

b) Qual é a finalidade de levar o doce à geladeira?

c) Que oração exprime tal finalidade?

d) Qual é a importância de se indicar a finalidade de uma ação em uma receita?

2. Leia a propaganda abaixo.

Cartaz de uma campanha nacional de proteção à fauna silvestre.

a) A que se refere o pronome demonstrativo que aparece na chamada da propaganda?

b) De acordo com essa chamada, qual é a causa implícita a que a expressão "isto acontece" se refere?

c) Segundo a propaganda, qual seria a condição necessária para que o que está escrito no título deixasse de acontecer?

d) Crie outra chamada para esse anúncio, exprimindo tal condição. Inicie (o período) com: "Se você deixar de comprar, ..." e indique qual é a oração condicional que se formou.

3. Leia este provérbio.

> Os olhos pedem mais do que a barriga aguenta.

a) Este provérbio está ligado a um dos sete pecados capitais. Qual é ele? Se não souber, converse com seus colegas e seu professor.

b) Há uma oração subordinada adverbial nesse provérbio. Qual é a circunstância que ela expressa em relação à oração principal?

4. Leia alguns tópicos de sumários de revistas.

I

Se pudermos baixar, não vamos roubar

Se a indústria cinematográfica aceitar algumas prerrogativas, nos comprometemos a não fazer *downloads* ilegais.

Revista *Galileu*. Rio de Janeiro, Globo, abr. 2011.

II

Vacinas: saúde que vem em doses

As vacinas são produtos que devem mexer com o nosso sistema imunológico, o qual serve para proteger o corpo das doenças, de um modo geral. Ainda que, ao longo da história, tenham sido responsáveis por controlar ou extinguir diversos males, já foram vistas com desconfiança por setores da sociedade.

Revista *National Geographic Brasil*. São Paulo, Abril, abr. 2011. Texto adaptado.

III

O percurso do desenho livre de estereótipos

Para que os alunos percebam o valor de seus trabalhos e (para que) deixem de lado figuras-padrão, é preciso mostrar que não existe uma única forma de representar um objeto.

Revista *Nova Escola*. São Paulo, Abril, mar. 2011.

a) Com que intenção essas informações são apresentadas no sumário da revista?

b) Em todos os trechos aparecem orações adverbiais.

I. Em qual desses tópicos aparece uma oração condicional? Com que intenção foi utilizada?

II. Em qual deles há uma oração que expressa concessão e que conjunção poderia substituí-la sem prejudicar o sentido do tópico?

5. Destacamos abaixo algumas orações subordinadas adverbiais. Que circunstância elas exprimem?

a)
> **Por mais que os fãs do ator discordem**, o que surpreende nesta notícia, e não deveria ser esquecido pelos produtores, é a associação da imagem dele com o Tocha Humana do Quarteto fantástico [...].
>
> Disponível em: <http://www.adorocinema.com/cinenews/o-tocha-humana--pode-ser-o-novo-capitao america-3792/>. Acesso em: 2 fev. 2015.

b)
> "Já era, o nosso povo vive na favela
> **Enquanto o colonizador só usufrui da terra**" (Us guerreiro)

c)
> "E sem liberdade, pro quilombo eles surgiram
> Palmares, o local da nossa redenção
> **Pra viver sem corrente, sem escravidão**" (Us guerreiro)

155

FIQUE ATENTO... À PONTUAÇÃO DOS PERÍODOS COM ORAÇÕES ADVERBIAIS

A pontuação dos períodos em que há orações subordinadas segue o mesmo princípio utilizado nos períodos em que há advérbio.

1. Leia as **blagues** abaixo.

> A **blague** é um dito espirituoso destinado a produzir humor ao se brincar de forma original com o inusitado.

Se todos os rios são doces, de onde o mar tira sal?
> NERUDA, Pablo. *Livro das perguntas*. Porto Alegre: L&PM, 2004.

Só posso escrever cartas **quando estou com muita pressa**.
> CAMPOS, Paulo Mendes. *Rir é o único jeito*. Rio de Janeiro: Ediouro, 1976.

Quando um caçador se defronta com uma onça, duas coisas podem acontecer: ou um lindo tapete ou uma triste viúva.
> NUNES, Max. *O pescoço da girafa*. São Paulo: Cia. das Letras, 1997.

a) O que todas essas blagues têm em comum?
b) Destacamos em cada período orações adverbiais. Que tipo de circunstância exprime cada uma delas em relação à oração principal?
c) Observe a posição que as orações adverbiais ocupam em cada período: aparecem no início, no final ou ainda intercaladas a outras orações?
d) Observe a pontuação. O que você notou em relação ao uso da vírgula?

2. Leia agora este trecho de uma notícia.

Apesar de chuvas, quadro continua crítico em SP, diz agência

O diretor-presidente da Agência Nacional de Águas (ANA), Vicente Andreu, disse nesta quarta-feira (1º) que, **mesmo com o cenário favorável de chuvas nos meses de fevereiro e março**, o quadro no Estado de São Paulo continua "grave".

Disponível em: <http://noticias.uol.com.br/ultimas-noticias/agencia-estado/2015/04/01/quadro-continua-critico-em-sp-diz-ana-sobre-crise-hidrica.htm>. Acesso em: 1º abr. 2015.

Área da represa Jaguari-Jacareí, do sistema Cantareira, em Joanópolis (SP).

a) Em que posição aparece a oração adverbial destacada?
b) Como ficou a pontuação nesse novo arranjo?

3. A posição da oração subordinada adverbial depende da intenção do autor em produzir um efeito de sentido. Qual ou quais dos períodos que você analisou dão mais destaque ao que se afirma na oração subordinada?

> • Usa-se a vírgula sempre que a oração subordinada adverbial estiver antes da oração principal.
> • As orações subordinadas adverbiais intercaladas no período devem ser separadas por vírgulas.

4. Observe as orações subordinadas destacadas nos enunciados a seguir. Depois, reescreva-os modificando a posição que essas orações ocupam. Faça as alterações necessárias e fique atento ao uso da vírgula.

a)

Se óleo de bacalhau fosse bom pra saúde, o bacalhau não seria tão magro.

NUNES, Max. *Uma pulga na camisola*: o máximo de Max Nunes. São Paulo: Cia. das Letras, 1996.

O **óleo de bacalhau** é um suplemento alimentar, fonte de vitaminas.

b)

Quando se navega sem destino, nenhum vento é favorável.

Provérbio

c)

Quando uma tragédia se manifesta, a maioria de nós se recompõe surpreendentemente bem.

Revista *Scientific American Brasil*. São Paulo: Duetto, abr. 2011.

ATIVANDO HABILIDADES

1. (Enem) Leia.

> O movimento *hip-hop* é tão urbano quanto as grandes construções de concreto e as estações de metrô, e cada dia se torna mais presente nas grandes metrópoles mundiais. Nasceu na periferia dos bairros pobres de Nova Iorque. É formado por três elementos: a música (o *rap*), as artes plásticas (o grafite) e a dança (o *break*). No *hip-hop* os jovens usam as expressões artísticas como uma forma de resistência política.
>
> Enraizado nas camadas populares urbanas, o *hip-hop* afirmou-se no Brasil e no mundo com um discurso político a favor dos excluídos, sobretudo dos negros. Apesar de ser um movimento originário das periferias norte-americanas, não encontrou barreiras no Brasil, onde se instalou com certa naturalidade – o que, no entanto, não significa que o *hip-hop* brasileiro não tenha sofrido influências locais. O movimento no Brasil é híbrido: *rap* com um pouco de samba, *break* parecido com capoeira e grafite de cores muito vivas.
>
> (Adaptado de Ciência e Cultura, 2004)

De acordo com o texto, o *hip-hop* é uma manifestação artística tipicamente urbana, que tem como principais características:

a) a ênfase nas artes visuais e a defesa do caráter nacionalista.

b) a alienação política e a preocupação com o conflito de gerações.

c) a afirmação dos socialmente excluídos e a combinação de linguagens.

d) a integração de diferentes classes sociais e a exaltação do progresso.

e) a valorização da natureza e o compromisso com os ideais norte-americanos.

2. (Prova Brasil)

> Sim, nossa casa era muito bonita, verde, com uma tamareira junto à varanda, mas eu invejava os que moravam do outro lado da rua, onde as casas dão fundos para o rio. Como a casa dos Martins, como a casa dos Leão, que depois foi dos Medeiros, depois de nossa tia, casa com varanda fresquinha dando para o rio.
>
> Quando começavam as chuvas a gente ia toda manhã lá no quintal deles ver até onde chegara a enchente. As águas barrentas subiam primeiro até a altura da cerca dos fundos, depois às bananeiras, vinham subindo o quintal, entravam pelo porão. Mais de uma vez, no meio da noite, **o volume do rio cresceu tanto que a família defronte teve medo**.
>
> Então vinham todos dormir em nossa casa. Isso para nós era uma festa, aquela faina de arrumar camas nas salas, aquela intimidade improvisada e alegre. Parecia que as pessoas ficavam todas contentes, riam muito; como se fazia café e se tomava café tarde da noite! E às vezes o rio atravessava a rua, entrava pelo nosso porão, e me lembro que nós, os meninos, torcíamos para ele subir mais e mais. Sim, éramos a favor da enchente, ficávamos tristes de manhãzinha quando, mal saltando da cama, íamos correndo para ver que o rio baixara um palmo - aquilo era uma traição, uma fraqueza do Itapemirim. Às vezes chegava alguém a cavalo, dizia que lá, para cima do Castelo, tinha caído chuva muita, anunciava águas nas cabeceiras, então dormíamos sonhando que a enchente ia outra vez crescer, queríamos sempre que aquela fosse a maior de todas as enchentes.
>
> BRAGA, Rubem. *Ai de ti, Copacabana*. 3. ed. Rio de Janeiro: Editora do Autor, 1962. p. 157.

Que função desempenha a expressão destacada no texto "... o volume do rio cresceu TANTO QUE a família defronte teve medo." (2º parágrafo)

a) adição de ideias.

b) comparação entre dois fatos.

c) consequência de um fato.

d) finalidade de um fato enunciado.

3. (Saresp)

A fadiga da informação

(Fragmento)

Há uma nova doença no mundo: a fadiga da informação. Antes mesmo da Internet, o problema já era sério, tantos e tão velozes eram os meios de informação existentes, trafegando nas asas da eletrônica, da informação, dos satélites. A Internet levou o processo ao apogeu, criando a espécie dos internautas e estourando os limites da capacidade humana de assimilar os conhecimentos e os acontecimentos desse mundo. Pois os instrumentos de comunicação se multiplicam, mas o potencial de captação humana – do ponto de vista físico, mental e psicológico – continua restrito. Então, diante do bombardeio crescente de informações, a reação de muitos tende a tornar-se doentia: ficam estressados, perturbam-se e perdem a eficiência no trabalho. Já não se trata de imaginar como esse fenômeno possa ocorrer.

Na verdade, a síndrome da fadiga da informação está em plena evidência, conforme pesquisa recente nos Estados Unidos, na Inglaterra e em outros países, junto a 1300 executivos. Entre os sintomas da doença apontam-se a paralisia da capacidade analítica, o aumento das ansiedades e das dúvidas, a inclinação para decisões equivocadas e até levianas.

MARZAGÃO, Augusto. In: DIMENSTEIN, Gilberto.
Aprendiz do futuro: cidadania hoje e amanhã.
São Paulo: Ática, 1999.

Fadiga de informação também afeta as crianças.

A síndrome da fadiga da informação ocorre porque

a) a internet é muito rápida nas informações que veicula.
b) a captação humana de informações é restrita e a oferta é infinita.
c) os meios de informação geram ansiedade em seus usuários.
d) os instrumentos de comunicação conduzem a decisões erradas.
e) a capacidade humana se paralisa dado o volume de conhecimento.

Encerrando a unidade

Nesta unidade, você conheceu a organização dos gêneros samba-enredo e *rap* e seus recursos linguísticos; planejou, produziu e apresentou um *rap* e analisou os diferentes valores semânticos expresso pelas orações adverbiais.

1. Quais são as principais diferenças entre os gêneros letra de samba-enredo e letra de *rap*?

2. Em sua opinião, conhecer e compreender as diferentes figuras de linguagem pode ajudá-lo a usufruir melhor a leitura de um poema ou de uma canção?

3. Qual a importância do uso adequado de orações subordinadas adverbiais em um texto?

Conhecimento Interligado

O diálogo da literatura com a música

Toda obra artística permite várias interpretações, por isso, é frequente a transposição de uma obra artística para outras linguagens, sendo reinterpretada ou simplesmente servindo de tema para outra obra.

Na literatura, por exemplo, são inúmeras as ocorrências de obras transpostas para a linguagem do cinema, do teatro, da dança e da música.

Vimos, na unidade 4, que os sambas-enredo, muitas vezes, estabelecem diálogo com temas da literatura.

Observe as fotos nesta página.

Em 2009, a Mocidade Independente de Padre Miguel desfilou, no carnaval carioca, com o enredo "A Mocidade apresenta: Clube literário: Machado de Assis e Guimarães Rosa".

Em 2012, a escola de samba carioca Imperatriz Leopoldinense homenageou o escritor Jorge Amado com o enredo "Jorge, Amado Jorge".

A Literatura como recriação da realidade

A literatura é uma das muitas formas de nos relacionarmos com o mundo que nos cerca. Ao recriar artisticamente a realidade, o autor do texto literário estabelece um diálogo com seu leitor, permitindo a este viver outras realidades, outras experiências e também vivenciar suas próprias questões sociais e existenciais. Leia as considerações do escritor e crítico literário Antonio Candido a respeito da importância social da literatura.

> *"A literatura é o sonho acordado das civilizações. Portanto, assim como não é possível haver equilíbrio psíquico sem o sonho, talvez não haja equilíbrio social sem a literatura."*
>
> Antonio Candido

Na Idade Média temos a figura do trovador, simultaneamente poeta e músico.

1. Em sua opinião, há algum tipo de linguagem mais adequado para a transposição de uma obra literária?

2. Que relação é possível estabelecer, por exemplo, entre música e cinema, música e teatro, música e poesia? Explique apresentando exemplos.

3. Você acha que o contato com o conteúdo de uma obra literária transposto para a linguagem musical ou cênica pode estimular nos espectadores o desejo de conhecer a obra do autor?

4. Vamos organizar uma mostra sobre samba-enredo e literatura. Para isso, organizem-se em grupos e sigam as orientações.

   • Pesquisem outros sambas-enredo cujo tema esteja ligado à literatura. Vocês podem escolher letras de samba com trechos de textos literários (como o que vimos nesta unidade) ou que homenageiem autores. Vejam alguns exemplos de enredos desenvolvidos por escolas de samba do Rio de Janeiro:

   • *Pauliceia Desvairada, 70 anos de Modernismo no Brasil*, Estácio de Sá, 1992;

   • *Pasárgada, o amigo do rei*, Portela, 1973 (faz referência a um poema de Manuel Bandeira);

   • *Jorge, Amado Jorge*, Imperatriz Leopoldinense, 2012.

   • Caso a pesquisa seja feita na internet, imprimam a letra do samba e imagens do desfile da escola com o tema escolhido por vocês.

   • Façam uma pesquisa sobre o autor homenageado e sobre as obras e personagens citados no samba-enredo.

   • Se possível, decorem o samba-enredo para apresentá-lo à classe no dia combinado. Se não for possível, gravem a música para que os colegas a conheçam.

   • Reúnam o material e montem um cartaz, que será afixado no local e na data da apresentação dos sambas-enredo aos colegas.

161

UNIDADE

5

Como vejo o mundo

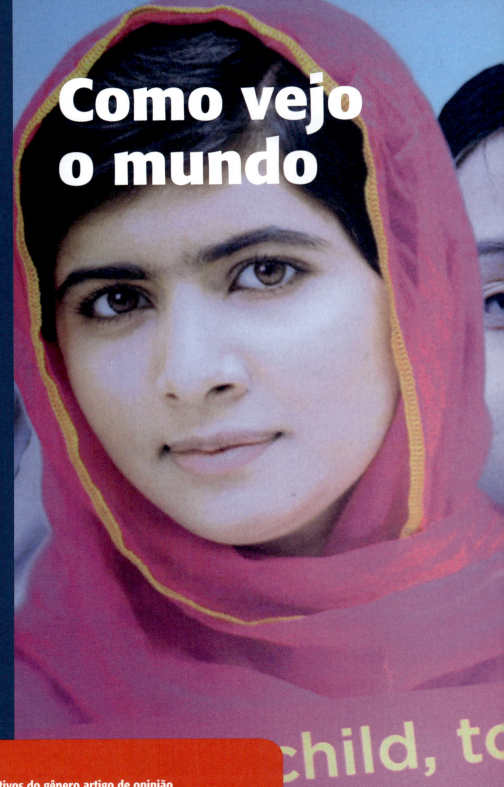

Nesta unidade você vai:

- identificar os elementos constitutivos do gênero artigo de opinião
- conhecer diferentes tipos de argumentos bem como a presença de outras vozes em um artigo
- analisar uma imagem artística
- planejar, organizar e participar de um debate
- planejar e produzir um artigo de opinião
- refletir sobre o efeito produzido pelo uso das orações subordinadas adjetivas em diferentes gêneros

TROCANDO IDEIAS

1. Quantas mulheres aparecem retratadas na imagem e o que chama a atenção nelas?

2. Observe o microfone na mão da menina que aparece em primeiro plano. Trata-se de uma adolescente que mobilizou a opinião pública mundial de maneira positiva. Você saberia dizer quem é ela?

3. Seu professor vai ler uma biografia resumida dessa jovem. Ouça-a com atenção e depois comente-a com seus colegas.

4. Malala é uma ativista. Ativista é qualquer indivíduo que se dedica a lutar por uma causa. Que tipo de ativismo é o de Malala?

    a) Que tipo de ativismo podemos encontrar na sociedade em que vivemos?

    b) Em sua opinião, até onde devemos ir em defesa de nossos ideais?

5. Você acha que existem profissões que só podem ser exercidas por homens ou só por mulheres? Justifique seu ponto de vista e analise o de seus colegas.

163

LEITURA 1

ANTES DE LER

1. Estamos continuamente dando opiniões sobre ideias e acontecimentos que estão a nossa volta. Você se lembra de ocasiões do dia a dia em que isso acontece?
2. As pessoas sempre justificam suas opiniões? Dê um exemplo que ilustre sua resposta.
3. Leia apenas o título do texto que vem a seguir. Sobre o que esse texto irá tratar? Levante uma hipótese e, depois da leitura, veja se ela se confirma.

Você vai ler um texto com as considerações de uma advogada a respeito de um assunto que tem merecido muita atenção nos dias de hoje. Por meio desse texto, você vai conhecer como ela se posiciona diante do tema e seus vários aspectos e ainda como justifica suas opiniões.

Mulheres precisam querer mais

O último censo* do IBGE mostrou que as mulheres têm, em média, mais dois anos de educação que os homens. Mas, em que pese esse diferencial positivo, os salários pagos às mulheres ainda são, em média, 30% menores que os dos homens, na mesma função. Outra constatação intrigante é a de que, quanto maior o nível educacional, maior a diferença entre os rendimentos masculinos e femininos.

Sabemos que o patriarcalismo se sustenta na pobreza da mulher. A ideia é que as mulheres não tenham dinheiro nem poder, precisem vender seu corpo para se sustentar, seja pela prostituição ou pelo casamento. Além disso, essa pesquisa mostrou que não basta ter mais educação formal para que a violência doméstica diminua.

ROGÉRIO BORGES

A correlação de forças entre os gêneros continua desigual e as mulheres permanecem sofrendo discriminações, tanto no espaço público quanto no privado.

O Brasil já tomou várias medidas para promover a igualdade de gênero. Começou pela Constituição Federal, que estabelece direitos iguais, reconhece a união estável, cria a licença-paternidade, equipara os direitos dos filhos independentemente da situação dos pais. Vieram, também, as Delegacias de Defesa da Mulher, o crime de assédio sexual, a Lei Maria da Penha, as Varas de Violência Doméstica. Entendemos que a opressão feminina é milenar e não será banida do dia para a noite, mas com as possibilidades que temos hoje é de espantar que a maioria das mulheres ainda esteja em tamanha desvantagem. Em outras palavras, a marcha para uma vida melhor está devagar demais.

* O censo demográfico é realizado no Brasil a cada dez anos.

A dominação masculina transformou o mundo num lugar hostil às mulheres. Nos mínimos detalhes, as atividades profissionais remuneradas são organizadas para causar desconforto à mulher. Os ambientes são rígidos, os banheiros são sujos, o relacionamento com os outros é impessoal, os termos linguísticos são rudes, a nomenclatura dos cargos de comando está no masculino, as roupas são controladas e criticadas, isso tudo sem falar do assédio sexual ou moral, de forma que as mulheres sintam medo de ser mulheres. Assim, diante de tantas dificuldades, muitas desistem antes de tentar, outras alcançam uma posição razoável e se conformam; apenas algumas poucas ousam lutar para chegar o mais alto possível. É difícil resistir à tentação de se acomodar, de aceitar a subalternidade ou dedicar-se apenas ao marido e aos filhos.

Sim, gostamos de ser mães, de cuidar da casa e dos outros, mas isso não engloba todos os nossos anseios. Precisamos também de independência financeira, sexual e profissional, de respeito, de dignidade e de reconhecimento social. Para escapar da violência e mudar a correlação de forças temos de estar no poder. Mesmo que esse poder, instalado por homens para o bem dos homens, não seja o nosso ideal de vida. Ainda que pareça difícil suportar as contrariedades do ambiente hostil, não será possível evitar esta etapa evolutiva: ocupar os espaços para depois fazer as transformações. Enquanto as mulheres não tiverem a clareza de que é preciso querer mais, ambicionar o máximo e não se contentar com o mínimo, os bons níveis de escolaridade não serão suficientes para vencer a imposição de inferioridade.

Por outro lado, não podemos prescindir da colaboração dos homens nessa árdua jornada. E eles precisam começar modificando a forma como encaram as relações afetivas. Sobre esse tema, David Servan-Schreiber, médico francês que escreveu dois livros para contar sua luta contra o câncer, sintetizou o assunto na obra *Podemos dizer adeus duas vezes*. Depois de muita meditação e durante os momentos finais em que passou a rever sua vida, reconheceu que não soube amar as mulheres como gostaria de ter amado.

Em suas palavras: "Quando eu era muito jovem, tinha a cabeça cheia de ideias imbecis sobre o assunto. Para mim, amor era coisa que o homem impunha à mulher, pois ela era por essência recalcitrante. O único modo de agir era subjugá-la. Uma história de amor era em primeiro lugar uma história de conquista, depois uma história de ocupação. Pura relação de força, na qual o homem tinha interesse em se manter na posição dominante. Nem pensar em deixar-se levar, mesmo depois de ela se render. Como a dominação era ilegítima, ele devia vigiar constantemente sua conquista, devia mantê-la sob sua influência, se quisesse evitar que ela se rebelasse. Impossível imaginar uma relação harmoniosa, uma relação baseada na troca ou numa igualdade qualquer dos parceiros. Ainda me pergunto de onde me vinham aquelas ideias idiotas que deterioraram minhas histórias de amor até por volta dos meus 30 anos. Eu me esforçava por me comportar como potência ocupante. Minha busca amorosa se resumia à procura de um território para conquistar. Resultado: eu amava, às vezes loucamente, mas não era amado. Ou mesmo quando o era, não me autorizava a me sentir amado. Porque, nesse caso, precisaria depor as armas. Que tristeza ter perdido tanto tempo e tantas oportunidades de felicidade! Por fim, acabei me desvencilhando daquelas ideias grotescas, dei um salto quântico que me projetou anos-luz, num universo encantado em que as mulheres são dotadas de inteligência e conseguem compartilhar comigo uma infinidade de interesses comuns. Finalmente, fui capaz de viver verdadeiras histórias de amor, com mulheres que eram iguais a mim, humana e intelectualmente. Consegui abandonar o frustrante papel de tutor. Aprendi que há muito mais prazer em dar e receber do que em dominar ou impor-se pela sedução".

Talvez seja isso que nossas escolas tenham de ensinar para que os níveis de instrução formal possam fazer alguma diferença.

ELUF, Luiza Nagib. Mulheres precisam querer mais.
O Estado do S. Paulo. Opinião, 6 dez. 2011.

EXPLORAÇÃO DO TEXTO

Antes de iniciar o estudo do texto, tente descobrir o sentido das palavras desconhecidas pelo contexto em que elas aparecem. Se for preciso, consulte o dicionário.

Nas linhas do texto

1. Que fato deu origem ao texto?

2. Por que esse é um fato relevante, isto é, merece ser discutido com os leitores?

3. Segundo o texto, como são os salários das mulheres em relação aos dos homens?

4. Que medidas foram tomadas pelo Brasil para promover a igualdade de gênero?

5. A autora do texto afirma: "não podemos prescindir da colaboração dos homens nessa árdua jornada". Que exemplo de colaboração masculina ela apresenta?

Nas entrelinhas do texto

1. O texto que você leu é chamado de artigo de opinião. Com que finalidade foi redigido?

> O **artigo de opinião** é um gênero textual que circula na esfera jornalística. Pode ser publicado em jornais e revistas impressos ou virtuais e também apresentado oralmente na televisão e no rádio.

2. A autora do texto apenas registra o problema, dá opinião sobre ele ou apresenta a opinião de outras pessoas?

3. Qual é o leitor com o qual o artigo dialoga?

4. O artigo não se limita a abordar a situação da mulher na sociedade, apontando também a do homem. Justifique.

5. Releia o título do artigo. Como você o explica? Justifique.

6. O artigo nega o papel da mulher como mãe e dona de casa? Justifique sua resposta com trechos do texto.

7. Em um artigo de opinião, frequentemente há outras "vozes" que não as do articulista, isto é, afirmações que podem ser atribuídas a pessoas, ao senso comum, a órgãos oficiais ou a estudos feitos, por exemplo.

   a) Nos fragmentos a seguir, de quem é a "voz", ou seja, quem é responsável pela afirmação no artigo?

   > I — "Os salários pagos às mulheres ainda são, em média, 30% menores que os dos homens, na mesma função."
   >
   > II — "Sabemos que o patriarcalismo se sustenta na pobreza da mulher."
   >
   > III — "[...] dei um salto quântico que me projetou anos-luz, num universo encantado em que as mulheres são dotadas de inteligência e conseguem compartilhar comigo uma infinidade de interesses comuns."

   b) Por que no gênero artigo de opinião aparecem outras "vozes" que não a de seu autor?

167

Além das linhas do texto

1. Leia a letra desta canção de Arnaldo Antunes.

Um a um

Eu não quero ganhar
Eu quero chegar junto
Sem perder
Eu quero um a um
Com você
No fundo
Não vê
Eu só quero dar prazer
Me ensina a fazer
Canção com você
Em dois
Corpo a corpo
Me perder
Ganhar você
Muito além do tempo regulamentar
Esse jogo não vai acabar
É bom de se jogar
Nós dois
Um a um
Nós dois
Um a um
[...]

ANTUNES, Arnaldo. Um a um. In: CD *Arnaldo Antunes ao vivo no estúdio*. Biscoito Fino, 2007.

a) Qual o ponto em comum entre o artigo e a canção?

b) Como é abordado esse assunto nos dois textos?

c) Procure na canção versos que confirmem sua resposta.

d) Considerando suas respostas anteriores, como é possível explicar o título da canção?

2. As mulheres vêm conquistando espaço cada vez maior na política em países com diferentes culturas e concepções do papel da mulher na sociedade. Veja alguns exemplos.

Helen Sirleaf – primeira mulher a ser presidente de um país africano (Libéria).

Indira Ghandi – primeira mulher a se tornar primeira-ministra da Índia.

Michelle Bachelet – primeira mulher a ser presidente do Chile.

Dilma Rousseff – primeira mulher a ocupar a presidência da República no Brasil.

Responda no caderno. Com que trecho do artigo de opinião você relaciona as fotos?

a) "A dominação masculina transformou o mundo num lugar hostil às mulheres."

b) "Para escapar da violência e mudar a correlação de forças temos de estar no poder."

c) "A correlação de forças entre os gêneros continua desigual e as mulheres permanecem sofrendo discriminações, tanto no espaço público quanto no privado."

COMO O TEXTO SE ORGANIZA

1. Em que tipo de portador foi publicado o artigo?

2. Os autores de artigos de opinião são, geralmente, pessoas que dominam o conteúdo que será discutido no texto. A autora, sendo advogada, está qualificada para escrever o artigo? Por quê?

3. Existem questões que são objeto de debates na sociedade e que, muitas vezes, ganham os jornais em forma de notícias, reportagens e artigos de opinião.

   a) Qual é a questão que o artigo discute?

   b) Na sociedade em que vivemos, existe concordância de opiniões sobre a questão discutida? Explique.

> No artigo de opinião, há sempre a presença de uma **questão polêmica**, pois esse gênero textual é construído em torno de assuntos controversos, que admitem diferentes olhares. O articulista assume e defende um ponto de vista em relação ao assunto.

4. Que posição ou tese a articulista defende no artigo?

> **Tese** é a posição defendida pelo autor de um texto sobre determinado assunto. A tese sempre é fundamentada por meio de argumentos, isto é, por meio de razões que justificam por que se afirma ou se nega algo.

5. A posição assumida pela articulista dialoga com outros pontos de vista sobre o assunto. Anote no caderno qual das teses a seguir está de acordo com a posição assumida no artigo e qual expressa um ponto de vista totalmente oposto.

   a)
   > A desgraça humana começou no Éden: por causa da mulher, todos nós sabemos, mas também em virtude da ingenuidade, da tolice e da fragilidade emocional do homem. [...] O mundo é masculino! A ideia que temos de Deus é masculina!
   >
   > SELIGMAN, Felipe. CNJ afasta juiz de MG que chamou Lei Maria da Penha de "conjunto de regras diabólicas". *Folha de S.Paulo*, São Paulo, 9 nov. 2011.

   b)
   > A discriminação contra a mulher é um fator que, na maior parte das vezes, está presente e fundamenta a violência sofrida. Coloca a mulher em situação de inferioridade e de subordinação, limitando sua autonomia, seu poder de escolha e de decisão, bem como o seu reconhecimento como pessoa dotada de direitos e de igual dignidade em relação ao homem.
   >
   > CONTENTE, Fernanda Seara e MELO, Mônica de. O mundo privado como réu. *Le Monde Diplomatique Brasil*, nov. 2008.

6. Em uma notícia, o redator deve ater-se aos fatos e evitar fazer avaliações sobre eles. Já no artigo de opinião, o articulista posiciona-se diante dos fatos: opina, elogia, critica, aceita, denuncia, propõe, recusa-se, rebela-se. Anote no caderno quais dos fragmentos do artigo em estudo indicam fatos, opinião ou posição diante dos fatos.

   a) "O Brasil já tomou várias medidas para promover a igualdade de gênero."

   b) "A correlação de forças entre os gêneros continua desigual e as mulheres permanecem sofrendo discriminações, tanto no espaço público quanto no privado."

c) "Precisamos também de independência financeira, sexual e profissional, de respeito, de dignidade e de reconhecimento social."

d) "A dominação masculina transformou o mundo num lugar hostil às mulheres."

7. Para convencer alguém não podemos apenas apresentar nossa opinião. Precisamos justificá-la. Observe.

QUINO. *Toda Mafalda*. São Paulo: Martins Fontes, 2003.

a) O que produz humor na tira?

b) Qual dos dois garotos estava certo?

c) Algum dos garotos consegue convencer o interlocutor de que está mais certo que o outro? Por quê?

Para convencer alguém, precisamos demonstrar a validade de um ponto de vista por meio de argumentos.

Argumento: razão apresentada para defender uma tese com o objetivo de convencer alguém a reconhecer a validade de um determinado ponto de vista.

Argumentação: conjunto de argumentos apresentados para convencer alguém a aceitar uma determinada tese.

---

8. No parágrafo transcrito a seguir, a articulista apresenta argumentos para fundamentar sua tese e convencer o leitor de que o ponto de vista assumido é válido.

"A dominação masculina transformou o mundo num lugar hostil às mulheres. Nos mínimos detalhes, as atividades profissionais remuneradas são organizadas para causar desconforto à mulher. Os ambientes são rígidos, os banheiros são sujos, o relacionamento com os outros é impessoal, os termos linguísticos são rudes, a nomenclatura dos cargos de comando está no masculino, as roupas são controladas e criticadas, isso tudo sem falar do assédio sexual ou moral, de forma que as mulheres sintam medo de ser mulheres. [...]"

Localize o trecho que corresponde à tese e o que corresponde aos argumentos.

NÃO DEIXE DE LER

- ***Persépolis**,* de Marjane Satrapi, editora Companhia das Letras

  Autobiografia em quadrinhos da iraniana Marjane Satrapi. Nela a autora conta o que é ser mulher em um país muçulmano regido pelo código das leis islâmicas.

9. Leia este outro parágrafo e observe o trecho destacado.

> "O Brasil já tomou várias medidas para promover a igualdade de gênero. Começou pela Constituição Federal, que estabelece direitos iguais, reconhece a união estável, cria a licença-paternidade, equipara os direitos dos filhos independentemente da situação dos pais. Vieram, também, as Delegacias de Defesa da Mulher, o crime de assédio sexual, a Lei Maria da Penha, as Varas de Violência Doméstica. **Entendemos que a opressão feminina é milenar e não será banida do dia para a noite, mas com as possibilidades que temos hoje é de espantar que a maioria das mulheres ainda esteja em tamanha desvantagem. Em outras palavras, a marcha para uma vida melhor está devagar demais.**"

a) A articulista antecipa uma possível objeção de pessoas que pensem diferentemente dela. Que objeção seria essa?

b) Como a autora rebate essa possível objeção?

c) Apesar de não expressa, qual é a tese defendida nesse parágrafo?

> O autor de um texto argumentativo deve antecipar as objeções do interlocutor para rebatê-las. Para isso são utilizados **contra-argumentos**, que são argumentos contrários, apresentados com o fim de discordar da possível posição assumida por outro.

Em um artigo de opinião é possível recorrer a diferentes tipos de argumento para fundamentar uma opinião. Veja alguns exemplos.

Autoridade: citação de vozes conhecidas por dominarem a questão. O uso de argumentos desse tipo cria a imagem de um autor que conhece bem o assunto sobre o qual discorre.

> [...] É fato que a Copa do Mundo 2014, realizada aqui na terrinha, vai deixar seu legado, com pontos positivo e negativos. Na esfera política, situação e oposição, naturalmente, divergem. O líder do PT no Senado, **Humberto Costa (PE)**, afirma que o evento é uma grande vitória para o país. Já **Cyro Miranda (PSDB-GO)** diz que gastos não valeram a pena diante do que ficará para a população [...].
>
> Paulo Alexandre. *Acabou...* Disponível em: <http://cgn.uol.com.br/blogs/pauloalexandre/2014/07/09/acabou>. Acesso em: 6 abr. 2015.

Provas concretas: apresentação de fatos, estatísticas, dados de estudos sobre o problema ou assunto que se está discutindo.

> [...] A presidente do IBGE, Wasmália Bivar, explica que o longo intervalo entre um censo e outro é necessário devido à complexidade do processo.
> — A gente tem que apurar 58 milhões de domicílios e informações sobre 190 milhões de pessoas. [...]
>
> Saiba como é feito o censo demográfico. *R7 Notícias*. 27 abr. 2012. Disponível em: <http://noticias.r7.com/brasil/noticias/saiba-como-e-feito-o-censo-demografico-20120427.html>. Acesso em: 4 mar. 2015.

Exemplificação ou ilustração: utilização de casos concretos para comprovar uma afirmação.

> Brasil e Portugal. Esse parentesco já está no DNA do brasileiro há muito tempo e é indissolúvel. [...] Essa proximidade entre ambas as culturas facilitou a integração entre os dois povos. **Eça de Queiros dialoga com Machado de Assis. Fernando Pessoa e seus heterônimos trocam versos com os poetas brasileiros Carlos Drummond de Andrade, Manuel Bandeira, Cecília Meireles, Affonso Romano**.
>
> LIMA, José Eduardo Pereira. *Portal da Comunidade Luso-brasileira*. Disponível em: <http://www.cclb.org.br/noticias/2011/07jul/jul01_00.htm>. Acesso em: 15 mar. 2015.

Causa e **consequência**: apresenta consequências das ideias e dos dados apresentados.

consequência ↓

A queda do número de fumantes no país tem a ver com uma série de medidas: a ciência e a mídia mostraram claramente os efeitos nocivos do cigarro, os maços trazem imagens de advertência, sumiu a propaganda de cigarro na TV, o patrocínio de cigarro a eventos culturais e esportivos foi proibido, a lei baniu o fumo em locais fechados e empresas oferecem tratamentos para funcionários que querem parar de fumar.

↑ causas

BOUER, Jairo. Cigarro continua atraente para jovens. *Folha de S.Paulo*, 6 jun. 2011.

10. Reproduzimos abaixo alguns fragmentos do artigo trabalhado nesta unidade. Neles destacamos a tese, a posição defendida em cada parágrafo. Leia-os com atenção e, depois, com base nas explicações e exemplos dados acima, identifique o tipo de argumento utilizado para demonstrar a validade da afirmação feita.

a) "**O Brasil já tomou várias medidas para promover a igualdade de gênero**. Começou pela Constituição Federal, que estabelece direitos iguais, reconhece a união estável, cria a licença--paternidade, equipara os direitos dos filhos independentemente da situação dos pais. Vieram, também, as Delegacias de Defesa da Mulher, o crime de assédio sexual, a Lei Maria da Penha, as Varas de Violência Doméstica."

b) "Por outro lado, não podemos prescindir da colaboração dos homens nessa árdua jornada. E eles precisam começar modificando a forma como encaram as relações afetivas. **Sobre esse tema, David Servan-Schreiber, médico francês que escreveu dois livros para contar sua luta contra o câncer**, sintetizou o assunto na obra *Podemos dizer adeus duas vezes*."

RECURSOS LINGUÍSTICOS

1. Retome o texto "Mulheres precisam querer mais", da página 164. Nos dois primeiros parágrafos, aparecem adjetivos que caracterizam alguns substantivos.

    a) Anote quais são esses adjetivos no caderno.

    b) Com que intenção foram empregados pela autora do artigo?

2. Releia os fragmentos abaixo.

    I. "Entendemos que a opressão feminina é milenar e não será banida do dia para a noite, mas com as possibilidades que temos hoje é de espantar que a maioria das mulheres ainda esteja em tamanha desvantagem."

    II. "Ainda que pareça difícil suportar as contrariedades do ambiente hostil, não será possível evitar esta etapa evolutiva: ocupar os espaços para depois fazer as transformações."

    III. "Por outro lado, não podemos prescindir da colaboração dos homens nessa árdua jornada. E eles precisam começar modificando a forma como encaram as relações afetivas."

    IV. "A ideia é que as mulheres não tenham dinheiro nem poder, precisem vender seu corpo para se sustentar, seja pela prostituição ou pelo casamento. Além disso, essa pesquisa mostrou que não basta ter mais educação formal para que a violência doméstica diminua."

    V. "Assim, diante de tantas dificuldades, muitas desistem antes de tentar, outras alcançam uma posição razoável e se conformam; apenas algumas poucas ousam lutar para chegar o mais alto possível."

    Identifique, nesses fragmentos, articuladores utilizados para:

    a) estabelecer relação de oposição entre as afirmações;

    b) acrescentar argumento;

    c) introduzir novo argumento;

    d) introduzir um contra-argumento;

    e) introduzir a conclusão.

3. A coesão é um recurso bastante presente em artigos de opinião. Releia o parágrafo inicial do artigo em estudo.

    > "O último censo do IBGE mostrou que as mulheres têm, em média, mais dois anos de educação que os homens. Mas, em que pese esse diferencial positivo, os salários pagos às mulheres ainda são, em média, 30% menores que os dos homens, na mesma função. Outra constatação intrigante é a de que, quanto maior o nível educacional, maior a diferença entre os rendimentos masculinos e femininos."

    a) Em "esse diferencial", que afirmação o pronome **esse** retoma no trecho?

    b) O pronome **os** em "os dos homens", refere-se a que termo anterior?

    c) Quando se fala em "outra", pressupõe-se que exista "uma". Quando a autora fala em "outra constatação intrigante", o pronome **outra** mantém paralelo com que constatação inicial?

    d) No último parágrafo do artigo, em "Talvez seja **isso** que nossas escolas tenham de ensinar para que os níveis de instrução formal possam fazer alguma diferença", a que se refere o pronome destacado?

4. Existem vários tipos de articuladores textuais. Leia estes fragmentos de artigos de opinião e anote no caderno a finalidade dos articuladores textuais destacados.

| EXPRESSAR CERTEZA | ORGANIZAR OS ARGUMENTOS | INTRODUZIR OUTRAS VOZES |

"Seres humanos dividem o mundo entre 'nós' e 'eles'.

[...] **Para muitos** psicólogos, o 'ódio' dirigido a eles tem origem na generosidade manifestada em relação a 'nós' mesmos."

VARELLA, Drauzio. Racismo. *Folha de S. Paulo.* 6 set. 2014. Disponível em: <http://www1.folha.uol.com.br/colunas/drauziovarella/2014/09/1511585-racismo.shtml>. Acesso em: 6 mar. 2015

Países responsáveis pelo aquecimento global devem escapar 'ilesos' dele [...]

"[...] os países ocidentais, que são **indiscutivelmente** os maiores responsáveis por causar as mudanças climáticas, são os menos vulneráveis e melhor preparados, o que os torna os mais prováveis candidatos para sobreviver [...] [às] mudanças climáticas [...]".

Disponível em: <http://revistagalileu.globo.com/Ciencia/Meio-Ambiente/noticia/2015/01/paises-responsaveis-pelo-aquecimento-global-devem-escapar-ilesos-dele-mostra-mapa.html>. Acesso em: 20 mar. 2015.

"[...] **Por tudo isto**, parece-me ser do relevante interesse de todos que se exija uma maior regulação e um enquadramento legal na utilização da Internet e das redes sociais. Tratando-se de um espaço onde se reproduzem – em espelho – os mesmos mecanismos de desvio às normas e os mesmos comportamentos que, noutro local, são considerados como fora da lei, é no mínimo espantoso que este continue a ser um espaço sem lei. [...]"

ALMEIDA, Paulo Pereira de. O perigo das redes sociais. *Diário de Notícias* (Portugal).18 set. 2009. Disponível em: <http://www.dn.pt/inicio/opiniao/interior.aspx?content_id=1365417&seccao=Paulo%20Pereira%20de%20Almeida&tag=Opini%E3o%20-%20Em%20Foco> Acesso em: 6 mar. 2015.

5. A articulista afirma em seu texto: "... a nomenclatura dos cargos de comando está no masculino". Seria essa afirmação totalmente verdadeira? Explique.

> No **artigo de opinião**, a posição do articulista, além da argumentação apresentada, é também revelada tanto pelo vocabulário usado como por adjetivos e substantivos empregados.

🛈 PARA LEMBRAR

Artigo de opinião

- **Intenção principal** → convencer o interlocutor da validade de um ponto de vista
- **Leitores** → leitores de jornais e revistas impressos ou virtuais
- **Articulista** → especialista ou pessoa reconhecida pelo conhecimento em um assunto
- **Organização** →
  - expressa o ponto de vista do autor, por isso é assinado
  - trata de uma questão polêmica
  - opinião do autor defendida por meio de argumentos e contra-argumentos
- **Linguagem** → de acordo com a norma-padrão

DEPOIS DA LEITURA

A LITERATURA E A DEFESA DE UM PONTO DE VISTA

Vamos agora analisar um pequeno conto que exemplifica como se pode defender uma tese em um texto literário.

De água nem tão doce

Criava uma sereia na banheira. Trabalho, não dava nenhum, só a aquisição de peixes com que se alimentava. Mansa desde pequena, quando colhida em rede de camarão, já estava treinada para o cotidiano da vida entre azulejos.

Cantava. Melopeias, a princípio. Que aos poucos, por influência do rádio que ele ouvia na sala, foi trocando por músicas de Roberto Carlos. Baixinho, porém, para não incomodar os vizinhos.

Assim se ocupava. E com os cabelos, agora pálido ouro, que trançava e destrançava sem fim. "Sempre achei que sereia era loura", dissera ele um dia trazendo tinta e água oxigenada. E ela, sem sequer despedir-se dos negros cachos no reflexo da água da banheira, começara dócil a passar o pincel.

Só uma vez, nos anos todos em que viveram juntos, ele a levou até a praia. De carro, as escamas da cauda escondidas debaixo de uma manta, no pescoço a coleira que havia comprado para prevenir um recrudescer do instinto. Baixou um pouco o vidro, que entrasse ar de maresia. Mas ela nem tentou fugir. Ligou o rádio, e ficou olhando as ondas, enquanto flocos de espuma caíam de seus olhos.

COLASANTI, Marina [...]. *Contos de amor rasgados*. Rio de Janeiro: Rocco, 2010.

1. De que trata o texto?

2. Como era a sereia? Como se relacionava com a pessoa que a criava?

3. E como o homem que a capturara se relacionava com ela?

4. Releia o final do conto.

    a) Por que a sereia nem tentou fugir?

    b) Como você entendeu o trecho que diz que "flocos de espuma caíam de seus olhos"?

5. Que relação você vê entre o assunto deste conto e o do artigo de opinião?

6. Qual é o ponto de vista da autora expresso no texto sobre a situação das mulheres?

175

PRODUÇÃO ORAL

DEBATE

Leia a HQ abaixo, utilizada em uma prova do Enem (Exame Nacional do Ensino Médio), na qual o autor utiliza princípios de composição de um conhecido movimento artístico, o Cubismo, para representar a possibilidade de um mesmo observador aprender a considerar, simultaneamente, diferentes pontos de vista.

WATTERSON, Bill. *Os dez anos de Calvin e Haroldo*. São Paulo: Best News, 1996. v. 2.

Será que ver os dois lados de uma questão nos leva necessariamente a uma visão fraturada, isto é, partida, fragmentada, quebrada, da realidade? Ou a uma melhor compreensão do ponto de vista do outro? Ou ainda a um exercício de análise que nos permite entender melhor nossa própria posição diante de uma questão polêmica?

Vamos pensar sobre isso durante a realização da próxima atividade, um debate.

Antes de começar

Vimos que o artigo de opinião é um dos gêneros argumentativos. E que existem vários outros que também têm como objetivo defender um ponto de vista sobre determinado assunto para convencer o interlocutor da validade da posição tomada. Entre eles, está o debate oral, que se caracteriza pela presença de:

- discussão de questão polêmica;
- tomada de posição a favor ou contra uma tese;
- exposição de ideias ou tese fundamentadas por argumentos;
- linguagem mais ou menos formal, dependendo da situação comunicativa;
- expressões de opinião;
- tempos verbais predominantemente no presente do indicativo.

> Ao debater uma questão polêmica, aprendemos a ouvir, a tomar a palavra e a permitir a fala do outro, a sustentar uma posição, a convencer, a negociar e até a mudar de opinião, se for o caso.

1. Sente-se com um colega e, juntos, proponham diferentes questões polêmicas que são objeto de discussão na sociedade em que vivemos. Por exemplo: As mulheres devem desempenhar as mesmas funções do homem? É importante proibir a propaganda de bebidas alcoólicas? A maioridade penal deve ser reduzida para 16 anos? A televisão e o cinema são motivadores de atos de violência? (Lembrem-se de que é possível propor questões relativas ao ambiente escolar.)

2. Vocês propõem e o professor anota as sugestões na lousa. Depois, em conjunto, escolhem uma delas para ser debatida por toda a classe. Escolhido o tema, sugiram aspectos que poderão ser abordados nas discussões entre os grupos.

3. Façam pesquisas para conhecer melhor o assunto e, assim, poder fundamentar o ponto de vista de cada um. Em uma data previamente marcada pelo professor, reúnam-se em grupos para uma primeira discussão. Não é necessário que todos assumam o mesmo ponto de vista. Neste momento, é importante levantar argumentos e contra-argumentos para o debate com a classe toda. Portanto, não deixem de fazer anotações.

Realizando o debate

1. Vocês se dividirão em dois grandes grupos, de forma que a metade da classe seja de debatedores e a outra metade, de observadores.

2. Façam dois círculos concêntricos com as cadeiras, de modo que o grupo de debatedores se sente no círculo interno e o dos observadores, no círculo externo.

3. O grupo de debatedores inicia o debate, enquanto o dos observadores toma nota da atuação dos colegas. Poderão anotar:

- quem não participa, quem não respeita a opinião do outro, quem "atropela" a exposição do colega, quem monopoliza o debate, quem demonstra impaciência, irritação ou agressividade, quem leva a discussão para o campo pessoal, quem desejaria participar mas não encontrou oportunidade;
- quem se expressa de maneira clara, utilizando voz alta e pausada;
- quem emprega adequadamente os articuladores textuais;
- quem utiliza linguagem e imagens adequadas ao público ouvinte;
- quem defende as ideias com entusiasmo;
- quem apenas expressou opinião, quem justificou seu ponto de vista com argumentos;
- quem utilizou argumentos convincentes, quem apresentou bons argumentos, quem conseguiu chamar a atenção dos colegas.

> Durante o debate, lembre-se de que é importante:
> - respeitar o direito de cada um de expressar seu ponto de vista;
> - não interromper a exposição do outro;
> - nunca levar a discussão para o plano pessoal;
> - falar com clareza, em voz alta e pausada;
> - expor e desenvolver os argumentos um a um, de forma ordenada;
> - evitar atitudes que demonstrem impaciência, irritação ou agressividade.

Avaliação

Quando se encerrar o tempo determinado pelo professor, os observadores apresentam suas anotações. Os debatedores podem discordar delas, desde que justifiquem sua discordância.

O papel do pronome relativo em textos de diferentes gêneros

REFLEXÃO SOBRE A LÍNGUA

1. Leia a tira.

QUINO. *Toda Mafalda*. São Paulo: Martins Fontes, 2003.

Você acha que Suzanita realmente deseja ser diferente das mulheres da geração anterior? Explique.

2. Releia este trecho e observe o emprego da palavra destacada.

"Não posso ser uma mulher como nossas mães, **que** se conformavam [...]"

primeira oração — segunda oração

A palavra destacada tem duas funções:
- relaciona as duas orações;
- substitui, na segunda oração, uma palavra da oração anterior.

a) Que palavra da primeira oração ela substitui? Qual a classe gramatical dessa palavra?

b) Como se denomina a classe de palavras que substituem os substantivos?

> As palavras que relacionam duas orações e, ao mesmo tempo, substituem na segunda oração um termo expresso na oração anterior são chamadas de pronomes relativos. São pronomes relativos: **que**, **quem**, **onde**, **o qual** (a qual, os quais, as quais), **quanto** (quanta, quantos, quantas), **cujo** (cuja, cujos, cujas). Veja o exemplo.
>
> "Começou pela Constituição Federal, **que** estabelece direitos iguais."
> O termo anterior a que o pronome relativo se refere é chamado de **antecedente**.

3. No caderno, reescreva cada item, transformando os dois períodos simples em um só. Empregue o pronome relativo adequado e exclua as palavras repetidas.

a) Os indígenas valorizam muito a terra. A terra lhes dá o sustento.

b) Os homens valorizavam a região. Os homens nasceram nessa região.

c) Uma aluna foi escolhida representante dos colegas. Todos confiavam na aluna.

4. Leia o início de uma reportagem.

O paraíso dos remédios falsificados

Como opera a máfia que transformou o Brasil num dos campeões da fraude de medicamentos

É um dos piores crimes que se pode cometer. As vítimas são homens, mulheres e crianças doentes – presas fáceis, capturadas na esperança de recuperar a saúde perdida. A máfia dos medicamentos falsos é mais cruel do que as quadrilhas de narcotraficantes. [...] Às vítimas dos que falsificam remédios não é dada oportunidade de escolha. Para o doente, o remédio é compulsório. Ou ele toma o que o médico lhe receitou ou passará a correr o risco de piorar ou até morrer. [...]

PASTORE, Karina. *Veja*. São Paulo: Abril, 8 jul. 1998.

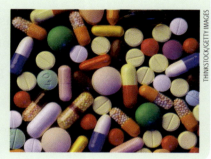

a) Por que, de acordo com a reportagem, falsificar remédios é um dos piores crimes que se pode cometer?
b) Na linha fina e no primeiro período do texto, aparece um pronome relativo. Qual?
c) Qual é o antecedente desse pronome em cada caso?

> O **pronome relativo** permite unir orações e eliminar palavras repetidas.

Emprego dos principais pronomes relativos

1. De todos os pronomes relativos, o **que** é o mais empregado. Leia.

Computador consegue ler sonhos em tempo real

Cientistas japoneses criam técnica para enxergar o que uma pessoa vê enquanto está sonhando

Pela primeira vez na história, cientistas conseguiram penetrar no mundo dos sonhos – e enxergar o que uma pessoa vê enquanto ela está dormindo. A nova técnica, **que** combina dois exames de mapeamento do cérebro e um computador inteligente, foi desenvolvida por cientistas de cinco universidades japonesas, **que** em 2008 já tinham criado uma técnica para ler a mente de pessoas acordadas.
[...]

NOGUEIRA, Salvador e GARATTONI, Bruno. Computador consegue ler sonhos em tempo real. *Superinteressante*. Jan. 2013. Disponível em: <http://super.abril.com.br/ciencia/computador-consegue-ler-sonhos-tempo-real-732871.shtml>. Acesso em: 7 mar. 2015.

a) A que técnica se refere o autor?
b) Qual o termo a que se refere cada pronome relativo destacado no texto?
c) Releia.

> A nova técnica, **que** combina dois exames de mapeamento do cérebro e um computador inteligente, foi desenvolvida por cientistas de cinco universidades japonesas [...].

Há duas orações intercaladas entre si nesse período. Quais são elas?

d) Que posição ocupa o pronome relativo na oração em que aparece?

2. Agora observe o emprego do pronome relativo **que** no trecho que acompanha o título da matéria.

pronome demonstrativo (=aquilo) precede o pronome relativo
↓
Cientistas japoneses criam técnica para enxergar **o que** uma pessoa vê enquanto está sonhando.
↑
pronome relativo

Procure no restante do trecho reproduzido uma oração em que o pronome relativo também venha antecedido por um pronome demonstrativo.

> O pronome **que** pode ter como antecedente também outros pronomes demonstrativos, como **a**, **os**, **as**, que equivalem, em determinados contextos, a **aquela**, **aqueles**, **aquelas**.

3. Leia.

I
A movimentação dos indivíduos afeta a sua percepção da passagem do tempo. Foi o que Einstein, para **quem** a forma como os indivíduos percebem a passagem do tempo muda conforme eles se movimentam, descobriu: quando a sua velocidade aumenta, você corre em direção ao futuro mais rápido do que aquele que está parado.

Revista *Superinteressante*. São Paulo: Abril, jan. 2011. Adaptado.

II
[...] A tarefa de proteger a Amazônia traduz-se em uma equação complexa, que soma o trabalho de monitoramento e fiscalização à necessidade de desenvolvimento de uma região **onde** vivem 25 milhões de pessoas.

Disponível em: <http://revista.brasil.gov.br/reportagens/plano-nacional-combate-mudancas-climaticas/plano-nacional-combate-mudancas-climaticas>. Acesso em: 7 mar. 2015.

III
Fotos mostram sofrimento de nativos de ilha que desaparece com aumento do nível do mar

[...] o aumento da temperatura do planeta está, literalmente, despedaçando Ghoramara (ilha localizada na Índia). Isso porque o crescimento do nível do mar causa erosão na costa da ilha, **que** já perdeu 50% do seu território. [...]

SPITZCOVSKY, Débora. *Superinteressante*. Disponível em: <http://super.abril.com.br/blogs/planeta/fotos-mostram-sofrimento-de-nativos-de-ilha-que-desaparece-com-aumento-do-nivel-do-mar/>. Acesso em: 20 mar. 2015.

a) Pode-se concluir que os três trechos acima apresentam informações, narram ações ou procuram convencer o leitor de algo por meio da argumentação?
b) Que termos retomam os pronomes relativos destacados?
c) Agora leia e observe o seguinte período.

> O cientista político, para quem os votos de protesto estão indo para a oposição, acredita na derrota do atual governo.

Você vê algo em comum quanto ao emprego do pronome relativo **quem** nesse trecho e no trecho I?

> O pronome relativo **quem** faz referência apenas a seres humanos ou a entidades personificadas.
> **Onde** indica lugar e pode ser substituído por **em que**.
> **O qual** e **a qual** concordam em gênero e número com seu antecedente.

4. Observe o uso do pronome relativo **onde** no trecho abaixo.

> **Top 10 países onde as pessoas vivem mais tempo**
> [...]
> Como as mulheres vivem mais que os homens, são selecionados os 10 países pela expectativa de vida feminina, para destacar as sociedades em que se vive mais. E de modo natural, os estilos de vida saudáveis e cuidados com a saúde, junto com vários outros fatores, contribuem para longa vida de cidadãos nestes 10 países. [...]
>
> TOP 10 +. Disponível em: <http://top10mais.org/top-10-paises-onde-pessoas-vivem-mais-tempo/#ixzz3PUNdvIo0>. Acesso em: 7 mar. 2015.

a) Que termo o pronome relativo **onde** retoma?

b) Seria possível substituir esse pronome relativo por outro sem prejudicar o sentido da frase?

c) Existe alguma outra oração do trecho em que isso também seja possível? Se sim, qual?

5. Leia.

> Criado em 1937, o parque do Itatiaia, **cujo** nome vem do tupi e significa "penhasco cheio de pontas", está na mata Atlântica e é formado por montanhas que estão entre as mais altas do país. Lá está localizado o pico das Agulhas Negras, com mais de 2700 metros.
>
> Disponível em: <http://www1.folha.uol.com.br/turismo/1029507-moradores-do-rio-rechacam-cobranca-de-ingresso-para-cachoeira-no-parque-do-itatiaia.shtml>. Acesso em: 15 mar. 2015.

a) Nesse trecho, que expressões o pronome relativo **cujo** relaciona?

b) Que relação o pronome estabelece entre as expressões: de causa, de posse ou de semelhança?

6. Observe os pronomes destacados e as palavras a que estão ligados.

> As colmeias [...] estão mais para um único grande organismo, **cujos** "braços", "pernas" e "estômago" são as abelhas operárias e **cujos** órgãos sexuais são as rainhas e os zangões — únicos indivíduos que chegam a se reproduzir em toda aquela massa de zumbidoras. [...]
>
> Revista *Galileu*. Disponível em: <http://revistagalileu.globo.com/Revista/Galileu/0,,EDR84824-8489,00.html>. Acesso em: 15 mar. 2015.

a) Por que o pronome **cujo** foi empregado no plural na primeira ocorrência?

b) Por que esse pronome foi empregado no masculino plural na segunda ocorrência?

> O pronome relativo **cujo** é variável e se flexiona de acordo com o termo que vem a seguir: **cujo marido**, **cuja filha**, **cujas netas**, **cujos pais** etc. Não se usa artigo **o(a)** depois do pronome relativo **cujo**. Por exemplo, não se diz **cuja a namorada**, mas **cuja namorada**.

7. A função principal do pronome relativo é retomar um termo anterior a ele no texto. Porém, às vezes, o pronome pode gerar ambiguidade, isto é, permitir duas possibilidades de retomada e interpretação. Veja este exemplo.

> Mãe de namorada de Clóvis da Silva, que também morreu, rejeita a avaliação da polícia, que continua investigando o acidente. Nele morreram o rapaz e a namorada.

a) Ao ler o período fora do contexto, que dúvida podemos ter?
b) Como poderíamos reescrever o trecho desfazendo a ambiguidade?

Segundo a norma-padrão, os pronomes relativos devem ser antecedidos pela preposição exigida pelo verbo da oração a que pertencem. Observe.

> Entenda o *apartheid*, regime racista **contra o qual** Mandela lutou. (lutou **contra** o regime racista)
>
> Disponível em: <http://migre.me/onaaI>. Acesso em: 7 mar. 2015.

Veja outros exemplos.

Aquele é o tênis **de que** lhe falei. (falei **do** tênis)
Esta é a menina **com quem** saí ontem. (saí **com** a menina)
Ele é o médico **em quem** mais confio. (confio **no** médico)
Esse é o curso **com que** sempre sonhei. (sonhei **com** o curso)

> **ATENÇÃO!**
> • No português do Brasil, é cada vez mais frequente a omissão da preposição em casos como os mostrados ao lado. Nas ocasiões mais formais, porém, fique atento e utilize a preposição exigida pelo verbo.

1. Anote os enunciados no caderno, inserindo o pronome relativo adequado no lugar que lhe cabe em cada período.

  a) Não sei se a menina de eu gosto escreve poemas ou crônicas, ou começou, como eu, um romance e parou no terceiro capítulo. Sei que arrumar as palavras que conheço na moldura do pensamento bonito que estou vivendo, me faz aproveitá-lo mais.

  b) "O vento estorcia-se, uivando como um doido de asas e redemoinhava em torno das oliveiras, sombras desenhavam na aspereza do solo fantasmas singulares e monstros extravagantemente disformes" (Aluísio Azevedo. *Uma lágrima de mulher.*)

2. Leia a tira.

Ziraldo. Disponível em: <http://www.meninomaluquinho.educacional.com.br/PaginaTirinha/PaginaAnterior.asp?da=10082008>. Acesso em: 10 mar. 2015.

  a) De onde provém o humor do texto?

  b) Observe.

   "O único material que eu preciso para estudar são meus miolinhos!"

   Nessa fala, foi omitida a preposição que, pela norma-padrão, deveria acompanhar o pronome relativo. Qual é a preposição?

  c) Reescreva o período no caderno de acordo com a norma-padrão.

  d) Compare as duas formas, a original e a que você redigiu. Qual você considera mais adequada ao contexto da tira? Explique.

3. Levando em conta o uso dos pronomes relativos e das preposições, responda: quais dos enunciados a seguir não estão de acordo com a norma-padrão?

  a) O filme que te falei estreia hoje.

  b) O muro que as paredes estavam pichadas foi demolido.

  c) As pessoas com que conversei foram muito gentis.

  d) A amiga a quem entreguei os documentos os enviará pelo correio.

4. Se fosse preciso empregar as frases que você indicou na atividade anterior de acordo com a norma-padrão, como elas poderiam ser reescritas?

5. O pronome relativo frequentemente assume a função de relacionar duas orações entre si em um período mais complexo. Observe.

O cão se perdera. O cão voltou com eles. ⟶ O cão que se perdera voltou com eles.

Transforme o período simples em período composto, relacionando as duas orações por meio de um pronome relativo.

  • Li um poema africano. O autor do poema é desconhecido no Brasil.

FIQUE ATENTO...
AO USO DO PRONOME RELATIVO ONDE

1. Leia.

Então é Natal

Dezembro é um momento em nossas vidas onde somos obrigados a refletir sobre tudo que passou. Vivemos em uma sociedade marcada pelas desigualdades sociais e injustiças cada vez mais latentes em nosso meio e não podemos fechar os olhos para esta realidade. Infelizmente, ainda somos obrigados a ver o Papai Noel realizando os sonhos de uns e não conseguindo realizar os de tantas outras crianças.

Marcelo Serafim. Disponível em: <http://blogs.d24am.com/artigos/2011/12/22/entao-e-natal-2/>. Acesso em: 4 maio 2015.

a) Qual a reflexão proposta pelo texto?

b) Releia.

"Dezembro é um momento em nossas vidas onde somos obrigados a refletir sobre tudo que passou."

Nesse período, qual é o antecedente do pronome relativo **onde**?

c) O antecedente refere-se a um tempo ou a um lugar?

d) Sabendo que, na norma-padrão, o **onde** como pronome relativo se emprega apenas para lugares, reescreva a frase de acordo com a norma-padrão.

O pronome relativo **onde** só deve ser empregado para substituir palavras ou expressões que indiquem lugar. O seu emprego indiscriminado dificulta a compreensão da relação entre as orações.

Veja um exemplo.

Um dos problemas está na personagem principal, **onde ela** representa o papel da corrupção.

Como deve ser:

Um dos problemas está na personagem principal, **que** representa o papel da corrupção.

2. No caderno, proponha uma reescrita para os períodos, utilizando o pronome relativo **onde** para retomar palavras ou expressões que expressem noção de lugar físico; nos demais casos, utilize **em que** ou **no qual**.

a) O caminhão passa e leva embora o problema do lixo lá para Perus ou para São Mateus, ficam os aterros.

b) Então, ele desenvolve um comportamento, por defesa, nega a necessidade que tem dos cuidados maternos e desvaloriza a mulher em geral.

c) Fui levado a uma mesa de refeição a comida tinha forma geométrica.

d) As histórias mentirosas, pilhérias, anedotas são muito populares e constituem um gênero especial, a imaginação exagerada e livre se liberta dos limites da lógica.

3. Abaixo transcrevemos enunciados veiculados na mídia ou utilizados em redações escolares. Em quais deles a palavra **onde** está em desacordo com a norma-padrão? Identifique-os e proponha uma reescrita para eles, substituindo adequadamente o pronome destacado.

a) Ficarei no clube até o final do ano, **onde** poderei ter meu passe negociado com um clube europeu.

b) Essas coisas prejudicam a gente, **onde** a gente não pode mais nem reagir.

c) Quando temos uma sociedade **onde** qualquer segmento do consumo trabalha a partir das informações de seus consumidores, a informação vira algo essencial ao desenvolvimento do mercado.

d) Estamos em um típico momento **onde** a indústria está prestes a criar uma situação de desbalanceamento, determinando como será feita a coleta de informação.

e) O divórcio foi instituído no país no ano **onde** o número de separações chegava a níveis astronômicos.

REVISORES DO COTIDIANO

Fazendo uma pesquisa, você entra em um *site* especializado em mitologia e encontra a seguinte frase.

O grande mundo mitológico onde nele você vai saber muito mais dos grandes deuses de várias mitologias.

1. Achando a construção estranha, você se pergunta de onde vem esse estranhamento. Será que consegue chegar a uma conclusão? Explique.

2. Como essa frase poderia ser reescrita para tornar-se clara?

LEITURA 2

Você já viu que não é só por meio de um artigo de opinião que um autor pode expressar sua forma de ver o mundo, dizer o que pensa a respeito da humanidade e da realidade que o rodeia. Por meio de um poema, também é possível demonstrar um ponto de vista e tentar convencer o interlocutor da validade de uma tese.

ANTES DE LER

1. Você já leu livros ou assistiu a filmes em que se mostrava a desigualdade social ou a luta para diminuir essa desigualdade e as injustiças? Em caso positivo, você percebeu se havia uma defesa a favor das pessoas desfavorecidas?

2. Você costuma se interessar por questões como essas? Por quê?

Perguntas de um trabalhador que lê

Quem construiu a Tebas de sete portas?
Nos livros estão nomes de reis.
Arrastaram eles os blocos de pedra?
E a Babilônia várias vezes destruída —
Quem a reconstruiu tantas vezes? Em que casas
Da Lima dourada moravam os construtores?
Para onde foram os pedreiros, na noite em que a Muralha da China ficou pronta?
A grande Roma está cheia de arcos do triunfo.
Quem os ergueu? Sobre quem
Triunfaram os Césares? A decantada Bizâncio
Tinha somente palácios para os seus habitantes? Mesmo na lendária Atlântida
Os que se afogavam gritaram por seus escravos
Na noite em que o mar a tragou.

O jovem Alexandre conquistou a Índia.
Sozinho?
César bateu os gauleses.
Não levava sequer um cozinheiro?
Filipe da Espanha chorou, quando sua Armada
Naufragou. Ninguém mais chorou?
Frederico II venceu a Guerra dos Sete Anos.
Quem venceu além dele?

Cada página uma vitória.
Quem cozinhava o banquete?
A cada dez anos um grande homem.
Quem pagava a conta?

Tantas histórias.
Tantas questões.

BRECHT, Bertolt.
Poemas – 1913-1956.
São Paulo: Ed. 34, 2000.

Garimpo de Serra Pelada, no Pará, 1980.

O poema "Perguntas de um trabalhador que lê" faz referência a personagens, lugares e fatos históricos. Leia a seguir algumas informações sobre essas referências que são importantes para a compreensão do texto.

> **Tebas** – importante cidade do Antigo Egito. As sete portas de Tebas eram as entradas de suas muralhas.
> **Babilônia** – próspera cidade da Mesopotâmia na Antiguidade (localizada na região do Oriente Médio ocupada atualmente pelo Iraque).
> **Lima** – capital do Peru, de arquitetura requintada no período colonial, fruto da riqueza gerada pelas minas de ouro e prata, onde trabalhavam indígenas escravizados.
> **Bizâncio** – cidade da Grécia Antiga que, sob domínio romano, se tornou a capital desse império. Passou a ser chamada de Constantinopla depois da morte do imperador Constantino. Atualmente, é Istambul, na Turquia.
> **Alexandre Magno (ou Alexandre, o Grande)** – rei da Macedônia, região nordeste da Grécia Antiga. Foi o responsável pela expansão do território sob seu domínio pela conquista de importantes impérios.
> **Césares** – refere-se aos doze imperadores do antigo império romano.
> **Filipe de Espanha** – rei de Portugal e Espanha no século XVI. Em 1588, tentou restituir a coroa britânica à Espanha e foi derrotado numa batalha em que naufragou sua **Invencível Armada** – considerada a maior esquadra do mundo na época.
> **Frederico II, o Grande** – liderou o exército prussiano na Guerra dos Sete Anos (conflito internacional ocorrido no século XVIII entre a França, a Áustria e seus aliados). É considerado um dos grandes estrategistas militares de todos os tempos.

EXPLORAÇÃO DO TEXTO

1. Anote no caderno a frase ou frases que lhe parecerem adequadas para responder à questão proposta.

O poema é constituído por uma série de perguntas e termina dizendo "tantas questões", o que deixa implícito que não há resposta para elas. Essas questões ficam mesmo sem resposta?

a) Ficam, pois o eu poético se limita a apresentar várias perguntas, sem dar nenhuma resposta.

b) Não, embora as respostas não apareçam explícitas, o leitor fica conhecendo a resposta dada pelo eu poético.

c) Não, trata-se de um recurso para fazer o leitor pensar, chegar sozinho à resposta.

d) Não, o eu poético, por meio dos exemplos apresentados, responde a todas elas: não foram apenas esses nomes ilustres que construíram a História da Humanidade.

Derrota da esquadra espanhola em 1588, de Philipp Jakob Loutherbourg, o Jovem (1740-1812).

2. Agora anote no caderno a frase que expressa a tese defendida no poema.

a) A História da Humanidade é produto do talento de homens ilustres e poderosos.

b) A História que se conta não é a mesma que se deu: não é produto de sujeitos individuais, mas de homens comuns que contribuem todos os dias para a construção do mundo em que vivemos.

c) A História da Humanidade é produto das ações de reis e governantes.

d) Quem escreve a História são os reis, os líderes e grandes nomes que constam dos livros.

3. Cite dois versos do poema que confirmem a resposta que você deu à questão anterior.

4. Que tipo de argumentos o eu poético utiliza para defender sua tese? Dê exemplos.

5. Releia o título do poema.

   a) Que diferença de sentido acarretaria a substituição da preposição **de** pela preposição **a**? Explique.

   b) Esse título é importante para a compreensão do poema? Por quê?

   c) O eu poético coloca-se no lugar de "um trabalhador que lê". Em que sentido foi utilizado o verbo **ler** nesse contexto?

6. Leia agora outro texto do mesmo autor.

Até o mínimo gesto, simples na aparência,

Olhem desconfiados! Perguntem

Se é necessário, a começar do mais comum!

E, por favor, não achem natural

O que acontece e torna a acontecer

Não se deve dizer que nada é natural!

Numa época de confusão e sangue,

Desordem ordenada, arbítrio de propósito,

Humanidade desumanizada

Para que imutável não se considere

Nada.

BRECHT, Bertolt. *Teatro completo*. Rio de Janeiro: Paz e Terra, 1990.

   a) Qual é a tese defendida no poema?

   b) Você vê alguma relação entre os dois poemas? Explique.

7. Convencer e **persuadir** não são sinônimos.

> **Persuadir**: influenciar, procurar levar (alguém) a mudar seu ponto de vista ou atitude apelando à **emoção**.
> **Convencer**: levar (alguém) a mudar seu ponto de vista ou atitude por meio de **razões ou argumentos** bem fundamentados.

Um artista influente

Bertolt Brecht (1898-1956) foi um importante dramaturgo e poeta alemão do século XX. Dedicou-se ao teatro épico e didático, que se caracterizam por apresentar acontecimentos sociais de forma reflexiva. Brecht não se limitou a explicar o mundo, mas lutou para modificá-lo. Entre suas obras estão *Galileu, Galilei*; *Mãe Coragem e seus filhos*; *A ópera dos três vinténs* e *alma boa de Set-Suan*.

Bertolt Brecht

188

a) Considere os dois poemas: qual deles, utilizando razões, argumentos, procura **convencer** o leitor a mudar seu ponto de vista?

b) Qual deles, sem recorrer a argumentos, procura **persuadir** o leitor a olhar o mundo de outra forma?

8. Você concorda com a tese defendida pelo eu poético:

a) no primeiro poema? Justifique.

b) no segundo poema? Justifique.

DO TEXTO PARA O COTIDIANO

No cotidiano, sempre nos deparamos com situações de comunicação em que ora se utiliza a argumentação, ora recursos persuasivos para convencer alguém a mudar de ideia ou tomar determinada atitude. A propaganda, por exemplo, recorre frequentemente a mecanismos que relacionam um valor (positivo ou negativo) a um produto ou serviço de forma a despertar no consumidor a vontade de adquiri-lo.

1. Veja esta propaganda de uma rádio.

a) Que efeito de sentido provoca o uso da cor no conjunto de elementos em que todos os demais são brancos?

b) Considerando o conjunto da propaganda, o que representam os ovos brancos e o amarelo?

2. Releia a frase principal da propaganda. Segundo essa parte do texto, o que permite a uma pessoa ser admirada?

3. Observando a relação que se estabelece entre o texto e a imagem, escreva no caderno a conclusão do raciocínio desenvolvido nessa propaganda, em que se dá a razão para ouvir a rádio anunciada.

Revista *Língua Portuguesa*. São Paulo: Segmento, 25 nov. 2007.

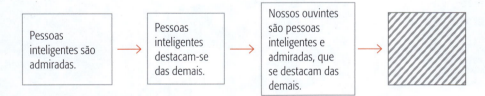

4. Essa propaganda utiliza o recurso de atribuir um valor ao consumidor de seus serviços, o ouvinte. Qual é esse valor?

5. Você acha que as propagandas têm o poder de atribuir valor a uma pessoa, rotulá-la como inteligente ou não, moderna ou não etc. com base no fato de ela consumir ou não um produto (ouvir determinada rádio, ver determinados programas de TV ou usar determinadas marcas)? Explique.

EXPERIMENTE FAZER

Como ler uma imagem artística

Mesmo que você ainda não tenha ido a um museu, provavelmente já se deparou com muitas telas, inclusive nas diferentes disciplinas que tem estudado na escola. É importante embrenhar-se no universo de significados que uma obra de arte oferece para "saber olhá-la". Quando observamos uma pintura, por exemplo, devemos ficar atentos a alguns detalhes que são centrais em uma obra de arte, mas que cada artista realiza de uma determinada maneira, de acordo com o significado que deseja atribuir à sua própria tela. Nesse processo, é essencial a participação do espectador que, de acordo com sua experiência de vida e repertório, também atribui significados à obra que observa.

Bem "ler" e interpretar não significa apenas "decifrar" uma pintura, mas recompô-la para apreendê-la, quer para apreciá-la quer para tê-la como fonte de conhecimento, de expressão de ideias. Para isso, não existe um único caminho, mas você pode seguir alguns passos.

1. O primeiro passo constitui-se em uma simples apreciação. Deixar-se levar pela obra, apreciando sua beleza e originalidade. Mantenha o foco no que sente, no que pensa, nesse primeiro contato.

2. Depois de interagir com a obra à sua maneira, comece a observá-la com um olhar demorado e investigativo.

GOYA, Francisco de. *3 de maio de 1808* (ou *Os fuzilamentos de 3 de maio*). Museu do Prado, Madri, Espanha.

3. Faça, mentalmente, uma lista do que é possível saber sobre a obra e sobre tudo que a compõe:
   - título, autoria, ano e local de produção, contexto de produção (relação entre obra e contexto histórico);
   - tema/conteúdo: o que o pintor registrou na obra (nas obras não figurativas, observe formas e cores);
   - a provável intenção do artista (elaborar hipóteses);
   - elementos nela representados: figuras (seres e objetos) principais e secundárias, elementos que compõem o fundo;
   - no caso de seres humanos, retrato individual, cenas coletivas;
   - cores utilizadas, luminosidade (como o artista utiliza a luz, de onde ela provém).

4. O pintor procura conduzir o olhar do espectador e o faz de diferentes maneiras. Pergunte-se: para onde o pintor quer dirigir meu olhar? Onde pretende que meus olhos se demorem mais? Como ele o faz? (Por meio da luz, dos movimentos, por meio do contraste de cores?)

5. Com base em suas observações e descobertas, elabore uma opinião sobre a obra representada.

Análise: semelhanças e diferenças entre ponto de vista adotado

Diversos olhares apreendem a realidade de modos diferentes. Observe como dois pintores, um espanhol e um francês, retratam uma mesma cena, um fuzilamento. Procure perceber as diferenças entre as duas representações quanto ao ponto de vista adotado. Observe os detalhes e converse sobre eles com seus colegas e com o professor.

MANET, Edouard. *A execução de Maximiliano*. Galeria de Arte de Mannheim, Alemanha.

PRODUÇÃO ESCRITA

ARTIGO DE OPINIÃO

Agora que já falamos bastante sobre a discussão de questões polêmicas, pontos de vista que convergem e outros que divergem, argumentos, contra-argumentos, vamos escrever artigos de opinião para o jornal que estamos preparando desde o início do ano.

Antes de começar

1. Leia a carta do leitor que reproduzimos abaixo.

> **Ciclistas**
>
> Discordo frontalmente da sugestão feita pelo leitor F. H. [...] neste espaço em 15/6. Tomar a exceção (a morte de ciclistas) por regra para, a partir dessa inversão, sugerir a proibição do uso de bicicletas fora das ciclovias seria um retrocesso.
>
> Seria bom que, antes de opinar sobre esse assunto, soubesse que a imensa maioria das vítimas dos automóveis são os pedestres, como mostrou reportagem desta Folha no dia 14/6. Tal leitor vai sugerir, então, que ninguém mais ande a pé? A par do ridículo da situação, fica a pergunta: que tipo de sociedade esse leitor deseja para nossos filhos?
>
> **A. K.** [...] (São Paulo, SP)
>
> *Folha de S.Paulo*, 19 jun. 2011.

a) Qual a questão polêmica que se discute no texto?

b) Qual o ponto de vista do leitor F. H.?

c) O autor da carta concorda ou discorda desse ponto de vista? O que ele argumenta para justificar sua posição?

d) Se o primeiro leitor escrevesse novamente para o jornal, como poderia contra-argumentar?

2. Leia agora a notícia reproduzida abaixo.

> **Mãe pega bebida no carro do filho e faz "anúncio bronca" no jornal**
>
> A americana Jane Hambleton, moradora de Des Moines, em Iowa, encontrou bebida no carro do filho de 19 anos e não teve dúvidas: pôs o veículo à venda e ainda humilhou o rapaz em um anúncio no jornal da cidade (que tem cerca de 200 mil habitantes).
>
> O anúncio diz: "Olds 1999 Intrigue. **Pais nada bacanas**, que **obviamente não amam seu filho adolescente**, vendem seu carro. Usado por apenas três semanas até **a mãe bisbilhoteira** que **tem de tomar conta de sua vida** encontrar bebida alcoólica no banco da frente. 3700 dólares (cerca de R$ 6,5 mil). Ligue para **a pior mãe do planeta**".
>
> Jane recebeu tantas ligações de pessoas interessadas no Oldsmobile quanto de gente impressionada com sua decisão. Ela disse que os mais de 70 telefonemas vieram também de funcionários de prontos-socorros, enfermeiros e conselheiros de escolas que queriam parabenizá-la. [...]
>
> Disponível em: <http://g1.globo.com/Noticias/PlanetaBizarro/0,,MUL262135-6091,00-MAE+PEGA+BEBIDA+NO+CARRO+DO+FILHO+E+FAZ+ANUNCIO+BRONCA+NO+JORNAL.html>. Acesso em: 10 mar. 2015.

a) Leia os trechos destacados. Você acha que a mãe se considera mesmo "nada bacana", "bisbilhoteira" e a "pior mãe do planeta"? Justifique.

b) Se você fosse o filho de Jane, que argumentos utilizaria para tentar mostrar-lhe que estava errada? Escreva um parágrafo com sua argumentação e, depois, ouça a de seus colegas: quais os argumentos mais convincentes?

Planejando o texto

1. Você vai aproveitar a discussão feita pela classe na produção oral para produzir seu artigo. Retome suas anotações, relembre argumentos e contra-argumentos utilizados durante a preparação e a realização do debate.

2. Anote:
   - a questão polêmica que você discutirá e a tese que pretende defender;
   - os argumentos que utilizará para defender seu ponto de vista;
   - os contra-argumentos que poderão lhe ser apresentados;
   - os argumentos que utilizará para responder a esses contra-argumentos.

3. Organize suas anotações em quatro parágrafos.
   - 1º: introdução. Apresente a questão polêmica, situando-a no tempo e no espaço, e comente por que ela merece ser discutida.
   - 2º e 3º: desenvolvimento. Apresente e justifique as posições assumidas, explique sua opinião sobre o assunto, apresente argumentos para fundamentá-la, e rebata contra-argumentos. Você pode ainda recorrer a exemplos, depoimentos, citações, dados estatísticos.
   - 4º: conclusão. É o ponto de chegada de todo o raciocínio que você desenvolveu no texto: é o momento em que você, como articulista, (re)apresenta explicitamente sua opinião sobre o tema em foco. É possível ainda apresentar recomendações e sugestões.

4. Fique atento ao emprego de adjetivos: eles indicam seu posicionamento e avaliação a respeito do que fala.

5. Empregue os articuladores textuais estudados, eles contribuem para manter a coesão de seu artigo.

6. Crie um título que desperte o interesse e a curiosidade do leitor.

Avaliação e reescrita

1. Leia novamente seu artigo, observando os critérios relacionados abaixo. Depois, troque de texto com um colega e peça-lhe que faça o mesmo, anotando comentários e sugestões.
   - O título é adequado para um artigo de opinião?
   - A questão polêmica está claramente indicada?
   - Os argumentos são convincentes? Apresentam dados, exemplos, provas? Citam autoridades?
   - Os articuladores textuais foram bem utilizados?

2. Refaça seu texto de acordo com as observações e, depois, entregue a última versão a seu professor. Após a correção, guarde a produção para ser publicada em nosso jornal.

NÃO DEIXE DE LER

- *Rosa Parks – Não à discriminação racial*, de Nimrod, Edições SM

Em 1955, Rosa Parks, uma mulher negra de 42 anos, recusou-se a ceder a um homem branco o assento que ela ocupava no ônibus. Embora tenha sido presa por isso, seu ato deu início a um movimento que, anos depois, pôs fim às leis segregacionistas.

ATENÇÃO!

- Não há necessidade de ficar restrito ao número de parágrafos sugeridos.

NÃO DEIXE DE ACESSAR

- http://www.fcc.org.br/bdmulheres/index.php?area=home

Um banco de dados sobre o trabalho das mulheres no Brasil: imagens, tabelas, gráficos.

A oração adjetiva: contexto e sentidos

REFLEXÃO SOBRE A LÍNGUA

1. Leia outro fragmento da matéria "Mãe pega bebida no carro do filho e faz 'anúncio bronca' no jornal".

> "A mãe, de 48 anos, conta o que ouviu desde que publicou o anúncio: 'É impressionante o número de ligações que recebi de gente dizendo: **'Obrigada, é bom ver uma mãe responsável'**".

Agora compare estes períodos.

"Obrigada, é bom ver uma mãe responsável".

Obrigada, é bom ver uma mãe **que** é responsável.

O que é possível notar na comparação entre esses dois períodos?

Orações que exercem o papel de um adjetivo em relação a um termo da oração anterior são chamadas de **orações subordinadas adjetivas**. Exemplo.

É bom ver uma mãe **que** é responsável.

↓ oração principal   ↓ oração subordinada adjetiva

Essas orações podem ser usadas para caracterizar, expressar qualidades, individualizar um ser.

2. Releia este fragmento do poema de Brecht.

> "Na lendária Atlântida
> Os **que** se afogavam gritaram por seus escravos
> Na noite em que o mar a tragou."

a) A que termo da oração anterior se refere o pronome relativo **que**?

b) Esses versos se referem a todos os moradores de Atlântida ou apenas aos que se afogaram quando Atlântida afundou?

> As **orações subordinadas adjetivas** são sempre introduzidas por **pronomes relativos** e exercem, em relação a um termo da oração principal, uma das funções normalmente desempenhadas pelos adjetivos.

3. Compare estes períodos e observe a oração adjetiva destacada.

a)
> [...] Em 1922, [Brecht] estreou sua peça "Os tambores da noite". Em 1923 casou-se com Marianne Zoff, **de quem se divorciaria em 1927**, e **com quem teve uma filha, Hanne**. [...]
>
> Disponível em: <http://educacao.uol.com.br/biografias/bertold-brecht.jhtm>. Acesso em: 10 mar. 2015.

b)
> Em 1922, Brecht, **que se casaria com Marianne Zoff**, estreou sua peça "Os tambores da noite".

O que é possível observar quanto à posição que as orações adjetivas ocupam no período?

194

Tipos de oração adjetiva

Leia o parágrafo abaixo.

> Eu havia me formado médico havia pouco tempo. Meu consultório ainda tinha poucos pacientes e, na verdade, eu não estava gostando muito da minha rotina. Trabalhava pouco e o dinheiro **que ganhava** quase não dava para sustentar minha esposa Mary e meus filhos. Certo dia, um amigo, **que era comandante de um navio**, foi me visitar.
>
> SWIFT, Jonathan. *Viagens de Gulliver*. São Paulo: Rideel, 2004.

1. As duas orações destacadas são subordinadas adjetivas. Observe e compare:

  I. "o dinheiro **que ganhava** quase não dava para sustentar minha esposa."

  II. "Certo dia, um amigo, **que era comandante de um navio**, foi me visitar."

  a) Qual das duas orações destacadas é indispensável ao sentido da frase? Por quê?

  b) Essa oração que você indicou restringe ou explica o significado da palavra que é o antecedente do pronome relativo **que**? Por quê?

> A **oração adjetiva** que limita ou restringe o significado do antecedente do pronome relativo é denominada de **adjetiva restritiva**. Funciona como adjunto adnominal e não vem isolada por vírgulas; é indispensável ao sentido da frase.

2. Releia.

> "Certo dia, um amigo, **que era comandante de um navio**, foi me visitar."

  a) A oração adjetiva não é indispensável ao sentido essencial da frase. Por quê?

  b) Quais são os sinais de pontuação que delimitam essa oração adjetiva no trecho?

> A **oração adjetiva** que acrescenta uma informação ou explicação acessória ao termo antecedente, não sendo indispensável ao sentido da frase, é denominada de **adjetiva explicativa**. Funciona como aposto explicativo, portanto vem sempre isolada da oração principal por vírgulas.

3. Leia e compare os períodos de cada par.

  I. Os sócios **que são advogados** participarão do conselho administrativo.

  Os sócios, **que são todos advogados**, participarão do conselho administrativo.

  II. Os convidados **que gostavam de dançar** encaminharam-se para a pista.

  Os convidados, **que gostavam de dançar**, dirigiram-se à pista.

  a) Qual a diferença de sentido que existe entre as orações adjetivas destacadas em cada par?

  b) Releia a explicação sobre os tipos de orações adjetivas. Depois, responda: como você explica essa diferença?

195

1. Leia a tira.

Mauricio de Sousa. Disponível em: <www.monica.com.br>. Acesso em: 13 jan. 2012.

a) Aponte algum elemento que provoque humor na tira.
b) No primeiro quadrinho, aparece um pronome relativo. Qual é ele e qual seu antecedente?
c) Qual oração subordinada adjetiva o pronome relativo introduz?
d) Como ficaria o período se você quisesse deixar essa oração intercalada nele?
e) Essa oração adjetiva restringe ou explica o termo que a antecede? Por quê?

2. Leia o texto abaixo e conheça a resposta à pergunta que aparece no título.

Quando surgiu o costume de comemorar aniversários?

De acordo com o livro *The Lore of Birthdays* ("A Sabedoria dos Aniversários", sem tradução em português), dos antropólogos americanos Ralph e Adelin Linton, aniversários merecem comemorações desde o Egito antigo, ou seja, a moda surgiu por volta de 3000 a.C. Tanto os egípcios quanto os gregos, que adotaram o costume, restringiam as comemorações apenas a seres superiores: faraós e deuses. Com o tempo, o hábito foi se estendendo aos mortais e contaminou também os romanos, que davam o privilégio ao imperador, a sua família e aos senadores. Nos primórdios do cristianismo, o costume foi abolido por causa das suas origens pagãs. Foi só no século IV que a Igreja começou a celebrar o nascimento de Cristo, o Natal. Daí, ressurgiu o hábito de festejar aniversários e pouco a pouco foram surgindo as peças simbólicas: o bolo, as velinhas, o "Parabéns a Você" etc.

Disponível em: <http://mundoestranho.abril.com.br/cotidiano/pergunta_287782.shtml>. Acesso em: 10 mar. 2015.

a) No texto, há dois pronomes relativos. Localize-os e anote as orações adjetivas que eles introduzem.
b) Essas duas orações foram empregadas pelo autor do texto para dar uma informação a mais sobre um termo ou para restringir o significado desse termo?
c) Considerando sua resposta anterior, podemos dizer que as duas orações adjetivas são explicativas ou restritivas?
d) Por que o autor teria usado orações do tipo que você apontou acima?
e) Que efeito de sentido produziria a retirada das vírgulas que delimitam as orações nesse período?

3. Observe a propaganda abaixo.

Porto Alegre é uma das capitais mais arborizadas

"Hoje é o dia daquele profissional que abre os caminhos pra beleza passar. 15 de dezembro. Dia do jardineiro."

a) A originalidade da propaganda é resultado de um jogo de palavras reforçado pela imagem. Explique.

b) Em "Hoje é o dia daquele profissional que abre os caminhos pra beleza passar", há uma oração subordinada adjetiva restritiva. Qual é ela?

c) Por que o publicitário utilizou esse tipo de oração adjetiva?

4. Observe e compare estas duas frases em que foram empregadas orações adjetivas.

I. Os jovens **que procuram trabalho** são absorvidos pelo mercado.

II. Os jovens, **que procuram trabalho**, são absorvidos pelo mercado.

a) Como se classificam as orações adjetivas destacadas?

b) Explique a diferença de sentido entre esses dois períodos.

5. Compare estes períodos quanto ao sentido.

I. Visitei meu primo, que mora no Mato Grosso do Sul.

II. Visitei meu primo que mora no Mato Grosso do Sul.

Qual das frases permite deduzir que seu autor tem mais de um primo? Por quê?

197

ATIVANDO HABILIDADES

1. (Enem) Leia a tira abaixo.

© 2012 King FeaturesSyndicate/Ipress

De acordo com a história em quadrinhos protagonizada por Hagar e seu filho Hamlet, pode-se afirmar que a postura de Hagar:

a) valoriza a existência da diversidade social e de culturas, e as várias representações e explicações desse universo.

b) desvaloriza a existência da diversidade social e as várias culturas, e determina uma única explicação para esse universo.

c) valoriza a possibilidade de explicar as sociedades e as culturas a partir de várias visões de mundo.

d) valoriza a pluralidade cultural e social ao aproximar a visão de mundo de navegantes e não navegantes.

e) desvaloriza a pluralidade cultural e social, ao considerar o mundo habitado apenas pelos navegantes.

2. (Saresp) O termo antecedente ao qual se refere o pronome relativo **que** na frase "Em diversas ocasiões recentes, a Associação Médica Brasileira tem manifestado sua posição favorável à Lei nº 11.705/08, que visa a coibir a condução de veículos após a ingestão de bebidas alcoólicas." é:

a) Lei nº 11.705/08.
b) diversas ocasiões recentes.
c) posição favorável.
d) Associação Médica Brasileira.

3. (Prova Brasil) Leia o texto abaixo.

Os filhos podem dormir com os pais?
(Fragmento)

Maria Tereza – Se é eventual, tudo bem. Quando é sistemático, prejudica a intimidade do casal. De qualquer forma, é importante perceber as motivações subjacentes ao pedido e descobrir outras maneiras aceitáveis de atendê-las. Por vezes, a criança está com medo, insegura, ou sente que tem poucas oportunidades de contato com os pais. Podem ser criados recursos próprios para lidar com seus medos e inseguranças, fazendo ela se sentir mais competente.

> Posternak – Este hábito é bem frequente. Tem a ver com comodismo – é mais rápido atender ao pedido dos filhos que aguentar birra no meio da madrugada; e com culpa – "coitadinho, eu saio quando ainda dorme e volto quando já está dormindo". O que falta são limites claros e concretos. A criança que "sacaneia" os pais para dormir também o faz para comer, escolher roupa ou aceitar as saídas familiares.
>
> IstoÉ, setembro de 2003 - 1772.

O argumento usado para mostrar que os pais agem por comodismo encontra-se na alternativa:

a) a birra na madrugada é pior.

b) a criança tem motivações subjacentes.

c) o fato é muitas vezes eventual.

d) os limites estão claros.

4. (Prova Brasil – Modelo, Inep)

I
> Cinquenta camundongos, alguns dos quais clones de clones, derrubaram os obstáculos técnicos à clonagem. Eles foram produzidos por dois cientistas da Universidade do Havaí num estudo considerado revolucionário pela revista britânica "Nature", uma das mais importantes do mundo. [...] A notícia de que cientistas da Universidade do Havaí desenvolveram uma técnica eficiente de clonagem fez muitos pesquisadores temerem o uso do método para clonar seres humanos.
>
> O Globo. Caderno Ciências e Vida. 23 jul. 1998, p. 36

II
> Cientistas dos EUA anunciaram a clonagem de 50 ratos a partir de células de animais adultos, inclusive de alguns já clonados. Seriam os primeiros clones de clones, segundo estudos publicados na edição de hoje da revista "Nature". A técnica empregada na pesquisa teria um aproveitamento de embriões — da fertilização ao nascimento — três vezes maior que a técnica utilizada por pesquisadores britânicos para gerar a ovelha Dolly.
>
> Folha de S.Paulo. 1º caderno - Mundo. 03 jul. 1998, p. 16

Os dois textos tratam de clonagem. Qual aspecto dessa questão é tratado apenas no texto I?

a) A divulgação da clonagem de 50 ratos.

b) A referência à eficácia da nova técnica de clonagem.

c) O temor de que seres humanos sejam clonados.

d) A informação acerca dos pesquisadores envolvidos no experimento.

Encerrando a unidade

Nesta unidade você identificou os elementos constitutivos do gênero artigo de opinião, conheceu diferentes tipos de argumentos, bem como a presença de outras vozes em um artigo, e refletiu sobre o efeito produzido pelo uso das orações subordinadas adjetivas em diferentes gêneros. Com base no que você aprendeu, responda:

1. O que caracteriza um texto como artigo de opinião?

2. O que são argumentos? Cite dois tipos de argumento.

3. Entender a diferença entre uma oração adjetiva restritiva e uma explicativa ajuda o leitor a entender melhor um texto?

UNIDADE 6

Luz, câmera, ação

TROCANDO IDEIAS

Você já ouviu falar de *O Senhor dos Anéis*? Trata-se de uma trilogia composta de filmes baseados em livros do escritor britânico J. R. R. Tolkien. A imagem destas páginas é do segundo filme da série, *O Senhor dos Anéis: As duas torres*, de 2002.

1. A foto mostra duas cenas independentes. Quais são elas?

2. Na imagem:
   a) quem ocupa o ponto central?
   b) onde as personagens estão?
   c) como os atores sabem o que devem fazer?

3. Além da pessoa que filma a cena – o cinegrafista com a câmera na mão –, outras pessoas observam a tomada. Qual você imagina que seja a função dessas pessoas?

4. Você conhece a expressão "nos bastidores" quando relacionada a cinema? Sabe o que ela significa?

5. Em inglês, a expressão correspondente a "nos bastidores" é *making of*. Você já assistiu a algum *making of* de filme? Qual? Conte aos colegas e ao professor o que viu.

6. Em sua opinião, conhecer os bastidores de uma filmagem tira a magia do filme ou ajuda a entendê-lo melhor?

Nesta unidade você vai:

- conhecer a organização e a linguagem técnica dos gêneros roteiro de cinema e propaganda para a TV
- planejar e produzir um roteiro de filme obedecendo às características do gênero
- refletir sobre o uso das orações reduzidas e o efeito de sentido que provocam no texto
- identificar e eliminar ambiguidades produzidas por orações reduzidas em diferentes contextos

LEITURA 1

ANTES DE LER

1. Você já leu algum livro ou história em quadrinhos que, mais tarde, se tornou um filme? Se sim, qual?
2. Em sua opinião, um filme baseado em romance, conto ou HQ conta exatamente a mesma história que a obra literária que lhe deu origem?
3. Quando uma pessoa decide fazer um filme sem basear-se em livro nem em HQ, por onde ela pode começar?

O texto que você vai ler é o roteiro de um filme; nestes trechos estão reunidas algumas das cenas que contam a história de Mauro, de 12 anos, que mora em Belo Horizonte e é louco por futebol. Ele é levado pelos pais, que decidem abruptamente sair de férias, para morar com o avô no bairro do Bom Retiro, em São Paulo. Que motivos levariam um pai e uma mãe a deixar um filho morando com o avô? Leia para saber.

O ano em que meus pais saíram de férias

Roteiro

EXT. TÚNEL DE ESTÁDIO DE FUTEBOL – DIA (*FLASHBACK* – 1969)
MÃO DE HOMEM ADULTO segura MÃO DE CRIANÇA: pai e filho de mãos dadas enquanto caminham pelo túnel que dá acesso às arquibancadas do estádio.
Burburinho de VOZES.
TORCEDORES passam a caminho das arquibancadas. Todos vestidos com a camisa do uniforme do time do Santos.
Aos poucos, revelam-se os "donos" das mãos:
MAURO – menino branco e franzino, de 10, 11 anos – olha para seu pai, DANIEL – 30 e poucos anos – enquanto andam em direção à saída no túnel, na contraluz.

INT. SALA DE JANTAR, CASA DE MAURO / ARQUIVO – JOGO
MONTAGEM ALTERNA: ARQUIVO – SANTOS *VERSUS* VASCO DA GAMA (MARACANÃ, 1969)
O ESTÁDIO DO MARACANÃ está lotado.
Closes de CHUTEIRAS disputando jogadas e dos torcedores.
PELÉ entra na grande área e é derrubado. O JUIZ marca pênalti. Euforia da torcida.
MAURO (V.O.) – O maior jogador de todos os tempos pode estar prestes a marcar seu milésimo gol.
Os jogadores do Santos se dirigem para o meio de campo.
NA MESA DE JANTAR –
A MÃO de MAURO reproduz a cena que acontece no estádio, num jogo de futebol de botão. NO MARACANÃ – Pelé apanha a bola e a posiciona na marca do pênalti. Mauro narra as ações do jogo com grande emoção.
NA MESA DE JANTAR
MAURO (V.O.) – Pelé vai bater o pênalti!

Mauro, personagem principal do filme.

202

Mauro coloca o botão de Pelé na posição para bater o pênalti.
NO MARACANÃ –
O juiz apita. Pelé corre, dá sua famosa paradinha, e chuta para dentro do gol.

MAURO (V.O.) – É gooooooooooool!
NA MESA DE JANTAR –
Forte RUÍDO do telefone batendo no gancho distrai Mauro. Ele vacila no controle da PALHETA quando dispara o botão de Pelé em direção à bola. A pequena BOLINHA DE PLÁSTICO passa por cima do gol.

MÍRIAM (30) – a mãe de Mauro – com cara de preocupada, junto ao telefone, fala em tom bem sério com o filho.
MÍRIAM – Vamos ter que viajar...
MAURO – Agora?
MÍRIAM – Agora.
MAURO – Mas e o papai?
MÍRIAM – Pra variar está sempre atrasado.
Míriam está apreensiva: ouve um SOM DE CARRO. Vai até a –
JANELA.
Míriam espia pela janela e vê –
JANELA – P.V. DE MÍRIAM
Um FUSCA AZUL estaciona diante da casa.
JUNTO À JANELA –
Míriam suspira aliviada.
PELA PORTA –
DANIEL, pai de Mauro, entra aflito na sala.

DANIEL – Pega suas coisas. Nós vamos sair de férias!

Mauro fica perplexo e animado ao mesmo tempo, e começa a recolher seus botões e a colocá-los em sacos.

> **Significado das abreviações usadas no roteiro:**
>
> **CONT.:** continuação de uma fala interrompida por uma ação.
> **EXT.:** cena externa.
> **INT.:** cena interna.
> **P.V.:** cena vista do ponto de vista de determinada personagem.
> **V.O.:** em inglês, *voice over*; indica fala de uma pessoa que não está na cena, comentando ou narrando fatos.

Nessa cena, Daniel e Míriam despedem-se do filho.

MAURO – Como férias? Amanhã tem aula.

Enquanto Mauro guarda os botões, os pais carregando roupas e objetos pessoais. […] […]

I/E. ESTRADA / FUSCA AZUL – FIM DE TARDE NA ESTRADA – O fusca da família de Mauro segue por uma estrada asfaltada. […] Por um tempo, o único som que se escuta no carro é o da ventania. Mauro masca chiclete enquanto olha a paisagem, com o vento forte batendo na cara dele.

PASSAGEM DE TEMPO –

DENTRO DO CARRO – Mauro está entediado, olhando pelo vidro traseiro.
[…]

[…] NA ESTRADA – O fusca passa por um *OUTDOOR* com a famosa frase que caracterizou o espírito da ditadura militar: BRASIL, AME-O OU DEIXE-O.
[…]

[…] JUNTO À CALÇADA DIANTE DO PRÉDIO – O FUSCA AZUL dos pais de Mauro está estacionado diante da entrada do prédio. NA CALÇADA – Míriam ajeita a roupa de Mauro, acerta o cabelo dele com a mão, como se estivesse passando um pente, e dá um beijo no rosto do filho. Daniel tira a mala de Mauro do carro apressadamente. Ele para um instante e olha para – O PRÉDIO, diante dele. O olhar de Daniel é de nostalgia: ele reconhece o lugar.

MAURO – Mãe, eu não quero ficar.
MÍRIAM – Mauro, a gente já falou, não falou?
MAURO – Mas eu não quero ficar.
Daniel traz a mala para junto de Mauro.
DANIEL – Meu pai tá te esperando.
MÍRIAM – Filho, entende, a gente não tá indo porque a gente quer.
MAURO – Por que, então?
Míriam não sabe o que responder. Ela abraça Mauro.
[…]

INT. PRÉDIO, CORREDOR DO TÉRREO – DIA
Mauro caminha pelo longo corredor, carregando a bola e a mala.
Do meio do corredor, Mauro vira-se para trás, como se esperasse ver o fusca azul parado ali. Suspira resignado, como se já tivesse passado antes por essa situação. Segue em frente.
No final do corredor, Mauro se depara com um ELEVADOR ANTIGO. Antes que alcance a porta, ela é aberta pelo lado de dentro. Do elevador saem –
RUTH (35) e sua filha HANNA (13), apenas um pouco mais alta que Mauro. Ambas olham de passagem para ele.
[…]

INT. PRÉDIO, CORREDOR DO SÉTIMO ANDAR – NOITE
Mauro dorme com o rosto colado na porta.
SOM DE ELEVADOR EM MOVIMENTO ecoa pelo corredor.
BARULHO DA PORTA PANTOGRÁFICA se abrindo.

Cena do filme *O ano em que meus pais saíram de férias*.

Mauro desperta. As PERNAS de um homem com calças pretas saem do elevador e caminham em sua direção.

Mauro esfrega os olhos para enxergar melhor.

P.V. DE MAURO – A figura vestida de preto (a roupa está molhada) cresce em sua direção, fora de foco. JUNTO À PORTA – Mauro esfrega os olhos.

P.V. DE MAURO – Mauro enxerga melhor agora. Ele vê a figura de um velho – SHLOMO, 70 –, vestido com roupas típicas de um judeu religioso. JUNTO À PORTA – Mauro se levanta devagar.

MAURO – Vô?

[…]

SHLOMO – Quem é você?

Mauro olha para baixo, em silêncio. Shlomo insiste.

SHLOMO (CONT.) – Como você se chama?

MAURO – Mauro...

SHLOMO – O que você está fazendo aqui?

Mauro fica quieto.

SHLOMO (CONT.) – Núú? Perdeu a língua?

MAURO – Eu vim ficar com meu avô...

SHLOMO – Que avô?

MAURO – O Mótel.

SHLOMO – O barbeiro?

Mauro acena que sim com a cabeça.

SHLOMO (CONT.) – Onde está sua mãe?

Mauro permanece calado fitando o chão.

SHLOMO (CONT.) – E seu pai? Você está sozinho?

Os olhos de Mauro abandonam o chão para fitar os de Shlomo, que suspira num lamento. […]

Shlomo amassa a cara inteira dentro da concha da mão.

Soa um TROVÃO.

INT. APARTAMENTO DO SHLOMO, SALA – NOITE – Mauro dorme no sofá de Shlomo. Shlomo – soturno, abalado – observa o menino dormir, enquanto escuta a chuva, que parece soar como uma triste melodia.

EXT. CEMITÉRIO ISRAELITA – DIA – Mauro acompanha o cortejo fúnebre do avô. Shlomo vai ao lado de Mauro. Atrás, seguem as PESSOAS da comunidade judaica e da vizinhança.

EXT. CEMITÉRIO ISRAELITA – DIA
RABINO SAMUEL (60) conduz a cerimônia religiosa, rezando em hebraico.
RABINO SAMUEL (Oração em hebraico que é ouvida ao longo de toda a cena.)
Mauro, a única criança presente, está ao lado de Shlomo.

Shlomo apanha um SOLIDÉU da mão de Mauro e o arruma sobre a cabeça do menino.

Mauro olha para cima, para Shlomo, e o solidéu cai no chão.
Atrás dele, RAQUEL BEREZOVSKI (47) apanha o solidéu e, com o auxílio de um grampo, prende-o nos cabelos de Mauro. […]

EXT. PRÉDIO RESIDENCIAL – DIA […] Shlomo despede-se do motorista com um aceno de mão. O carro parte. Eles estão vestidos com as mesmas roupas do enterro.
Mauro ainda tem o solidéu na cabeça. Sozinhos na calçada, à frente da entrada do prédio, Shlomo e Mauro estão visivelmente embaraçados com a situação.
SHLOMO (EM IÍDICHE) – Eu não vou demorar...
Mauro claramente não entende o que Shlomo diz. Shlomo dá alguns passos, vira-se para Mauro que permanece imóvel.
Shlomo para, volta até Mauro, retira uma CHAVE DO CHAVEIRO e a estende em sua direção. Mauro apanha a chave.
SHLOMO (CONT.) – Pode subir. Eu já volto.
[…]

Sentada na porta do edifício está Hanna, centro das atenções de um bando de GAROTOS. Todos falam com ela ao mesmo tempo. Mauro troca olhares com Hanna enquanto caminha em direção à entrada do edifício. [...]

EXT. SINAGOGA – DIA
Shlomo entra na sinagoga.
INT. SINAGOGA, CÂMARA PRINCIPAL – DIA
[…]
SHLOMO – […] E o menino?
RABINO SAMUEL – Que menino?
SHLOMO (EXASPERADO) – O menino tá na minha casa! Mas onde ele vai ficar?
RABINO SAMUEL – Cadê os pais dele?
SHLOMO – Nem aqui nem ali...
[…]
RABINO – Fica tranquilo. Os pais vão ligar.
[…]

INT. SINAGOGA – NOITE
Os MORADORES judeus do prédio e outros JUDEUS da comunidade do Bom Retiro estão em uma espécie de assembleia com Shlomo e o rabino Samuel.
Shlomo está colérico. […]
SHLOMO – Eu não sou da família dele e não tenho culpa se os pais não ligam pro filho.
[…]
RABINO SAMUEL – O problema não é o menino. O problema é saber por que os pais dele não voltam.
Shlomo faz cara de preocupado.
SHLOMO (MAL-HUMORADO) – Do que você está falando?
RABINO SAMUEL – Shlomo, Shlomo... Onde você pensa que está morando? Vocês não ouvem falar das coisas que andam acontecendo?
Todos ficam em silêncio, pensando em como responder à pergunta do rabino.
ISAAC – O rabino acha que eles tão metidos com política?
Shlomo bate na testa, como se fizesse uma grande descoberta.
RAQUEL – Já que vocês tão falando, eu vou dizer: tá todo mundo dizendo que o Daniel Stein virou comunista!
IDA – Comunista? O Dan?
RAQUEL – Comunista, sim. E vocês sabiam que é muito perigoso ficar com um menino nessa situação?

[...]

RABINO SAMUEL – Comunista!? Meu Deus! Agora vocês estão passando dos limites. O Daniel, filho do nosso querido Mótel Stein, avisou que está de férias, todos entenderam? Férias!

RAQUEL – Certo. Férias!

O rabino se dirige a Shlomo.

RABINO SAMUEL – Shlomo, se Deus deixou esse menino na sua porta, ele deve ter as razões d'Ele. Ninguém pode fugir às responsabilidades que Deus nos dá. [...]

Shlomo faz cara de quem está contrariado.

[...]

EXT. RUA – DIA
Mauro e Hanna andam altivamente pelas ruas.
Mauro respira fundo. [...]

HANNA – E os seus pais?

MAURO – Que que tem?

HANNA – Pra onde eles foram viajar?

MAURO – Hamm?

Nesse exato momento, Mauro e Hanna passam por uma BANCA DE JORNAL –
Mauro olha as manchetes ali estampadas.

P.V. DE MAURO – JORNAL
Manchete de a Gazeta Esportiva:
BRASIL JÁ ESTÁ NO MÉXICO

VOLTA PARA MAURO E HANNA –
Mauro dispara a resposta no improviso...

MAURO (CONT.) – ... pro México.

HANNA – Pro México!? Uau! Eles foram ver a Copa do Mundo e não te levaram?

MAURO (AFLITO) – É que eles foram trabalhar.

HANNA – Mas eles não estavam de férias?

MAURO – Não... Quer dizer. Eles vão voltar pra ver a Copa... aqui... Comigo!

HANNA – Ah, então eles vão voltar logo!

MAURO – É!

[...]

INSERT – JORNAL DA ÉPOCA
Primeira página de jornal da época com MANCHETE que anuncia o primeiro jogo do Brasil na Copa do Mundo de 1970.

MAURO (V.O.) – Até que não demorou tanto assim. E o grande dia tinha chegado.

INT. APARTAMENTO DO RABINO SAMUEL, SALA – FIM DE TARDE
Rabino Samuel mexe nos controles da TV, tentando, sem muito sucesso, melhorar a imagem cheia de chuviscos.

MAURO (V.O.) – O Brasil parou pra ver o jogo.

INT. APARTAMENTO DO SEU MACHADO – FIM DE TARDE
Dona Rosa e seu Machado penduram uma bandeira do Brasil na janela.
EXT. MURO – FIM DE TARDE

Cartaz do filme.

Shlomo e Mauro se abraçam após a partida dos pais de Mauro.

Frase pichada [...]: *ABAIXO A DITADURA* –
FUNDE PARA:
BANDEIRA DO BRASIL pintada no mesmo muro. [...]
[...]
MAURO (V.O.) – Todo mundo estava esperando o grande momento. E eu estava esperando o grande momento e os meus pais!
[...]
EXT. PRÉDIO – DIA
Mauro e Míriam, de mãos dadas, saem do prédio com Shlomo.
Na rua, um táxi já os aguarda.
Shlomo fica cada vez mais triste. Mauro, também. Os três param antes do portão. Mauro pega as malas e as entrega para o TAXISTA.
Míriam e Shlomo se abraçam desajeitadamente.
MÍRIAM – Muito obrigada.
SHLOMO – O seu filho é um garoto muito esperto.
Mauro já está junto do táxi.
MAURO – Vem, mãe!
Míriam anda até o táxi. Mauro volta até Shlomo. Mauro e Shlomo se abraçam. E, então, Mauro vai até o táxi e entra desolado. Shlomo acena para Mauro, despedindo-se.
O táxi arranca e se afasta, deixando para trás o velho Shlomo, profundamente emocionado.
INT. TÁXI – DIA – Mauro e Míriam vão em silêncio, no banco de trás.
[...]
MAURO (V.O.) – ... E mesmo sem querer, nem entender direito, eu acabei virando uma coisa chamada exilado. Eu acho que exilado quer dizer quem tem um pai tão atrasado, mas tão atrasado que acaba nunca mais voltando pra casa.
[...]

MUYLAERT, Anna, MANTOVANI, Braulio e GALPARIN, Cláudio. *O ano em que meus pais saíram de férias*. São Paulo: Imprensa Oficial, 2008. (Col. Aplauso). Disponível em: <http://aplauso.imprensaoficial.com.br/edicoes/12.0.813.445/12.0.813.445.txt>. Acesso em: 19 mar. 2015.

Antes de iniciar o estudo do texto, tente descobrir o sentido das palavras desconhecidas pelo contexto em que elas aparecem. Se for preciso, consulte o dicionário.

EXPLORAÇÃO DO TEXTO

Nas linhas do texto

1. Releia o início do roteiro, em que se apresenta a primeira cena.
   a) Onde e quando se passa essa cena?
   b) Que personagens participam dessa cena e como são caracterizadas?

2. Onde se passa a segunda cena?

3. Mais uma personagem é introduzida na cena: a mãe de Mauro.
   a) Como ela é caracterizada fisicamente?
   b) De que forma o autor do roteiro indica como ela se encontra emocionalmente?

4. No trecho seguinte, os pais de Mauro, já em São Paulo, o deixam diante da entrada de um prédio.
   a) Quem mora nesse prédio?
   b) Sem que os pais se deem conta, que fato altera o plano que eles haviam feito para o menino?
   c) O que acontece com o garoto?

Repressão ao movimento pela anistia, em São Paulo, 1978.

O regime militar

Entre 1964 e 1985, o Brasil esteve sob regime militar. O período caracterizou-se pela falta de democracia, supressão de direitos constitucionais, censura aos meios de comunicação e perseguição política aos que eram contrários ao regime.

Essa é a época retratada no filme *O ano em que meus pais saíram de férias* (2006). Os pais de Mauro precisam sair de férias e decidem deixá-lo com o avô paterno. Porém, no dia em que o menino chega, seu avô morre. Mauro se vê, então, obrigado a conviver com a comunidade judaica, em que vivia o avô, da qual desconhece os costumes.

Nas entrelinhas do texto

1. Assim como ocorre em contos, textos dramáticos e romances, a personagem central desse roteiro vive um conflito.
   a) Qual é o conflito vivido por Mauro?
   b) O garoto não sabe por que os pais resolveram sair de férias. Qual é a atitude da mãe a esse respeito, quando ele lhe pergunta a razão da viagem?

2. O roteiro começa com uma lembrança de Mauro, isto é, com um *flashback*.
   a) De que Mauro se lembra?
   b) Que jogo está sendo transmitido pela TV no momento em que se passa a história?
   c) O que Mauro está fazendo enquanto assiste à TV?

Flashback: interrupção de sequência cronológica dos fatos pela inserção de um episódio ocorrido anteriormente.

3. A história de Mauro se passa na época em que o país vivia sob uma ditadura militar.
   a) Que trechos do texto comprovam isso?
   b) Pela leitura do roteiro, é possível compreender por que os pais do menino saíram de férias. Por que isso aconteceu?

209

4. Em alguns trechos do roteiro, gestos e atitudes das personagens permitem ao leitor compreender fatos anteriores aos retratados na narrativa sem que seja necessário explicitá-los. Releia.

   I. "Ele para um instante e olha para – O PRÉDIO, diante dele. O olhar de Daniel é de nostalgia: ele reconhece o lugar."

   II. "Do meio do corredor, Mauro vira-se para trás, como se esperasse ver o fusca azul parado ali. Suspira resignado, como se já tivesse passado antes por essa situação."

   a) Por que o olhar de Daniel, pai de Mauro, é de nostalgia?

   b) Em sua opinião, é possível que Mauro já tivesse passado por situações semelhantes à mostrada no trecho II? Por quê?

5. Releia o final do roteiro.

> "**MAURO** – Vem, mãe!
> Míriam anda até o táxi. Mauro volta até Shlomo. Mauro e Shlomo se abraçam. E, então, Mauro vai até o táxi e entra desolado. Shlomo acena para Mauro, despedindo-se.
> O táxi arranca e se afasta, deixando para trás o velho Shlomo, profundamente emocionado.
> INT. TÁXI – DIA – Mauro e Míriam vão em silêncio, no banco de trás.
> […]
> **MAURO** (V.O.) – ... E mesmo sem querer, nem entender direito, eu acabei virando uma coisa chamada exilado. Eu acho que exilado quer dizer quem tem um pai tão atrasado, mas tão atrasado que acaba nunca mais voltando pra casa."

   a) Nessa cena, somente a mãe está com Mauro. Pelo contexto, o que pode ter acontecido com o pai?

   b) Releia a última fala. Além de ser em V.O., reflete o ponto de vista de Mauro. Esse Mauro que fala é o mesmo da cena no táxi? Por quê?

6. Anote no caderno a afirmação correta. A compreensão da história, em um roteiro cinematográfico, faz-se:

   a) por meio dos diálogos e das rubricas, essenciais para revelar como são as personagens.

   b) por meio das cenas e da descrição das técnicas cinematográficas, essenciais para revelar o que fazem as personagens.

   c) pelo conjunto dos diálogos e cenas e pela indicação das técnicas cinematográficas.

   d) pelo conjunto dos diálogos e das cenas com seus cabeçalhos explicativos.

> **Rubricas** são as indicações (palavras ou frases) escritas entre parênteses para orientação da leitura ou da encenação.

NÃO DEIXE DE ASSISTIR

- *O ano em que meus pais saíram de férias* (Brasil, 2006), direção de Cao Hamburger
  Um retrato do Brasil dos anos 1970, do ponto de vista de um garoto de 12 anos, filho de militantes políticos.

7. Leia um trecho da apresentação do roteiro publicado em livro.

> O roteiro estava pronto para receber a colaboração do time criativo e dos atores durante a filmagem. O resultado harmonioso do processo pôde ser visto na fluidez e beleza dessa história nas telas.
>
> Disponível em: <http://aplauso.imprensaoficial.com.br/edicoes/12.0.813.445/12.0.813.445.txt>. Acesso em: 19 mar. 2015.

a) Um roteiro é escrito com que finalidade?

b) Quais são os leitores de um roteiro cinematográfico, antes e durante as filmagens?

c) Quando um roteiro é publicado como livro, quem são os potenciais leitores?

d) Com que finalidade um roteiro é publicado em livro?

Além das linhas do texto

1. Mauro não entende por que os pais decidem sair de férias em período de aulas e o deixam para trás.

a) O que de fato, nesse contexto, significa "sair de férias"?

b) Se a mãe resolvesse explicar a verdadeira razão de estarem partindo sem ele, o que poderia dizer-lhe?

2. O pai de Mauro, retrato de muitos outros brasileiros que passaram por esses tempos tumultuados, sacrificou sua família e a própria vida na luta por um ideal. Você já ouviu falar de outros brasileiros que tenham feito isso?

3. Leia os versos desta canção.

Sonho impossível

Sonhar
Mais um sonho impossível
Lutar
Quando é fácil ceder
Vencer
O inimigo invencível
Negar
Quando a regra é vender
Sofrer
A tortura implacável
Romper
A incabível prisão

Voar
Num limite improvável
Tocar
O inacessível chão
É minha lei, é minha questão
Virar esse mundo
Cravar esse chão
Não me importa saber
Se é terrível demais
Quantas guerras terei que vencer
Por um pouco de paz
[...]

DARION, Joe; LEIGH, Mitch. (versão para o português HOLLANDA, Chico Buarque; GUERRA, Ruy). Disponível em: <www.chicobuarque.com.br/construcao/mestre.asp?pg=sonhoimp_72.htm>. Acesso em: 4 mai. 2015.

De que modo esses versos refletem a atitude de Daniel, pai de Mauro, em relação à situação política do país naquela época?

COMO O TEXTO SE ORGANIZA

1. A disposição de um roteiro no papel obedece a algumas convenções. Visualmente, além dos espaços em branco entre um bloco e outro, podemos observar que existem as falas das personagens e trechos com orientações a respeito de como, onde e quando ocorrem as cenas. Compare.

Indicações do roteirista	Falas
"INT. PRÉDIO, CORREDOR DO SÉTIMO ANDAR – NOITE Mauro dorme com o rosto colado na porta. SOM DE ELEVADOR EM MOVIMENTO ecoa pelo corredor. BARULHO DA PORTA PANTOGRÁFICA se abrindo. Mauro desperta. As PERNAS de um homem com calças pretas saem do elevador e caminham em sua direção. Mauro esfrega os olhos para enxergar melhor. P.V. DE MAURO – A figura vestida de preto (a roupa está molhada) cresce em sua direção, fora de foco."	"**MAURO (CONT.)** – ... pro México. **HANNA** – Pro México!? Uau! Eles foram ver a Copa do Mundo e não te levaram? **MAURO** (AFLITO) – É que eles foram trabalhar. **HANNA** – Mas eles não estavam de férias? **MAURO** – Não... Quer dizer. Eles vão voltar pra ver a Copa... aqui... Comigo! **HANNA** – Ah, então eles vão voltar logo! **MAURO** – É!"

a) Observe as indicações do roteirista. Que orientações são fornecidas para a realização da cena?

b) Que elementos aparecem junto das falas?

2. A diagramação de um roteiro na página também tem características próprias. Veja.

"Míriam está apreensiva: ouve um SOM DE CARRO. Vai até a –
JANELA.
Míriam espia pela janela e vê –
JANELA – P.V. DE MÍRIAM
Um FUSCA AZUL estaciona diante da casa.
JUNTO À JANELA –
Míriam suspira aliviada.
PELA PORTA –
DANIEL, pai de Mauro, entra aflito na sala."

De que forma são marcados os lugares que a mãe e o pai de Mauro devem ocupar na cena?

3. Releia esta cena.

"INT. PRÉDIO, CORREDOR DO TÉRREO – DIA
Mauro caminha pelo longo corredor, carregando a bola e a mala.
Do meio do corredor, Mauro vira-se para trás, como se esperasse ver o fusca azul parado ali. Suspira resignado, como se já tivesse passado antes por essa situação.
Segue em frente.
No final do corredor, Mauro se depara com um ELEVADOR ANTIGO. Antes que alcance a porta, ela é aberta pelo lado de dentro. Do elevador saem –
RUTH (35) e sua filha HANNA (13), apenas um pouco mais alta que Mauro. Ambas olham de passagem para ele."

a) A primeira linha, em letras maiúsculas, é chamada de cabeçalho. Que tipo de orientações ele dá a respeito da cena?

b) As frases abaixo do cabeçalho narram ações das personagens ou descrevem o cenário?

NÃO DEIXE DE ACESSAR
- http://www.roteirode-cinema.com.br/roteiros.htm

Site que reúne mais de 380 roteiros audiovisuais em língua portuguesa.

4. Nos roteiros de cinema, aparecem sequências narrativas em que se percebe a presença de um narrador (esse narrador desaparecerá no filme). Anote no caderno: em quais dos trechos a seguir há a voz do narrador?

a) "Sentada na porta do edifício está Hanna, centro das atenções de um bando de GAROTOS. Todos falam com ela ao mesmo tempo. Mauro troca olhares com Hanna enquanto caminha em direção à entrada do edifício. [...]"

b) "**MAURO** – Eu vim ficar com meu avô...
SHLOMO – Que avô?
MAURO – O Mótel.
SHLOMO – O barbeiro?"

c) "Mauro desperta. As PERNAS de um homem com calças pretas saem do elevador e caminham em sua direção.
Mauro esfrega os olhos para enxergar melhor."

> Além das **falas das personagens**, um roteiro deve deixar claro, tanto para os leitores comuns como para os envolvidos na realização do filme, quando, onde e como se passa cada cena e que personagens participam dela. Por isso se diz que o roteiro cinematográfico tem elementos comuns às narrativas: tempo, espaço, personagens, narrador e ação.

5. Em um roteiro, a descrição deve corresponder à visão que o espectador terá ao assistir ao filme. Releia esta cena, em que há trechos descritivos.

> "INT. PRÉDIO, CORREDOR DO SÉTIMO ANDAR – NOITE
> Mauro dorme com o rosto colado na porta.
> SOM DE ELEVADOR EM MOVIMENTO ecoa pelo corredor.
> BARULHO DA PORTA PANTOGRÁFICA se abrindo.
> Mauro desperta. As PERNAS de um homem com calças pretas saem do elevador e caminham em sua direção.
> Mauro esfrega os olhos para enxergar melhor."

a) Do ponto de vista de qual personagem a cena é enfocada?

b) Ver a cena pelo mesmo ponto de vista da personagem provoca, possivelmente, que efeitos no espectador?

6. A organização dos diálogos em um roteiro cinematográfico é semelhante à do texto dramático.

a) Como é organizado o diálogo: em discurso direto ou indireto?

b) De que forma é indicada a pessoa que fala?

c) Qual a função das rubricas nesse roteiro cinematográfico?

213

7. Os roteiros cinematográficos devem instruir diretor, técnicos e atores. Releia um trecho em que há V.O. (comentário ou narração de personagem fora da cena).

> "MAURO (V.O.) – O maior jogador de todos os tempos pode estar prestes a marcar seu milésimo gol.
> Os jogadores do Santos se dirigem para o meio de campo.
> NA MESA DE JANTAR –
> A MÃO de MAURO reproduz a cena que acontece no estádio, num jogo de futebol de botão. […]

a) Quais são as cenas que aparecem alternadas nesse trecho?

b) Por que, na primeira cena, a fala de Mauro é em V.O.?

O **roteiro de cinema** serve de base para a realização de um filme. Por isso, deve indicar ao diretor, aos atores e demais envolvidos na produção não apenas o que filmar, mas também como filmar, isto é, os recursos cinematográficos que podem ser utilizados em cada cena.

8. Conheça outras duas técnicas cinematográficas.

- O *insert*: inserção de uma imagem curta e rápida que marca o contexto da época; lembra instantaneamente o passado ou antecipa um evento futuro.
- O *close*: tomada de uma cena em que a câmera focaliza somente o rosto de uma personagem, ou um único objeto, ou parte dele.

a) No contexto desse roteiro, qual é a função do *insert* abaixo?

> "*INSERT* – JORNAL DA ÉPOCA
> Primeira página de jornal da época com MANCHETE que anuncia o primeiro jogo do Brasil na Copa do Mundo de 1970."

b) Nesse roteiro, durante o jogo no Maracanã, transmitido pela televisão, há um *close* de chuteiras e de torcedores. Pensando em *closes* que você tenha visto em filmes, novelas, HQs etc., responda: qual a função de um *close*?

RECURSOS LINGUÍSTICOS

1. Volte ao texto e releia os cabeçalhos de cenas, as rubricas e os trechos narrativos.

a) Qual é o tempo verbal que predomina nesses trechos? Por quê?

b) Esse tempo também predomina nas falas das personagens? Por que razão?

2. Releia estes cabeçalhos de cenas.

> "EXT. TÚNEL DE ESTÁDIO DE FUTEBOL – DIA (FLASHBACK – 1969)"
> "INT. SALA DE JANTAR, CASA DE MAURO / ARQUIVO – JOGO"
> "I/E. ESTRADA / FUSCA AZUL – FIM DE TARDE NA ESTRADA"

a) Trata-se de frases longas ou curtas? Elas contêm verbo?

b) No roteiro, a pontuação predominante nos trechos narrativos e com orientações para as cenas é o ponto final e, nos diálogos, pontos de exclamação, de interrogação e reticências. O que essa pontuação indica aos leitores do roteiro?

A LÍNGUA NÃO É SEMPRE A MESMA

1. Releia algumas falas.

> "MÍRIAM — Mauro, **a gente** já falou, não falou?"
> "DANIEL — Meu pai **tá** te esperando.
> MÍRIAM — Filho, entende, **a gente** não **tá** indo porque **a gente** quer."

a) Observe as expressões destacadas, típicas da fala informal. A informalidade da linguagem é adequada ao perfil das personagens e à situação de comunicação? Explique.

b) Encontre nas demais falas do roteiro outras marcas de oralidade.

c) Nas rubricas, nos cabeçalhos de cena e nos trechos do narrador, também há marcas de oralidade?

d) Nesses trechos a linguagem segue a norma-padrão?

> Nos roteiros cinematográficos, a **linguagem** das rubricas, dos cabeçalhos de cena e dos trechos narrativos segue, em geral, a norma-padrão. Já nas falas, a linguagem apresenta-se adequada às personagens e ao contexto social em que elas se movem.

2. Releia este trecho e observe os termos destacados.

> "**EXT.** TÚNEL DE ESTÁDIO DE FUTEBOL — DIA (*FLASHBACK* — 1969)"

As palavras destacadas são termos técnicos específicos da linguagem cinematográfica, a que damos o nome de jargão. Qual é a relação entre o uso de termos técnicos e a finalidade do gênero roteiro?

NÃO DEIXE DE LER

- *Meninos sem pátria*, de *Luiz Puntel,* Editora Ática
A história de dois irmãos, filhos de um jornalista perseguido por questões políticas. A família é obrigada a deixar o país para viver no exílio.

Jargão: linguagem própria de determinados grupos sociais e profissionais, com vocabulário específico, frequentemente difícil de ser entendido por quem não é da área.

PARA LEMBRAR

Roteiro de cinema

- **Intenção principal** → pré-visualização do filme, organização das cenas de um filme, indicação de falas, gestos e modo de atuação
- **Publicação** → livros, *sites* da área
- **Leitores** → profissionais envolvidos na realização do filme (diretor, atores, figurinista, cenógrafo etc.) / público interessado em geral
- **Organização** → contém elementos das narrativas em geral: tempo, espaço, personagens, narrador, ação → cabeçalho / rubricas / trecho narrativo / falas
- **Linguagem** →
  - nos blocos de cenas → de acordo com a norma-padrão e com termos específicos da linguagem cinematográfica
  - nas falas → de acordo com as personagens

DEPOIS DA LEITURA

Os gêneros do cinema

Os filmes a que você assiste no cinema são classificados de acordo com alguns gêneros específicos, que não correspondem, necessariamente, aos gêneros textuais que estudamos. O filme *O ano em que meus pais saíram de férias*, por exemplo, é classificado como drama. Leia algumas sinopses de filmes e conheça alguns gêneros.

> **Drama** pode ser utilizado em diferentes sentidos: entendido como sinônimo de texto literário para ser encenado, ou um tipo de peça situada entre uma comédia e uma tragédia. Atualmente, é entendido como uma peça (ou filme, conto, novela, romance) séria, com final, muitas vezes, infeliz.

Missão impossível – Protocolo Fantasma

Acusado pelo bombardeio terrorista ao Kremlin, o agente Ethan Hunt é desautorizado junto com o resto da agência, quando o Presidente dá início ao "Protocolo Fantasma". Deixado sem qualquer recurso ou apoio, Ethan tem que encontrar uma maneira de limpar o nome de sua agência e prevenir um outro ataque.
Elenco: Tom Cruise, Jeremy Renner, Paula Patton, Jonathan Rhys Meyers [...]
Direção: Brad Bird   **Duração**: 132 min.
Gênero: Ação   **Distribuidora**: Paramount
Classificação: 14 anos

Disponível em: <www.cinemark.com.br/filmes/em-cartaz>. Acesso em: 13 jan. 2015.

Uma noite no museu 3

O segurança Larry Daley [...] descobre que a peça que faz os objetos do museu ganharem vida está sofrendo um processo de danificação. Com isso, todos dos amigos de Larry correm o risco de não ganharem mais vida. Para tentar salvar a turma, ele vai para Londres pedir a orientação do faraó [...] que está em exposição no museu local.
Genero: Aventura   **Diretor:** Shawn Levy
Elenco: Ben Stiller, Rebel Wilson, Ben Kingsley, Robin Williams [...]
Duração: 98 min.

Disponível em: <www.playartepictures.com.br/filme/uma-noite-no-museu-3>. Acesso em: 4 mai. 2015

A culpa é das estrelas

A história gira em torno de Hazel e Gus, dois adolescentes que se conhecem em um grupo de apoio a pacientes com câncer, e compartilham, além do humor ácido e do desdém por tudo o que é convencional, uma história de amor que os faz embarcar em uma jornada inesquecível.
Elenco: Shailene Woodley, Ansel Elgort, Nat Wolff, Willem Dafoe, Laura Dern [...]
Gênero: Drama, romance   **Diretor:** Josh Boone
Duração: 125 min.   **Classificação:** 12 anos

Disponível em: <www.cinepolis.com.br/filmes/filme.php?cf=6200>. Acesso em: 4 mai. 2015

Os pinguins de Madagascar

Os pinguins Capitão, Kowalski, Rico e Recruta, da franquia de animação Madagascar, ganham a sua própria aventura, compondo uma tropa de elite entre os animais. [São capturados em uma missão e acabam caindo nas garras de um terrível vilão.]
Direção: Simon J. Smith, Eric Darnell
Gênero: Aventura
Duração: 91 min.
Distribuidora: Fox Films   **Classificação**: Livre

Disponível em: <http://m.ne10.uol.com.br/cinema/2015/05/13/os-pinguins-de-madagascar.php>. Acesso em: 13 jan. 2015.

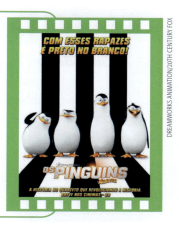

A hora da escuridão

Após um ataque alienígena que destrói a Rússia, grupo de jovens batalha para sobreviver.
Elenco: Rachael Taylor, Emile Hirsch, Olivia Thirlby, Joel Kinnaman [...]
Direção: Chris Gorak
Gênero: Terror
Duração: 89 min.
Distribuidora: Fox Films
Classificação: 12 anos

Disponível em: <http://www.cinemark.com.br/filmes/em-cartaz>. Acesso em: 13 jan. 2015.

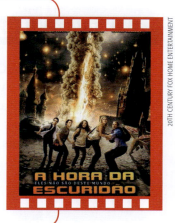

1. Pela leitura das sinopses, quais são as características que fazem com que o filme *Missão impossível – Protocolo Fantasma* seja classificado como gênero de ação?

2. Pela sinopse, quais desses filmes poderiam se passar nos dias de hoje?

3. Observe a classificação dos filmes por idade.
    a) Qual é o suposto perfil do espectador de um filme como *Os pinguins de Madagascar*? Público infantil ou adulto? Justifique.
    b) E o público dos filmes *A hora da escuridão* e *A culpa é das estrelas*? Justifique.

4. Leia as sinopses a seguir e no caderno anote a que gênero pertencem.

A teoria de tudo

Baseado na biografia de Stephen Hawking, o filme mostra como o jovem astrofísico (Eddie Redmayne) fez descobertas importantes sobre o tempo, além de retratar o seu romance com a aluna de Cambridge Jane Wide (Felicity Jones) e a descoberta de uma doença motora degenerativa, quando tinha apenas 21 anos.

Disponível em: <www.adorocinema.com.br>. Acesso em: 16 mar. 2015.

Gravidade

Matt Kowalski (George Clooney) é um astronauta experiente que está em missão de conserto ao telescópio Hubble juntamente com a doutora Ryan Stone (Sandra Bullock). Ambos são surpreendidos por uma chuva de destroços decorrente da destruição de um satélite por um míssil russo, que faz com que sejam jogados no espaço sideral. Sem qualquer apoio da base terrestre da NASA, eles precisam encontrar uma forma de sobreviver em meio a um ambiente completamente inóspito para a vida humana.

Disponível em: <www.adorocinema.com.br>. Acesso em: 16 mar. 2015.

DO TEXTO PARA O COTIDIANO

O protagonista de *O ano em que meus pais saíram de férias*, Mauro, vive as consequências de um drama familiar: seu pai é uma das vítimas do chamado Golpe Militar de 64, quando os militares tomaram o poder no país e suprimiram as eleições diretas para presidente da República. O que aconteceu depois, que possibilitou ao país viver na democracia em que hoje estamos?

Leia o texto.

Campanha deu impulso à redemocratização do país

Entre os últimos meses de 1983 e abril de 1984, o Brasil foi agitado por um dos maiores movimentos cívicos de sua história: a campanha das "Diretas Já". Grandes manifestações populares aconteceram em todo o país, reivindicando o restabelecimento das eleições diretas para presidente da República, que haviam sido substituídas por um pleito indireto no Congresso Nacional durante o regime militar.

Disponível em: <http://educacao.uol.com.br/historia-brasil/diretas-ja-campanha-deu-impulso-a-redemocratizacao-do-pais.jhtm>. Acesso em: 4 mai. 2015.

Manifestação de mulheres por eleições diretas ocorrida no Distrito Federal em 1984.

a) Da época retratada no roteiro, quantos anos se passaram até a campanha das "Diretas Já"?

b) Na época das "Diretas Já", Mauro já seria um adulto. Você acredita que ele teria participado desse movimento? Por quê?

c) Segundo o texto, a "Campanha deu impulso à redemocratização do país". Por quê?

d) Em sua opinião, qual a importância das eleições diretas em um país?

Oração reduzida: contexto e sentidos

Leia.

LAERTE. Disponível em: <http://verbeat.org/laerte/2010/12/>. Acesso em: 6 jan. 2012.

1. De acordo com a HQ, a avó contava histórias a Lola para que ela adormecesse.
   a) Na situação mostrada, foi preciso a avó contar histórias para que a andorinha dormisse? Explique.
   b) Releia.

   > Ela contava histórias **até eu dormir**.

   Se esse período fosse organizado desta outra maneira: "Ela contava histórias até **que eu dormisse**.", haveria mudança de sentido?
   c) Nas duas orações destacadas, qual é a relação estabelecida entre a oração principal e a subordinada?

2. Compare as duas orações subordinadas: **até eu dormir** e **até que eu dormisse**. Que diferenças existem entre as duas:
   a) quanto ao emprego das formas verbais utilizadas?
   b) quanto ao uso de conjunções?

3. Compare uma frase do roteiro com uma versão um pouco diferente dela.

   > I "O táxi arranca e se afasta, **deixando para trás o velho Shlomo** [...]"
   >
   > II O táxi arranca e se afasta, **enquanto deixa para trás o velho Shlomo**.

   a) A substituição de **deixando** por **enquanto deixa** muda o sentido global da frase?
   b) Quais são as diferenças de organização entre as duas orações destacadas quanto ao uso das formas verbais e das conjunções?
   c) Qual das duas orações destacadas é reduzida?
   d) Qual das três formas nominais do verbo foi empregada nessa oração reduzida?

219

4. Leia este texto sobre os mangues amazônicos.

> A fauna dos mangues é rica. Entre as aves, merecem destaque a garça, o guará, com sua plumagem de um vermelho intenso, quando adulto, e diversas espécies de maçaricos. [...] Humanos também ocupam os manguezais há tempos. Tribos pré-colombianas já usavam seus recursos, mas foi com a chegada dos europeus, experientes na exploração dos manguezais da África e da Ásia, e depois, com a chegada de escravos, que o uso desse ecossistema intensificou-se no Brasil. A extração de substâncias da casca de árvores, usadas para curtir couros e na medicina popular, e a transformação em lenha foram os principais usos dos manguezais na época.
>
> Disponível em: <http://www.dgabc.com.br/News/5774326/manguezais-as-florestas-da-amazonia.aspx>. Acesso em: 4 mai. 2015.

a) Anote a resposta mais adequada no caderno. Pode-se deduzir, das informações dadas no texto, que:

I. a chegada dos europeus mudou a forma de explorar os manguezais brasileiros.

II. o fato de os humanos ocuparem os manguezais há muito tempo é o responsável pela degradação desse ambiente.

b) No último período há um verbo no particípio. Qual é ele?

c) Qual o gênero e o número dessa forma nominal do verbo? Com que substantivo ela concorda?

d) Essa forma nominal tem a função de um adjetivo. Reescreva o período em que ela se encontra, transformando o trecho **usadas para curtir couros e na medicina popular** em uma oração desenvolvida.

e) Nessa reescrita, você acrescentou uma conjunção ou um pronome?

> A oração subordinada que não é introduzida por conjunção nem por pronome relativo e que tem o verbo no infinitivo, gerúndio ou particípio é chamada de **oração subordinada reduzida**. A oração que é introduzida por uma conjunção ou locução conjuntiva é chamada de oração desenvolvida.

5. Reescreva estes provérbios e ensinamentos no caderno, transformando as orações desenvolvidas destacadas em orações reduzidas.

a) Seja dono da sua boca, **para que não seja escravo de suas palavras**.

b) Eduquem as crianças, e não será preciso **que se castiguem os homens**.

c) Gato **que foi escaldado** tem medo de água fria.

6. De que forma os provérbios ficam mais concisos: com a oração subordinada desenvolvida ou reduzida?

7. Observe a repetição da palavra **que** nestes períodos. Reescreva-os no caderno, transformando a oração desenvolvida destacada em reduzida.

a) Acredito **que terei de passar por problemas** que não posso resolver.

b) As obras **que se realizaram na cidade** fizeram com que o prefeito se reelegesse.

c) Quando sentimos **que estamos cansados**, é preciso **que façamos** uma pausa.

8. Leia a charge abaixo.

ALPINO. *Folha de Vitória*. Disponível em: <http://www.folhavitoria.com.br/site/?target=coluna&ch=762d462c2b94af050576e1069de4c6a&cid=36>. Acesso em: 6 jan. 2012.

a) Explique o desacordo que há entre a fala da personagem e a situação.

b) Na fala da personagem, há uma oração reduzida de gerúndio.

"Só acredito **vendo**."

I. Essa oração poderia ser desenvolvida de duas formas diferentes. Escreva-as no caderno.

II. Que conjunções você usou e que circunstância cada uma delas indica?

III. Em sua opinião, há diferença de sentido entre as duas orações que desenvolveu? Explique.

> As **orações reduzidas**, principalmente as de gerúndio, podem admitir mais de uma interpretação.

9. Leia o fragmento de um comentário publicado em um *site* de Portugal.

> [...] Eu sou só uma idiota, porque idiota morrerei **a dizer** as verdades sobre esta sociedade; porque, [...] se um ignorante me chama de idiota, [...] eu só posso considerar isso, muito [...] obviamente, um elogio!:)
>
> Disponível em: <http://www.esquerda.net/comment/reply/22371/14056>. Acesso em: 16 mar. 2015.

Destacamos acima uma oração reduzida de infinitivo.

a) Que circunstância a oração reduzida apresenta em relação à principal?

b) Como seria possível desenvolvê-la usando uma conjunção para iniciá-la?

c) No português do Brasil, seria esperado que nos expressássemos da mesma forma?

teia do saber

1. Leia a chamada do anúncio ao lado.

   a) Você já sabe que um texto publicitário nem sempre vende um produto; às vezes, sua intenção é divulgar uma empresa, associando-a a um conceito ou causa social. A que conceito se refere esse anúncio do Serviço de Apoio às Micro e Pequenas Empresas (Sebrae)?

   b) Há uma oração reduzida em "Cuidando da natureza cuidamos de nós mesmos". Reescreva-a, transformando-a em uma oração desenvolvida, introduzida por conjunção.

   c) Qual é a relação estabelecida entre as orações pela conjunção que você usou?

   d) Compare a oração reduzida com a oração desenvolvida que você escreveu. Qual delas estabelece uma comunicação mais rápida e direta com o leitor?

2. Leia este trecho de uma reportagem a respeito do futuro da TV.

Revista *Amazônia Digital*. Disponível em: <http://www.revistaamazonia.com.br/>. Acesso em: 6 jan. 2012.

> [...]
> Nos Estados Unidos, as empresas estão se mexendo para combater um cenário negativo. Atingidas pela pirataria e pela multiplicação dos meios de assistir aos programas, as emissoras ABC, CBS, NBC e Fox perderam 2,5 milhões de espectadores entre fevereiro de 2006 e o mesmo mês de 2007. [...]
>
> Revista *Galileu*. Disponível em: <http://revistagalileu.globo.com/Revista/Galileu/0,,EDR86850-7943,00.html>. Acesso em: 4 jun. 2015.

   a) No primeiro período composto do trecho acima, a oração "para combater um cenário negativo" exprime causa, condição, finalidade ou consequência em relação à oração principal ("Nos Estados Unidos, as empresas estão se mexendo")?

   b) A oração "para combater um cenário negativo" é uma oração reduzida. Reescreva-a no caderno na forma desenvolvida.

   c) Qual dos tipos de oração – reduzida ou desenvolvida – expressa de forma mais concisa o objetivo que as empresas querem atingir? Em sua opinião, qual delas é mais clara?

3. Releia.

> "**Atingidas pela pirataria e pela multiplicação dos meios** de assistir aos programas, as emissoras [...] perderam 2,5 milhões de espectadores [...]."

Anote no caderno a alternativa em que a oração reduzida de particípio destacada foi desenvolvida sem alterar o sentido do trecho.

222

a) Porque foram atingidas pela pirataria e pela multiplicação dos meios de assistir aos programas, as emissoras perderam 2,5 milhões de espectadores.

b) As emissoras perderam 2,5 milhões de espectadores, mas foram atingidas pela pirataria e pela multiplicação dos meios de assistir aos programas.

c) A pirataria e a multiplicação dos meios de assistir aos programas atingiram as emissoras, embora elas tenham perdido 2,5 milhões de espectadores.

d) Como foram atingidas pela pirataria e pela multiplicação dos meios de assistir aos programas, as emissoras perderam 2,5 milhões de espectadores.

4. Leia o trecho e observe as formas nominais destacadas.

> **Araponga**
> A fêmea é esverdeada, de cabeça cinza e garganta e peito estriados de cinza. Vive em matas bem preservadas, **desaparecendo** em fragmentos [de mata] isolados. Sua vocalização é extremamente forte e característica, **lembrando** o som de um martelo **batendo** em uma bigorna.
>
> DEVELEY, Pedro. *Aves da Grande São Paulo*: guia de campo. São Paulo: Aves e Fotos Ed., 2004.

a) Que oração desenvolvida pode corresponder à reduzida "desaparecendo em fragmentos [de mata] isolados"?

b) E à oração "lembrando o som de um martelo"?

c) E à oração "batendo em uma bigorna"?

5. Leia esta tira.

WATTERSON, Bill. *O Estado de S. Paulo*, 27 fev. 2011.

a) O pai de Calvin não responde à pergunta do menino. Pela expressão do pai, o que ele parece estar sentindo ou pensando no segundo e no terceiro quadrinhos? Explique.

b) Releia a reflexão de Calvin sobre essa atitude do pai.

> "Eu acho que os adultos só fingem que sabem o que estão fazendo."

Reescreva a frase de Calvin no caderno, substituindo a oração "que sabem" por uma oração reduzida de infinitivo.

c) Compare a fala do último quadrinho com a que você reescreveu. Qual delas lhe parece mais adequada à personagem? Por quê?

FIQUE ATENTO... À AMBIGUIDADE

1. Leia esta frase, observando a oração subordinada reduzida destacada.

    O menino observava os cães **correndo pela praia**.

    a) Quem corria pela praia: o menino ou os cães?
    b) Qual o sujeito de **correndo**?
    c) Reescreva a frase, desenvolvendo a oração reduzida, de modo a eliminar a ambiguidade.

> Como as formas nominais do verbo (infinitivo, particípio e gerúndio) não apresentam as flexões indicativas de pessoa e número, as orações reduzidas podem, em alguns contextos, gerar ambiguidade.

Ambiguidade
Quando uma expressão ou frase admite mais de um sentido, dizemos que ela é **ambígua**. A ambiguidade pode ser negativa, quando compromete a compreensão do texto; mas também pode ser um recurso para a criação de efeitos de sentido diversos, como nas propagandas e nos poemas, por exemplo.

2. Leia estes períodos em que não é possível identificar o sujeito da oração reduzida. Reescreva-os no caderno, desfazendo essa ambiguidade.

    a) **Escondidas** atrás das árvores, as crianças viram várias armadilhas na mata.
    b) **Tendo**, na época, apenas 19 anos, meu primo não exercia muita influência sobre mim.
    c) **Entrando** na loja apressado, vi um homem muito estranho com um guarda-chuva preto no braço.

REVISORES DO COTIDIANO

Leia este trecho de uma notícia que foi publicada em um jornal anos atrás.

Pelé critica futebol movido por dinheiro

Budapeste (APF) – O dinheiro destruiu a beleza, o atrativo e o lado espetacular do futebol, pois os patrocinadores de hoje só exigem eficiência e gols, Pelé comentou ontem em Budapeste.

"Os jogadores de hoje já não jogam por prazer. [...]"

A Tarde, 6 ago. 1994. Apud: ILARI, Rodolfo. *Introdução ao estudo do léxico*. São Paulo: Contexto, 2003.

1. Esse trecho contém uma frase ambígua. Qual é ela?
2. Por que ela é ambígua?
3. Pelo contexto, é possível compreender o sentido dessa frase. Se você fosse o revisor do jornal, que outra redação proporia para ela, a fim de torná-la clara?

ANDRÉ FLAUZINO

LEITURA 2

ANTES DE LER

1. Você sabe o que são campanhas educativas? E o que as diferencia das campanhas publicitárias em geral?
2. Você se lembra de alguma campanha educativa? Qual?
3. Em sua opinião, que campanhas educativas seriam necessárias em nosso país?
4. Para fazer uma propaganda de campanha educativa também é necessário um roteiro. Como você imagina que seja esse roteiro?

Você vai ler o roteiro de uma propaganda para a TV que foi produzida para uma campanha de educação no trânsito. Quais serão as principais semelhanças e diferenças entre o roteiro de um filme e o de uma propaganda de TV? Leia e descubra.

Semana do trânsito

Faixa de Pedestre e Fiscalização

Marcelo Abud / Paulo Toledo
Agosto/2000

PROJETO SEMANA DO TRÂNSITO
CLIENTE DENATRAN
TEMA FAIXA DE PEDESTRES E FISCALIZAÇÃO
ROTEIRO CENTRAL DE CRIAÇÃO
[...]
VERSÃO III
DATA 24/8/2000
OBS.: TRECHOS DA MÚSICA "SINAL DE VIDA" (MORAES MOREIRA) PODEM SERVIR COMO BG SEMPRE QUE SURGIR O SLOGAN DA CAMPANHA E EM CENAS DE RESPEITO À FAIXA.
(AS PALAVRAS GRIFADAS NO TEXTO APARECEM EM LETTERINGS NA TELA)

SEQUÊNCIA 1. EXT. DIA / RUAS
VEMOS CENAS DE CAMPO DE FUTEBOL SENDO PREPARADO PARA JOGO (SENDO REGADO, GRAMA CORTADA, E SENDO PINTADO COM AS MARCAS DA PEQUENA ÁREA REFORÇADAS) EM FUSÃO COM FAIXA DE PEDESTRE SENDO PINTADA EM ASFALTO.

SEQUÊNCIA 2. EXT. DIA / RUAS – CLIP
SÃO MOSTRADOS "FLAGRANTES" DE MOTORISTAS DESRESPEITANDO A FAIXA, PARANDO EM CIMA DELA, CRUZANDO SEMÁFORO VERMELHO, ETC. (DURANTE ESTAS CENAS OUVIMOS E VEMOS EM MEIA FUSÃO TORCIDA VAIANDO)...

No roteiro aparecem algumas abreviações e termos técnicos. Veja os significados:

- **LETTERING**: o texto que aparece na tela.
- **BG** (ou *background*): som ambiente ou música de fundo que acompanha a fala do repórter.
- **Take**: tomada; filmagem de uma cena.
- **Fusão**: desaparecimento gradual de uma imagem, simultâneo ao aparecimento de outra.
- **Vinheta**: trecho musical que inicia ou separa as seções de um programa, dando-lhe uma identidade.
- **Meia fusão**: mistura de duas imagens, baixando-se a opacidade de uma delas.
- **GC**: termo técnico que indica os créditos de uma matéria.

SEQUÊNCIA 3. EXT. DIA / POVO FALA

REPÓRTER (QUE NÃO PRECISA APARECER) PERGUNTA A ALGUNS MOTORISTAS QUE PARARAM EM CIMA DA FAIXA POR QUE ELES FIZERAM ISSO.

AS RESPOSTAS DEVERÃO TRAZER COMENTÁRIOS DO TIPO: "ESTOU ATRASADO", "NÃO DEU TEMPO DE BRECAR", "É QUE O FAROL FECHOU MUITO RÁPIDO", ETC...

SEQUÊNCIA 4. EXT. DIA / RUA

PESSOAS ATRAVESSANDO NA FAIXA DE PEDESTRES E TENDO QUE DESVIAR DE CARROS QUE ESTÃO PARADOS EM CIMA DELA, PASSAM E SE IRRITAM COM O MOTORISTA, QUE PARECE NÃO SE IMPORTAR. EM MEIA FUSÃO, VEMOS EM ALGUNS MOMENTOS CENA DE JOGO DE FUTEBOL EM QUE UM JOGADOR SE IRRITA COM O ADVERSÁRIO (QUE "DÁ DE OMBROS"). EM MEIO A ESSAS CENAS, OUVIMOS A VAIA DA TORCIDA NO BG.

LOCUTOR

Tem gente que não dá bola pra faixa de pedestre, e fica embolando o meio de campo de todo mundo... Por isso, o objetivo do Departamento Nacional de Trânsito do Ministério da Justiça é colocar em campo ações que estimulem um entrosamento cada vez melhor entre pedestres, motoristas, motociclistas, enfim, todas as torcidas. Afinal a melhor jogada é sempre o respeito à faixa.

SEQUÊNCIA 5. *LETTERING* (CÓDIGO)

COMO NO PRIMEIRO VÍDEO (EDUCAÇÃO), O CÓDIGO DE TRÂNSITO BRASILEIRO É MOSTRADO E EM SEGUIDA VIRA UM PAPEL DE FUNDO, SERVINDO COMO TEXTURA PARA O ARTIGO 70 QUE VAI APARECENDO EM SINCRONIA COM A LOCUÇÃO.

LOCUTOR

O Código de Trânsito Brasileiro é uma importante ferramenta que, se bem usada, garante um jogo limpo. Mas é preciso que todos façam a sua parte. O artigo 70, do capítulo IV, que trata dos Pedestres e Condutores de Veículos Não Motorizados, diz: "<u>Os pedestres que estiverem atravessando a via sobre as faixas delimitadas para esse fim terão prioridade de passagem [...] Nos locais em que houver sinalização semafórica de controle de passagem será dada preferência aos pedestres que não tenham concluído a travessia, mesmo em caso de mudança do semáforo liberando a passagem do veículo.</u>"

SEQUÊNCIA 6. EXT. DIA / RUA
PEDESTRE REALIZA TRAVESSIA, O SEMÁFORO ABRE PARA O MOTORISTA, QUE ESPERA QUE ELE TERMINE DE ATRAVESSAR PARA SÓ ENTÃO SAIR. VEMOS A TORCIDA FAZENDO "OLA" E INCENTIVANDO O TIME (SELEÇÃO BRASILEIRA) EM MEIA FUSÃO.
LETTERING CORRE A TELA: "FAIXA DE PEDESTRES – A VIDA PEDE PASSAGEM"

LOCUTOR
O código existe para ser cumprido e orientar, não para criar uma disputa...

SEQUÊNCIA 7. ARQUIVO
CENAS DE VÁRIOS JUÍZES DE FUTEBOL EM AÇÃO NO CAMPO, *CLOSES* DELES APITANDO, EXPULSANDO ALGUM JOGADOR, INDICANDO PARA O JOGO CONTINUAR, FUNDE COM CENAS DE AGENTES DE TRÂNSITO, TAMBÉM APITANDO, INDICANDO CAMINHO, MANDANDO SEGUIR E, QUANDO NECESSÁRIO, APLICANDO MULTA.

Agente de trânsito.

LOCUTOR
E para que isto possa acontecer com o menor número de faltas possível, uma presença é muito importante: o agente de trânsito. Como no caso do juiz de futebol, ele é incompreendido por alguns, que acham que só está na rua para punir. Na verdade, do mesmo jeito que um árbitro é escalado para dar um bom andamento ao jogo, o agente de trânsito não torce nem para um lado nem para o outro, ele está na rua para orientar motoristas e pedestres e garantir a segurança no trânsito.

SEQUÊNCIA 8. EXT. DIA / RUA
SÃO MOSTRADOS AINDA AGENTES DE TRÂNSITO APENAS ORIENTANDO O TRÂNSITO, COM GESTOS CARACTERÍSTICOS. CÂMERA MOSTRA CARRO (ONDE ESTÃO PAI E FILHO, QUE VESTE UMA CAMISA DA SELEÇÃO BRASILEIRA) PARADO ANTES DA FAIXA. AQUI PODE SER FEITA UMA FUSÃO COM O JUIZ COLOCANDO A BARREIRA NO LUGAR PARA QUE A FALTA POSSA SER COBRADA.

SEQUÊNCIA 9. MATERIAL DE CAMPANHA
CENAS DE MATERIAL GRÁFICO E OUTROS QUE FAÇAM PARTE DA SEMANA DO TRÂNSITO E QUE TRAGAM O *SLOGAN* DESTE ANO. EM MEIA FUSÃO TORCIDA FAZENDO "OLA" E APLAUDINDO.

LOCUTOR
Neste ano, o DENATRAN determinou para a Semana do Trânsito o tema: "Faixa de pedestres – a vida pede passagem". A educação em trânsito é o principal objetivo de todas as ações que vêm sendo desenvolvidas.

SEQUÊNCIA 10. EXT. DIA / RUA – CLIP
CENAS DE PEDESTRES "FISCALIZANDO" OUTROS PEDESTRES: PAI VAI ATRAVESSAR COM O FILHO FORA DA FAIXA E O MENINO APONTA A FAIXA MAIS À FRENTE; PEDESTRE INDICANDO PARA MOTORISTA QUE ESTÁ PARADO UM POUCO ALÉM DA FAIXA, CENA DE "CAÇAMBA QUE RECOLHE ENTULHO" COLOCADA SOBRE FAIXA DE PEDESTRES ETC. EM MEIA FUSÃO, PODEM SURGIR CENAS DE TÉCNICOS FAZENDO GESTOS PARA JOGADORES, ORIENTANDO A EQUIPE NA BEIRA DO GRAMADO.
LETTERING CORRE A TELA: FAIXA DE PEDESTRES – A VIDA PEDE PASSAGEM

LOCUTOR
Porém, para que a campanha apresente um resultado positivo, é preciso que todos joguem a favor desta ideia. Neste sentido, a fiscalização assume um importante papel. Esta fiscalização não depende apenas do agente de trânsito. É preciso que todos vistam a camisa e entrem em campo para que a faixa de pedestres seja uma ideia campeã.

SEQUÊNCIA 11. ARQUIVO
EM JOGO DE FUTEBOL JOGADOR FAZ FALTA GRAVE E É EXPULSO, FUNDE PARA RUA COM CARRO PARANDO EM CIMA DA FAIXA.
AGENTE DE TRÂNSITO APONTA PARA MOTORISTA, SINALIZANDO QUE ESSA É A SEGUNDA VEZ, E O MULTA. OUVIMOS VAIAS E A TORCIDA "RECLAMANDO" ENQUANTO A CENA ACONTECE.

LOCUTOR
E quem manda a educação para escanteio deve ser punido. Desrespeitar a faixa é uma falta grave... quem cometer pode ser surpreendido com multas...

SEQUÊNCIA 12. EXT. DIA / RUA + ARTE EM GC
CENAS ONDE MOTORISTA NÃO DÁ PREFERÊNCIA PARA PEDESTRE QUE JÁ INICIOU TRAVESSIA. VAIAS EM BG.

LOCUTOR
É falta grave o motorista não dar prioridade ao pedestre que se encontre atravessando ou prestes a iniciar a travessia da rua...
CONGELA A CENA, EM CIMA DELA VEMOS EM COMPUTAÇÃO UMA ESPÉCIE DE CARIMBO: **FALTA GRAVE = R$ 120,00**. OUTRO CARIMBO INDICA: **5 PONTOS NA CARTEIRA**.

LOCUTOR
... a multa, neste caso, é de cento e vinte reais e cinco pontos na carteira.
CENA DE CARRO PARANDO SOBRE A FAIXA. VAIAS EM BG.
LOCUTOR
Parar o veículo sobre a faixa de pedestres na mudança de sinal luminoso...

CONGELA A CENA, EM CIMA CARIMBO: **FALTA MÉDIA = R$ 80,00**. OUTRO CARIMBO INDICA: **4 PONTOS NA CARTEIRA**.

LOCUTOR
... é falta média, com multa de oitenta reais, e quatro pontos na carteira.

SEQUÊNCIA 13. VINHETA
SOBREPONDO-SE A UMA FAIXA DE PEDESTRES LÊ-SE (EM RELEVO/TEXTURA) A INSCRIÇÃO NO ASFALTO: "FAIXA DE PEDESTRES – A VIDA PEDE PASSAGEM"

SEQUÊNCIA 14. EXT. DIA / RUA
AO SOM DE TRECHO DA MÚSICA "SINAL DE VIDA", DE MORAES MOREIRA, VEMOS:
MOTORISTA DESRESPEITANDO FAIXA DE PEDESTRES, DENTRO DO CARRO UMA CRIANÇA O ALERTA, MOTORISTA FICA SEM JEITO E SE DESCULPA.
CRIANÇAS VÃO ATRAVESSAR A RUA FORA DA FAIXA, UM DOS COLEGAS INSISTE PARA QUE ELES FAÇAM A TRAVESSIA NO LOCAL ADEQUADO, DEPOIS DE INSISTIR UM POUCO OS COLEGAS ACEITAM.

LOCUTOR
O uso da faixa de pedestres tem que ser um hábito, assim todo mundo bate um bolão com a segurança. E agora que tal bater uma bola com gente que entende?

SEQUÊNCIA 15. MOMENTO NA FAIXA. EXT. RUA
DEPOIMENTOS DE PESSOAS QUE TENHAM ALGUMA RELAÇÃO COM FUTEBOL, POR EXEMPLO: EX-JOGADOR RAÍ, ÁRBITRO ARNALDO CÉSAR COELHO (OU OUTRO CONHECIDO), TORCEDORES EM ESTÁDIO DE FUTEBOL.
OBS.: OS DEPOIMENTOS DEVEM SER FEITOS COM O ENTREVISTADO ATRAVESSANDO A RUA NA FAIXA DE PEDESTRES, OU MESMO SENTADO EM CIMA DELA.
PERGUNTAS:
Em campo você sempre foi bastante disciplinado. E no trânsito? (Raí) Como você faz para manter a disciplina e ficar de olho em todo mundo? E nas ruas, que dica você tem para o motorista? Por que ele deve respeitar o agente de trânsito? (para torcedor em frente a estádio de futebol) O que você acha que faz um árbitro apitar bem? E um agente de trânsito?

SEQUÊNCIA 16. ARQUIVO
CENAS DE TORCIDA FAZENDO "OLA" E FESTA ANTES DO INÍCIO DE UM GRANDE CLÁSSICO.

LOCUTOR
Na rua, todo dia é dia de decisão. É preciso que todos estejam do mesmo lado para virar o jogo e fazer da faixa um grande lance.

SEQUÊNCIA 17. EXT. ENTRADA DE ESTÁDIO
O MESMO MOTORISTA DAS CENAS ANTERIORES (EM QUE PRIMEIRO FOI ALERTADO E DEPOIS FOI MULTADO PELO GUARDA) ESTÁ CHEGANDO PERTO DO ESTÁDIO DE FUTEBOL. EM DETERMINADO MOMENTO ELE DEIXA ALGUMAS PESSOAS ATRAVESSAREM NA SUA FRENTE (MESMO SEM FAIXA). DEPOIS ESTACIONA SEU

CARRO DE FORMA CORRETA, DESCE COM SEU FILHO E ATRAVESSA COM ELE DEVIDAMENTE NA FAIXA. CORTA PARA *TAKE* DELES ENTRANDO NO ESTÁDIO (ONDE SUPOSTAMENTE IRÁ ACONTECER O CLÁSSICO).

CORTA PARA:
CLIP COM CENAS DE TORCIDA, CENAS DE JOGO DA SELEÇÃO (BOAS JOGADAS) E PESSOAS E PEDESTRES RESPEITANDO A FAIXA.

LOCUTOR
Não basta torcer para que a faixa seja respeitada, é preciso que todos estejam concentrados para que se alcance uma campanha vitoriosa. Levante essa bandeira. Dê passagem à vida.

CONTINUAMOS A VER MOTORISTAS DANDO PASSAGEM A PEDESTRES, EM RESPEITO À FAIXA.
NO BG, OUVIMOS A MÚSICA DO MORAES ("SINAL DE VIDA"): *"VOCÊ QUE NÃO OLHA NO ESPELHO/ AO LONGO DESSA AVENIDA/ NÃO PARA EM SINAL VERMELHO/ AINDA HÁ TEMPO, AINDA/ QUEM FOI, QUEM FOI QUE TE DISSE/ QUE É CARETICE RESPEITAR A VIDA/ NA DÚVIDA, QUEM ULTRAPASSA/ QUEM PASSA PELA CONTRAMÃO/ NO TREVO DA VIDA SE ACHA/ PERDIDO SEM DIREÇÃO/ AQUI E LÁ NO OUTRO MUNDO/ QUEM PISA TÃO FUNDO/ VAI PAGAR A MULTA... NAS IDAS E VINDAS DESSE CARNAVAL/ ME DÊ UM SINAL, ME DÊ UM SINAL DE VIDA/ BATIDA SÓ MESMO A DO CORAÇÃO/ ME DÊ UMA LIÇÃO/ ME DÊ UMA LIÇÃO DE VIDA."*

SEQUÊNCIA 18. ENCERRAMENTO
surge *lettering*: <u>semana do trânsito 2000</u>.
<u>faixa de pedestre – a vida pede passagem</u>
em seguida, vemos os logotipos do Denatran, Ministério da Justiça e do Governo Federal.

ABUD, Marcelo; TOLEDO, Paulo. Disponível em: <http://web.archive.org/web/20021209165427/http://hpp.ajato.com.br/roteirocentral/Semana.htm>. Acesso em: 4 mai. 2015.

EXPLORAÇÃO DO TEXTO

Antes de iniciar o estudo do texto, tente descobrir o sentido das palavras desconhecidas pelo contexto em que elas aparecem. Se for preciso, consulte o dicionário.

1. Qual é o tema do roteiro?

2. Releia esta sequência.

> "SEQUÊNCIA 1. EXT. DIA / RUAS
> VEMOS CENAS DE CAMPO DE FUTEBOL SENDO PREPARADO PARA JOGO (SENDO REGADO, GRAMA CORTADA, E SENDO PINTADO COM AS MARCAS DA PEQUENA ÁREA REFORÇADAS) EM FUSÃO COM FAIXA DE PEDESTRE SENDO PINTADA EM ASFALTO."

a) Quais são os dois cenários apresentados nessa cena?

b) No decorrer do roteiro, o que acontece em cada um desses cenários?

3. Leia esta outra sequência.

> "SEQUÊNCIA 7. ARQUIVO
> CENAS DE VÁRIOS JUÍZES DE FUTEBOL EM AÇÃO NO CAMPO, *CLOSES* DELES APITANDO, EXPULSANDO ALGUM JOGADOR, INDICANDO PARA O JOGO CONTINUAR, FUNDE COM CENAS DE AGENTES DE TRÂNSITO, TAMBÉM APITANDO, INDICANDO CAMINHO, MANDANDO SEGUIR E, QUANDO NECESSÁRIO, APLICANDO MULTA."

a) Que semelhança há entre o juiz de futebol e o agente de trânsito?

b) Que relação o roteiro estabelece entre uma partida de futebol e o trânsito?

c) Selecione outra sequência que apresente essa mesma relação.

d) Considerando a popularidade do futebol no Brasil, qual é, provavelmente, o efeito pretendido com a associação desse esporte à semana do trânsito?

4. Qual é a finalidade dessa propaganda e da campanha de que faz parte?

5. Quais são as punições apresentadas para quem não cumpre as leis de trânsito?

6. Quem é o leitor a que se destina o roteiro da propaganda de TV?

7. Existem semelhanças e diferenças entre roteiros de filme e de propaganda.

a) As indicações de cenas no roteiro do filme *O ano em que meus pais saíram de férias* e no roteiro dessa propaganda dão o mesmo tipo de informação? Explique.

b) O roteiro do filme orienta os atores quanto aos sentimentos que devem expressar. Isso também acontece nesse roteiro?

c) Os dois roteiros apresentam histórias, mas com objetivos diferentes. Qual é a história apresentada no roteiro da propaganda e qual seu objetivo?

d) No roteiro do filme existe indicação de falas. E no roteiro da propaganda?

A LÍNGUA NÃO É SEMPRE A MESMA

1. Releia esta cena e observe as indicações.

> "**SEQUÊNCIA 6. EXT. DIA / RUA**
> PEDESTRE REALIZA TRAVESSIA, O SEMÁFORO ABRE PARA O MOTORISTA, QUE ESPERA QUE ELE TERMINE DE ATRAVESSAR PARA SÓ ENTÃO SAIR. VEMOS A TORCIDA FAZENDO OLA E INCENTIVANDO O TIME (SELEÇÃO BRASILEIRA) EM MEIA FUSÃO.
> ***LETTERING* CORRE A TELA**: "FAIXA DE PEDESTRES – A VIDA PEDE PASSAGEM"
> **LOCUTOR**
> O código existe para ser cumprido e orientar, não para criar uma disputa..."

a) O que indica a marcação **EXT. DIA / RUA**?
b) O que indica *LETTERING* **CORRE A TELA**?
c) E **LOCUTOR**, o que indica?
d) Você acha que qualquer pessoa poderia entender as abreviações utizadas no fragmento reproduzido? Explique.

2. Releia esta fala do locutor.

> "Tem gente que não dá bola pra faixa de pedestre, e fica embolando o meio de campo de todo mundo..."

a) Nesse trecho, utilizou-se linguagem formal ou informal? Que palavras ou expressões revelam isso?
b) Nos trechos do roteiro que não se destinam a ser lidos pelo locutor, foi empregado o mesmo tipo de linguagem?

Para lembrar

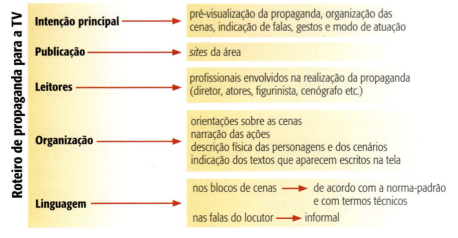

PRODUÇÃO ESCRITA

Roteiro

Com base em um conto de Fernando Sabino, você vai criar um roteiro de filme, incluindo a indicação de cenas, rubricas e diálogos. Seu roteiro poderá ser publicado em nosso jornal. Se o professor e a turma decidirem, ele poderá ser encenado para outros colegas da escola ou em alguma data festiva.

Antes de começar

Leia um trecho do livro *Feliz ano velho* e, em seguida, o mesmo trecho no roteiro elaborado para a adaptação para o cinema.

UTI - Unidade de terapia intensiva

Acordei. De um lado, um caninho com um líquido amarelo que entrava na minha veia; do outro, um com sangue. Na boca, um acoplado, aqueles aparelhinhos de respiração artificial que já conhecia do *Fantástico*. Muito eficiente, fechava a boca com a língua, mesmo assim o ar entrava. Tinha uma sanfoninha pendurada que enchia e esvaziava. Assoprava e ela nem se tocava, enchia e esvaziava...

Fiquei curtindo o bicho: como é gostoso respirar sem fazer força, enchia e esvaziava... Passei a reparar no ambiente. Era uma sala pequena, com luz fria. Não sabia se era dia ou noite, porque não havia janelas, só paredes brancas. À minha esquerda, um leito com um cara em cima. Também tinha uma sanfoninha. À direita, dois leitos. Tentei me erguer, mas não consegui.

É mesmo, não mexia nada. Lembrei-me do acidente, só podia estar num hospital. "O que aconteceu comigo? Será que fui operado? [...] Algum trauma devido à batida na cabeça?" Ouvi vozes e percebi que havia gente na sala. Comecei a balançar o pescoço pra chamar a atenção. Veio uma enfermeira e perguntou se tava tudo bem.

— Eh, eh, eh...

Perguntou se eu queria tirar o aparelho. Fiz um gesto afirmativo, ela pediu pra esperar um pouco e saiu. Nunca sentira tanta falta da minha voz. Precisava saber se era sério o que tinha acontecido, queria falar, ouvir, e naquela sala não havia nada.

A enfermeira voltou com mais dois caras. Perguntaram-me se eu seria capaz de respirar sem a sanfoninha. Era óbvio que podia, afinal de contas eu tava absolutamente acordado. Minha boca livre, perguntei o que havia acontecido.

Responderam que eu fora operado e que estava tudo bem.

— Como assim?

— Mantenha-se calmo e com um pouco de paciência, que você vai pra casa logo. Tua mãe teve aqui, mas voltou pra São Paulo, porque já é tarde.

— Que horas são?

— Três da manhã.

— Tudo isso? Mas o que aconteceu? Por que acordei só agora? Quebrei alguma coisa? Por que é que não me mexo?

— Calma, amanhã cedo virá o médico que te operou, e você vai saber de tudo. Nós estamos aqui pra te ajudar, tente dormir e descansar, que já, já você fica bom.

PAIVA, Marcelo Rubens. *Feliz ano velho*. Rio de Janeiro: Objetiva, 2006.

O escritor e jornalista Marcelo Rubens Paiva, autor de *Feliz ano velho*, relato do acidente que o deixou tetraplégico.

233

CENA 08. QUARTO DE HOSPITAL – INTERIOR/DIA

Ouve-se o forte ruído de respiração artificial iniciado na cena anterior. Aos poucos, as imagens vão ganhando nitidez (entrando em foco) para os olhos de Mário, que veem a tudo assustados.

Além da máscara de oxigênio em seu rosto, Mário está ligado a cabos que lhe injetam medicamentos.

No quarto de hospital em que ele se encontra, não há nada cuja tonalidade fuja ao branco das paredes e dos objetos, criando uma atmosfera fria e impessoal.

MÁRIO (V.O.)

Quando acordei, ainda me lembrava do que tinha sonhado: minha cabeça era servida em uma bandeja da qual de repente caía, rolando como uma bola de futebol.

A enfermeira, percebendo que os olhos de Mário estão abertos, dirige-se a ele.

ENFERMEIRA

Bom dia, tudo bem? Quer tirar a máscara?

MÁRIO

Ehh! Ehh!

A enfermeira retira a máscara do rosto de Mário, que está totalmente careca.

MÁRIO

[...] o que está acontecendo?

ENFERMEIRA (PROFISSIONAL)

Nada, você foi operado e está acordando, só isso.

MÁRIO (ASSUSTADO)

Operado? Como assim, aconteceu alguma coisa grave?

Nesse momento, Lúcia abre a porta do quarto. Ela é uma mulher de meia-idade, de rosto marcado, porém não envelhecido. Ao ver Mário na cama, caminha até ele com expressão preocupada, acompanhada de Helô, sua filha, dois anos mais nova do que o irmão. [...]

LÚCIA

Calma, filho, você vai sair dessa; tudo que é possível está sendo feito, calma.

GERVITZ, Roberto. Disponível em: <http://aplauso.imprensaoficial.com.br/edicoes/12.0.813.804/12.0.813.804.txt>. Acesso em: 2 abr. 2015.

Capa do livro *Feliz ano velho*, que foi adaptado para o cinema.

1. De que tipo é o narrador do trecho do livro *Feliz ano velho*?

2. E no roteiro? A narrativa inicial é feita em que pessoa?

3. No trecho do livro, como o leitor sabe de quem é cada fala? E no roteiro?

4. Com algumas diferenças, a cena apresentada no roteiro é a mesma do romance, exceto por uma passagem do roteiro que não aparece no livro. Qual?

5. O romance permite conhecer os pensamentos da personagem. No roteiro isso também acontece?

6. No roteiro, que personagens foram suprimidas ou acrescentadas?

Planejando o texto

Leia o texto a seguir. Ele está dividido em cinco trechos, e cada trecho será transformado em uma parte de um roteiro.

O homem nu

[1ª parte]

Ao acordar, disse para a mulher:

— Escuta, minha filha: hoje é dia de pagar a prestação da televisão, vem aí o sujeito com a conta, na certa. Mas acontece que ontem eu não trouxe dinheiro da cidade, estou a nenhum.

— Explique isso ao homem — ponderou a mulher.

— Não gosto dessas coisas. Dá um ar de vigarice, gosto de cumprir rigorosamente as minhas obrigações. Escuta: quando ele vier a gente fica quieto aqui dentro, não faz barulho, para ele pensar que não tem ninguém. Deixa ele bater até cansar — amanhã eu pago.

Pouco depois, tendo despido o pijama, dirigiu-se ao banheiro para tomar um banho, mas a mulher já se trancara lá dentro. Enquanto esperava, resolveu fazer um café. Pôs a água a ferver e abriu a porta de serviço para apanhar o pão. Como estivesse completamente nu, olhou com cautela para um lado e para outro antes de arriscar-se a dar dois passos até o embrulhinho deixado pelo padeiro sobre o mármore do parapeito. Ainda era muito cedo, não poderia aparecer ninguém. Mal seus dedos, porém, tocavam o pão, a porta atrás de si fechou-se com estrondo, impulsionada pelo vento.

[2ª parte]

Aterrorizado, precipitou-se até a campainha e, depois de tocá-la, ficou à espera, olhando ansiosamente ao redor. Ouviu lá dentro o ruído da água do chuveiro interromper-se de súbito, mas ninguém veio abrir. Na certa a mulher pensava que já era o sujeito da televisão. Bateu com o nó dos dedos:

— Maria! Abre aí, Maria. Sou eu, chamou, em voz baixa.

Quanto mais batia, mais silêncio fazia lá dentro.

Enquanto isso, ouvia lá embaixo a porta do elevador fechar-se, viu o ponteiro subir lentamente os andares... Desta vez, era o homem da televisão!

Não era. Refugiado no lanço da escada entre os andares, esperou que o elevador passasse, e voltou para a porta de seu apartamento, sempre a segurar nas mãos nervosas o embrulho de pão:

— Maria, por favor! Sou eu!

Desta vez não teve tempo de insistir: ouviu passos na escada, lentos, regulares, vindos lá de baixo... Tomado de pânico, olhou ao redor, fazendo uma pirueta, e assim despido, embrulho na mão, parecia executar um *ballet* grotesco e mal ensaiado. Os passos na escada se aproximavam, e ele sem onde se esconder. Correu para o elevador, apertou o botão. Foi o tempo de abrir a porta e entrar, e a empregada passava, vagarosa, encetando a subida de mais um lanço de escada. Ele respirou aliviado, enxugando o suor da testa com o embrulho do pão.

[3ª parte]

Mas eis que a porta interna do elevador se fecha e ele começa a descer.

— Ah, isso é que não! — fez o homem nu, sobressaltado.

E agora? Alguém lá embaixo abriria a porta do elevador e daria com ele ali, em pelo, podia mesmo ser algum vizinho conhecido... Percebeu, desorientado, que estava sendo levado cada vez para mais longe de seu apartamento, começava a viver um verdadeiro pesadelo de Kafka, instaurava-se naquele momento o mais autêntico e desvairado Regime do Terror!

— Isso é que não — repetiu, furioso.

Agarrou-se à porta do elevador e abriu-a com força entre os andares, obrigando-o a parar. Respirou fundo, fechando os olhos, para ter a momentânea ilusão de que sonhava. Depois experimentou apertar o botão do seu andar.

235

Lá embaixo continuavam a chamar o elevador. Antes de mais nada: "Emergência: parar". Muito bem. E agora? Iria subir ou descer? Com cautela desligou a parada de emergência, largou a porta, enquanto insistia em fazer o elevador subir. O elevador subiu.

[4ª parte]

— Maria! Abre esta porta! — gritava, desta vez esmurrando a porta, já sem nenhuma cautela. Ouviu que outra porta se abria atrás de si. Voltou-se, acuado, apoiando o traseiro no batente e tentando inutilmente cobrir-se com o embrulho de pão. Era a velha do apartamento vizinho:

— Bom dia, minha senhora — disse ele, confuso. — Imagine que eu...

A velha, estarrecida, atirou os braços para cima, soltou um grito:

— Valha-me Deus! O padeiro está nu!

E correu ao telefone para chamar a radiopatrulha:

— Tem um homem pelado aqui na porta!

[5ª parte]

Outros vizinhos, ouvindo a gritaria, vieram ver o que se passava:

— É um tarado!

— Olha, que horror!

— Não olha não! Já pra dentro, minha filha!

Maria, a esposa do infeliz, abriu finalmente a porta para ver o que era. Ele entrou como um foguete e vestiu-se precipitadamente, sem nem se lembrar do banho. Poucos minutos depois, restabelecida a calma lá fora, bateram na porta.

— Deve ser a polícia — disse ele, ainda ofegante, indo abrir.

Não era: era o cobrador da televisão.

SABINO, Fernando. *O homem nu*. Rio de Janeiro: Record, 2010.

1. Junte-se a alguns colegas. Releiam o trecho que o professor atribuir a seu grupo.

2. Verifiquem se a cena será interna ou externa e qual é o cenário. Façam as descrições necessárias.

3. Verifiquem quais são as personagens que aparecem nesse trecho. No texto, apenas a esposa do homem nu tem nome (Maria). Vocês podem criar nomes para as demais personagens.

4. Escrevam os diálogos. Anotem o nome da personagem antes de cada fala e criem rubricas dando explicações sobre caracterização das personagens e modo de atuar.

5. Façam todas as modificações necessárias no texto para torná-lo a base de uma encenação, porém sem alterar a ideia central do texto.

Avaliação e reescrita

1. Após finalizar o roteiro, façam uma avaliação, considerando:

    • Há todas as orientações necessárias para que a ação seja encenada?

    • Há explicações sobre o cenário e o momento em que se passam as ações?

    • As falas são antecedidas pelo nome das personagens?

    • A linguagem nas falas é adequada às personagens?

    • No restante do roteiro foi empregada a norma-padrão?

2. Passem o texto a limpo depois da correção do professor.

Apresentando a cena

Combinem com a classe e o professor se haverá encenação dos roteiros para as outras turmas da escola. Se houver:

• definam quem desempenhará cada papel, quem será o diretor e quem ficará responsável pelos ensaios do grupo de atores;

• outro grupo poderá se responsabilizar pelo cenário, figurino e pela sonoplastia.

As orações reduzidas na construção do texto

1. Leia.

DAVIS, Jim. *Garfield*: um charme de gato. Porto Alegre: L&PM, 2011.

a) No primeiro quadrinho, a expressão de Jon confirma o que ele diz? Por quê?

b) A primeira fala de Jon contém uma oração reduzida: "Estou feliz **por termos vindo à fazenda**, pai." Para transformar essa reduzida em desenvolvida, que conjunção deveria ser acrescentada?

c) Reescreva essa fala no caderno, transformando a oração reduzida em uma oração desenvolvida.

d) Que função tem a oração que você desenvolveu no período? É a mesma da oração reduzida?

2. Leia o título desta notícia.

> **Britânico mata namorada por não revelar senha do Facebook**
>
> Segundo amigos e vizinhos do casal, os dois teriam tido uma discussão violenta [...] na noite da morte de Newman
>
> Disponível em: <http://noticias.terra.com.br/mundo/europa/britanico-mata-namorada-por-nao-revelar-senha-do-facebook,a587d12355f4b410VgnVCM10000098cceb0aRCRD.html>. Acesso em 16 mar. 2015.

a) Que função a oração reduzida do título exerce em relação à principal?

b) Mudando a preposição que introduz uma oração, mudamos também o sentido do enunciado.

 I. Como ficaria a oração reduzida se você quisesse desenvolvê-la utilizando a preposição

 II. Que mudança de sentido acarretaria tal mudança?

Você já viu que orações reduzidas são as orações subordinadas que têm verbo em uma das formas nominais e não são introduzidas por conjunção. Elas podem ser: reduzidas de infinitivo, reduzidas de particípio ou de gerúndio.

237

3. Leia agora este trecho de notícia.

> **Jonas corre para retirar passaporte <u>antes de se apresentar ao Corinthians</u>**
>
> *Novo volante alvinegro mobiliza família para emitir documentos necessários no embarque. Timão faz pré-temporada nos EUA. "Tenho que correr com tudo", confessa*
>
> [...]
>
> — Estamos correndo **para agilizar tudo dentro do prazo**. Cada um (dos familiares) corre para um lado, me ajudando. Me disseram que se retirado na cidade de Caxias, no interior do Maranhão, eu ganharia tempo. Dei entrada com toda a papelada na terça. Devo receber nos próximos dias. Estou ansioso para ir logo – confessou o jogador.
>
> Disponível em: <http://globoesporte.globo.com/pi/noticia/2015/01/jonas-corre-para-retirar-passaporte-antes-de-se-apresentar-ao-corinthians.html>.
> Acesso em: 16 mar. 2015.

Observe as orações reduzidas destacadas.

a) Que função essas orações exercem no período em que aparecem?

b) Anote no caderno os períodos em que as orações reduzidas aparecem, transformando-as em desenvolvidas. Faça as adaptações necessárias.

c) Compare as orações reduzidas com suas correspondentes desenvolvidas. Que efeitos as orações reduzidas produzem no texto?

4. Leia mais este trecho da mesma notícia, prestando atenção à oração destacada.

> A multa rescisória é de R$ 2 milhões pelo contrato **que tinha vigência até o fim de 2015**.
>
> Disponível em: <http://globoesporte.globo.com/pi/noticia/2015/01/jonas-corre-para-retirar-passaporte-antes-de-se-apresentar-ao-corinthians.html>.
> Acesso em: 16 mar. 2015.

a) Observe a palavra "que", que introduz a oração subordinada. Trata-se de uma conjunção ou de um pronome relativo?

b) Qual a função dessa oração subordinada em relação à principal?

c) Como é possível transformar a oração desenvolvida destacada em um adjetivo?

As orações reduzidas (de infinitivo, de particípio ou de gerúndio) são classificadas da mesma forma que as subordinadas desenvolvidas: podem ser substantivas, adjetivas ou adverbiais.

1. Leia.

BROWNE, Dik. *O melhor de Hagar, o horrível.* Porto Alegre: L&PM, 2009. v. 5.

a) Observe a posição e a atitude de Hagar no primeiro e no terceiro quadrinhos. Por que motivo isso ocorre?

b) Compare.

"...é bom → ser um *viking*."   Ser um *viking* → é bom.

Qual a função da oração "ser um *viking*" em relação à principal?

c) Observe.

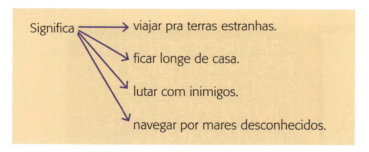

Que função têm as orações que completam o verbo **significar**?

d) Em "Significa navegar por mares **desconhecidos**",

I. qual a função do adjetivo destacado?

II. Transforme essa palavra em uma oração desenvolvida.

2. Leia esta frase.

"Os provérbios são sempre chavões **até você experimentar a verdade contida neles.**"

HUXLEY, Aldous (1894-1963), escritor britânico. Revista *Língua Portuguesa*, São Paulo: Segmento, jul. 2009.

a) Como você entendeu essa afirmação? Explique-a com suas palavras.

b) Você concorda com o que diz esse autor sobre os provérbios? Por quê?

c) Que circunstância (de tempo, modo, finalidade etc.) a oração reduzida destacada expressa?

3. Leia a tira de Laerte.

LAERTE. Striptiras – *Gato & Gata*: voar é com os pássaros. Porto Alegre: L&PM, 2010.

a) O humor na tira é provocado pelo último quadrinho. Explique por quê.

b) O que a oração reduzida "De tanto ficar bisbilhotando o diário da gatinha" indica em relação à oração principal "fiquei com vontade de fazer um também": comparação, condição, concessão ou consequência?

c) Reescreva o período completo no caderno, substituindo a expressão **de tanto** por uma conjunção que mantenha a mesma relação que você indicou na resposta anterior.

4. Leia.

GARCIA, João. Disponível em: <http://www.comciencia.br/comciencia/handler.php?section=7&arte=58>. Acesso em: 16 mar. 2015.

a) Qual seria o "peixe" que neurocientistas, astrofísicos, sociólogos, linguistas, biólogos, engenheiros e estudantes poderiam vender em uma Feira de Ciências?

b) Observe.

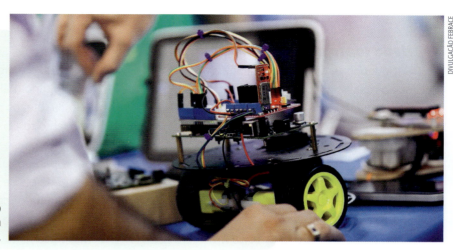

"Feira de Ciências, lugar ideal **para que se deixe** neurocientistas, astrofísicos, sociólogos, linguistas, biólogos, engenheiros, estudantes venderem seu peixe!"

Aparelho robótico criado por alunos em uma feira de ciências.

A oração destacada poderia ser substituída por uma subordinada reduzida. Reescreva o período todo no caderno, fazendo essa troca.

c) No contexto dessa tira, caso se optasse pela oração reduzida, que efeito sonoro se perderia?

5. Releia este trecho.

Dispositivo fotônico criado pela Universidade de Duke.

Em 2009, a Universidade Duke (EUA) criou um dispositivo com um material parecido com fibra de vidro, capaz de manipular a curvatura da luz. Funcionou com micro-ondas, mas ainda não é possível tornar objetos invisíveis para nós, humanos.

Disponível em: <http://profetadiarioblogs.blogspot.com.br/2012/06/conheca-ciencia-por-tras-de-harry.html>. Acesso em: 23 mar. 2015.

a) Como seria possível desenvolver a oração reduzida "de manipular a curvatura da luz."?

b) Que função essa oração exerce em relação à palavra **capaz**?

ATIVANDO HABILIDADES

1. (Prova Brasil)

Nada tanto assim (Pressa)

Só tenho tempo pras manchetes
no metrô
E o que acontece na novela
Alguém me conta no corredor
Escolho os filmes que eu não
vejo
no elevador
Pelas estrelas que eu encontro
na crítica do leitor
Eu tenho pressa e tanta coisa me interessa
Mas nada tanto assim

Eu me concentro em apostilas
coisa tão normal
Leio os roteiros de viagem
enquanto rola o comercial
Conheço quase o mundo inteiro
por cartão-postal
Eu sei de quase tudo um pouco
e quase tudo mal
Eu tenho pressa e tanta coisa me interessa
mas nada tanto assim

Bruno & Leoni Fortunato. *Greatest Hits'80*. WEA.
Disponível em: <http://www.leoni.art.br/faixa.php?faixa=102>. Acesso em: 4 mai. 2015.

Identifica-se termo da linguagem informal em:

a) "Leio os roteiros de viagem enquanto rola o comercial." (v. 14-15)

b) "Conheço quase o mundo inteiro por cartão-postal!" (v. 16-17)

c) "Eu sei de quase tudo um pouco e quase tudo mal." (v. 18-19)

d) "Eu tenho pressa e tanta coisa me interessa mas nada tanto assim." (v. 20 a 21)

2. (Prova Brasil)

Trovões de antigamente

Sim, nossa casa era muito bonita, verde, com uma tamareira junto à varanda, mas eu invejava os que moravam do outro lado da rua, onde as casas dão fundos para o rio. Como a casa das Martins, como a casa dos Leão, que depois foi dos Medeiros, depois de nossa tia, casa com varanda fresquinha dando para o rio.

Quando começavam as chuvas a gente ia toda manhã lá no quintal deles ver até onde chegara a enchente. As águas barrentas subiam primeiro até a altura da cerca dos fundos, depois às bananeiras, vinham subindo o quintal, entravam pelo porão. Mais de uma vez, no meio da noite, o volume do rio cresceu tanto que a família defronte teve medo.

Então vinham todos dormir em nossa casa. Isso para nós era uma festa, aquela faina de arrumar camas nas salas, aquela intimidade improvisada e alegre. Parecia que as pessoas ficavam todas contentes, riam muito; como se fazia café e se tomava café tarde da noite! E às vezes o rio atravessava a rua, entrava pelo nosso porão, e me lembro que nós, os meninos, torcíamos para ele subir mais e mais. Sim, éramos a favor da enchente, ficávamos tristes de manhãzinha quando, mal saltando da cama, íamos correndo para ver que o rio baixara um palmo – aquilo era uma traição, uma fraqueza do Itapemirim. Às vezes chegava alguém a cavalo, dizia que lá, para cima do Castelo, tinha caído chuva muita, anunciava águas nas cabeceiras, então dormíamos sonhando que a enchente ia outra vez crescer, queríamos sempre que aquela fosse a maior de todas as enchentes.

BRAGA, Rubem. *Ai de ti, Copacabana*. 3. ed. Rio de Janeiro: Editora do Autor, 1962. p. 157.

Que função desempenha a expressão destacada no texto "... o volume do rio cresceu **tanto que** a família defronte teve medo" (2º parágrafo)?

a) Adição de ideias.

b) Comparação entre dois fatos.

c) Consequência de um fato.

d) Finalidade de um fato enunciado.

3. (Prova Brasil)

> Anedotinhas
>
> De manhã, o pai bate na porta do quarto do filho:
>
> — Acorda, meu filho. Acorda, que está na hora de você ir para o colégio.
>
> Lá de dentro, estremunhando, o filho respondeu:
>
> — Ai, eu hoje não vou ao colégio. E não vou por três razões: primeiro, porque eu estou morto de sono; segundo, porque eu detesto aquele colégio; terceiro, porque eu não aguento mais aqueles meninos.
>
> E o pai responde lá de fora:
>
> — Você tem que ir. E tem que ir, exatamente, por três razões: primeiro, porque você tem um dever a cumprir; segundo, porque você já tem 45 anos; terceiro, porque você é o diretor do colégio.
>
> *Anedotinhas do Pasquim.* Rio de Janeiro: Codecri, 1981, p. 8.

No trecho "Acorda, que está na hora de você ir para o colégio" (l. 2), a palavra sublinhada estabelece relação de:

a) adição.

b) alternância.

c) conclusão.

d) explicação.

e) oposição.

Encerrando a unidade

Nessa unidade, você conheceu a organização e as técnicas dos gêneros roteiro de cinema e roteiro de propaganda para a TV, refletiu sobre os usos e sentidos das orações reduzidas em diferentes contextos. Com base no que você aprendeu, responda:

1. são as principais características do roteiro de cinema?
2. Conhecer a estrutura do roteiro poderá torná-lo um espectador de cinema mais crítico? Por quê?
3. Aponte diferenças entre um roteiro de cinema e um de propaganda para TV.
4. Conhecer as orações reduzidas e ser capaz de desenvolvê-las pode ajudar na compreensão de textos?

O culto do corpo e a saúde

Na sociedade contemporânea, a mídia e a publicidade estimulam e reforçam o culto ao corpo "perfeito", que tanto incentiva a competição coletiva e individual (superar ao outro e a si mesmo).

Por trás desse suposto modelo ideal de beleza e saúde, quantos produtos de beleza, roupas, medicamentos para emagrecer e outros artifícios podem levar uma pessoa a um consumo exagerado e sem os resultados prometidos pelos anunciantes?

1. Um dos reflexos dessa busca incessável pelo "corpo ideal" são os distúrbios alimentares. O que você sabe sobre esse assunto? Se necessário, pesquise e, depois, converse com a turma e com o professor sobre as possíveis relações entre a insatisfação com o próprio corpo e:

a) o excesso de peso, com aumento dos níveis de colesterol;

b) as consequências, principalmente entre as mulheres, de trocar refeições necessárias por dietas radicais para emagrecimento forçado;

c) a ocorrência de distúrbios como anorexia nervosa e bulimia.

2. Qual seria a solução para esses problemas ocasionados pela busca do corpo ideal? Converse com seus colegas e professor sobre isso.

Padrões de beleza: convenção social

As opiniões das pessoas divergem a respeito do que se considera um objeto ou uma pessoa bela. Quando dizemos "ela é uma garota muito bonita", estamos fazendo um juízo de acordo com nosso gosto pessoal, com o contexto sociocultural em que estamos inseridos, com os padrões da moda vigente em determinado grupo e de acordo com a época em que vivemos.

O padrão de beleza das mulheres retratadas por grandes pintores seria o mesmo em todas as épocas? Observe as figuras femininas representadas nestas telas.

A maja vestida, de Francisco de Goya, 1800.

Mulher loira com uma rosa, de Pierre-Auguste Renoir, 1915.

Retrato de Antonieta, do balé Brasiliana, de Pereira Brito, s.d.

Garota com brinco de pérola, de Jan Vermeer, 1665-6.

3. O padrão de beleza exposto nessas obras é o mesmo do adotado nas passarelas de moda, nas capas de revistas e na televisão hoje? Explique.

4. Quais das figuras femininas se assemelham mais ao padrão de beleza atual e quais menos se assemelham? Por quê?

Como você viu, os padrões estéticos são diferentes entre os diversos povos e diferentes épocas. As pessoas têm a tendência de considerar estranho o que não conhecem ou o que foge dos padrões estabelecidos. No entanto, o que é feio ou estranho para um povo pode ter significado especial para outros povos e pode representar a própria busca da beleza e perfeição.

Observe estas fotos.

Mulher-girafa, na Tailândia (Padaung), com pescoço alongado pelos inúmeros anéis metálicos colocados ainda na fase de desenvolvimento do corpo.

Menosprezando um atributo precioso para a mulher ocidental, o cabelo, as jovens Maasai do Quênia raspam completamente a cabeça para destacar seus traços, suas vestes coloridas e seus enfeites.

5. Os padrões de beleza das diferentes culturas, bem como os impostos pela mídia e pela publicidade, são mais cobrados das mulheres ou dos homens?

As mulheres Mursi, na Etiópia, usam, desde pequenas, um disco no lóbulo de suas orelhas ou de seu lábio inferior.

245

UNIDADE 7
O terror e o humor

Nesta unidade você vai:

- refletir sobre a organização e os recursos linguísticos dos gêneros contos de terror e de humor
- reconhecer nesses gêneros mecanismos que criam atmosfera de mistério, suspense, ambiguidade e humor
- planejar e produzir um conto de terror
- criar uma narrativa oral de suspense com base em imagem
- participar de uma mesa-redonda
- refletir sobre o mecanismo da concordância nominal

TROCANDO IDEIAS

Observe a imagem. Trata-se de uma reprodução da pintura *Cemitério do convento na neve*, do pintor alemão Caspar David Friedrich. Essa tela, pintada em 1818, foi destruída em um bombardeio durante a Segunda Guerra Mundial. Restou dela apenas a fotografia em preto e branco reproduzida ao lado.

1. Que elementos compõem a tela?
2. As figuras humanas se destacam na tela? Explique.
3. Que sensações a imagem como um todo provoca em quem a contempla?
4. As cores da imagem contribuem para despertar essas sensações? Justifique.
5. O local retratado seria um cenário apropriado para que tipo de história? Justifique.

LEITURA 1

ANTES DE LER

1. O medo faz parte da vida e serve para nos proteger dos perigos e do sofrimento.
   a) Você concorda com essa afirmação? Explique.
   b) Existem locais que provocam mais medo que outros? Quais, por exemplo? E por quê?
2. Existem muitas pessoas que gostam de histórias de terror. Você é uma delas? Explique.
3. Em uma lista de palavras associadas ao medo, ao terror, quais não poderiam faltar?

    Não pense que todo conto de terror traz criaturas da noite, caveiras, seres monstruosos e ensanguentados perambulando por masmorras e cemitérios. Existem muitos bons contos em que o essencial é a surpresa, o assombro causado por acontecimentos inesperados que irrompem na vida das personagens de forma totalmente imprevisível. É o caso do conto que reproduzimos a seguir. Leia sem temor. Porém, não sem assombro, e com certo friozinho na espinha.

A dona da pensão

    Billy Weaver viera de Londres no vagaroso trem vespertino, com conexão em Swindon, e quando finalmente chegou a Bath já eram cerca de nove da noite, e a lua se erguia no céu límpido e estrelado sobre as casas em frente à entrada da estação. Fazia um frio de matar, e o vento cortava seu rosto como uma lâmina de gelo.

    "Perdão", disse, "mas há algum hotel bem barato não muito longe daqui?"

    "Tente o Bell and Dragon", respondeu o porteiro, indicando a rua em frente. "Pode ser que o aceitem lá. Fica a cerca de quatrocentos metros, seguindo por aquele lado."

    Billy agradeceu, apanhou a valise e pôs-se a caminhar os quatrocentos metros até o Bell and Dragon. Nunca estivera em Bath. Não conhecia ninguém que morasse ali. Mas o sr. Greenslade do Escritório Central em Londres dissera-lhe que era uma cidade esplêndida. "Procure um lugar para ficar", dissera, "e depois apresente-se ao gerente local assim que estiver instalado." [...]

    Não havia lojas na larga rua por onde caminhava, ladeada apenas por duas fileiras de casas altas, todas idênticas. Elas tinham alpendres, colunas e escadas de quatro ou cinco degraus que levavam até a porta de entrada, e era óbvio que, em algum tempo distante, haviam sido residências muito elegantes. Mas agora, mesmo no escuro, ele podia ver que a pintura dos batentes das portas e das janelas estava descascando e que o desleixo trouxera rachaduras e manchas às vistosas fachadas brancas.

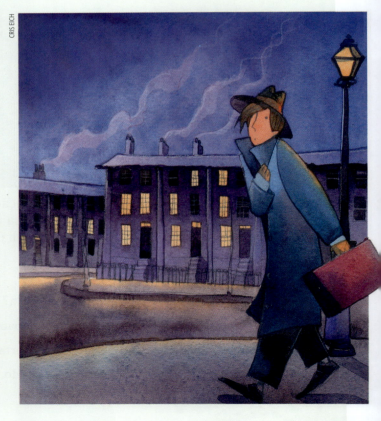

CRIS EICH

248

De repente, na janela de um andar térreo iluminada intensamente pela luz de um poste a cerca de cinco metros, Billy avistou um cartaz apoiado contra o vidro de um dos painéis superiores da janela. HOSPEDARIA, dizia. Havia um vaso de flores de salgueiro, alto e elegante, bem abaixo do cartaz.

Billy parou de caminhar. Aproximou-se um pouco mais. Cortinas verdes (algum tipo de tecido aveludado) emolduravam os dois lados da janela. Os salgueiros ficavam lindos ao lado delas. Ele avançou, espiou a sala através da janela e a primeira coisa que viu foi um fogo intenso ardendo na lareira. No tapete em frente ao fogo, dormia um pequeno *dachshund* enrolado em si mesmo, o focinho enfiado sob a barriga. A sala em si, pelo menos até onde a penumbra lhe permitia ver, era agradavelmente mobiliada. Havia um *baby grand-piano*, um sofá grande e várias poltronas estofadas; e, a um canto, Billy vislumbrou um grande papagaio em uma gaiola. Animais eram geralmente um bom sinal em lugares assim, disse consigo mesmo; no fim das contas, pareceu-lhe que poderia ser uma casa bem decente onde se instalar. Certamente seria mais confortável que o Bell and Dragon.

Bath, situada a 156 quilômetros de Londres, às margens do rio Avon, é uma cidade pequena e graciosa, fundada por volta de 800 a.C.

Por outro lado, um *pub* seria mais conveniente que uma pensão. Haveria cerveja e dardos à noite e muitas pessoas com quem conversar, e provavelmente seria também um bocado mais barato. Ele passara algumas noites em um *pub* certa vez e gostara da experiência. Jamais ficara em uma pensão, e, para ser perfeitamente honesto, elas lhe davam um pouquinho de medo. O próprio nome já conjurava imagens de repolho aguado, senhorias avarentas e um cheiro forte de arenque defumado na sala de estar.

Depois de refletir assim por dois ou três minutos, no frio, Billy decidiu que iria retomar a caminhada e dar uma olhada no Bell and Dragon antes de tomar uma decisão. Virou-se para ir embora.

E, então, algo esquisito aconteceu. Quando estava no ato de recuar e voltar as costas à janela, subitamente seu olhar foi atraído e capturado, de um modo muito estranho, pelo pequeno cartaz que havia ali. HOSPEDARIA, dizia. HOSPEDARIA, HOSPEDARIA, HOSPEDARIA. Cada letra era como um enorme olho negro fitando-o através do vidro, que o cativava, compelia, forçava a ficar onde estava e não abandonar aquela casa, e, antes que desse por si, ele se afastou da janela e foi em direção à porta de entrada, subiu os degraus que levavam até ela e procurou a campainha.

Tocou. Bem ao longe, em um aposento dos fundos, ele a ouviu soar e então *no mesmo instante* – deve ter sido no mesmo instante porque ele nem tivera tempo de tirar o dedo do botão – a porta se escancarou e uma mulher surgiu.

Normalmente, quando se toca uma campainha, há uma espera de pelo menos meio minuto antes que a porta se abra. Mas essa senhora fora como um boneco pulando de uma caixa-surpresa. Ele tocou a campainha – e ela pulou para fora! Billy deu um salto.

Ela tinha entre quarenta e cinco e cinquenta anos e, assim que o viu, abriu um cativante sorriso de boas-vindas.

"*Por favor*, entre", convidou, afavelmente. Ela se afastou, mantendo a porta escancarada, e Billy viu-se automaticamente saltando para dentro da casa. A compulsão ou, para ser mais exato, o desejo de segui-la para dentro daquela casa era extraordinariamente forte. "Eu vi o cartaz na janela", disse, contendo-se.

"Sim, eu sei."

"Gostaria de saber sobre o quarto."

"Está *tudo* pronto para você, meu bem", respondeu ela. Tinha um rosto oval e rosado e olhos azuis muito doces.

"Eu estava a caminho do Bell and Dragon", disse-lhe Billy. "Mas o cartaz na sua janela acabou chamando minha atenção."

"Meu bem", disse ela, "por que você não entra e sai do frio?"

"Quanto a senhora cobra?"

"Cinco *shillings* e seis *pence* por noite, café da manhã incluído."

Era incrivelmente barato. Era menos da metade do que ele aceitaria pagar.

"Se for muito caro", acrescentou, "eu talvez possa abaixar um pouquinho o preço. Você quer ovos no café da manhã? Os ovos estão muito caros ultimamente. Seriam seis *pence* a menos sem os ovos."

"Cinco *shillings* e seis *pence* está ótimo", respondeu ele. "Gostaria muito de ficar aqui."

"Eu tinha certeza disso. Entre, vamos."

Ela parecia extremamente bondosa. Parecia a mãe daquele melhor amigo de escola, recebendo-o em casa para passar as festas de Natal. Billy tirou o chapéu e cruzou a soleira da porta.

"Pendure-o ali", disse ela, "e deixe-me ajudá-lo com o casaco."

Não havia nenhum outro chapéu ou casaco no *hall*. Não havia nenhum guarda-chuva, nenhuma bengala – nada.

"Temos a casa inteira para nós", disse, sorrindo para ele por sobre o ombro enquanto o conduzia ao andar de cima. "Sabe, não é sempre que tenho o prazer de receber um visitante em meu humilde ninho."

A velhinha é meio maluca, disse Billy consigo mesmo. Mas por cinco *shillings* e seis *pence* por noite, quem é que dá a mínima? "Eu estava imaginando que a senhora deveria ter uma multidão de interessados", disse educadamente.

"Ah, mas eu tenho, meu bem, tenho sim, claro. Mas o problema é que tenho a tendência de ser só um bocadinho de nada exigente e difícil de agradar – se é que você me entende."

"Ah, sim."

"Mas estou sempre pronta. Tudo nesta casa está sempre preparado, dia e noite, para a remota possibilidade de que apareça um jovem agradável como você. E é um prazer tão grande, meu bem, um prazer tão enorme quando, de vez em quando, abro a porta e vejo que está ali alguém que serve exatamente." Ela estava no meio da escada e deteve-se com uma das mãos sobre o corrimão, virando a cabeça e sorrindo para ele com seus lábios pálidos. "Como você", acrescentou, e seus olhos azuis passearam lentamente por todo o corpo de Billy, até os pés, depois novamente até a cabeça.

Ao chegarem ao primeiro andar, ela disse: "Esse andar é meu."

Subiram mais um lance de escadas. "E este é todo seu", disse. "Este é o seu quarto. Espero que goste." Ela o conduziu até um dormitório na parte da frente da casa, pequeno mas charmoso, e acendeu a luz.

"O sol da manhã entra direto pela janela, sr. Perkins. É sr. Perkins, não é?"

"Não", respondeu. "É Weaver."

"Sr. Weaver. Que bonito. Coloquei uma garrafa com água entre os lençóis para arejá-los, sr. Weaver. É um conforto tão grande ter uma garrafa de água quente em uma cama estranha com lençóis limpos, não acha? E você pode acender o aquecedor a gás a qualquer momento, se sentir frio."

"Obrigado", disse Billy. "Muitíssimo obrigado." Ele reparou que a coberta da cama fora retirada e que os lençóis haviam sido cuidadosamente dobrados, prontos para alguém se deitar.

"Estou tão feliz que tenha aparecido", disse ela, olhando-o fixamente. "Eu estava começando a ficar preocupada."

"Está tudo bem", respondeu Billy, alegremente. "A senhora não precisa se preocupar comigo." Ele pôs a valise no chão e começou a abri-la. [...]

"Vou deixá-lo agora para que possa desfazer a mala. Mas antes de deitar, você não faria a gentileza de dar um pulinho até a sala de estar no térreo e assinar o livro? Todos têm que fazê-lo porque é a lei, e não queremos desrespeitar nenhuma lei a essa altura do processo, não é mesmo?" Ela fez um breve aceno, saiu rapidamente do quarto e fechou a porta.

Bem, o fato de que a dona da pensão parecia ter alguns parafusos a menos não incomodava Billy nem um pouco. Afinal de contas, ela não só era inofensiva – não havia dúvida nenhuma quanto a isso – mas era óbvio também que possuía uma alma boa e generosa. Ele imaginou que ela provavelmente perdera um filho na guerra, ou coisa parecida, e que nunca se recuperara.

Alguns minutos mais tarde, depois de desfazer a mala e lavar as mãos, ele desceu rapidamente até o térreo e entrou na sala de estar. A dona da pensão não estava lá, mas o fogo ardia na lareira, e em frente a ela o *dachshund* ainda dormia. A sala era maravilhosamente confortável e aconchegante. "Sou um sujeito de sorte", pensou, esfregando as mãos. "Isto aqui não é nada mau."

Viu o livro de hóspedes aberto sobre o piano e, pegando a caneta, escreveu seu nome e endereço. Havia apenas outros dois registros acima do seu na página e, como sempre se faz com livros de hóspedes, Billy começou a lê-los. Um era Christopher Mulholland, de Cardiff. O outro era de Gregory W. Temple, de Bristol.

"Engraçado", pensou, de repente. "Christopher Mulholland. Já ouvi em algum lugar."

Mas onde diabos ele ouvira esse nome tão incomum?

Seria um colega de escola? Não. Um dos muitos namorados de sua irmã, talvez, ou um amigo de seu pai? Não, não, não era nada disso. Ele pousou novamente os olhos sobre o livro. [...]

"Gregory Temple?", disse em voz alta, vasculhando a memória. "Christopher Mulholland?..."

"Rapazes tão charmosos", respondeu uma voz atrás dele. Ele se voltou e viu a dona da pensão, que entrava deslizando pela sala com uma grande bandeja de chá de prata nas mãos. Ela a segurava bem distante do corpo, e bem alto, como se a bandeja fosse o par de rédeas de um cavalo arisco.

"Esses nomes me parecem familiares, de algum modo", disse ele.

"É mesmo? Que interessante."

"Tenho quase certeza de que já os ouvi antes, em algum lugar. Não é estranho? Talvez tenha sido no jornal. Eles não eram famosos por algum motivo, eram? Jogadores famosos de críquete ou de futebol, ou algo assim?"

"Famosos?", disse ela, pousando a bandeja de chá na mesa baixa em frente ao sofá. "Ah, não, não creio que fossem famosos. Mas eram de uma beleza extraordinária, ambos, disso eu posso lhe assegurar. Eram ambos altos e jovens e belos, meu bem, exatamente como você."

Uma vez mais, Billy lançou o olhar sobre o livro. "Veja aqui", disse, observando as datas. "O último registro já tem mais de dois anos."

"Verdade?"

"Sim, é isso mesmo. E o de Christopher Mulholland é de quase um ano antes – há mais de três anos."

"Meu Deus!", disse ela, balançando a cabeça e suspirando suavemente. "Eu nunca iria imaginar. Como o tempo voa para todos nós, não é verdade, sr. Wilkins?"

252

"É Weaver", corrigiu Billy. "W-e-a-v-e-r."

"Ora, claro que sim." Exclamou, sentando-se no sofá. "Que tolice a minha. Por favor, perdoe-me. Entra por um ouvido e sai pelo outro: essa sou eu, sr. Weaver."

"Sabe de uma coisa?", disse Billy. "Uma coisa que é de fato absolutamente extraordinária nessa história toda?"

"Não, meu bem, não sei não."

"Bem, veja – esses dois nomes, Mulholland e Temple, não apenas parece que me lembro de cada um deles separadamente, por assim dizer, mas de alguma forma ambos parecem estar ligados entre si, como se os dois fossem famosos pelo mesmo motivo. Não sei se a senhora está entendendo o que quero dizer – como... como Dempsey e Tunny, por exemplo, ou Churchill e Roosevelt."

"Que divertido", disse ela. "Mas agora venha para cá, meu bem, sente-se ao meu lado aqui no sofá, e vou servir-lhe uma boa xícara de chá e um biscoito de gengibre antes de você ir para a cama."

"A senhora não deveria ter se incomodado", disse Billy. "Eu não queria que a senhora tivesse trabalho nenhum." De pé ao lado do piano, ele observava enquanto ela se atarantava com as xícaras e os pratos. Notou que tinha mãos pálidas e pequeninas, muito ágeis, e que tinha as unhas pintadas de vermelho.

"Tenho quase certeza de que foi no jornal que vi esses nomes", disse Billy. "Vou me lembrar em um segundo. Tenho certeza."

Nada é tão angustiante quanto essas coisas que, flutuando nos limites de nossa memória, escapam à nossa lembrança. Ele se recusava a desistir.

"Espere um pouco", disse. "Espere um pouco só. Mulholland... Christopher Mulholland... não era esse o nome daquele estudante de Eton que estava fazendo uma excursão a pé pelo West Country quando subitamente..."

"Leite?", perguntou ela. "E açúcar?"

"Sim, por favor. Quando subitamente..."

"Estudante de Eton?", disse ela. "Ah não, meu bem, não pode ser isso porque o meu sr. Mulholland certamente não era nenhum estudante de Eton quando veio até mim. Ele estudava em Cambridge. Agora venha cá, sente-se a meu lado e aqueça-se em frente a esse lindo fogo. Venha. Seu chá já está prontinho." Ela indicou o lugar a seu lado, tocando o assento delicadamente, e sorriu para Billy, esperando que ele se aproximasse.

Ele atravessou vagarosamente a sala e sentou-se na beira do sofá. Ela pousou a xícara de chá à sua frente.

"Pronto", disse ela. "Que gostoso e aconchegante, não é?"

Billy começou a bebericar o chá. Ela fez o mesmo. Durante cerca de meio minuto, nenhum deles disse nada. Mas Billy sabia que ela o observava. Ela tinha o corpo meio virado em sua direção, e ele sentia os olhos dela perscrutando seu rosto, observando-o por sobre a xícara de chá. De vez em quando ele sentia, muito de leve, um aroma peculiar que parecia emanar diretamente dela. Não era nem um pouco desagradável e lembrava-lhe – bem, ele não tinha muita certeza do que é que lhe lembrava. Nozes em conserva? Couro novo? Ou seria o odor de corredores de hospital?

"O sr. Mulholland adorava chá", disse ela, depois de um longo tempo. "Nunca, em minha vida, vi ninguém tomar tanto chá quanto meu querido, doce sr. Mulholland."

"Suponho que ele tenha partido recentemente", disse Billy. Ele ainda se remoía, tentando se lembrar dos dois nomes. Ele agora tinha certeza que os havia visto nos jornais – nas manchetes.

"Partido?", disse ela, arqueando as sobrancelhas. "Mas, meu querido, ele jamais partiu. Ele ainda está aqui. E o sr. Temple está aqui também. Estão no terceiro andar, os dois juntos."

Billy pousou vagarosamente a xícara sobre a mesa e fixou o olhar sobre a dona da pensão. Ela sorriu para ele, estendendo uma de suas mãos pálidas e tocando-lhe carinhosamente o joelho. "Qual sua idade, meu bem?", perguntou.

"Dezessete anos."

254

"Dezessete!", exclamou ela. "Ah, é a idade perfeita! O sr. Mulholland também estava com dezessete anos. Mas creio que fosse um pouquinho mais baixo que você, na verdade tenho certeza de que era sim, e os dentes dele não eram nem de perto tão brancos quanto os seus. Você tem dentes lindíssimos, sr. Weaver, sabia disso?"

"Eles parecem melhores do que são", respondeu Billy. "Há uma porção de obturações nos dentes do fundo."

"O sr. Temple, claro, era um pouco mais velho", continuou ela, ignorando o comentário. "Ele tinha na verdade vinte e oito anos. E, no entanto, eu jamais teria adivinhado se ele não me tivesse dito, nunca em minha vida inteira. Não havia uma única marca em seu corpo."

"Uma o quê?", perguntou Billy.

"A pele dele era igualzinha a de um bebê."

Houve uma pausa. Billy apanhou a xícara e tomou outro gole de chá, pousando-a depois delicadamente no pires. Ele estava esperando que ela dissesse algo mais, mas parecia ter se perdido em outro de seus silêncios. Sentado ali, Billy fixou o olhar no outro lado da sala, à sua frente, mordendo os lábios.

"Aquele papagaio", disse por fim. "Sabe de uma coisa? Enganou-me completamente quando o vi pela primeira vez através da janela. Eu jurava que ele estava vivo."

"Infelizmente, não mais."

"É extremamente inteligente o modo como foi feito", disse ele. "Nem parece que está morto. Quem fez?"

"Eu mesma."

"A senhora?"

"Claro", respondeu. "E você já conheceu também o meu Basil?" Ela apontou com a cabeça o *dachshund*, enrolado tão confortavelmente em frente à lareira. Billy examinou-o com os olhos. E, subitamente, se deu conta de que o animal estivera, o tempo todo, tão silencioso e imóvel quanto o papagaio. Estendeu a mão e tocou-lhe delicadamente o dorso. As costas estavam duras e frias, e, quando seus dedos afastaram os pelos para um lado, ele pôde ver a pele embaixo, enegrecida, seca e perfeitamente preservada.

"Deus do céu!", exclamou. "Isso é absolutamente fascinante." Desviou o olhar do cachorro e encarou com profunda admiração a pequena senhora a seu lado no sofá. "Deve ser incrivelmente difícil fazer uma coisa assim."

"Nem um pouquinho", respondeu ela. "Eu empalho eu mesma todos os meus animaizinhos de estimação quando eles morrem. Você aceitaria mais uma xícara de chá?"

"Não, obrigado", disse Billy. O chá tinha um ligeiro sabor de amêndoas amargas de que não gostara muito.

"Você assinou o livro, não assinou?"

"Ah, sim."

"Isso é ótimo. Porque daqui a algum tempo, se eu por acaso me esquecer de como você se chamava, poderei sempre vir até aqui e procurar no livro. Eu ainda o faço quase todos os dias com o sr. Mulholland e o sr. ... o sr. ..."

"Temple", completou Billy. "George Temple. Desculpe-me perguntar, mas não houve nenhum outro hóspede aqui além deles nesses últimos dois ou três anos?"

Segurando a xícara de chá bem no alto e inclinando a cabeça ligeiramente para a esquerda, olhou para ele de soslaio e sorriu-lhe delicadamente mais uma vez.

"Não, meu bem", disse. "Só você."

DAHL, Roald. A dona da pensão. In: _____. *Beijo*. São Paulo: Barracuda, 2007.

Antes de iniciar o estudo do texto, tente descobrir o sentido das palavras desconhecidas pelo contexto em que elas aparecem. Se for preciso, consulte o dicionário.

EXPLORAÇÃO DO TEXTO

Nas linhas do texto

1. A que horas o protagonista chega à cidade e como estava o clima naquele momento?

2. Que aspectos da pensão levam Billy a julgar que ali seria um bom lugar para se alojar?

3. O que o fez tocar a campainha da casa?

4. O que houve de fora do comum na forma como a dona da casa respondeu à campainha?

5. Como a dona da pensão tratava Billy?

6. O que indicava não haver muitos hóspedes na pensão naquele momento?

7. Depois de conhecer seu quarto, o rapaz desce para a sala.

    a) Ao constatar que havia apenas as assinaturas de dois hóspedes, qual a reação do rapaz?

    b) O que a dona da pensão lhe oferece enquanto conversam?

Nas entrelinhas do texto

1. Que indícios havia de que a dona da pensão estava esperando um hóspede?

2. Quais os primeiros sinais apresentados ao leitor de que a dona da pensão era muito estranha?

3. Logo no início do conto, a proprietária da pensão diz a Billy:

> "[...] tenho a tendência de ser só um bocadinho de nada exigente e difícil de agradar – se é que você me entende."

A continuação da leitura nos mostra que ideia ela tem de um "convidado perfeito". Explique.

4. Billy tenta se lembrar de onde já conhece os outros dois nomes registrados no livro de hóspedes, porém seu raciocínio é sempre interrompido pela dona da pensão. Releia.

> "'Tenho quase certeza de que foi no jornal que vi esses nomes', disse Billy. 'Vou me lembrar em um segundo. Tenho certeza.'
> 'Espere um pouco', disse. 'Espere um pouco só. Mulholland... Christopher Mulholland... não era esse o nome daquele estudante de Eton que estava fazendo uma excursão a pé pelo West Country quando subitamente...'
> 'Leite?', perguntou ela. 'E açúcar?'"

   a) Billy não termina a frase sobre Christopher Mulholland. O que você supõe que ele estava prestes a dizer?

O autor
Roald Dahl (1916-1990), romancista, contista e roteirista britânico, escreveu para crianças e adultos. Muitas de suas histórias transformaram-se em filmes e séries de televisão. Entre suas obras mais conhecidas estão *Os Gremlins*, *James e o pêssego gigante*, *A fantástica fábrica de chocolate*, *Matilda* e *O fantástico senhor Raposo*. O filme *A convenção das bruxas* também foi baseado em um livro seu.

b) Compare estes trechos.

> "'O sr. Temple, claro, era um pouco mais velho', continuou ela, ignorando o comentário. 'Ele tinha na verdade vinte e oito anos.'"
>
> "'O sr. Mulholland adorava chá', disse ela, depois de um longo tempo."

A dona da pensão refere-se a esses outros hóspedes no presente ou no passado?

c) Releia agora mais este trecho.

> "'Suponho que ele tenha partido recentemente', disse Billy. [...] 'Partido?', disse ela, arqueando as sobrancelhas. 'Mas, meu querido, ele jamais partiu. Ele ainda está aqui. E o sr. Temple está aqui também. Estão no terceiro andar, os dois juntos.'"

A dona da pensão dissera que não havia outros hóspedes. Em que tempo os verbos são usados por ela nesse trecho?

d) Com base no que observou nos itens **a** e **b**, o que um leitor atento poderia deduzir a respeito do que aconteceu com os dois hóspedes anteriores? Justifique.

5. Ao descer à sala, o rapaz depara com os dois animais que havia visto pela janela.

a) O que descobre a respeito deles?

b) Qual a reação dele? Deveria ter reagido de outro modo? Explique.

6. Releia.

> "'Eu empalho eu mesma todos os meus animaizinhos de estimação quando eles morrem.'"

a) Se havia somente dois animais empalhados na sala, como você interpreta o uso da palavra "todos" na afirmação da personagem?

b) Quando ela afirma que a pele de um dos hóspedes anteriores "era igualzinha a de um bebê", que não havia uma única marca em seu corpo e que nem o senhor Mulholland nem o senhor Temple jamais haviam partido, o que você, leitor, supôs ou imaginou?

7. Billy, assim como os hóspedes anteriores, bebeu um chá oferecido pela dona da pensão. Que importância tem esse fato na construção da história? Como esse detalhe se encaixa nas suposições anteriores?

8. Todas essas pistas distribuídas ao longo do conto nos permitem concluir qual será o destino de Billy. Explique.

Coruja empalhada. A técnica de empalhamento é utilizada para conservar o corpo de animais.

Além das linhas do texto

A personagem do conto é um jovem que supostamente vive em Londres, Inglaterra, na década de 1950. Sabemos que esse jovem, de 17 anos, comete o erro de não avaliar racional e adequadamente a situação em que se envolve, seja por ingenuidade, seja por excesso de autoconfiança ao subestimar o "inimigo".

1. Será que um jovem da década de 1950 e um da década atual agiriam da mesma forma diante de uma situação perigosamente envolvente?

   Se você chegasse sozinho a uma cidade estranha precisando procurar um lugar para ficar, como agiria de forma segura? Explique.

2. Se você fosse a personagem principal do conto, que recursos usaria para escapar da dona da pensão, considerando que já estivesse dentro da casa e percebesse sua real intenção?

COMO O TEXTO SE ORGANIZA

1. Em um conto, há poucas personagens, tempo e espaço são restritos e as ações giram em torno de um único conflito. Essa organização está presente em "A dona da pensão"? Explique.

2. O conto constrói um clima de suspense e de terror sutil a partir do embate entre protagonista (Billy Weaver) e antagonista (a dona da pensão).

   a) Como o protagonista é apresentado ao leitor?

   b) Como é descrita fisicamente a antagonista?

   c) Como o protagonista a avalia?

   d) Como a antagonista avalia o jovem?

   e) Por que a caracterização detalhada da dona da pensão é importante para o desenvolvimento da história?

   f) As personagens são tratadas pelos nomes? Que efeito de sentido isso causa?

3. O conto de terror também é caracterizado pela atmosfera de suspense e mistério, por eventos e detalhes que parecem ser mas não são. Essa característica também está presente neste conto? Justifique.

4. Em uma narrativa de suspense ou de terror, a ambientação é fundamental para criar um clima que faça a história parecer verdadeira, plausível. Por que a narração inicial com a descrição do clima e do horário de chegada do jovem à cidade é importante para o desenvolvimento da história?

> **Verossimilhança**: No texto narrativo, as condições criadas pelo autor para que a obra tenha uma coerência interna e pareça verdadeira.

5. Você já conhece os tipos de foco narrativo que podem ser utilizados para contar uma história: em primeira pessoa (personagem principal ou secundária) ou em terceira pessoa.

Protagonista: personagem principal em um conto, romance, novela, peça teatral.

Antagonista: personagem que se opõe diretamente ao protagonista e cujo objetivo é frustrar ou confrontar os desejos do protagonista.

NÃO DEIXE DE ASSISTIR

- *A casa de vidro* (EUA, 2007), direção de Daniel Sackheim

  Após perder os pais em um trágico acidente, dois adolescentes são adotados por um simpático casal. Mas, aos poucos, os irmãos vão percebendo que os pais adotivos não são exatamente o que pareciam ser.

a) Qual deles foi utilizado neste conto?

b) Procure um trecho que confirme sua resposta.

6. O narrador expõe claramente pensamentos e sentimentos do protagonista, revelando o que este sente, por meio de suas próprias reflexões e falas.

a) A antagonista também expõe seus pensamentos e sentimentos? Explique.

b) Em sua opinião, por que o narrador fez essa escolha?

c) Por que, no conto, foi escolhido o ponto de vista do protagonista?

7. O enredo é apresentado em ordem cronológica. Em um conto de terror e suspense, qual a vantagem para o leitor de se organizarem os acontecimentos dessa maneira? Explique.

> Em **contos de terror**, o suspense pode ser construído por meio do confronto entre protagonista e antagonista, pela descrição do ambiente, pela organização dos fatos no enredo, pela distribuição de pistas ao longo da narrativa e pela escolha do ponto de vista.

8. Uma história de suspense ou de horror pode possibilitar mais de uma interpretação, dependendo da leitura que cada leitor faz.

a) O conto termina de maneira abrupta. É possível dar mais de uma interpretação para o destino de Billy? Por quê?

b) Justifique sua resposta com pistas apresentadas no conto.

RECURSOS LINGUÍSTICOS

1. A escolha de adjetivos e advérbios para caracterizar o ambiente é um recurso importante em contos. Releia o início da história.

> "Billy Weaver viera de Londres no vagaroso trem vespertino, com conexão em Swindon, e quando finalmente chegou a Bath já eram cerca de nove da noite, e a lua se erguia no céu límpido e estrelado sobre as casas em frente à entrada da estação. Fazia um frio de matar, e o vento cortava seu rosto como uma lâmina de gelo. [...] Nunca estivera em Bath. Não conhecia ninguém que morasse ali."

a) Quais são os adjetivos, locuções adjetivas e comparações responsáveis pela caracterização da cena descrita?

b) Nesse trecho, o que o advérbio **finalmente** revela sobre a viagem de Billy?

c) Os advérbios **nunca** e **não**, usados no trecho, acrescentam uma informação que se tornará relevante para o desfecho da narrativa. Por que essa informação é importante no contexto?

Cena de *A vida da Morte*, curta-metragem de Maciel Fischer, 2011.

Terror com humor

Muitas vezes o terror é um recurso para produzir humor. Com personagens ou situações próprias de filmes de terror, criam-se comédias, como no caso de *Os fantasmas contra-atacam*, de Richard Donner, ou *O jovem Frankstein* e *Drácula – morto mas feliz*, de Mel Brooks.

259

2. Veja agora as impressões do jovem sobre a pensão e como é descrita a sala e o mobiliário.

- uma casa bem decente onde se instalar
- certamente mais confortável que o *Bell and Dragon*
- a sala era agradavelmente mobiliada
- um vaso de flores alto e elegante
- cortinas verdes de tecido aveludado
- salgueiros lindos ao lado das cortinas
- um fogo intenso ardendo na lareira
- um sofá grande e várias poltronas estofadas
- no tapete em frente ao fogo, dormia um pequeno *dachshund*
- um grande papagaio em uma gaiola
- animais eram geralmente um bom sinal

Cão *dachshund*.

a) Quais são os adjetivos e as locuções adjetivas empregados na descrição?

b) Nesses trechos, quais adjetivos, indicando propriedades e qualidades, expressam objetividade e quais expressam subjetividade?

c) Os advérbios **agradavelmente**, **geralmente**, **bem**, **mais** indicam objetividade ou subjetividade?

d) Por que esse conjunto de impressões dá à personagem a sensação de que a pensão era "uma casa bem decente onde se instalar"?

e) Ao pensar consigo que a pensão "certamente seria mais confortável", a personagem acredita que será mais confortável ou tem certeza de que será mais confortável?

3. Na comparação dos trechos a seguir, percebe-se a exploração de uma figura de linguagem para contrapor o ambiente externo em que se encontra a personagem ao ambiente interno que ela vislumbra pela janela da pensão. Observe.

> "Fazia um frio de matar, e o vento cortava seu rosto como uma lâmina de gelo."
> "Ele avançou, espiou a sala através da janela e a primeira coisa que viu foi um fogo intenso ardendo na lareira."

a) Quais são as palavras de significado oposto empregadas pelo narrador para expressar esse contraponto entre os ambientes?

b) Que nome é dado a essa figura de linguagem que aproxima duas ideias contrárias?

c) Que efeito o uso dessa figura cria para o leitor?

4. Recursos frequentemente usados em contos de suspense e horror são a ambiguidade (o duplo sentido), a alusão (a referência indireta), a sugestão, a insinuação, as meias palavras. Releia estes trechos e observe as palavras destacadas.

> "'E é um prazer tão grande, meu bem, um prazer tão enorme quando, de vez em quando, abro a porta e vejo que está ali alguém que **serve** exatamente.'"
> "'Estou tão feliz que tenha aparecido', disse ela, olhando-o fixamente. 'Eu estava começando a ficar **preocupada**.'"
> "'Dezessete!', exclamou ela. 'Ah, é a idade **perfeita**! O sr. Mulholland também estava com dezessete anos.'"

a) Determinados verbos e nomes (substantivos e adjetivos) precisam necessariamente de um complemento para ter sentido completo. Em relação ao verbo e aos adjetivos destacados é possível explicitamente identificar seus complementos? Explique.

b) Em sua opinião, o fato de a dona da pensão usar essas palavras da forma como as usou contribui para criar uma atmosfera de ambiguidade e suspense? Justifique.

5. Figuras de linguagem também contribuem para a construção da história e criação de suspense. Observe a escolha dos verbos destacados na indicação das ações da personagem.

> "Cada letra era como um enorme olho negro fitando-o através do vidro, que o **cativava**, **compelia**, **forçava** a ficar onde estava e **não abandonar** aquela casa, e, **antes que desse por si**, ele **se afastou da janela** e **foi** em direção à porta de entrada, **subiu** os degraus que levavam até ela e **procurou** a campainha.
> **Tocou**."

a) Os verbos selecionados pelo narrador estão em ordem progressiva crescente ou decrescente de emoção e tensão?

b) Que efeito essa enumeração em sequência causa na narrativa?

c) Que nome damos a essa figura de linguagem? Explique.

6. Advérbios, locuções e pronomes têm importante função em um texto narrativo para estabelecer a coesão entre as partes da narrativa. Releia os trechos e observe as palavras e expressões destacadas.

> "Animais eram geralmente um bom sinal em lugares **assim**, disse consigo mesmo; **no fim das contas**, pareceu-lhe que poderia ser uma casa bem decente onde se instalar. Certamente seria mais confortável que o Bell and Dragon.
> **Por outro lado**, um *pub* seria mais conveniente que uma pensão. Haveria cerveja e dardos à noite e muitas pessoas com quem conversar, e provavelmente seria também um bocado mais barato."

a) Na primeira linha, a que se refere a palavra **assim** e que tipo de relação ela estabelece com o que foi dito anteriormente?

b) A que se refere a expressão **no fim das contas**? Que "contas" seriam essas?

c) Ao introduzir a expressão **por outro lado**, a que "lado" anterior se refere a personagem?

7. Você já sabe que o uso dos discursos direto e indireto é um dos recursos para a representação das falas das personagens em um texto narrativo.

a) Neste conto, predomina o uso do discurso direto. Quais são os verbos de elocução usados para introduzir a fala das personagens?

b) Que sinais gráficos são empregados na reprodução dos diálogos?

NÃO DEIXE DE LER

- *Três terrores*, organizado por Leo Cunha, editora Atual

  Adaptações dos clássicos *Drácula*, de Bram Stoker; e *O médico e o monstro*, de Robert L. Stevenson. Além deles, há o inédito *O morto-vivo da colina verde*, de Leo Cunha.

8. Agora releia este trecho.

> "'Engraçado', pensou, de repente. 'Christopher Mulholland. Já ouvi em algum lugar.'
> **Mas onde diabos ele ouvira esse nome tão incomum?**
> Seria um colega de escola? Não. Um dos muitos namorados de sua irmã, talvez, ou um amigo de seu pai? Não, não, não era nada disso. Ele pousou novamente os olhos sobre o livro. [...]
> 'Gregory Temple?', disse em voz alta, vasculhando a memória. 'Christopher Mulholland?...'"

a) A quem podemos atribuir o trecho "Engraçado": ao narrador ou à personagem Billy? Trata-se de discurso direto ou indireto? Justifique.

b) Identifique, no trecho acima, a(s) frase(s) que pode(m) ser atribuída(s) ao narrador.

c) Agora, observe o trecho destacado. Essa frase poderia ser atribuída à personagem?

d) O que há de diferente em relação ao trecho destacado e aos demais atribuídos à personagem?

e) Encontre outra passagem nesse trecho que pode ser atribuída tanto à personagem quanto ao narrador.

No trecho destacado, o discurso do narrador mistura-se ao da personagem Billy. Trata-se do discurso indireto livre.

> **Discurso indireto livre**: O narrador reproduz as palavras de uma personagem sem o uso de verbos de elocução e aspas ou travessão. A narração é composta das palavras da personagem mantendo suas características de fala, eventualmente com pontuação expressiva para indicar suas emoções ou reflexões.

PARA LEMBRAR

Conto de terror

Intenção principal	envolver o leitor em uma atmosfera de irrealidade, tensão, estranhamento, medo
Leitores	pessoas que gostam de suspense, de textos que provocam medo e não se atemorizam com o sobrenatural
Organização	narrador em primeira ou terceira pessoa presença de personagens estranhas e seres sobrenaturais importância da ambientação terror causado por fatores externos ou internos sequência de fatos inexplicáveis que vão se desenrolando para o leitor final inesperado, surpreendente, aterrorizador narrativas verossímeis mesmo com elementos sobrenaturais
Linguagem	geralmente de acordo com a norma-padrão e mais ou menos formal, conforme o autor e/ou o leitor a que se destina

DEPOIS DA LEITURA

Temas literários universais

O tema é a ideia principal que se pode reconhecer em uma obra de ficção como o conto, por exemplo. Muitas vezes, vários temas que abrangem a vida, as relações humanas, os conflitos individuais ou sociais convivem em uma mesma obra literária, ganhando maior ou menor destaque de acordo com a intenção do autor.

Os contos maravilhosos e os contos de fadas têm encantado gerações de leitores do mundo inteiro porque tratam de temas universais como o medo, a solidão, o amor, a ambição, a amizade etc.

Um exemplo de conto maravilhoso é a história de Joãozinho e Maria, coletado pelos irmãos Grimm, que você já deve ter lido ou ouvido alguma vez.

A casa da dona da pensão deve ter parecido tão atraente aos olhos de Billy Weaver quanto a casa de doces da história de Joãozinho e Maria. Responda às perguntas.

1. Que semelhanças você vê entre a história de Joãozinho e Maria e o conto "A dona da pensão"?

2. Que circunstância levou as personagens a se encantarem tão profundamente pela casa nas duas histórias?

3. Que diferença você vê entre as histórias?

4. A história da tira a seguir tem como personagem central uma personagem do folclore bastante conhecida em diferentes países: o lobisomem.

GONSALES, Fernando. Disponível em: <http://www2.uol.com.br/niquel/tiras_mes/2011/11/18.gif>. Acesso em: 19 mar. 2015.

a) Essa personagem, originalmente, está relacionada a que tipo de narrativas? Essa relação ocorre aqui?

b) Observe o cenário e a atmosfera criados. Qual sua função na composição da tira?

c) A que livros ou filmes mencionados nesta unidade você poderia associar essa tira?

A história de Joãozinho e Maria narra as aventuras de dois irmãos abandonados em um bosque pelos pais, que não têm como sustentá-los. Na tentativa de encontrar o caminho de volta, as crianças deparam com uma linda e apetitosa casinha feita de balas e guloseimas. Perdidos e com fome, eles são atraídos e aprisionados por uma bruxa. Ao final, conseguem enganá-la e fugir, retornando à casa dos pais.
Os irmãos Grimm, Jacob (1785-1863) e Wilhelm (1786-1859), nascidos na Alemanha, dedicaram-se ao registro das histórias orais e anônimas da tradição alemã, recolhendo inúmeras narrativas, que mais tarde publicaram sob o nome de *Contos de Grimm*.

DO TEXTO PARA O COTIDIANO

A situação retratada no conto "A dona da pensão" deixa implícito o perigo a que uma pessoa pode se expor quando está em uma situação de vulnerabilidade ou se sente atraída por uma oferta em que vislumbra vantagem para si mesma, como foi o caso da personagem do conto.

De que forma você acha que situações como essa podem acontecer hoje em dia? Leia o trecho de matéria publicada em uma revista.

Caímos nos golpes da Internet

[...]

Dos 150 bilhões de *e-mails* enviados no mundo a cada dia, 90% são *spam* – lixo eletrônico. A maior parte dos *spams* tenta vender alguma coisa, como cursos, remédios [...]. Outros tentam plantar vírus no seu computador (são as mensagens que dizem "clique aqui para ver nossas fotos de ontem" ou algo parecido). Você provavelmente já recebeu mensagens assim. Mas também existe um outro tipo de *spam*: os golpes virtuais. Eles não trazem vírus nem tentam vender produtos. Pelo contrário, oferecem a você a chance de ganhar muito dinheiro – geralmente vindo de algum milionário, que precisa da sua ajuda para liberar uma fortuna retida em bancos africanos ou do Oriente Médio. E há quem caia nisso – existem diversos casos de pessoas que perderam todas as suas economias nesses golpes.

[...]

E no Brasil?

Golpes são mais diretos – mas igualmente perigosos

Você já deve ter recebido *e-mails* em que o seu banco pede um recadastramento ou a instalação de algum *software*. São falsos, e têm sempre o mesmo resultado: se você cair no golpe, suas informações bancárias vão parar nas mãos de bandidos. No Brasil, esse é o principal tipo de golpe virtual – que os nossos *hackers* preferem por ser mais rápido. "Vai direto ao assunto", diz Fuz1ler0*, 18 anos, que diz faturar até R$ 20 mil em cada um de seus golpes. "No começo do ano lançamos uma 'promoção' da Visa que prometia viagem para a copa. O cara ia para um *site* falso, dava os dados do cartão de crédito. Em uma semana e meia, pegamos 120 pessoas."

DEURSEN, Felipe Van. *Superinteressante*. Disponível em: <http://super.abril.com.br/tecnologia/caimos-golpes-internet-611048.shtml>. Acesso em: 19 mar. 2015.

NÃO DEIXE DE ASSISTIR

• *Coraline* (EUA, 2009), direção de Henry Selick.
Animação baseada no livro de Neil Gaiman. Coraline encontra, em sua casa, uma porta secreta que dá acesso a outra versão de sua própria vida, parecida com a que leva, porém melhor. Mas ela percebe que há algo errado quando seus pais alternativos tentam aprisioná-la nesse novo mundo.

---

1. De acordo com a matéria, o que leva uma pessoa a se envolver em uma situação de risco?

2. Qual o principal golpe aplicado no Brasil?

3. Você acha possível estabelecer um paralelo entre esse caso e o que aconteceu com Billy Weaver? Explique.

PRODUÇÃO ORAL

Mesa-redonda

Falamos de como as aparências podem ser falsas e levar pessoas a não avaliar, ou a avaliar de forma equivocada, determinada situação. Um campo fértil para isso é a rede mundial de computadores. Não há dúvidas de que a internet tem inúmeros aspectos positivos, pois, além de permitir o acesso a uma soma global e imensa de conhecimentos, abre portas para muitas outras possibilidades: comunicação instantânea; acesso a filmes, vídeos, livros, músicas; compras; serviços. Porém, algumas coisas negativas podem também entrar por essas mesmas portas.

Vamos organizar uma mesa-redonda para conversar sobre isso?

Para realizar uma discussão em mesa-redonda é preciso se preparar e seguir algumas etapas. Seu professor vai ajudar a turma a se organizar. Vamos lá?

> **Mesa-redonda** é o nome dado ao debate oral em torno de um tema previamente combinado, do qual participam pessoas que apresentam comentários sobre um determinado aspecto desse tema. É necessário haver igualdade entre os participantes, portanto, durante esse momento, cada integrante tem o direito de expressar livremente suas opiniões. Essa forma de debate oral envolve pesquisa, planejamento, tomada de notas e elaboração de um roteiro que sirva como apoio escrito para a exposição.

Antes de começar

1. Sente-se com um colega e converse com ele sobre estes tópicos para avaliar o que vocês já sabem sobre o assunto.

   - Que tipo de atividades vocês consideram seguras no que se refere ao uso da internet?
   - Algum de vocês já se sentiu em perigo enquanto usava a internet? Por quê?
   - Conhecem alguém ou já ouviram falar de alguém que foi enganado ou roubado por meio de golpes na internet?
   - Conhecem alguém que tomou medidas para se proteger? Quais? Elas foram eficientes?

   Troquem ideias e procurem formular uma resposta ou um comentário para cada uma dessas questões, justificando seu ponto de vista e apresentando dados ou exemplos.

2. O tema de nossa mesa-redonda será "O mundo virtual pode prejudicar a vida de uma pessoa?". Leiam as propostas dos aspectos de que poderemos tratar.

   - Quais são as atividades da internet que mais oferecem perigos a alguém, especialmente se for uma criança ou adolescente?
   - Por que alguns consideram os *sites* de relacionamento "os vilões da internet"? Em que tipo de *site* é mais comum a possibilidade de golpes?
   - Ao fazer uma pesquisa, podemos ser atingidos por algum tipo de "golpe"?
   - O que é possível fazer para se proteger dos perigos virtuais?
   - Como deve ser visto o *cyberbullyng* e como se proteger dele?
   - O governo deveria agir para proteger os cidadãos de ações que os prejudiquem?
   - As leis da internet devem ser vistas como proteção ou como censura?

Planejando a mesa-redonda

De acordo com a indicação do professor, forme um grupo com alguns colegas para realizar estas tarefas.

1. Escolham um dos aspectos propostos no item **2** ou algum outro sugerido pelo grupo.

2. Pesquisem e selecionem dados sobre o aspecto que deverão abordar, organizando-os em uma folha avulsa. Pesquisem em livros, revistas, na própria internet e conversem com outras pessoas.

3. Planejem seu texto, fazendo anotações sobre os itens que irão abordar, selecionando os mais importantes.

4. Preparem um rascunho (15-20 linhas) que possa servir como apoio ao que será apresentado oralmente (duração média de 5 minutos).

5. Escolham um relator. Ele deverá apresentar o texto sem lê-lo.

6. Combinem com o professor se haverá possibilidade de perguntas depois de terminadas as apresentações. É preciso marcar um limite de tempo para isso.

7. Seu professor será o moderador, isto é, fará a apresentação do tema, organizará a participação da plateia e de cada relator para que todos possam expressar suas opiniões.

Realizando a mesa-redonda

1. No dia combinado, os estudantes deverão organizar a sala, de preferência montando um semicírculo, de modo que os relatores fiquem à frente. Os demais comporão a plateia, acompanhando a apresentação dos relatores.

2. O moderador do debate apresentará o tema e os estudantes escolhidos pelos grupos como relatores.

3. Cada relator apresentará o texto produzido pelo seu grupo, pronunciando as palavras com clareza, em linguagem e tom adequados à situação.

4. Terminadas as apresentações, a plateia poderá fazer perguntas aos membros da mesa. Se o relator tiver dificuldade para responder, poderá ser auxiliado por outros membros de seu grupo.

Avaliação

Após a mesa-redonda, a turma avaliará a atividade observando os pontos a seguir.

- Os participantes da mesa-redonda, em geral, conseguiram atrair a atenção da plateia?
- As informações expostas elucidaram as perguntas de investigação propostas?
- Dos aspectos discutidos, qual foi o mais marcante e o que menos chamou a atenção? Por quê?
- A mesa-redonda cumpriu sua função de apresentar os vários aspectos de um tema?
- O que poderia ser feito para melhorar ainda mais a realização de uma nova mesa-redonda sobre outro assunto?

Concordância nominal

1. Leia esta tira.

BROWNE, Dik. *O melhor de Hagar*. Porto Alegre: L&PM, 2005. v. 1.

a) Helga caracteriza o marido Hagar usando adjetivos. Por que isso causa espanto em Sortudo, o ajudante de Hagar?

b) O que provoca humor na tira?

c) Releia a fala de Helga no primeiro quadrinho e observe os adjetivos empregados em relação ao marido. Em que gênero e número estão? Explique por que foram assim empregados.

2. Leia estes versos do poeta Patativa do Assaré.

Emigração e as consequências

Neste estilo popular
Nos meus singelos versinhos,
O leitor vai encontrar
Em vez de rosas espinhos
Na minha penosa lida
Conheço do mar da vida
As temerosas tormentas
Eu sou o poeta da roça
Tenho mão calosa e grossa
Do cabo das ferramentas

Patativa do Assaré. *Patativa do Assaré: uma voz do Nordeste*. São Paulo: Hedra, 2000.

a) Que advertência o eu poético faz ao leitor?

b) Quais são os adjetivos empregados para caracterizar o trabalho (a lida) do eu poético, ou seja, as tormentas pelas quais passou, e suas mãos?

c) A que o eu poético atribui o fato de ter mãos calosas e grossas?

d) Releia estes versos.

> "Conheço do mar da vida
> As temerosas **tormentas**"

267

Em que gênero e número está o substantivo destacado? E o artigo e o adjetivo que se referem a ele?

e) Observe agora.

> "Em vez de rosas espinhos
> Na **minha penosa** lida"

O pronome e o adjetivo destacados estão no mesmo gênero e número que o substantivo a que se referem?

f) Observando suas respostas aos itens anteriores, o que se pode concluir a respeito da relação entre o substantivo e as palavras que o caracterizam (adjetivos) ou determinam (artigos, pronomes, numerais)?

> Adjetivos e locuções adjetivas, artigos, pronomes e numerais concordam em gênero e número com o substantivo a que se referem. A esse fenômeno gramatical damos o nome de **concordância nominal**.

3. Leia este conselho de moda, publicado em um blogue pessoal.

Como escolher a melhor roupa pra balada?

Saias e vestidos curtos "conversam" muito bem com rasteirinhas e sapatilhas, enquanto modelos mais soltos ficam mais sensuais com um saltão.

Disponível em: <http://zuestore.tumblr.com/>. Acesso em: 29 dez. 2011.

a) Pelo assunto do texto, a que público ele se dirige?
b) Por que a forma verbal **conversam** foi escrita entre aspas? O que ela significa no contexto?
c) Qual é o adjetivo que caracteriza os substantivos **saia** e **vestido**?
d) Esse adjetivo aparece posposto a um substantivo feminino e a um substantivo masculino. O adjetivo foi colocado no feminino ou no masculino? No singular ou no plural?

4. Compare.
   I. Vestidos e saias curtas "conversam" muito bem com rasteirinhas e sapatilhas.
   II. Vestidos e saias curtos "conversam" muito bem com rasteirinhas e sapatilhas.

a) Nesses dois trechos, o adjetivo também aparece posposto aos substantivos. A qual ou quais substantivos ele se refere em cada trecho?

b) Qual é a diferença de sentido entre os dois trechos?

> Quando o **adjetivo posposto** se refere a dois substantivos de gêneros diferentes, a concordância faz-se no masculino plural, a não ser que se refira somente ao mais próximo.

Casos especiais

1. Leia este texto.

Exploração Discovery Kids no Praia de Belas

O Praia de Belas [Porto Alegre, RS] recebe, de 25 de setembro a 12 de outubro, o evento Exploração Discovery Kids.

A atração é composta por um circuito com cinco diferentes áreas, que correspondem às regiões do país. Em uma verdadeira aventura por cada uma das áreas, as crianças aprendem sobre as diferenças culturais que são encontradas em nosso país [...].

[...]

• Entrada gratuita.

• Após a participação nas atividades, o visitante que quiser participar novamente deverá se dirigir à fila de retirada de ingressos.

• Edição limitada de ingressos.

[...]

Geral

• Permitida a entrada de crianças de 0 a 11 anos, limitadas à altura de 1,35 metro e somente acompanhadas por um adulto responsável. É obrigatória a presença de um adulto responsável durante a participação da criança no evento, o qual se responsabilizará por ela.

• Não é permitido entrada com alimentos e bebidas.

• Não é permitido entrada de animais no evento.

Disponível em: <http://www.praiadebelas.com.br/page/eventosNovidades_detalhes.asp?cod=1771>. Acesso em: 29 dez. 2011.

a) Qual o objetivo do evento, segundo seus organizadores?

b) Compare estas frases e observe o emprego da expressão **é/não é permitido**.

(É) Permitida a entrada de crianças de 0 a 11 anos.

adjetivo + **artigo** + substantivo feminino

Não é permitido entrada com alimentos e bebidas.

adjetivo + substantivo feminino

Agora responda com base em suas observações.

I. Quanto à concordância do adjetivo com o substantivo, o que você observa na primeira frase?

II. O mesmo ocorre no segundo caso?

III. Levante uma hipótese: por que, na primeira frase, o adjetivo **permitido** aparece flexionado (no feminino) e, na segunda, permanece no masculino?

c) Releia.

> "É obrigatória a presença de um adulto responsável durante a participação da criança no evento, o qual se responsabilizará por ela."

O adjetivo **obrigatória** concorda em gênero e número com o substantivo **presença**?

d) Considerando os exemplos acima, responda: se tirássemos o artigo **a** de "é obrigatória a presença", o adjetivo permaneceria flexionado no feminino?

Nas expressões **é proibido**, **é obrigatório**, **é necessário**, o adjetivo não varia, permanecendo no masculino singular.

Se houver um artigo antes do substantivo que vem em seguida, o adjetivo concorda com ele. Exemplos:

É proibido entrada.
É proibid**a a** entrada.

É obrigatório presença de todos.
É obrigatóri**a a** presença de todos.

É necessário ajuda.
É necessári**a a** ajuda.

---

2. Leia a tira.

LAERTE. Disponível em: <http://verbeat.org/blogs/manualdominotauro/assets_c/2010/12/classif%2011-7727.html>. Acesso em: 29 dez. 2011.

a) O que chama a atenção da mãe no primeiro quadrinho?

b) O que expressa a palavra "uma" em "uma meia hora"?

c) A palavra **meio** pode funcionar como substantivo, advérbio ou adjetivo que indica quantidade; neste caso, pode se flexionar em gênero e número. Que papel ela tem na frase acima?

3. Leia este texto.

Reconhecimento do mérito

Apesar da **pouca** memória histórica, o país é, sim, bem-sucedido em ciência com tecnologias agrícolas, vacinas, energia, aeronáutica e outras. Com **pouco** mais de 500 anos, o Brasil tem instituições seculares – o IAC [Instituto Agronômico de Campinas], de 1887, o Instituto Florestal, fundado um ano antes, e vários dos 17 institutos paulistas de pesquisa beiram os 100 anos de existência.

Revista *Scientific American Brasil*. Disponível em: <http://www2.uol.com.br/sciam/artigos/reconhecimento_do_merito.html>. Acesso em: 19 mar. 2015.

a) De acordo com o texto, em que áreas o Brasil é bem-sucedido?

b) Nessa expressão, a palavra **pouca** concorda com o substantivo **memória**. Ela foi empregada como adjetivo ou como advérbio? Como você chegou a essa conclusão?

4. Leia estes dois títulos de notícias.

I

Gaivota "se surpreende" com próprio reflexo em biblioteca na Inglaterra

Disponível em: <http://g1.globo.com/planeta-bizarro/noticia/2015/02/gaivota-se-surpreende-com-proprio-reflexo-em-biblioteca-na-inglaterra.html>. Acesso em: 19 mar. 2015.

II

Praias gaúchas de água salgada estão próprias para o banho, diz Fepam

Disponível em: <http://zh.clicrbs.com.br/rs/vida-e-estilo/verao/noticia/2015/01/praias-gauchas-de-agua-salgada-estao-proprias-para-o-banho-diz-fepam-4681981.html>. Acesso em: 3 abr. 2015.

a) Observe as palavras **próprio** e **próprias** utilizadas nas manchetes. As duas palavras foram empregadas com o mesmo sentido nos dois títulos?

b) Nos dois casos, o que foi possível observar quanto à concordância com o substantivo?

teia do saber

1. Leia o início de uma reportagem.

Estratégias do futuro para enfrentar problemas do passado

Celulares do tipo *smartphones*, *Twitter* e *SMS* criam rede nova, barata e eficiente para o combate à esquistossomose, doença que agora contamina sem distinção social.

Revista *Scientific American Brasil*. São Paulo, Duetto, mar. 2011.

a) Segundo o texto, algumas redes sociais podem prestar um serviço público. Qual?

b) Nesse trecho, a palavra **barata** é um adjetivo. Com que substantivo ela concorda?

c) Leia agora a propaganda e observe o adjetivo destacado.

Celular **barato** Smartphone S3 Android 4 Wifi 2 Chips +brindes

Disponível em: <http://produto.mercadolivre.com.br/MLB-635661208-celular-barato-smartphone-s3-android-4-wifi-2-chips-brindes-_JM#redirectedFromParent>. Acesso em: 19 mar. 2015.

Por que nessa frase o adjetivo está no masculino?

2. Leia esta informação.

> [...] Quem tem disposição e interesse descobre as muitas surpresas que a UFMG [Universidade Federal de Minas Gerais] reserva. Às quartas-feiras, por exemplo, na hora do almoço, é certo que há algum *show* ou *performance* teatral na Praça de Serviços ou no auditório da reitoria, no *campus* Pampulha: o "Quarta Doze Trinta".
>
> Além deste projeto, que abre espaço para espetáculos de todos os gêneros, sempre ao meio-dia e meia, há muitos outros projetos permanentes na programação cultural da UFMG, como os quinzenais "Tarde no *Campus*", que apresenta atrações artísticas sempre no fim da tarde [...]
>
> Disponível em: <http://www.ufmg.br/diversa/15/index.php?option=com_content&view=article&id=5&Itemid=5&limitstart=2>. Acesso em: 20 mar. 2015.

a) Por que foi dado o título "Quarta Doze Trinta" aos espetáculos exibidos na UFMG todas as quartas-feiras?

b) Com que substantivo concorda a palavra **meia** na expressão que indica o horário desses espetáculos?

c) No texto, a palavra **muito** é empregada duas vezes. Explique por que ela está flexionada cada vez de uma forma.

d) A palavra **muito** (nas duas diferentes flexões) foi empregada em função adjetiva ou adverbial?

3. Leia os versos.

Então, friends

levo a vida assim
meio direita, meio torta,
às vezes arrombando a festa
outras, dando com a cara na porta.

TAVARES, Ulisses. *Viva a poesia viva*. São Paulo: Saraiva, 1997.

ROGÉRIO BORGES

272

a) Anote no caderno a expressão mais adequada para completar esta afirmação:

No verso "meio direita, meio torta" a palavra **meio** corresponde:

   I. à palavra **metade**.
   II. à palavra **parte** (de um todo).
   III. à expressão **um pouco**.

b) Para você, o que significa levar a vida "meio direita, meio torta"?

4. Leia estes trechos, cada um tirado de uma versão do romance.

> *Os miseráveis*, do francês Victor Hugo (1802-1885).
>
> Aos oito anos, Cosette já havia sofrido tanto que, às vezes, parecia uma velha. Tinha uma mancha negra no olho, de um murro dado pela senhora Thénardier. Entre outros trabalhos cansativos, era responsável por buscar água na fonte.
>
> HUGO, Victor. *Os miseráveis*. São Paulo: FTD, 2002.
>
> A curta distância via-se uma mulher, ainda nova, a amamentar outra criança. O pai e a criança riam muito, a mãe sorria. O desconhecido quedou-se um instante a contemplar este sereno e risonho espectáculo. [...] É natural que pensasse que uma casa onde havia alegria devia ser hospitaleira e que onde via tanta felicidade talvez encontrasse alguma compaixão. Bateu ao de leve na vidraça com os dedos.
>
> HUGO, Victor. *Os miseráveis*. Disponível em: <http://www.4shared.com/get/A0BzSbJz/Os_Miseraveis_-_V123_Victor_Hu.html;jsessionid=7EDE6C4DAE7868F81123AE5BEBC71C87.dc328, p. 91.>. Acesso em: 20 mar. 2015.

Escultura de François Pompon representando a personagem Cosette, do romance *Os miseráveis*.

a) O primeiro trecho é de uma versão brasileira do romance; o segundo, de uma versão portuguesa. Que palavras ou expressões, no segundo trecho, não seriam encontradas no português brasileiro?

b) Observe.

> "[...] Cosette já havia sofrido **tanto** [...]"
> "[...] onde via **tanta** felicidade [...]"

Em qual dos trechos a palavra destacada funciona como adjetivo? E em qual deles ela foi empregada como invariável?

 REVISORES DO COTIDIANO

Leia este texto, que contém uma declaração a respeito das aves em risco de extinção no Brasil.

Limite

Luiz P.
Presidente da Sociedade de Zoológicos do Brasil
"A lista de espécies em risco brasileira só aumenta a cada ano. Não damos conta, não somos a arca de Noé."

O Estado de S. Paulo, 27 mar. 2011.

1. No texto, o adjetivo **brasileira** concorda com que palavra?
2. A primeira frase da declaração do presidente da Sociedade de Zoológicos do Brasil é clara? Por quê?
3. Dê outra redação à frase, deixando-a mais clara.

Ararinhas-azuis, espécie em risco de extinção.

273

LEITURA 2

ANTES DE LER

1. Você acha que rir é o melhor remédio?
2. Em sua opinião, por meio do humor é possível criticar e ensinar?
3. Com base no título do conto a seguir, "Boa de garfo", que tipo de narrativa você espera encontrar? O que o levou a fazer essa predição?

Você leu, nesta unidade, um conto de terror, ambientado em uma cidade do interior da Inglaterra, em um tempo um pouco distante do atual. A história que você vai ler agora acontece em tempo e espaço diferentes: passa-se nos dias de hoje, na zona rural de uma região brasileira. Como o anterior, este conto tem também como matéria-prima o ser humano e suas relações com o outro, porém aqui o foco são os pequenos conflitos do cotidiano, que fazem da vida uma eterna negociação.

Boa de garfo

"Bom dia" foi, naturalmente, a primeira coisa que meu pai disse ao homem. A segunda, só podia ser aquela: "E essa fera aí?".

A fera, que estava junto ao homem, era um cachorro fila, rajado, de um tamanho que eu nunca tinha visto na vida; um cachorro enorme. A gente ficava frio só de olhar para ele – aquela cabeçona com as beiçorras dependuradas.

274

Mas o homem disse que não precisávamos ter medo, não tinha perigo.

"O senhor tem certeza de que ele não morde?", perguntou meu pai.

"É ela", disse o homem, com um sorriso meio envergonhado.

"Ela ou ele, a mordida dói do mesmo jeito", disse meu pai.

"O senhor pode ficar tranquilo", disse o homem: "ela, quando não gosta de uma pessoa, vai logo avançando."

"É?", disse meu pai. "Quer dizer que se ela não tivesse gostado de mim, ela já tinha avançado..."

"Tranquilamente", disse o homem.

"Tranquilamente", repetiu meu pai.

"Mas eu sabia que ela não ia avançar", disse o homem: "eu sei o tipo de gente de que ela não gosta; bêbado, por exemplo, ela não pode nem sentir o cheiro."

"Ainda bem que eu não bebo", disse meu pai com alívio.

"O senhor pode ficar tranquilo", tornou a dizer o homem; "ela é mansinha..."

Acho que meu pai não ficou tão tranquilo, mas precisava continuar a conversa e convidou o homem a sentar-se numa das cadeiras do alpendre: o homem sentou-se. Depois meu pai sentou-se. Eu continuei em pé, no canto, olhando. A cachorra foi ficar ao lado do homem e sentou-se nas pernas de trás.

O homem era miúdo, franzino. Era mulato, e tinha um bigodinho ralo e achinesado. Sua roupa estava com remendos, mas muito limpa – o que era bom sinal. Meu pai dizia: "Se o sujeito não tem cuidado nem com a própria roupa, como eu posso esperar que ele tenha cuidado com o serviço?". [Meu pai devia] ter gostado daquilo...

O de que meu pai visivelmente não estava gostando era aquele animalzão parado ali, na frente, de olhos fixos nele.

[...]

Tentando esquecer a cachorra – o que não era muito fácil –, meu pai prosseguiu a conversa:

"Bom, como o senhor já sabe, meu negócio é hortaliça; comecei há pouco tempo e estou precisando de uma pessoa com bastante prática."

O homem sacudiu a cabeça. A cachorra, quieta, olhava para meu pai.

"Eu tive boas informações sobre o senhor, fiquei sabendo de seu trabalho... Agora nós precisamos conversar, ver se a gente combina; são várias coisas..."

Ao falar assim, meu pai olhou para a cachorra; não sei se foi intencional, querendo dizer que a cachorra era uma das "coisas", mas estava claro que ela o preocupava. Quando ele mandou o recado para o homem vir ao nosso sítio, ele não sabia que o homem viria acompanhado daquele cachorrão – o mais certo seria dizer o cachorrão acompanhado daquele homem –, e era evidente agora que a cachorra tinha de ser levada em conta na combinação deles.

Houve uma curta pausa.

O homem tirou do bolso da camisa um cigarro de palha, já começado, e acendeu-o com densas baforadas; depois ficou olhando para fora, à espera de que meu pai prosseguisse.

"Bem", meu pai prosseguiu: "por quanto o senhor viria?".

275

[...]

"Por quinhentos eu viria."

"Quinhentos?", meu pai quase caiu da cadeira.

Um outro empregado, em que ele estava também interessado e que aparecera lá em casa poucos dias atrás, pedira trezentos e cinquenta, e parecia tão bom quanto aquele, senão melhor – pelo menos, era bem mais forte.

"O senhor está querendo demais", disse meu pai; "o senhor vê que a área é pequena, a variedade dos produtos pouca, a casa boa..."

"Quanto a isso não há dúvida", disse o homem.

"Eu soube que o senhor trabalha bem", continuou meu pai; "tive muito boas informações. Mas por esse preço, sinceramente... O senhor há de reconhecer que é demais...".

"Eu reconheço", disse o homem.

"Então?"

"A questão é que...", o homem se mexeu na cadeira, meio incomodado. "Eu vou dizer pro senhor: cobrar caro pelo meu serviço, eu até que não cobro não. E vou dizer por quê: porque meu gasto é pequeno. Beber, eu não bebo; não sou enredado em saia; de vício, eu só tenho mesmo o cigarrinho. O senhor vê que é pouca coisa. A questão é que... A questão é a Bebé."

"Bebé? Quem que é a Bebé?"

"A cachorra."

"Ah, a cachorra; quer dizer que ela chama Bebé..."

"Bom, o nome mesmo não é esse; Bebé é apelido."

"E qual que é o nome?"

"Elizabete."

"Elizabete?...", meu pai arregalou os olhos. "É... É um nome bastante original para cachorro... Confesso que eu nunca tinha visto uma cachorra com esse nome..."

"Era o nome da madrinha", disse o homem.

"Madrinha da..."

"Minha madrinha."

"Ah", disse meu pai. "E ela deve ter ficado muito contente; sua madrinha..."

"Não, ela não chegou a conhecer a cachorra não; ela morreu antes, que Deus a tenha", e o homem ergueu respeitosamente o chapéu. "Foi ela que me criou, minha madrinha. Era uma santa mulher. Devo muita gratidão a ela. E então falei que quando nascesse meu primeiro filho, se fosse mulher, eu ia batizar ele com o nome dela. Mas eu não casei; e aí, como eu gostava tanto dessa cachorra como de um filho, resolvi pôr o nome nela."

"Compreendo", disse meu pai.

"Muita gente acha que isso é abuso. Eu não acho. Segui meu coração, e, pra mim, tudo o que vem do coração é certo."

O homem olhou para a cachorra, depois para o cigarro, depois novamente para meu pai:

"Mas, como eu ia dizendo pro senhor, a questão é a cachorra: ela come muito."

"Quantos quilos ela come por dia?"

"Quilos? Não sei, mas ela é boa de garfo."

"Boa de garfo? O senhor quer dizer que... que ela come muito; ou... "

"É; ela come pra danar."

"O senhor pode dar ração para ela."

"Ração? Ela não come; ela só come carne."

"O senhor dá carne para ela todo dia?"

"Dou; quer dizer, dava, quando eu estava no emprego, quando eu tinha dinheiro. Agora... O senhor vê que ela está magra..."

"É", disse meu pai, olhando para a cachorra, que continuava olhando para ele: "gorda ela não está mesmo não".

"Pois é..."

"E como o senhor tem feito?"

"Tem feito?..."

"Quê que o senhor tem dado para ela?"

"Tenho dado abacate."

"Abacate? Ela come?"

"Come. Mas tem que ser do liso; do cascudo ela não come não. Essa cachorra tem umas coisas que... eu vou dizer pro senhor: ela tem umas coisas em que ela é igualzinha a gente... "

"Realmente", disse meu pai. "Até hoje eu nunca tinha ouvido falar que cachorro come abacate."

"Não sei se é qualquer um; essa come. Ela é compreensiva; eu expliquei pra ela que não tinha mais carne, e aí ela aceitou de comer abacate. Foi a sorte, sorte minha e dela, porque lá no rancho do meu irmão, onde eu estou agora, tem um pé de abacate, e ele fica tão carregado, que posso dar abacate pra ela o dia inteiro. Mas, não sei, acho que abacate não é bem comida de cachorro... "

"É o que eu sempre pensei", disse meu pai.

"Acho que ela já anda com saudade duma boa carninha..."

"Por que o senhor não arranja um cachorro menor?"

"Um cachorro menor?... Eu vou explicar pro senhor: essa aí, quando eu peguei ela pra criar, era desse tamaninho; eu não sabia que ela ia ficar tão grande. Eu achei ela abandonada numa estrada e fiquei com dó; não sabia quem tinha abandonado, que raça que era, nem nada. Depois é que eu fui vendo; o bicho foi só crescendo, não parava mais de crescer, era aquela coisa. Quando vi, já era tarde. Quer dizer: eu já estava gostando dela. Aí..."

Meu pai sacudiu a cabeça.

"E ela não parou de crescer ainda não", continuou o homem. "O senhor que pensa: ela é criança ainda, ela só tem um ano."

"Ela é bem crescidinha para a idade, hem?"

"É... Mas também só tem tamanho essa danadona", e o homem fez outro carinho na cabeça da cachorra.

"O senhor algum dia já pensou no tanto que o senhor já gastou de carne com ela?"

"Não, não pensei não; mas deve ser um despropósito."

"E se o senhor, em vez de dar para ela, tivesse comido essa carne?"...

"Eu?"

277

"É; se, em vez de dar para ela, o senhor tivesse comido essa carne?..."

"É verdade", o homem baixou o olhar, parecendo refletir; então olhou novamente para meu pai: "Mas e ela, quê que ela ia comer?"

Meu pai não soube o que responder.

"E depois", disse o homem, "eu não tenho problema: eu como pouco. Pra mim, tendo arroz, feijão e farinha de mandioca, não precisa mais nada; de vez em quando um ovinho frito. Ela é que é comilona. Come por três de mim essa cachorra. É por isso que eu peço esse ordenado. O senhor sabe que a carne não está brincadeira."

[...]

"Se o senhor aceitasse por menos... Quinhentos é demais para mim; eu estou começando, luto com muita dificuldade. O senhor vê aí, quanta coisa ainda há por fazer..."

"É verdade", disse o homem, de cabeça baixa, "isso eu não nego..."

[...]

Meu pai olhou para a cachorra, quieta no mesmo lugar e sempre de olhos nele. Diabo, ele deve ter pensado; se não fosse aquela cachorra, tudo já estaria resolvido...

Nessa hora minha mãe o chamou lá de dentro; ele pediu licença e foi. Eu fui junto.

"Eu estava escutando a conversa", disse minha mãe. "Quê que você ainda espera? Será que você está pensando em pegar esse sujeito? Onde que você está com a cabeça? O outro pediu trezentos e cinquenta: são cento e cinquenta cruzeiros de diferença; quanta coisa a gente não pode fazer com esse dinheiro, a gente que vive no aperto? E, além do mais, o outro homem é muito mais forte; quê que esse tampinha aí aguenta?"

"Ele é mais competente."

"Mais competente... Você tem hora que me dá uma raiva..." [...] "Despache ele logo", disse minha mãe, "senão ele vai ficar aí até tarde, ensebando, e você ainda precisa consertar o moinho. Eu vou à cidade agora, fazer as compras."

Meu pai e eu voltamos ao alpendre. O homem e a cachorra estavam lá, na mesma posição, e olharam ao mesmo tempo para nós.

Meu pai sentou-se, franziu a testa, passou a mão na cabeça:

"Quer dizer que o senhor só viria mesmo por quinhentos..."

"É", disse o homem; "infelizmente... É como eu expliquei pro senhor... "

[...]

"Ela não desprega os olhos de mim..."

"Ela gostou do senhor", disse o homem.

"Será?...", disse meu pai.

Para ver, ele se curvou um pouco para a frente e estralou os dedos: num segundo, com uma rapidez incrível, a cachorra estava sobre ele, as patas no seu peito, a língua lambendo-lhe o rosto, ele sumindo o quanto podia na cadeira.

"Cá, Bebé, cá", o homem chamou, e a cachorra obedece. "Eu não falei? Ela gostou do senhor..."

"É", disse meu pai, branco de susto.

"Ela é muito carinhosa", disse o homem.

278

"Eu vi", disse meu pai.

A cachorra olhava para ele – os olhos brilhantes, o rabo abanando fortemente –, querendo se aproximar e só esperando que meu pai estralasse outra vez os dedos, o que, evidentemente, ele não fez.

"Sua cachorrinha é pesada..."

"É..."

"Que dirá quando ela está bem alimentada..."

"Ah, o senhor precisa ver: aí ela fica uma beleza; fica parecendo uma leoa."

"Eu imagino", disse meu pai.

"Fica parecendo uma daquelas leoas de circo."

"Eu imagino..."

Estávamos agora os três olhando para a cachorra, que continuava alegre, abanando o rabo, os olhos brilhantes.

"Uma pergunta", disse meu pai, sério de novo, e o homem olhou com atenção para ele: "o senhor não acha que ela poderia pisar nos canteiros?".

"Canteiros?... Não, ela é bem comportada; é só a gente falar, que ela obedece. O senhor pode ficar tranquilo." [...]

"Bom", disse meu pai, "nesse caso, então, o senhor pode vir".

"Sim senhor", disse o homem. "Quando?"

"Amanhã mesmo, se o senhor puder."

"Eu posso; amanhã o senhor pode me esperar, que eu venho."

"Combinado", disse meu pai.

Ficaram um momento em silêncio, o homem olhando com ternura para a cachorra, e meu pai olhando para os dois.

O homem então se levantou:

"Vamos, Bebé?" Olhou para meu pai:

"O senhor pode ficar tranquilo; o senhor não vai se arrepender."

"Assim espero", disse meu pai.

O homem despediu-se dele, depois despediu-se de mim, chamando-me de "mocinho". E então foi andando para a estrada, a cachorra a seu lado. Pareciam ter um gingado alegre no andar. Eu disse isso para meu pai...

"É", ele concordou, "eles estão alegres, todos dois."

"Estão..."

"Você acha que ele me fez de bobo?", meu pai me perguntou.

"Não", eu disse.

"Eu também acho que não", disse meu pai; "tenho certeza".

"Eu também tenho certeza", eu disse.

"Sua mãe é que não vai gostar."

"Ih!... Ela vai ficar uma fera com o senhor..."

"Se vai...", disse meu pai, rindo. "Eu não quero nem saber..."

Ele me pôs a mão no ombro:

"Vamos lá, consertar o moinho?"

"Vamos", eu disse.

VILELA, Luiz. In: Machado de Assis et alii. *De conto em conto*. São Paulo: Ática, 2003.

Luiz Vilela

O escritor Luiz Vilela nasceu em 1942, em Ituiutaba (MG). Seu primeiro livro foi *Tremor de terra* (1968), em que foi publicado pela primeira vez o conto que lemos. Além de contos, escreveu romances e novelas. Suas principais obras foram traduzidas e publicadas em diversos países.

Antes de iniciar o estudo do texto, tente descobrir o sentido das palavras desconhecidas pelo contexto em que elas aparecem. Se for preciso, consulte o dicionário.

EXPLORAÇÃO DO TEXTO

1. Em relação ao título, responda.

   a) Sua previsão a respeito dele foi confirmada?

   b) Qual o sentido da expressão **ser bom de garfo**? A quem o título do conto se refere?

   c) Em sua opinião, o título antecipa a história ou é um título neutro, que não cria expectativas no leitor?

2. O conto narra um fato comum: um homem contrata um funcionário.

   a) O pai do narrador vive um conflito. Qual?

   b) Qual é a origem do conflito?

3. Que sentimentos a cachorra despertou no narrador da história e no pai dele?

> **Graus do humor**
> Na literatura, as manifestações de humor em textos narrativos, como romances, contos, crônicas, apresentam diferentes níveis, que podem provocar desde um simples sorriso até a gargalhada intensa, indo desde a sátira explícita até a ironia fina e sutil.

> O conto que você acabou de ler é um exemplar de **conto de humor**, narrativa que explora situações inusitadas ou imprevistas e a presença de personagens que provocam o riso.
>
> Um dos traços característicos do conto de humor é o foco no comportamento social, do qual um autor procura extrair graça e comicidade.

4. Responda no caderno.

   a) Que características do gênero conto, em geral, você pode reconhecer nesse exemplar?

   b) O conto "Boa de garfo" apresenta alguma das características do conto de humor? Explique.

   c) A descrição das personagens, nesse conto, ajuda na construção do humor? Explique.

5. Observe que as personagens não têm nome.

   a) Essa afirmação vale para todas as personagens do texto? Explique.

   b) Como as personagens que não possuem nome são identificadas na narrativa?

   c) Releia sua resposta ao item **a**. Que efeito essa opção do narrador provoca?

   d) Essa escolha do autor ajuda na construção do humor no conto? Justifique.

6. Explique o que provoca humor nos trechos a seguir.

   a) "'O senhor pode ficar tranquilo', disse o homem: 'ela, quando não gosta de uma pessoa, vai logo avançando.'"

   b) "'[...] A questão é a Bebé [...].'"

   c) "'abacate? Ela come?'
   "Come. Mas tem que ser do liso; do cascudo ela não come não. [...]"

Grande e inteligente

O cão fila brasileiro é uma raça de grande porte, desenvolvida no país. Um cão adulto chega a pesar 60 kg e pode alcançar 75 cm de altura. É bastante inteligente, mas de temperamento, por vezes, instável.

7. A ironia é uma figura de linguagem que pode aparecer em contos de humor. Releia o trecho.

> "Para ver, ele se curvou um pouco para frente e estralou os dedos: num segundo, com uma rapidez incrível, a cachorra estava sobre ele, as patas no seu peito, a língua lambendo-lhe o rosto, ele sumindo o quanto podia na cadeira.
> 'Cá, Bebé, cá', o homem chamou, e a cachorra obedece. 'Eu não falei? Ela gostou do senhor...'
> 'É', disse meu pai, branco de susto.
> 'Ela é muito carinhosa', disse o homem.
> 'Eu vi', disse meu pai."

a) Considerando que, ao fazer uso da ironia, se diz o contrário do que se pensa, qual frase indica ironia no trecho acima?

b) O que realmente a personagem quis dizer?

c) Que efeito a ironia da personagem provoca?

8. A escolha de determinadas palavras também contribui para a construção do humor. Compare as formas como o narrador e o dono se referem à cachorra.

O narrador	O dono da cachorra
"aquela **cabeçona** com as **beiçorras** dependuradas" "aquele **animalzão** parado ali" "não sabia que o homem viria acompanhado daquele **cachorrão**"	"Mas também só tem tamanho essa **danadona**" "Ela é que é **comilona**"

a) Todas as palavras destacadas foram empregadas no aumentativo. Em qual das colunas o aumentativo realmente expressa aumento de tamanho?

b) Ao se referir à cachorra com palavras no aumentativo, o que expressa o narrador?

c) E o que expressa o dono dela?

9. No caderno, reescreva no diminutivo as frases do narrador apresentadas na atividade **8**.

a) A mudança de grau das palavras alteraram o sentido das frases do narrador?

b) O diminutivo confere às frases um sentido de afetividade. Além disso, quais outros sentidos são possíveis?

c) A frase "ela é que é comilona" poderia ser reescrita no diminutivo? O que ela indica?

🛈 Para lembrar

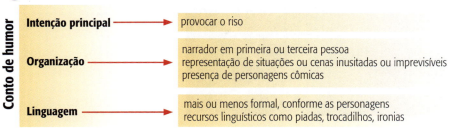

O riso literário: tipos de humor

O homem comum acha que o humor é apenas o cômico: o tombo de um palhaço, a piada de salão, a anedota da esquina ou aquele filme ou programa de televisão cujo bordão ele sabe de cor. Não que o senso comum esteja errado [...], mas com certeza sua percepção se limita apenas a uma das mil faces do simples ato de abrir a boca, mostrar os dentes e fazer os olhos e a inteligência brilharem ao longo da humanidade. Apesar de sua simplicidade aparente, o humor por vezes é muito perigoso [...] Também é descontraído o humor, infantil, brincalhão, tenso ou intenso; é sério, é sátira, crítica social ou de costumes; [...] é de morrer de rir ou serve apenas para, sutilmente, nos fazer pensar; é inofensivo e corrosivo; é chanchada, pastelão, moralista e psicológico.

COSTA, Flávio Moreira (Org.). *Os cem melhores contos de humor da literatura universal*. Rio de Janeiro: Ediouro, 2001.

PRODUÇÃO ORAL

Narrativa oral de terror

Que tal criar uma narrativa oral de terror capaz de despertar medo nos ouvintes? Em grupos, vocês vão criar e narrar uma história de terror para os demais colegas. Essa história pode ser produzida a partir de alguma outra que os participantes do grupo conhecerem. Para criar o cenário, vocês podem se inspirar em uma das cenas reproduzidas a seguir.

I

II

III　　　　　　　　　**IV**

Para criar sua história, fiquem atentos aos seguintes passos:

1. Em primeiro lugar, conversem entre si para saber quem do grupo conhece uma história de terror que possa ser narrada aos colegas. Se houver, pode contá-la resumidamente aos demais membros do grupo.

2. Em seguida, decidam se vão escolher uma das histórias narradas ou aproveitar mais de uma para compor a que o grupo vai elaborar. Se preferirem, organizem uma narrativa totalmente nova. Em qualquer desses casos, a história deve apresentar um único texto final, produto da colaboração de todos.

3. Para organizar e produzir uma narrativa, não deixem de levar em conta o tipo de narrador, as personagens, o cenário (retomando a imagem escolhida por vocês), a atmosfera, a presença do suspense e de fatos inusitados, elementos característicos de uma história de terror, além de um desfecho adequado.

4. Lembrem-se de que a narrativa deve ser curta, pois vários grupos apresentarão suas produções para a classe.

5. Escolham um dos participantes do grupo para narrar (e não ler) a história para a turma. Não deixem de ouvir com atenção a apresentação de cada colega.

6. Após a apresentação de todos os grupos, façam uma avaliação, com a participação de toda a turma para saber qual a narrativa mais apreciada e qual a melhor narração.

PRODUÇÃO ESCRITA

CONTO DE TERROR

Nesta seção, você vai produzir um conto para ser publicado na seção literária de nosso jornal.

Antes de começar

1. Leia o início de um conto famoso por sua ambientação, pelo clima de terror que envolve as personagens. Observe a descrição da paisagem e das sensações que dominam o espírito do protagonista-narrador.

Durante um dia de outono, fuliginoso, sombrio e mudo, em que as nuvens, pesadas e baixas, oprimiam a terra, havia eu atravessado sozinho, e a cavalo, uma região singularmente lúgubre. Finalmente, ao se adensarem as sombras da noite, vi-me em frente da melancólica casa dos Usher. Não sei como foi, mas apenas relanceei o olhar pela construção e penetrou-me na alma um sentimento de insuportável tristeza. Digo insuportável, pois a tristeza não era absolutamente compensada por uma partezinha sequer do sentimento de que a essência poética faz quase uma volúpia, e de que a alma é quase geralmente dominada perante as imagens naturais mais sombrias da desolação e do terror. Observava o quadro posto na minha frente, e só de ver a casa e a perspectiva caractetística daquele domínio, as paredes que tinham frio, as janelas semelhantes a olhos perdidos na distância, alguns grupos de vigorosos juncos, troncos de árvores brancas e corroídas, senti a imensa depressão [...] Era um gelo no coração, um abatimento, um mal-estar, uma irremediável tristeza do pensamento que nenhum aguilhão da fantasia podia transformar em coisa sublime. Que seria, pois – detive-me para refletir –, que seria, pois, o que assim me enervava ao contemplar a casa dos Usher? Mistério insolúvel. Não podia lutar contra os tenebrosos pensamentos que sobre mim se amontoavam, enquanto refletia. [...] Possivelmente, refleti, um simples arranjo diferente dos pormenores do quadro, das minúcias da paisagem, bastaria para modificar, ou talvez para aniquilar a capacidade de uma tristonha impressão. E agindo de acordo com tal ideia, conduzi o cavalo para a borda escarpada de um negro e lúgubre tanque que, como espelho imóvel, jazia diante da construção; e contemplei com um calafrio ainda mais penetrante, as imagens remodeladas e invertidas dos juncos acinzentados, dos sinistros troncos de árvores, e das janelas semelhantes a olhos sem pensamento.

Não obstante, era naquela morada da melancolia que eu me propunha transcorrer algumas semanas. [...]

POE, Edgar. "A queda da casa dos Usher". In: _____. *Assassinatos da rua Morgue e outras histórias.* (Trad. Aldo Della Nina). São Paulo: Saraiva, 2006.

2. Agora você vai criar o cenário onde se passará sua história. Vai descrevê-lo com detalhes e falar da sensação que impregnava o ambiente. Há muitas opções adequadas ao gênero conto de terror: paisagens sombrias, bosques tenebrosos, ruínas medievais, castelos com enormes porões, casebres abandonados, povoados fantasmas, tempestades noturnas, casas com ruídos noturnos ou ambientes simples e aconchegantes que, de repente, se tornam lugares ameaçadores.

Planejando a produção

1. Vamos animar esse cenário, decidindo os seguintes pontos.

a) O narrador será uma das personagens? Se for um narrador que apenas conta a história sem participar dela, ele será onisciente?

b) Quem serão e como serão as personagens?

c) Que peripécias viverão nesse local?

d) Que ações realizam para atingir seus objetivos? Eles serão alcançados? De que forma?

e) Lembrando que a ausência de finais felizes é uma das marcas dos contos de terror, como será o desfecho de seu texto?

f) Haverá diálogo entre as personagens?

2. Concluído o plano, comece a escrever o conto, procurando manter o ponto de vista do narrador do princípio ao fim do texto. Dê um título à sua produção.

Avaliação e reescrita

1. Entregue o conto a um colega, que se encarregará de lê-lo e fazer sugestões para melhorá-lo. O colega leitor deverá levar em conta se e como você realizou os passos sugeridos anteriormente e, também, se conseguiu:

- criar um cenário adequado a uma narrativa de terror;
- criar uma história que provoque arrepios e surpreenda o leitor;
- manter o suspense até o final;
- criar um título e um narrador adequados à história;
- organizar coerentemente a exposição dos fatos narrados;
- adequar a linguagem ao leitor em foco.

2. Com base nessas sugestões, redija a versão final do conto.

3. Guarde essa produção, pois ela poderá ser publicada no jornal da classe, no final do ano.

NÃO DEIXE DE LER

- *Histórias de humor*, de Luis Fernando Verissimo e outros, editora Scipione

Essa antologia reúne contos que ironizam costumes e comportamentos e levam o leitor a refletir sobre ambição, hipocrisia, preconceito e intolerância.

Adjetivos compostos: usos no texto

1. Leia a chamada de uma notícia.

   Museu Afro-Brasileiro expõe obras de Carybé

   Nascido na Argentina, Carybé viveu grande parte de sua vida na Bahia. No centenário de nascimento do artista, o Museu Afro-Brasileiro da Bahia expõe cerca de 40 obras do artista.

   Oxalá, 1965, de Carybé.

   Disponível em: <http://www.redetv.com.br/Video.aspx?32,13,185931,jornalismo,leitura-dinamica-2a-ed,museu-afro-brasileiro-expoe-obras-de-carybe>. Acesso em: 19 mar. 2015.

   a) Por que a obra de um artista argentino foi exposta em um museu afro-brasileiro?
   b) Um museu afro-brasileiro guarda e expõe objetos de quais culturas?
   c) Observe os adjetivos.

museu afro-brasileiro → museus afro-brasileiros	obra afro-brasileira → obras afro-brasileiras
singular plural	singular plural

   Qual das palavras que compõem esses adjetivos se altera na flexão de gênero e número?

   d) O adjetivo afro-brasileiro é composto por dois substantivos, dois adjetivos ou um substantivo e um adjetivo?
   e) De que forma você pode escrever uma norma que se aplique à flexão desse tipo de adjetivo?

   > **Com hífen**
   > **Afro-brasileiro** é um adjetivo pátrio composto, e seus elementos são ligados por hífen. Outros exemplos: **rio-grandense-do-sul, sul-mato-grossense, luso-brasileiro, sul-americano, cabo-verdiano, sul-coreano** etc.

2. Leia o início de uma resenha.

   O restaurante Mentha, localizado no espaço FM Hall, no Rio Sul, não leva a erva apenas no nome. A começar pela decoração, assinada por Raquel Molinaro. O espaço foi projetado com tons leves e paredes verde-claras que remetem à cor da folha.

   Disponível em: <http://www.riofesta.com.br/prog/restaurantesneocasas.asp?destaque_id=677>. Acesso em: 20 mar. 2015.

   a) O adjetivo composto indicativo da cor das paredes é formado por palavras de quais classes gramaticais?
   b) Esse adjetivo composto foi empregado no feminino e no plural. Como ficaria esse adjetivo composto se acompanhasse o substantivo **muros**?

3. Você conhece este pássaro?

Ferreirinho-relógio

[...] É conhecido também por sebinho-de-dorso-cinza, sebinho-relógio e sibiti. Além da cantoria diferenciada, outro destaque é a sua plumagem.

Na cabeça, ele é cinza-azulado. Na parte ventral, amarelo. As demais áreas superiores levam um tom oliváceo. Pensa que acabou? As penas longas das asas são bordejadas de amarelo e a cauda, escura, quando vista por baixo, tem detalhes brancos nas extremidades. Os olhos também chamam a atenção: são amarelo-ouro.

Disponível em: <http://eptv.globo.com./terradagente/0,0,2,431;4,ferreirinho-relogio.aspx>. Acesso em: 19 mar. 2015.

a) O ferreirinho-relógio tem uma plumagem multicolorida. Quais são as cores e os tons que ela apresenta?

b) Releia e observe. Se o último elemento do adjetivo composto for um substantivo, de que forma se fazem as flexões de gênero e número?

Os olhos também chamam a atenção: são **amarelo-ouro**.

adjetivo + substantivo

c) De que forma você pode escrever uma norma que se aplique à flexão desse tipo de adjetivo?

4. Leia este trecho de uma reportagem.

Se insistir em enfrentar o desgaste na opinião pública com artifícios pirotécnicos, o governo dará com os burros n'água. Primeiro, porque a sociedade, desconfiada e cética, dificilmente acreditará hoje em historinhas cor-de-rosa.

Disponível em: <http://revistaepoca.globo.com/Revista/Epoca/0,,EMI191249-15230,00-TAO+PEQUENINO+TAMBOR+TAO+GRANDE.html>. Acesso em: 20 mar. 2015.

a) Com que adjetivo o autor qualifica o substantivo plural **historinhas**? Esse adjetivo está flexionado no feminino plural?

b) O adjetivo composto que você identificou acima segue qual das duas regras para flexão de gênero e número?

5. Verifique se os adjetivos compostos sofreram modificações de gênero ou número. Explique qual foi a orientação seguida em cada caso.
- antiguidade **grego-romana**, famílias **luso-brasileiras**.
- blusas **amarelo-limão**, tecidos **verde-água**.
- camiseta **cor-de-rosa**, vestidos **cor-de-rosa**.

1. Leia este trecho de um resumo de artigo.

> As dificuldades relacionadas à integração entre os países latino-americanos sempre foram, ao longo da história, uma constância. Diversos motivos – econômicos, políticos, sociais e históricos – resultaram em atitudes mútuas de indiferenças e discriminações. No entanto, a defesa da integração latino-americana ainda está em voga, principalmente entre os hispano-americanos. [...]
>
> DORELLA, Priscila. *Obstáculos à constituição de uma identidade latino-americana no Brasil*, em Sílvio Júlio de Albuquerque Lima. Disponível em: <http://migre.me/oStFZ>. Acesso em: 20 mar. 2015.

a) Segundo o resumo, de que fala o artigo?

b) Observe e compare.

        Integração **latino-americana**   países **latino-americanos**

Como se explica, no contexto do trecho, a diferença de flexão de gênero e número dos adjetivos compostos?

c) De que maneira é feita a concordância de gênero e número desses adjetivos?

2. Nos trechos a seguir, identifique os adjetivos compostos e verifique se estão de acordo com a norma-padrão quanto à flexão de gênero e número. Explique sua resposta.

> Uns trinta minutos antes do pôr do sol, predadores noturnos, como o fogueira (*Myripristis jacobus*) e o jaguareçá (*Holocentrus refus*), vagarosamente começam a se arrastar para fora do recife [...]. Tais peixes são tipicamente cor de ferragem, vermelho-escuros ou ainda cor de cobre, tonalidades que tornam difícil enxergá-los na água noturna praticamente opaca onde se movem.
>
> Disponível em: <http://super.abril.com.br/superarquivo/1991/conteudo_112413.shtml>. Acesso em: 20 mar. 2015.

Fogueira e jaguareçá.

> Águas azul-turquesa, claras e calmas. Às vezes mais esverdeadas; outras, de um azul profundo, em contraste com a areia alva e as palmeiras altivas que povoam toda a extensão à beira-mar. Assim é Punta Cana, com seus 8 quilômetros de praia no extremo leste da República Dominicana, na América Central.
>
> Disponível em: <http://www.gazetadopovo.com.br/turismo/conteudo.phtml?id=847136>. Acesso em: 20 mar. 2015.

> Existem mais de 300 ilhas no arquipélago de Fiji, sendo que cerca de dois terços são inabitados. Uma terra dos sonhos, com águas azuis, recifes de coral e matas verde-esmeralda. Fiji tem uma mistura de culturas polinésias, micronésias, indianas, chinesas e europeias, então você pode encontrar um pedacinho de todos esses lugares em um único paraíso.
>
> Disponível em: <http://www.nivana.com.br/pacote.php?id_pais=36>. Acesso em: 20 mar. 2015.

FIQUE ATENTO... AO EMPREGO DE *MENOS* E *MESMO*

1. Leia estes trechos.

Gaste menos água na limpeza da casa

Especialistas dão dicas simples de como economizar o recurso e evitar o desperdício nas tarefas domésticas

Disponível em: <http://migre.me/oQfR5>. Acesso em: 20 mar. 2015.

Por que fevereiro é o mês com menos dias?

Disponível em: <http://mundoestranho.abril.com.br/materia/por-que-fevereiro-e-o-mes-com-menos-dias>. Acesso em: 20 mar. 2015.

---

a) O que indica a palavra **menos** nos dois contextos?

b) Observe e compare.

menos água   menos dias

O que se conclui sobre a palavra **menos** quanto à flexão de gênero e número?

2. Leia estes fragmentos de notícias.

Ventilador captura energia que ele mesmo produz

O *Self-Generator* é um ventilador de teto que captura o restante da energia mecânica gerada.
[...]

Disponível em: <http://sonoticiaboa.band.uol.com.br/noticia.php?i=6225>. Acesso em: 20 mar. 2015.

Após 6 anos solteira, britânica se casa consigo mesma

Fotógrafa estava com "preguiça" de relacionamentos a dois e quis celebrar boa relação com ela própria.

Foi um casamento quase tradicional: teve vestido de noiva, aliança, votos e buquê. Mas o beijo foi dado em um espelho. A britânica Grace Gelder, 31, se casou com ela mesma.
[...]

Disponível em: <http://g1.globo.com/mundo/noticia/2014/10/apos-6-anos-solteira-britanica-se-casa-consigo-mesma.html>. Acesso em: 20 mar. 2015.

Tecnologia consegue rastrear pessoas mesmo em imagens borradas

Programa é capaz de identificar alguém pela forma do corpo e cor da roupa.

Disponível em: <http://g1.globo.com/tecnologia/noticia/2015/03/tecnologia-consegue-rastrear-pessoas-mesmo-em-imagens-borradas.html>. Acesso em: 23 mar. 2015.

a) Observe e compare: as palavras **mesma** e **mesmo** nesses fragmentos têm igual sentido? Explique.

b) Na comparação entre os fragmentos, o que é possível observar quanto à concordância da palavra **mesmo**?

c) Em qual dos casos a palavra **mesmo** tem função adjetiva e em qual tem função adverbial? Explique.

d) E em relação à palavra **própria**, que aparece na linha abaixo do título no segundo fragmento, o que se pode observar?

e) De que forma você pode escrever uma norma que se aplique à flexão da palavra **mesmo**?

3. Leia estes trechos de matérias jornalísticas. Depois observe e compare o uso das palavras destacadas.

I

Por que chove tão pouco no Nordeste?

As dramáticas secas da região acontecem por duas razões principais. Primeiro, os ventos que refrescam o sertão não conseguem trazer a umidade que causa chuvas nas áreas vizinhas [...]. Segundo, o semiárido quase não tem lagos e rios volumosos, que poderiam induzir a formação de aguaceiros locais. [...]

O sertão nordestino realmente recebe **pouca** chuva, concentrada principalmente nos meses de abril e maio. [...]

Disponível em: <http://mundoestranho.abril.com.br/materia/por-que-chove-tao-pouco-no-nordeste>. Acesso em: 3 abr. 2015.

II

Por que as imagens de deuses indianos geralmente possuem muitos braços?

Os vários braços dos deuses indianos simbolizam suas **muitas** qualidades. [...]

Disponível em: <http://mundoestranho.abril.com.br/materia/por-que-as-imagens-de-deuses-indianos-geralmente-possuem-muitos-bracos>. Acesso em: 3 abr. 2015.

III

Em busca de galáxias muito, muito distantes

A pesquisadora da Nasa Duília Fernandes de Mello, eleita a profissional brasileira da área de ciências que mais se destacou em 2013, diz que gostaria de saber se existe mesmo vida inteligente em outros planetas.

Disponível em: <http://revistagalileu.globo.com/Revista/noticia/2014/08/em-busca-de-galaxias-muito-muito-distantes.html>. Acesso em: 3 abr. 2015.

a) Considere o uso de *pouco*, *pouca*, *muitos*, *muitas*, *muito* nesses contextos. Quais dessas palavras concordam com aquelas a que se referem e quais não?

b) Uma palavra pode ser **variável** (pode concordar com o termo a que se refere) ou **invariável** (quando não faz a concordância com o termo a que se refere). Explique por que algumas das palavras destacadas são variáveis e outras invariáveis.

ATIVANDO HABILIDADES

1. (Saresp) Leia o texto para responder à questão.

A moça tecelã

Acordava ainda no escuro, como se ouvisse o sol chegando atrás das beiradas da noite. E logo sentava-se ao tear.

Linha clara, para começar o dia. Delicado traço cor da luz, que ela ia passando entre os fios estendidos, enquanto lá fora a claridade da manhã desenhava o horizonte.

Depois lãs mais vivas, quentes lãs iam tecendo hora a hora, em longos tapetes que nunca acabava.

Se era forte demais o sol, e no jardim pendiam as pétalas, a moça colocava na lançadeira grossos fios cinzentos do algodão mais felpudo. Em breve, na penumbra trazida pelas nuvens, escolhia um fio de prata, que em pontos longos rebordava sobre o tecido. Leve, a chuva vinha cumprimentá-la à janela.

Mas se durante muitos dias o vento e o frio brigavam com as folhas e espantavam os pássaros, bastava a moça tecer com seus belos fios dourados, para que o sol voltasse a acalmar a natureza.

Assim, jogando a lançadeira de um lado para o outro e batendo os grandes pentes do tear para a frente e para trás, a moça passava seus dias.

Nada lhe faltava. Na hora da fome tecia um lindo peixe, com cuidado de escamas. E eis que o peixe estava na mesa, pronto para ser comido. Se sede vinha, suave era a lã cor de leite que entremeava o tapete. E à noite, depois de lançar seu fio de escuridão, dormia tranquila.

Tecer era tudo o que fazia. Tecer era tudo o que queria fazer.

Fonte: COLASANTI, Marina. A moça tecelã. In: *Para gostar de ler*: histórias de amor. São Paulo: Ática, 1997. v. 22.

Sobre a narração dessa história é possível afirmar que:

a) é realizada de um modo neutro por um narrador observador que conhece em detalhes os movimentos e as intenções da protagonista.

b) é realizada de um modo neutro por um narrador participante que conhece em detalhes os movimentos e as intenções da protagonista.

c) é realizada de um modo invasivo por um narrador que emite juízos e opiniões sobre os movimentos e intenções da protagonista.

d) é realizada de um modo pessoal por um narrador participante que interpreta os movimentos e intenções da protagonista.

2. (Saresp)

Missa do Galo

Vivia tranquilo, naquela casa assobradada da rua do Senado, com os meus livros, poucas relações, alguns passeios. A família era pequena, o escrivão, a mulher, a sogra e duas escravas.

Costumes velhos. Às dez horas da noite toda a gente estava nos quartos; às dez e meia a casa dormia. Nunca tinha ido ao teatro, e mais de uma vez, ouvindo dizer ao Meneses que ia ao teatro, pedi-lhe que me levasse consigo. Nessas ocasiões, a sogra fazia uma careta, e as escravas riam à socapa; ele não respondia, vestia-se, saía e só tornava na manhã seguinte.

Fonte: MACHADO DE ASSIS, Joaquim Maria. Missa do galo. In:_____. *Contos*: uma antologia. São Paulo: Companhia das Letras, 1998. p. 386. (excerto).

O narrador detalha o local de moradia de sua personagem na seguinte passagem do texto:

a) "Vivia tranquilo, naquela casa assobradada da rua do Senado."

b) "A família era pequena, o escrivão, a mulher, a sogra e duas escravas."

c) "Às dez horas da noite toda a gente estava nos quartos; às dez e meia a casa dormia."

d) "Nunca tinha ido ao teatro."

3. (Prova Brasil)

Continho

Era uma vez um menino triste, magro e barrigudinho. Na soalheira danada de meio-dia, ele estava sentado na poeira do caminho, imaginando bobagem, quando passou um vigário a cavalo.

— Você, aí, menino, para onde vai essa estrada?
— Ela não vai não: nós é que vamos nela.
— Engraçadinho duma figa! Como você se chama?
— Eu não me chamo, não, os outros é que me chamam de Zé.

MENDES CAMPOS, Paulo. *Para gostar de ler* – Crônicas. São Paulo: Ática, 1996. v. 1. p. 76.

Há traço de humor no trecho

a) "Era uma vez um menino triste, magro". [...]

b) "ele estava sentado na poeira do caminho". [...]

c) "quando passou um vigário". [...]

d) "Ela não vai não: nós é que vamos nela". [...]

4. (Prova Brasil)

> **O que dizem as camisetas**
>
> Apareceram tantas camisetas com inscrições, que a gente estranha ao deparar com uma que não tem nada escrito.
>
> — Que é que ele está anunciando? — indagou o cabo eleitoral, apreensivo.
>
> — Será que faz propaganda do voto em branco? Devia ser proibido!
>
> — O cidadão é livre de usar a camiseta que quiser — ponderou um senhor moderado.
>
> — Em tempo de eleição, nunca — retrucou o outro. — Ou o cidadão manifesta sua preferência política ou é um sabotador do processo de abertura democrática.
>
> — O voto é secreto.
>
> — É secreto, mas a camiseta não é, muito pelo contrário. Ainda há gente neste país que não assume a sua responsabilidade cívica, se esconde feito avestruz e...
>
> — Ah, pelo que vejo o amigo não aprova as pessoas que gostam de usar uma camiseta limpinha, sem inscrição, na cor natural em que saiu da fábrica.
>
> [...]
>
> ANDRADE, Carlos Drummond de. *Moça deitada na grama.* Rio de Janeiro: Record, 1987. p. 38-40.

O conflito em torno do qual se desenvolveu a narrativa foi o fato de:

a) alguém aparecer com uma camiseta sem nenhuma inscrição.

b) muitas pessoas não assumirem sua responsabilidade cívica.

c) um senhor comentar que o cidadão goza de total liberdade.

d) alguém comentar que a camiseta, ao contrário do voto, não é secreta.

Camiseta poética.

Encerrando a unidade

Nesta unidade você conheceu a organização e os recursos dos gêneros conto de terror e conto de humor, e refletiu sobre os usos e sentidos das orações reduzidas em diferentes contextos. Com base no que você aprendeu, responda:

1. O que caracteriza o conto de terror?

2. Você acredita que o estudo de contos feito nesta unidade poderá ajudá-lo a apreciar melhor outros contos e mesmo filmes e HQs de terror e humor e a reconhecer os recursos expressivos empregados neles? Por quê?

3. Você estudou casos de concordância nominal e viu a flexão de alguns adjetivos compostos. Qual é a importância social de conhecer as recomendações da norma-padrão para tais casos?

UNIDADE 8
Penso, logo contesto

Nesta unidade você vai:
- ler um um editorial para conhecer sua organização e os recursos linguísticos nele presentes
- comparar argumentos e contra-argumentos
- analisar charges e cartuns para refletir sobre os recursos que caracterizam esses gêneros
- planejar e produzir um editorial
- refletir sobre alguns casos de concordância verbal e sua importância na organização de enunciados

TROCANDO IDEIAS

1. Observe a foto. O que as pessoas retratadas estão fazendo?
2. Trata-se de um ato de comemoração, de confraternização ou de protesto? Como é possível saber?
3. Você é capaz de identificar onde estão essas pessoas? Em que se baseou para responder?
4. É possível ler pelo menos um dos cartazes e identificar um dos motivos da revolta dos manifestantes. A que tipo de impunidade poderiam estar se referindo?
5. Que tipo de protesto o(a) atrairia? Contra o que você acha que a população não deveria deixar de se manifestar?
6. Algumas pessoas acreditam que, mesmo que as manifestações não surtam efeitos imediatos, é importante não deixar de protestar, mas, pelo contrário, continuar protestando. Você concorda com essa posição? Justifique.

LEITURA 1

ANTES DE LER

1. Você já leu um editorial? Sabe onde pode ser encontrado?
2. Você já leu matérias jornalísticas sobre problemas ambientais que, se não forem enfrentados com determinação, trarão graves problemas a todos nós? Lembra-se de algum comentário sobre isso?
3. Que medidas podemos assumir individualmente para diminuir esses problemas?

Você vai ler agora um texto sobre um problema mundial que afeta a preservação da vida na Terra e conhecer um ponto de vista sobre esse assunto.

O país sem água

[...]
Começa a assumir dimensões assustadoras a escassez de água na Região Sudeste, onde se localizam os Estados mais populosos do país. Não é mais um problema apenas de São Paulo, que está prestes a iniciar um drástico racionamento, nem cabe mais a politização da questão, como ocorreu na última campanha eleitoral. A falta de água e a iminente crise energética são problemas nacionais, que precisam ser enfrentados não apenas pelos governantes, mas também pela população. Se as torneiras secas denunciam incompetência administrativa por parte das autoridades, também evidenciam o despreparo dos cidadãos para o consumo responsável de água e energia.

Vista aérea do Salto Augusto no Rio Juruena, Parque Nacional do Juruena (Cotriguaçu, MT).

296

Barragem do Rio Jaguari, que abastece o Sistema Cantareira em Bragança Paulista (SP).

Embora o Brasil tenha a maior reserva de água doce do mundo, está à beira de um colapso sem precedentes. E não foi por falta de aviso: em 2002, o Tribunal de Contas da União promoveu uma auditoria em dezenove regiões metropolitanas, que abrigam um terço da população, e denunciou o risco de colapso em todas elas, num estudo conjunto com o Instituto Brasileiro do Meio Ambiente e dos Recursos Naturais Renováveis (Ibama), a Agência Nacional de Águas e o Ministério do Meio Ambiente.

Na ocasião, os técnicos constataram que a crise de água não era consequência apenas de fatores climáticos e geográficos, mas principalmente do uso irracional dos recursos hídricos. E apontaram as causas: omissão das autoridades para tratar a água como um bem estratégico no país, falta de integração entre a política nacional de recursos hídricos e as demais políticas públicas, carências na área de saneamento básico e consumo inadequado de água, visto que muitos brasileiros a consideram um recurso infinito. Não é, agora se vê com absoluta clareza.

Sem desconsiderar o descaso dos administradores, a falta de visão e de investimentos na criação de recursos e na geração de energia, é preciso reconhecer que o desabastecimento também se deve ao desperdício, ao consumo descontrolado, à poluição ambiental e à urbanização irracional – comportamentos que dependem mais dos cidadãos do que propriamente das autoridades, embora estas não possam se isentar da responsabilidade pela inexistência de programas educacionais.

Pois agora é urgente uma revisão nacional das estratégias de manejo da água, que introduza no cotidiano dos brasileiros a economia, o reúso, os cuidados ambientais e investimentos em novas fontes energéticas.

Diário Catarinense. Editorial, 29 jan. 2015. Disponível em:<http://diariocatarinense.clicrbs.com.br/sc/diario-da-redacao/noticia/2015/01/interativo-editorial-diz-que-desperdicio-colabora-para-a-crise-hidrica-que-vive-o-brasil-voce-concorda-4690607.html>. Acesso em: 20 mar. 2015.

Antes de iniciar o estudo do texto, tente descobrir o sentido das palavras desconhecidas pelo contexto em que elas aparecem. Se for preciso, consulte o dicionário.

Nas linhas do texto

1. O texto "O país sem água" é um editorial.
   a) Em que órgão jornalístico foi publicado?
   b) Qual é o assunto abordado no editorial?
   c) Qual fato imediato motivou as reflexões?

2. Segundo o editorial, o problema é recente? Explique.

3. A quem o editorialista atribui a responsabilidade pelo problema?

4. Que causas o autor identifica nesse problema?

5. Que soluções ele propõe para o problema?

Nas entrelinhas do texto

1. O editorial apresenta sempre um ponto de vista sobre o assunto tratado.
   a) Quando se discute o problema abordado pelo editorial, alguns atribuem a culpa às autoridades, outros, às mudanças climáticas ou ao mau uso da água por parte da população. Que ponto de vista assume o editorialista?
   b) A que ele se refere quando fala do "descaso dos administradores"?
   c) O editorialista defende seu ponto de vista recorrendo a fatos que considera importantes para justificá-lo. Quais são eles?

2. O que ele pretende dizer quando afirma que "nem cabe mais a politização da questão"?

3. A que o autor se refere quando afirma:

> "Não é, agora se vê com absoluta clareza."

4. Por que ele relaciona a crise de falta de água à energética?

5. Que opinião o editorialista expressa a respeito do papel da população em todo esse processo?

6. Que razões o autor apresenta para justificar a afirmação?

> "[...] é preciso reconhecer que o desabastecimento também se deve [...] a comportamentos que dependem mais dos cidadãos do que propriamente das autoridades [...]."

7. Como esses fatores contribuem para a escassez de água?

298

Além das linhas do texto

1. Leia com atenção o trecho de um artigo de opinião que aborda a crise hídrica sob outro ângulo.

> [...] como lembra o biólogo Rômulo Batista, da Companhia da Amazônia, do Greenpeace Brasil (Ecológico, fevereiro de 2015): "O desmatamento da Amazônia é uma das possíveis explicações para essa preocupante escassez de águas no Sudeste. Devemos nos mobilizar e exigir dos nossos representantes que o Desmatamento Zero seja transformado em lei. Sem floresta não tem chuva". E o desmatamento "aumenta as incertezas e os riscos para a produção de alimentos, seja perto ou longe das áreas desmatadas, em função das mudanças de temperatura e da alteração nos regimes de chuva."
>
> Mas seguimos fazendo de conta que não sabemos disso nem de outras graves questões da perda da biodiversidade. Não continuamos a derrubar a floresta para abrir pastagens? Não continuamos a avançar, além do desmatamento, com hidrelétricas como a de Belo Monte, que exigirá a abertura de um canal de 100 km e está custando R$ 30 bilhões (Miriam Leitão, 7/3), mas em certos momentos não conseguirá gerar mais que mil *megawatts*, embora a propaganda diga que serão 11 mil *megawatts*?
>
> NOVAES, Washington. A grama da Amazônia e a poeira do deserto. *O Estado de S. Paulo*, 13 mar. 2015.

a) Que novo fator esse articulista introduz na discussão sobre a escassez de água?

b) Que razões ele apresenta para embasar as afirmações que faz?

c) Que fatos concretos cita para justificar suas razões?

d) Embora apresentando o problema de um outro ângulo, há um ponto em comum entre o artigo e o editorial reproduzidos. Qual é?

2. Os gêneros jornalísticos costumam abordar um mesmo fato sob diversos aspectos e pontos de vista. De que forma você acha que as várias abordagens podem influenciar na mudança de comportamento da sociedade?

> A Usina Hidrelétrica de Belo Monte está sendo construída no Rio Xingu, no Pará, em plena Floresta Amazônica. A implantação desse grande projeto tem sido duramente combatida tanto pelo seu altíssimo custo como pelos impactos ambientais e socioeconômicos que trará à região e à população indígena e ribeirinha que ali vive. Entre os impactos negativos estão mais desmatamento, diminuição da biodiversidade, deslocamento forçado de milhares de ribeirinhos e indígenas, diminuição de peixes e consequente redução da atividade de subsistência dos habitantes da região, acesso desregrado de novos moradores para uma área ecologicamente sensível.

Biólogo usa mamadeira para alimentar filhote de macaco capturado em área desmatada para a construção da hidrelétrica de Belo Monte.

COMO O TEXTO SE ORGANIZA

1. O editorial não tem um autor específico. A que você atribui esse fato?

2. Um editorial, como vimos em outros gêneros da esfera jornalística, pode apresentar sobretítulo, título e linha fina a fim de deixar mais claro ao leitor o que será tratado no texto.

a) No editorial que estamos analisando estão presentes esses três elementos?

b) Leia o título. A que ele se refere?

c) Você considera que o título desse editorial antecipa o assunto tratado ou apenas cria expectativa no leitor? Justifique.

299

3. Um editorial é organizado de forma a defender uma tese, isto é, uma posição sobre um determinado assunto. Qual é a tese que o editorialista pretende discutir com os leitores?

Tese: posição defendida pelo autor de um texto sobre determinado assunto.

> **Editorial**: gênero textual por meio do qual um órgão jornalístico (jornal, revista, *sites* jornalísticos) exprime, formalmente, sua visão a respeito de um fato que está acontecendo no momento em que se escreve o texto. Não precisa, como acontece na notícia, aparentar imparcialidade, objetividade. Como o editorialista deve expressar o modo de ver e de pensar do jornal, sem assumir um ponto de vista inteiramente pessoal, o texto não é assinado.
> O editorial, normalmente, é composto de:
>
> **Introdução**: apresenta informações para que o leitor compreenda a questão abordada no texto. Geralmente, apresenta a tese.
>
> **Desenvolvimento (argumentação)**: análise da tese. É a parte do texto em que ideias, pontos de vista e informações serão desenvolvidos para fundamentar a ideia principal.
>
> **Conclusão**: retomada da tese e posição final sobre o assunto abordado. Nela, geralmente propõe-se uma solução ou alternativa para a questão abordada.

4. Releia estes trechos do editorial e anote no caderno se pertencem à **introdução**, ao **desenvolvimento** ou à **conclusão**.

   a) "Pois agora é urgente uma revisão nacional das estratégias de manejo da água, que introduza no cotidiano dos brasileiros a economia [...]".

   b) "Na ocasião, os técnicos constataram que a crise da água não era consequência apenas de fatores climáticos e geográficos [...]."

   c) "Começa a assumir dimensões assustadoras a escassez de água na Região Sudeste, onde se localizam os Estados mais populosos do país."

   d) "Embora o Brasil tenha a maior reserva de água doce do mundo, está à beira de um colapso sem precedentes."

5. No desenvolvimento do texto, o editorialista apresenta **argumentos** e **contra-argumentos** para fundamentar sua opinião e convencer o interlocutor da validade de seu ponto de vista.

   Veja um exemplo de argumento e contra-argumento retirados de outro editorial, que chama atenção para o aquecimento global.

   > "Os países em desenvolvimento podem argumentar que não causaram a maior parte do problema e também que as regiões mais pobres do mundo serão atingidas com mais força.
   >
   > ↓
   >
   > contra-argumento
   >
   > Mas passarão a contribuir cada vez mais para o aquecimento global, e, deste modo, devem se comprometer a agir de forma significativa e quantificável por conta própria."
   >
   > ↓
   >
   > argumento
   >
   > Disponível em: <http://zh.clicrbs.com.br/rs/noticia/2009/12/uma-escolha-para-a-historia-2740105.html>. Acesso em: 21 mar. 2015.

> **Argumento**: recurso usado para sustentar uma opinião. Existem vários tipos de argumento: embasado em exemplos, em depoimento de especialistas (pessoas que têm autoridade para opinar a respeito do assunto tratado), em dados numéricos e estatísticos, em demonstração de relação entre causa e efeito sobre o fato abordado etc.
>
> **Contra-argumento**: argumento que se opõe a outro, a fim de invalidá-lo.

Com base nos exemplos, localize, no trecho a seguir, e anote no caderno um argumento utilizado pelo autor do editorial "O país sem água".

> [...] os técnicos constataram que a crise de água não era consequência apenas de fatores climáticos e geográficos, mas principalmente do uso irracional dos recursos hídricos. E apontaram as causas: omissão das autoridades para tratar a água como um bem estratégico no país, falta de integração entre a política nacional de recursos hídricos e as demais políticas públicas, carências na área de saneamento básico e consumo inadequado de água [...]

6. Na argumentação sobre o assunto, um editorial apresenta opiniões e fatos. Leia estes enunciados do editorial analisado e, no caderno, indique se expressam fatos ou opiniões.

   a) "Agora é urgente uma revisão nacional das estratégias de manejo da água [...]"

   b) "[...] Não é mais um problema apenas de São Paulo, que está prestes a iniciar um drástico racionamento [...]."

   c) "A falta de água e a iminente crise energética são problemas nacionais [...]."

   d) "Se as torneiras secas denunciam incompetência administrativa por parte das autoridades, também evidenciam o despreparo dos cidadãos para o consumo responsável de água e energia."

7. Assim como em outros gêneros jornalísticos, o editorial pode apresentar em sua argumentação diferentes **vozes**, isto é, outros pontos de vista.

   a) Identifique e anote no caderno algumas vozes que aparecem no texto.

   I. Tribunal de Contas da União.

   II. Ibama, Agência Nacional de Águas, Ministério do Meio Ambiente.

   III. Técnicos.

   b) Com base na sua leitura, qual seria a função dessas vozes citadas pelo editorialista?

> As **vozes** representam o discurso alheio, os pontos de vista diferentes sobre o mesmo assunto, e ajudam o leitor a compor o quadro geral da situação discutida pelo editorialista.

8. Quando se escreve um texto, pensa-se no possível leitor. Qual seria o interlocutor desse editorialista?

301

RECURSOS LINGUÍSTICOS

1. Após a leitura do editorial e com base no que estudou sobre esse gênero, você diria que a linguagem empregada é formal ou informal? Essa linguagem visa atingir que tipo de leitor?

2. Para expor sua tese, normalmente o editorialista utiliza a terceira pessoa do discurso.
   a) Procure no editorial um trecho que evidencie isso.
   b) Levando em conta sua resposta no item **a**, que efeito produz a utilização desse ponto de vista?

3. Leia as afirmações do editorialista e observe o modo verbal empregado.

   > "Pois agora é urgente uma revisão nacional das estratégias de manejo da água, que introduza no cotidiano dos brasileiros a economia, o reúso, os cuidados ambientais e investimentos em novas fontes energéticas."

   a) As formas verbais utilizadas expressam dúvida ou certeza em relação aos fatos abordados? Comprove sua resposta com uma frase do texto.
   b) Qual foi o modo verbal empregado pelo autor nesse trecho?

   > As flexões de modo em língua portuguesa são:
   > - **modo indicativo**: indica certeza de que um fato acontece, aconteceu ou vai acontecer.
   > - **modo subjuntivo**: indica, em geral, possibilidade, dúvida, hipótese.
   > - **modo imperativo**: expressa ordem, conselho, pedido, convite, orientação, proibição.

   > No gênero editorial, há predominância de verbos no modo indicativo, pois o autor, ao defender sua tese, exprime certeza em relação ao que se enuncia.

4. Em um editorial, a adjetivação pode estar presente com diferentes intenções.
   a) Procure exemplos de adjetivos que foram atribuídos aos substantivos aos quais se referem.
   b) O uso desses adjetivos está relacionado ao assunto e à visão do editorialista sobre ele? Explique.

5. Há no texto alguns substantivos abstratos que também contribuem para revelar a visão do autor a respeito do que ele defende.
   a) Anote no caderno o grupo dos substantivos que têm essa função.
      I. falta, consequência, escassez, carências.
      II. politização, crise, racionamento, economia.
      III. incompetência, omissão, descaso, despreparo.
   b) Como você chegou a essa conclusão? Explique.

6. Elementos de coesão (sinônimos, pronomes, advérbios) também são presença importante em um editorial. Releia estes fragmentos.
   I. "[...] o Tribunal de Contas da União promoveu uma auditoria em dezenove regiões metropolitanas, que abrigam um terço da população, e denunciou o risco de colapso em todas elas."
   II. "[...] carências na área de saneamento básico e consumo inadequado de água, visto que muitos brasileiros a consideram um recurso infinito."
   III. "[...] comportamentos que dependem mais dos cidadãos do que propriamente das autoridades, embora estas não possam se isentar da responsabilidade pela inexistência de programas educacionais."

a) Quais palavras foram empregadas para fazer referência a:

   I. dezenove regiões metropolitanas.

   II. água.

   III. autoridades.

b) Qual a importância dos elementos de coesão em um texto como o editorial?

7. Nos editoriais, é possível notar a ocorrência frequente de conjunções adversativas e concessivas. Observe estes trechos do editorial "O país sem água".

> "**Embora** o Brasil tenha a maior reserva de água doce do mundo, está à beira de um colapso sem precedentes." (conjunção concessiva)
>
> "Na ocasião, os técnicos constataram que a crise de água não era consequência apenas de fatores climáticos e geográficos, **mas** principalmente do uso irracional dos recursos hídricos." (conjunção adversativa)

a) Procure no texto mais um exemplo em que apareça uma conjunção concessiva.

b) Qual a função desse tipo de conjunção no contexto do editorial?

c) Releia este trecho e anote-o no caderno, substituindo a conjunção **mas** pela conjunção **embora**. Faça as adaptações necessárias.

> "[...] o desmatamento 'aumenta as incertezas e os riscos para a produção de alimentos' [...] mas seguimos fazendo de conta que não sabemos disso."

PARA LEMBRAR

Editorial

Intenção principal	→	analisar fatos, comprovar uma tese, convencer o leitor
Leitores	→	pessoas que desejam encontrar não apenas fatos, mas a análise desses fatos
Esferas de circulação	→	jornais, revistas, *sites* jornalísticos
Organização	→	uso da terceira pessoa ou da 1ª pessoa do plural o editorialista assume o ponto de vista do jornal o texto não é assinado presença de informações e análise argumentativa dos fatos desenvolve-se em torno de uma tese a ser defendida a tese é fundamentada por meio de argumentos e contra-argumentos estrutura básica: introdução (apresentação do problema), desenvolvimento (exposição de fatos e argumentação) e conclusão (proposta de solução para o problema)
Linguagem empregada	→	formal, adequada à norma-padrão da língua escrita

DO TEXTO PARA O COTIDIANO

Você já ouviu falar de "pegada hídrica"? Será que esse conceito pode acrescentar algo em nossa compreensão de como é utilizada a água no planeta? Leia o trecho a seguir.

Pegada Hídrica incentiva o uso responsável da água

A Pegada Hídrica é uma ferramenta de gestão de recursos hídricos que indica o consumo de água doce com base em seus usos direto e indireto. O método permite que as iniciativas públicas e privadas, assim como a população em geral, entendam o quanto de água é necessário para a fabricação de produtos ao longo de toda a cadeia produtiva. Dessa forma, os segmentos da sociedade podem quantificar a sua contribuição para os conflitos de uso da água e degradação ambiental nas bacias hidrográficas em todo o mundo.

Para Hoekstra [professor criador do conceito de Pegada Hídrica], apesar de os governos terem papel fundamental na elaboração de leis que tornem a gestão eficiente da água uma obrigação, a população e as empresas também devem se envolver completamente. As companhias precisam entender como utilizar os recursos hídricos da melhor forma e devolvê-los limpos para a natureza. Já os consumidores devem se preocupar com a origem dos produtos que consomem e com os procedimentos adotados na produção.[...]

Hoekstra explica que é possível também calcular a Pegada Hídrica de um indivíduo, de acordo com o padrão de consumo que ele segue e a oferta de produtos que ele tem. Uma pessoa que adota dieta vegetariana, por exemplo, tem uma Pegada Hídrica 30% menor do que uma não vegetariana. O brasileiro tem cerca de 5% da sua pegada em casa, com consumo de água na cozinha e no banheiro, e 95% estão relacionados com o que compra no supermercado, especialmente com produtos agrícolas. Outro dado importante é que 8% da pegada do brasileiro está fora do país, um índice muito pequeno se comparado aos 85% da Holanda.

"Precisamos desconstruir a percepção de que a água vem apenas da torneira e que simplesmente consertar um pequeno vazamento é o bastante para assumir uma atitude sustentável", ressalta Albano Araújo, coordenador da Estratégia de Água Doce do Programa de Conservação da Mata Atlântica e das Savanas Centrais da The Nature Conservancy.

[...]

Pegada Hídrica média brasileira

Cada brasileiro consome em média **5,559 mil Litros de água por dia**
Esta conta é feita somando toda a água utilizada, direta e indiretamente, para a produção de bens de consumo, e também nas atividades cotidianas

ACESSÓRIOS:
- Carro: 144,3 mil Litros
- 1 folha de papel A4: 10 Litros
- Computador: 31,5 mil Litros

ROUPAS:
- 1 par de sapatos: 8 mil Litros
- Calça jeans: 1,9 mil Litros
- 1 camiseta de algodão: 2,7 mil Litros

COSTUMES:
- Escovar os dentes com a torneira aberta: 4 Litros
- Lavar as mãos: 5 Litros
- 15 min. de banho: 240 Litros
- Ver TV: 30 mil Litros

COMIDA:
- 1 ovo: 200 Litros
- 1 kg de queijo: 5 mil Litros
- Copo de cerveja (250mL): 75 Litros
- Xícara de café: 140 Litros
- Fatia de pão de forma: 40 Litros

Cálculo da Água Virtual envolvida na produção de carne bovina.
Até o abate para consumo, um boi de três anos gasta em media:
- 1.300 kg de grãos
- 7.200 kg de pasto
- 200 kg
- 3,069 milhões Litros de água
- \+ 24 mil Litros de água bebida
- \+ 7 mil Litros de água para serviço
- \= 3,1 milhões de Litros de água usada
- 1 kg de carne consome **15,5 mil Litros de Água**

Fontes: Revista Exame.com | Revista Superinteressante
Water Footprint Network: Pegada hídrica brasileira: 2,029 milhões de litros por ano per capita

WWF. Disponível em: <http://www.wwf.org.br/?27822/Pegada-Hdrica-incentiva-o-uso-responsvel-da-gua>. Acesso em: 21 mar. 2015.

1. Como você explicaria a um visitante da Feira de Ciências de sua escola o que é "Pegada Hídrica"?

2. O que você responderia se o visitante lhe perguntasse: "Se o grande consumo de água está em situações e locais tão longínquos, por que tantas medidas para economizar água em casa"?

3. Releia o último parágrafo do texto "Pegada Hídrica incentiva o uso responsável da água" e o relato de ação realizada por uma escola de São Paulo.

> "Precisamos desconstruir a percepção de que a água vem apenas da torneira e que simplesmente consertar um pequeno vazamento é o bastante para assumir uma atitude sustentável", ressalta Albano Araújo, coordenador da Estratégia de Água Doce do Programa de Conservação da Mata Atlântica e das Savanas Centrais da The Nature Conservancy.
> [...]"

A Troca Solidária também contribui para a economia de água [...]

Em geral, acreditamos que só usamos água para tomar banho, cozinhar, beber etc. No entanto, mais de 95% da água consumida pelas pessoas está embutida nos ingredientes das refeições e [em] todos os objetos que nos cercam no cotidiano. [...]

A Troca Solidária de uniformes e material escolar que a Organização de Pais Solidários Vera Cruz promove anualmente é também uma maneira de reduzir a água consumida pelas famílias. [...]

Para cultivar o algodão utilizado na confecção de uma camiseta são necessários em torno de 2 mil litros de água. Em 2014, a Troca Solidária faz circular 5 mil peças de uniforme, economizando assim em torno de 10 milhões de litros de água. [...]

Produzir uma folha de papel usa 10 litros de água, o que inclui cultivar árvores destinadas ao corte para extração da celulose, usar e, muitas vezes, poluir água no processo da produção. A mais recente Troca Solidária movimentou 1,5 [...] [tonelada] de pastas, economizando assim em torno de 3 milhões de litros de água. [...]

Vamos cuidar dos materiais e reutilizá-los no ano que vem? E o que não der para reutilizar pelo próprio aluno ou seus irmãos, pode ser bem cuidado para que outra criança do Vera use em 2015. [...]

Disponível em: <https://opsveracruz.wordpress.com/2014/10/09/a-troca-solidaria-tambem-contribui-para-a-economia-de-agua/>. Acesso em: 26 mar. 2015.

Que outras medidas, além de economizar água nas torneiras, você, jovem cidadão, pode tomar se quiser ter "atitudes sustentáveis"?

DEPOIS DA LEITURA

CONSCIENTIZAÇÃO PELA PROPAGANDA

Vimos no editorial e na discussão que se seguiu uma série de atitudes necessárias para preservar a vida no planeta. Agora vamos refletir sobre outra face do mesmo problema. Reproduzimos agora algumas imagens de anúncios e cartazes criados para apelar às pessoas que se preocupem com o outro e com o meio ambiente para construir um mundo mais acolhedor para todos. Observe-os.

Sexual Exploitation of Children and adolescents is a crime. Report it! Dial 100.

La explotación sexual de niños, niñas y adolescentes es un crimen. Denuncie! Llame al 100.

Peça da Campanha *Desmatamento Zero – Só pode ser coisa de quem não é desse planeta*, do Greenpeace.

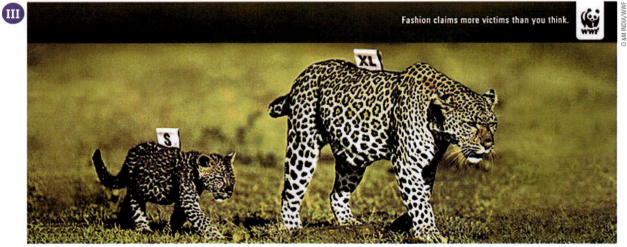

"A moda faz mais vítimas do que você pensa."

1. Quais das imagens estão relacionadas ao problema discutido na Leitura 1? Explique.

2. Explique os elementos adicionados à foto dos animais na imagem III. O que são e o que significam?

3. A expressão "vítima da moda" é utilizada para designar a pessoa que segue incondicionalmente as tendências da moda, sem levar em conta sua personalidade ou seu estilo.

   a) De que maneira a moda está ligada ao consumo de água?

   b) Releia agora o texto verbal que acompanha a imagem: "A moda faz mais vítimas do que você pensa". Como você o explica?

306

PRODUÇÃO ESCRITA

Editorial

Você agora será o editorialista do jornal que estamos organizando desde o início do ano. Para isso, precisa ter em mente o que vimos a respeito desse gênero textual e escolher um assunto que seja relevante e interesse aos colegas.

Antes de começar

Você já viu a importância dos conectivos, isto é, palavras e locuções usadas para estabelecer relação entre os termos da oração, entre orações e parágrafos. Vamos recordar mais algumas dessas palavras e locuções, que podem ajudá-lo a estabelecer relações adequadas entre as opiniões e os argumentos que apresentará a seu interlocutor.

mas, porém, contudo, entretanto	marcam oposição entre duas afirmações ou entre um argumento e um contra-argumento
ainda	pode, por exemplo, introduzir mais um argumento a favor de determinada conclusão; ou incluir um elemento a mais, além do que se afirmou
pois	introduzem uma explicação para o que se afirmou antes
de modo que, de forma que, de maneira que	apresentam uma consequência de um fato exposto no texto
assim, desse modo	muito utilizadas para deixar mais clara uma afirmação, confirmar, completar o que se disse anteriormente
além de tudo, além disso	introduzem um novo argumento, apresentado como acréscimo
logo, portanto	introduzem uma conclusão do que se afirmou antes
embora, mesmo que, ainda que	servem para apresentar uma afirmação contrária ao que se afirmou antes
esse, aquele	fazem referência a termos anteriormente expressos
este	pode remeter a algo que será dito a seguir

Planejando o texto

Sente-se com um colega. Juntos, façam o que se pede.

1. Listem assuntos que poderiam ser objeto de um editorial: acontecimentos recentes do bairro, da cidade, do país, do mundo. Selecionem um deles.

2. Reflitam: vai ser preciso dar ao leitor informações sobre o assunto antes de mostrar a ele a opinião de vocês? Ou o assunto é do conhecimento geral? O leitor pode contribuir para a solução do problema em discussão? Como vocês poderiam incentivá-lo a agir nesse sentido?

Um exemplo: se o assunto for a violência no futebol, vocês podem comentar as causas da violência, dar exemplos, apresentar dados, apontar o que pode ser feito e por quem (o governo, a polícia, os jogadores, os torcedores, as torcidas organizadas). Anotem todas as ideias que forem surgindo.

3. Decidam a tese que vão defender. Por exemplo, a tese de que a violência no futebol é alimentada pelos próprios jogadores. Selecionem os argumentos que podem ser aproveitados para defender essa tese.

4. Façam uma pesquisa para ajudá-los a embasar o texto. Recorram a revistas, jornais, internet. Mas tomem cuidado: utilizem apenas fontes confiáveis e atualizadas.

5. Relacionem os argumentos que poderão ser utilizados no texto. Vocês podem recorrer a exemplos, dados estatísticos, opiniões de pessoas que entendem do assunto em foco.

6. Organizem as informações e os argumentos, decidindo se vocês vão apresentá-los na introdução, no desenvolvimento ou na conclusão. Pensem em quantos parágrafos cada uma das partes vai ter. Possibilidade: um parágrafo para a introdução, dois para o desenvolvimento e um para a conclusão. Lembrem-se:

> **Introdução**: contém informações para que o leitor entenda qual é a questão abordada no texto.
> **Desenvolvimento**: parte do texto em que os argumentos serão desenvolvidos para fundamentar a ideia principal.
> **Conclusão**: posição final sobre o assunto abordado; geralmente propõe uma solução para o problema em foco.

7. Redijam a primeira versão do texto e deem um título ao editorial.

Avaliação e reescrita

1. Releiam o editorial observando se:
   - vocês usaram a terceira pessoa;
   - deixaram clara a tese que pretenderam defender;
   - fundamentaram a tese com argumentos;
   - utilizaram algum contra-argumento;
   - na introdução, apresentaram o problema com clareza e mostraram a opinião de vocês;
   - no desenvolvimento, argumentaram;
   - na conclusão, apresentaram alguma proposta de solução do problema;
   - utilizaram conjunções e locuções adequadas para relacionar as frases e os parágrafos;
   - o título chama a atenção do leitor e está de acordo com as ideias desenvolvidas.

2. Reescrevam o que for necessário e entreguem a produção ao professor.

3. Após a correção, guardem uma cópia do editorial para o jornal.

NÃO DEIXE DE ASSISTIR

- **O dia depois de amanhã** (EUA, 2004), direção de Roland Emmerich

  O aquecimento global dá início a uma nova era glacial. O norte do planeta se resfria, e os sobreviventes buscam refúgio no sul.

Concordância verbal

1. Observe estes dois trechos do editorial "O país sem água", que revelam opiniões do autor.

    I. "[...] muitos brasileiros a **consideram** um recurso infinito"

            ↓   ↓
      sujeito no plural   predicado

    II. "[...] o desabastecimento também se **deve** ao desperdício [...]"

            ↓   ↓
     sujeito no singular predicado

    a) Em que número e pessoa está a forma verbal destacada no trecho I?
    b) Em que número e pessoa está a forma verbal destacada no trecho II?
    c) Por que o autor do editorial optou por empregar essas formas verbais no plural e no singular?

    > À relação que se estabelece entre o verbo e o sujeito a que este se refere damos o nome de **concordância verbal**.

2. Leia o início desta reportagem turística.

    ### O cristianismo e o islamismo se encontram no museu de Hagia Sofia

    Na Hagia Sofia, a basílica que virou mesquita e hoje funciona como museu, o cristianismo e o islamismo se encontram. O local foi construído por volta de 530 d.C. pelo imperador Justiniano, para ser a maior catedral católica ortodoxa da época. Quase 900 anos depois, quando derrotou o Império Romano e tomou a então Constantinopla, o sultão Mehmet decidiu transformar o templo em mesquita. [...]

    Disponível em: <http://www.correiobraziliense.com.br/app/noticia/turismo/2011/04/20/interna_turismo,248719/o-cristianismo-e-o-islamismo-se-encontram-no-museu-de-hagia-sofia.shtml>.
    Acesso em: 20 mar. 2015.

    a) Explique o título com base no conteúdo da reportagem.
    b) No título da reportagem, o verbo aparece antes ou depois do sujeito composto a que se refere?
    c) Em que pessoa está o verbo e por quê?

    > O verbo concorda em número e pessoa com o sujeito a que se refere.

Casos especiais

1. Leia este trecho de uma notícia.

> Uma Kombi e a cabine de um caminhão ficaram destruídos em um incêndio por volta das 2h20min desta segunda-feira, em Morro da Fumaça. Os veículos estavam estacionados na garagem do estabelecimento, localizado no Centro do município, quando as chamas iniciaram.
>
> Disponível em: <http://www.engeplus.com.br/noticia/seguranca/2014/veiculos-sao-queimados-em-garagem-de-supermercado/>. Acesso em: 21 mar. 2015.

Observe.

"Uma Kombi e a cabine de um caminhão ficaram destruídos em um incêndio [...]."

a) O sujeito está posposto ou anteposto à locução verbal?

b) A locução verbal está no singular ou no plural?

c) Podemos concluir que a locução verbal concorda com os dois núcleos do sujeito composto? Explique.

2. Existem outras possibilidades de construção dessa oração, com o sujeito posposto ao verbo. Observe.

I. Ficaram destruídos uma Kombi e a cabine de um caminhão em um incêndio por volta das 2h20min desta segunda-feira [...].

II. Ficou destruída uma Kombi e a cabine de um caminhão em um incêndio por volta das 2h20min desta segunda-feira [...].

a) Em relação à concordância entre forma verbal e sujeito, qual foi a mudança ocorrida nessas duas possibilidades?

b) Qual o efeito de sentido provocado no enunciado II por essa escolha em relação ao enunciado I?

> Quando o **sujeito composto** está posposto ao verbo (ou seja, depois do verbo), o verbo pode concordar com o núcleo do sujeito que estiver mais próximo ou pode ir para o plural. Exemplos:
> **Assinou** o tratado o Brasil e outros países.
> **Assinaram** o tratado o Brasil e outros países.

3. Veja a foto e leia a legenda.

Uma manada de búfalos atravessa pradarias no Sudão, que contém cerca de dez mil desses animais. [...]

Disponível em: <http://viajeaqui.abril.com.br/materias/mamiferos#13>. Acesso em: 2 jan. 2012.

a) Releia.

"Uma manada de búfalos atravessa pradarias no Sudão [...]."
↓
sujeito

O núcleo do sujeito é o substantivo coletivo **manada**, que é acompanhado do substantivo a que esse coletivo se refere. Com qual deles concorda a forma verbal no predicado?

b) Observe que, mesmo sendo um substantivo que indica uma coleção de seres, a forma verbal permanece no singular. Por quê?

> Quando o núcleo do sujeito é um **substantivo coletivo** no singular, o verbo fica no singular. Exemplo:
> Minha coleção de filmes antigos **é** enorme.

4. Leia estes versos.

O peregrino malcontente

Íamos de caminhada. O santo e eu.
Naquele tempo dizia-se: íamos de longada...
E isso explicava tudo, porque longa, longa era a viagem...
Íamos, pois, o santo e eu, e outros.
Ele era um santo tão fútil que vivia fazendo milagres.
Eu, nada...
[...]

Mário Quintana. *Nariz de vidro*. São Paulo: Moderna, 2002.

a) O que quer dizer "ir de longada"?

b) A que pessoas o eu poético se refere como participantes da caminhada?

c) Observe esta frase, em que o sujeito composto leva o verbo para o plural.

O santo, eu e outros íamos em caminhada.

Quais são as pessoas gramaticais que compõem esse sujeito?

> Se o sujeito composto formado **por pessoas gramaticais** diferentes incluir a primeira pessoa, o verbo ficará na primeira pessoa do plural. Exemplo:
> Eu, você e ela **vamos** ao supermercado.

5. Releia esta frase do editorial.

"Metade das espécies poderá ser extinta, milhões de pessoas poderão ser desalojadas, nações inteiras inundadas pelo mar."

a) Nessa frase, há uma gradação. Quais são os termos que a compõem?

b) De que forma foi feita a concordância verbal com o sujeito "metade das espécies"? Como se justifica essa escolha?

c) Observe e compare estas duas formas de efetuar a concordância com a expressão **metade de** seguida de substantivo no plural.

verbo no singular, concordando com **metade**
↑
Metade das espécies **será** extinta.
↓ ↓
expressão partitiva + substantivo no plural

verbo no plural, concordando com **espécies**
↑
Metade das espécies **serão** extintas.
↓ ↓
expressão partitiva + substantivo no plural

Que elemento da frase fica mais valorizado em cada uma das formas acima?

> Quando o sujeito é formado por uma **expressão partitiva** (que se refere a parte de um todo) seguida de substantivo ou pronome no plural, o verbo pode ficar no singular ou no plural, dependendo da intenção do autor da frase.

6. Identifique e anote no caderno, nos trechos a seguir, o sujeito formado por expressão partitiva mais substantivo. Verifique com qual elemento desses sujeitos os respectivos verbos concordam (se com a expressão partitiva no singular ou se com o substantivo no plural).

a)
> Metade dos brasileiros com mais de 55 anos tem hipertensão
>
> *Correio Braziliense*, 26 abr. 2011.

b)
> De acordo com dados da Secretaria de Estado de Turismo, a maior parte dos turistas que visitam Curitiba – aproximadamente 34% – vêm à cidade a negócios. A visita a parentes e amigos aparece em segundo lugar no motivo da viagem, com 30% de participação.
>
> Disponível em: <http://www.agencia.curitiba.pr.gov.br/publico/conteudo.aspx?codigo=54>. Acesso em: 3 abr. 2015.

c)
> **Você sabia que a maior parte das células do seu corpo não é humana?**
>
> Disponível em: <http://noticias.uol.com.br/ciencia/ultimas-noticias/redacao/2015/01/20/voce-sabia-que-a-maior-parte-das-celulas-do-seu-corpo-nao-e-humana.htm>. Acesso em: 22 mar. 2015.

d)
> **Um terço dos habitantes de JF é de outras cidades**
> Dados apontam ainda que cidade é a sétima de Minas em número de alunos de curso superior
>
> *Tribuna de Minas*, 12 mar. 2015.

7. Leia este título de matéria jornalística.

> **Dor de cabeça é um dos males que mais afetam a população mundial**
>
> *Correio do Estado*, 27 jun. 2011. Disponível em: <http://www.correiodoestado.com.br/noticias/dor-de-cabeca-e-um-dos-males-que-mais-afetam-a-populacaomun_109553/>. Acesso em: 22 mar. 2015.

a) Pode-se concluir, lendo a manchete, que a maioria das pessoas tem dor de cabeça? Explique.

b) Nessa manchete, a expressão **um dos males que** leva o verbo para o singular ou para o plural?

8. Leia agora mais este trecho.

> **Um dos fundadores da Al-Qaeda conta como se tornou espião britânico**
>
> [...] A Bósnia foi a escola para muitos líderes talentosos da al-Qaeda. Khalid Sheikh Mohamed (acusado de ser o arquiteto dos ataques de 11 de Setembro) foi um dos que passaram pela Bósnia.
>
> *BBC Brasil*. Disponível em: <http://www.bbc.co.uk/portuguese/noticias/2015/03/150304_espiao_alqaeda_lk>. Acesso em: 22 mar. 2015.

a) Qual é a forma verbal que concorda com a expressão **um dos que** no fragmento reproduzido?

b) Em que número ela foi flexionada: singular ou plural?

c) Essa concordância está de acordo com o que foi visto na atividade anterior ou apresenta um novo ângulo do mesmo caso?

> Depois de expressões como **um dos que**, **um daqueles que**, seguidas de uma palavra no plural, o verbo vai geralmente para a terceira pessoa do plural.

9. Leia estes versos de uma canção.

> [...]
> Não tem mais papo, choro nem vela
> Foi ela quem invadiu o meu endereço
> Fez um fogo no começo
> Fez um drama no final
> Foi ela – Foi ela!
> Foi ela – Foi ela!
> [...]
>
> SAMPAIO, Sérgio. *Foi ela*. Disponível em: <http://www.cifras.com.br/site/radio.htm?ida=sergio-sampaio>. Acesso em: 22 mar. 2015.

a) O eu poético diz que "ela" fez um fogo no começo e um drama no final. A quem se refere o pronome **ela**? O que é, provavelmente, que teve um começo e um final?

b) Observe o uso do pronome demonstrativo **quem**. Em que pessoa é usado o verbo que concorda com esse pronome?

> O pronome **quem**, em geral, leva o verbo para a terceira pessoa do singular.

10. Leia este trecho do poema *Nome da gente*, de Pedro Bandeira.

Nome da gente
Eu não gosto do meu nome
não fui eu quem (escolher)
eu não sei por que se metem
com um nome que é só meu. [...]

Quando eu tiver um filho
não vou pôr nome nenhum
quando ele for bem grande
ele que procure um.

Disponível em: <http://portaldoprofessor.mec.gov.br/fichaTecnicaAula.html?aula=8157>. Acesso em: 3 abr. 2015.

a) Você acha que seria possível alguém escolher um nome só quando adulto? O que poderia ser feito para tal? Que dificuldades traria para seu portador?

b) No caderno, reescreva o segundo verso flexionando o verbo entre parênteses no pretérito perfeito do indicativo.

c) Em que pessoa você conjugou o verbo **escolher**?

1. Leia esta frase.

> A proteção e o manejo da fauna silvestre em busca de sua conservação podem e devem ser feitos pelo Governo e a Sociedade de forma integrada no sentido de defender o que é de todos: o patrimônio natural do Brasil, bem de uso comum de todos os brasileiros e garantia para as futuras gerações.
>
> Disponível em: <http://www.ibama.gov.br/fauna-silvestre/>. Acesso em: 20 mar. 2015.

a) Quais são as formas verbais que concordam com o sujeito na primeira oração?

b) Trata-se de sujeito simples ou composto? Anteposto ou posposto à forma verbal?

2. Leia esta informação, tirada de uma revista de divulgação científica.

Qual é a maior ilha do mundo?

É a Groenlândia. Ela tem 2 175 600 quilômetros quadrados. E a Austrália? Com seus 7 682 300 quilômetros quadrados, ela tem uma área três vezes maior que a Groenlândia, porém a maior parte dos geógrafos não a considera uma ilha. [...]

Disponível em: <http://mundoestranho.abril.com.br/materia/qual-e-a-maior-ilha-do-mundo>. Acesso em: 20 mar. 2015.

Paisagem na Groenlândia.

a) Qual é o sujeito do verbo **considerar**? Como foi feita a concordância entre sujeito e verbo, nesse caso?

b) De que outra forma, dependendo da intenção de quem fala ou escreve, poderia ser feita a concordância do verbo com esse sujeito?

3. Leia a tira.

GONSALES, Fernando. Disponível em: <http://www2.uol.com.br/niquel/tiras_mes/2011/06/22.gif>. Acesso em: 5 maio 2015.

a) Em sua opinião, o rato que sorteia a rifa está tirando proveito do fato de ser mais forte que os outros? Explique.

b) Em "[...] quem ganhou a minha rifa!", qual é o sujeito de **ganhar**? Em que pessoa está o verbo?

c) Leia as frases a seguir e anote no caderno aquela que apresenta concordância verbal de acordo com o que recomenda a norma-padrão.

    I. Fui eu quem ganhou a rifa!   II. Fui eu que ganhei a rifa!

315

LEITURA 2

ANTES DE LER

1. Em sua opinião, é possível fazer crítica social utilizando o humor? De que forma?
2. Você conhece textos humorísticos com palavras e imagens que façam algum tipo de crítica? Quais?

Vimos até aqui textos e atitudes de pessoas que não concordam com determinadas situações da realidade que encontram a sua volta. Por isso, opõem-se, contestam, discutem, questionam, dão combate aos fatos que lhes parecem injustos ou desumanos e aos argumentos utilizados para defendê-los. Veremos agora dois gêneros que se destacam por realizar tudo isso de que falamos: a charge e o cartum.

Charge

DUKE. Disponível em: <http://www.otempo.com.br/charges/charge-o-tempo-16-10-1.932904>. Acesso em: 22 mar. 2015.

Cartum

QUINO. *Condições humanas*. Lisboa: Dom Quixote, 1995.

316

EXPLORAÇÃO DO TEXTO

1. O autor da charge, Duke (Eduardo dos Reis Evangelista), aborda o mesmo assunto de que tratamos na Leitura 1, problema que já era discutido na mídia na época em que a charge foi criada (16/10/2014): a escassez de água em várias regiões do Brasil.

O fato de as charges falarem de assuntos que estão acontecendo no momento em que o texto é produzido:

a) explica por que as charges são consideradas um gênero da esfera jornalística? Por quê?

b) aproxima ou distancia esse gênero textual do editorial?

2. Para o leitor entender uma charge, ele precisa saber o que estava acontecendo quando ela foi criada: quais os fatos políticos, econômicos e sociais importantes do momento, que pessoas estavam em destaque etc. A charge lida tem essa característica?

> As **charges** têm como tema acontecimentos atuais de interesse público. Elas podem ou não conter legenda e balão de fala.

3. Observe novamente a charge.

a) Quem são as personagens representadas, como se vestem e onde se encontram?

b) O que dizem as expressões das personagens?

c) Quem elas parecem ser ou representar?

d) Qual é a crítica feita nessa charge?

4. O humor pode provocar desde um sorriso sutil até uma gargalhada. Que tipo de riso essa charge provocou em você? Por quê?

> A **charge** é um gênero por meio do qual o autor expressa sua visão sobre situações cotidianas, fazendo uma crítica política ou social. Para isso, emprega o humor e a sátira.

5. Agora, vamos analisar o cartum de Quino. Observe as duas personagens em destaque no desenho.

a) Graficamente, em que elas se diferenciam das demais?

b) Por que o cartunista destaca essas personagens das outras?

c) Em que lugar acontece essa cena?

6. A conversa entre as personagens provoca estranhamento no leitor.

a) O homem de chapéu pede uma informação. O que surpreende em sua fala?

b) A resposta da outra personagem quebra a expectativa do leitor. Por quê?

c) Como se pode interpretar a resposta da segunda personagem?

NÃO DEIXE DE LER

- *Cada um no seu lugar,* de Quino, editora WMF Martins Fontes

Nesta seleção de charges, Quino retrata as pessoas em seu cotidiano profissional, explorando o absurdo encontrado em situações banais do dia a dia.

7. As charges têm como tema assuntos atuais. Vamos ver se isso acontece também nos cartuns.

   a) Qual o tema desse cartum de Quino?

   b) O autor do cartum, Quino, é argentino, e podemos pensar que ele fez uma crítica à irresponsabilidade que encontrava a sua volta quando produziu esse cartum. A falta de responsabilidade é um problema restrito à Argentina ou a alguns países e cidades? Explique.

> O **cartum** aborda temas universais, por isso pode ser entendido por pessoas de diferentes países, de diferentes culturas, em diferentes épocas.

8. Comparando a charge e o cartum, escolha a alternativa que apresenta a informação correta sobre os textos. Em seguida, anote-a no caderno e justifique sua escolha por escrito.

   a) As imagens da charge e do cartum referem-se a momentos recentes.

   b) A temática da charge é mais relevante que a temática do cartum.

   c) O uso de cores denota que a charge é mais atual que o cartum.

   d) O texto da charge refere-se ao contexto imediato de sua produção, o texto do cartum, não.

   e) O texto do cartum não poderia se relacionar a outra imagem, o texto da charge, sim.

🛈 PARA LEMBRAR

318

Concordância verbal: contexto e sentidos

Verbos impessoais

1. Leia este trecho de uma narrativa.

O quintal da casa era muito grande. Pelo menos para as impressões que meninos têm sobre o tamanho das coisas. A rua era ao pé do morro e ficava acima do pequeno rio que passava lá no fundo do quintal. Logo depois da escada da cozinha havia um pequeno pátio de terra batida e, a seguir, uma horta protegida por uma cerca de bambus. [...] Havia uma estreita trilha para se chegar ao rio. Ali era o universo das galinhas e dos gambás. Quer dizer, muitas galinhas e poucos gambás, pois há mais histórias de cobras do que de gambás na minha memória.

ZIRALDO. *Os meninos morenos*. São Paulo: Melhoramentos, 2010.

a) Nesse trecho, o narrador descreve alguns lugares de sua infância. Quais são os dois verbos que mais emprega nessas descrições?

b) Localize as ocorrências do verbo **haver**. Qual é o significado dele nas orações em que aparece: "existir" ou "ter"?

c) O verbo **haver** tem sujeito nessas orações?

d) O verbo **haver** foi usado de modo pessoal ou impessoal? Por quê?

2. Leia esta informação, tirada de um *site* especializado em previsão climática.

Porto Alegre começou a esfriar (2º frio)

O segundo frio da semana já começou. Chove, venta e faz frio. A frente fria já está no Rio Grande do Sul. A 3ª onda é domingo.

Disponível em: <http://www.climatempo.com.br/olhonotempo/147302/porto-alegre-comecou-a-esfriar-(2%C2%BA-frio)>. Acesso em: 22 mar. 2015.

a) Identifique no texto quatro verbos impessoais e anote-os no caderno.

b) O que o levou a considerá-los impessoais?

c) Em que número e pessoa estão conjugados?

3. Leia este trecho de uma matéria e observe a forma verbal destacada.

> Camba? Kumbu? Kota? Você pode não saber, mas essas são palavras da língua portuguesa faladas em Angola, país da costa sudoeste da África colonizado por portugueses. Esses são termos usados para designar, respectivamente, "amigo", "dinheiro" e "pessoa mais velha e respeitável"[...] **Há** também casos de palavras que existem no português brasileiro e que podem gerar confusão em uma conversa com um angolano. "Geleira", por exemplo, que no Brasil significa uma grande massa de gelo formada em lugares frios, em Angola, significa "geladeira".
>
> [...] O filólogo e acadêmico brasileiro Evanildo Bechara acredita que o português caminha para uma unificação escrita, mas que as formas de falar serão mais variadas no futuro. "Uma língua é uma multiplicidade de falares. A língua nunca é uniforme. Os países africanos ficaram independentes de Portugal apenas recentemente, por isso eles ainda falam como os portugueses. Mas a tendência é que, com o afastamento, cada um vivendo a sua cultura, vão nascer diferenças que não havia quando eles estavam sob a tutela portuguesa", avaliou. [...]
>
> ABDALA, Vitor. Modo de falar e regionalismos distinguem português brasileiro do africano. Disponível em: <http://agenciabrasil.ebc.com.br/cultura/noticia/2014-11/modo-de-falar-e-regionalismos-distinguem-portugues-brasileiro-do-africano>. Acesso em: 22 mar. 2015.

a) Apesar da diferença entre determinadas palavras no português do Brasil e no de Angola, por que é possível angolanos e brasileiros se entenderem?

b) O autor menciona que existem casos de palavras que podem não ser entendidas por angolanos, empregando a forma verbal **há**. O que é possível observar em relação à concordância do verbo **haver** nesse trecho?

c) Podemos afirmar que a expressão que o acompanha exerce a função de sujeito da oração?

Verbo impessoal é aquele que não concorda em pessoa e número com nenhum outro termo da oração; é usado apenas na terceira pessoa do singular. Os principais verbos impessoais são:
- **haver**, com sentido de "existir" e na indicação de tempo;
- **fazer**, quando indica tempo;
- **trovejar**, **relampejar**, **nevar** e outros que expressam fenômenos da natureza.

Exemplos:
    Havia muitos transeuntes sob a chuva forte.
    Choveu durante muitos dias.

O verbo ser

1. Leia.

> Eram sete da noite quando essa conversa terminou. Mamãe queria preparar o jantar, mas eu estava sem fome: resolvi despedir-me de Fernanda. Fui a pé até a casa dela, ali perto – em nossa cidade, tudo é perto. Caminhei pelas ruas, que conhecia tão bem, olhando as casas de nossos vizinhos […]
>
> SCLIAR, Moacyr. *Aquele estranho colega, o meu pai*. São Paulo: Atual, 2002.

a) Esse parágrafo é narrativo ou descritivo? Por quê?

b) A forma verbal **eram**, na primeira oração, concorda com o predicativo do sujeito da oração. Qual é ele?

c) Em "[…] tudo é perto", com que termo o verbo **ser** concorda?

d) Esse termo exerce a função de sujeito ou predicativo do sujeito?

e) Compare.

> "**Eram** sete da noite […]."
> "[…] tudo **é** perto."

Em qual dos casos o verbo **ser** foi usado de forma impessoal?

> O verbo **ser**, quando usado de forma impessoal, na indicação de horas, concorda com o predicativo que o acompanha.

2. Veja, nestes fragmentos, mais casos em que o verbo **ser** concorda com o predicativo, e não com o sujeito.

I

Liverpool tenta quebrar tabu de dois anos sem vencer o Chelsea

Para o torcedor do Liverpool, não parece que foi ontem. Já **são** dois anos e seis meses sem uma única vitória dos Reds sobre o Chelsea. Neste sábado, as duas equipes se encaram no Anfield Road, pela 11ª rodada do Campeonato Inglês.

Placar. Disponível em: <http://placar.abril.com.br/materia/liverpoo/>. Acesso em: 22 mar. 2015.

II

Como chegar a Monte Verde

Para chegar a Monte Verde, siga pela Rodovia Fernão Dias (BR-381) até a cidade de Camanducaia (utilize a Saída 918). A partir daí, acompanhe as placas de sinalização: **são** mais 30 quilômetros de estrada asfaltada até a vila.

Guia Monte Verde. Disponível em: <http://www.guiamonteverde.com.br/acesso/>. Acesso em: 22 mar. 2015.

a) Nesses trechos, indique o predicativo com o qual o verbo **ser** concorda.

b) Que tipo de medidas o verbo **ser** indica nesses contextos?

> O verbo **ser**, quando indica quantidade, horas, dimensão ou distância, é também usado de forma impessoal, podendo concordar com seu predicativo.

3. Observe o cartum a seguir, do mesmo chargista.

DUKE. Disponível em: <https://cantinholiterariosriosdobrasil.wordpress.com/>. Acesso em: 3 abr. 2015.

a) Que crítica é feita nesse cartum?
b) De onde provém o humor do texto?
c) Experimente criar uma frase motivada pelo cartum com o verbo flexionado de acordo com um predicativo.

A LÍNGUA NÃO É SEMPRE A MESMA

1. O texto a seguir fala sobre a apresentação de uma banda de *rock*.

Festival Grito Rock: Hoje tem apresentação do ex-vocalista do Iron Maiden

Pelo sexto ano consecutivo, Bragança recebe hoje mais uma edição do Festival Grito Rock.[...] O evento é gratuito. [...]

Gazeta Bragantina. Disponível em: <http://www.gazetabragantina.com.br/cotidiano/festival-grito-rock-hoje-tem-apresentacao-do-ex-vocalista-do-iron-maiden/>. Acesso em: 22 mar. 2015.

a) Qual é o sentido do verbo **ter** no título?
b) Ele se refere a um sujeito?
c) Esse verbo foi usado de forma pessoal ou impessoal?

> Na linguagem informal, é comum que o verbo **ter** seja empregado com o sentido de "existir". Nesse caso, ele funciona como um verbo impessoal e permanece na terceira pessoa do singular. Exemplos:
> Por aqui, **tem** muitas árvores. / **Tinha** muitas folhas espalhadas na calçada.
> Na linguagem formal, é recomendável empregar o verbo **haver** em vez de **ter**.

1. Leia este trecho do romance *O sol da liberdade*, destinado ao público infantojuvenil.

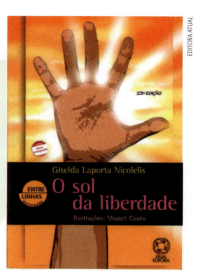

> Na casa da ladeira da Praça, quase na esquina de um beco, em Salvador, há um burburinho estranho, na tarde ensolarada de meados de 1834. Lá moram Domingos e Rosa, ambos escravos libertos, ele alfaiate, ela vendedora de comidas e doces pela cidade. [...]
>
> NICOLELIS, Giselda Laporta. *O sol da liberdade*. São Paulo: Atual, 2004.

Capa do livro *O sol da liberdade*.

a) Em que pessoa está conjugado o verbo da primeira oração?

b) Esse verbo foi usado de forma pessoal ou impessoal? Por quê?

Eurásia: massa continental que abrange a Europa e a Ásia.

2. Leia o trecho de uma matéria jornalística.

(Haver) 300 mil anos já (haver) inovadores na [Eurásia]

Descoberta na Arménia de artefactos da mesma época feitos com duas técnicas distintas, uma antiga e outra mais moderna, desafia tese vigente da origem africana da segunda

Disponível em: <http://www.dn.pt/inicio/ciencia/interior.aspx?content_id=4145770&referrer=FooterOJ>. Acesso em: 28 mar. 2015. Adaptado.

a) No caderno, anote o título da matéria, completando-o adequadamente com os verbos entre parênteses.

b) O texto utiliza Português do Brasil ou de Portugal? Selecione um trecho que exemplifique sua resposta.

c) A que "inovadores" se refere o texto?

d) Esses verbos devem ser empregados no singular ou no plural? Justifique sua resposta.

3. Reescreva os períodos no caderno, trocando **existir** por **haver**. Faça a concordância adequada.

a) Ainda existem muitas dúvidas em relação aos alimentos transgênicos.

b) Dentre as cantigas folclóricas mais conhecidas, existem várias que são de ninar.

c) Durante muito tempo, as pessoas acreditaram que existiam lobisomens e vampiros rondando por aí.

d) Infelizmente, sempre existirá muito dinheiro envolvido no comércio ilegal de animais silvestres.

teia do saber

4. Leia.

Eram onze horas de uma noite terrivelmente quente de um mês de fevereiro da década de 1960 e eu estava na calçada brincando de pega-pega com meninos e meninas da quadra.

CAZARRÉ, Lourenço. *Quem matou o mestre de Matemática?* São Paulo: Atual, 2011.

a) O verbo **ser** foi usado como pessoal ou impessoal nessa frase?

b) Com qual termo o verbo concorda?

5. Leia mais um trecho do mesmo livro.

Era sexta-feira da Paixão e meu pai, cedinho, nos acordava e, bem baixinho, explicava como devíamos agir naquele dia [...].

São pouco menos de quatro horas da madrugada e o despertador acorda a mim e meu irmão. De pé, ao lado da cama, já está meu pai. Faz frio e chove na noite.

CAZARRÉ, Lourenço. *Quem matou o mestre de Matemática?* São Paulo: Atual, 2011.

a) O verbo **ser** foi usado como pessoal ou impessoal nesse fragmento? Por quê?

b) Há mais dois verbos impessoais no trecho. Quais são eles e o que indicam?

6. Leia a tirinha a seguir

Garfield é conhecido por ser uma personagem preguiçosa, desinteressada.

a) Como essas características são representadas nesses quadrinhos?

b) Outra característica de Garfield é a ironia. Em qual quadrinho isso fica evidente? Explique.

c) O uso dessa ironia na tirinha produz que efeito no leitor? Explique por que isso ocorre.

d) No último quadrinho da tirinha, a forma verbal **deve haver** foi usada de acordo com a norma-padrão. No entanto, é comum os falantes da língua utilizarem a locução no plural (**devem haver**). Com base na frase em que aparece a expressão, explique essa troca.

e) Considerando a função do verbo **haver** na última frase da tirinha, justifique a regra de concordância de acordo com a norma-padrão.

324

FIQUE ATENTO... À ACENTUAÇÃO DE VERBOS

1. Leia o início de duas reportagens.

Aeroporto americano tem delivery

Você pede a comida em um quiosque eletrônico, e ela chega mesmo você estando em um portão de embarque

Superintessante. São Paulo, Abril, jan. 2011.

Quantas perguntas uma criança de 2 anos faz por dia?

Consultores empresariais que dão palestras sobre criatividade dizem que elas são tão sedentas por novos conhecimentos que chegam a fazer 500 perguntas por dia! [...] Nessa fase, a curiosidade explode! Aos 2 anos, as crianças têm um vocabulário de 200 palavras e já fazem perguntas simples. [...]

Mundo Estranho. São Paulo, Abril, jul. 2011.

Você notou que o verbo **ter**, em um dos trechos, aparece sem acento e, no outro, com acento? Como você explica essa diferença? Observe o sujeito do verbo **ter** nos dois casos para responder.

2. Observe e compare o uso do verbo **vir** nestes títulos de matérias.

DE ONDE VEM A EXPRESSÃO "SEXTA-FEIRA 13"?

Disponível em: <http://revistagalileu.globo.com/blogs/sem-duvida/noticia/2015/02/de-onde-vem-expressao-sexta-feira-13.html>. Acesso em: 22 mar. 2015.

DE ONDE VÊM E O QUE SÃO OS PLÁSTICOS?

Disponível em: <http://www.ecycle.com.br/component/content/article/35/676-de-onde-vem-e-o-que-sao-os-plasticos.html>. Acesso em: 20 maio 2015.

a) Por que o verbo **vir** foi empregado com acento no segundo título?

b) O que é possível concluir sobre a acentuação gráfica dos verbos **ter** e **vir** na terceira pessoa do presente do indicativo?

3. Leia agora.

China detém 5 ativistas por planejarem ato no Dia da Mulher

A polícia local não informou por quais acusações as mulheres irão responder

Disponível em: <http://noticias.terra.com.br/mundo/asia/china-detem-5-ativistas-por-planejarem-ato-no-dia-da-mulher,a5474a305b7fb410VgnCLD200000b2bf46d0RCRD.html>. Acesso em: 22 mar. 2015.

Lisboa

[...]
A cidade foi destruída por um terremoto em 1755 e reconstruída sob a liderança de Sebastião José de Carvalho e Melo, o Marquês de Pombal. Hoje, parte das paisagens lisboetas são testemunho fiel do rico passado local e **detêm** grande charme de antiguidade. [...]

UOL Viagens. Disponível em: <http://viagem.uol.com.br/guia/portugal/lisboa/>. Acesso em: 22 mar. 2015.

Como você explica a diferença entre **detém** e **detêm**? Para responder, observe o sujeito do verbo **deter** em cada caso.

4. Outros verbos derivados de **ter** fazem o singular e o plural da terceira pessoa do presente do indicativo da mesma forma que **deter**: **conter (contém/contêm), reter (retém/retêm), entreter (entretém/entretêm)** etc.

   Reflita. Você viu que os verbos relacionados acima são conjugados como **ter**. Então, por que **tem** no singular é escrito sem acento e as formas dele derivadas são escritas no singular com acento?

5. Leia o provérbio: O que os olhos não **veem** o coração não sente.

   a) Qual é o infinitivo de **veem**?

   b) Se, em vez de **os olhos**, disséssemos **o olho**, como ficaria o provérbio?

   c) Quais destes verbos fazem a terceira pessoa (singular e plural) do presente do indicativo como o verbo destacado no provérbio?

   ler   ser   crer   sair

> O verbo **ver**, na terceira pessoa do plural do presente do indicativo, escreve-se com dois **e** e sem acento: **veem**. Outros verbos, na terceira pessoa do plural do presente do indicativo ou do subjuntivo, seguem essa grafia: **creem, deem, descreem, leem, releem, reveem**.

6. Reescreva cada frase no caderno, completando-a adequadamente com o verbo entre parênteses no presente do indicativo.

   a) Todos os seus amigos (**vir**) à festa.

   b) Vocês não (**ter**) dinheiro para pagar o ingresso.

   c) Estes envelopes (**conter**) todos os recibos do mês.

   d) Maria nunca (**vir**) para o almoço.

   e) Ele (**manter**) a porta fechada durante a noite.

7. Complete estas outras frases no caderno, usando os verbos entre parênteses no presente do indicativo ou do subjuntivo.

   a) Meus amigos não (**crer**) em sua transformação.

   b) As crianças não (**ver**) perigo em nada.

   c) Talvez esses senhores (**dar**) atenção ao que eu digo.

   d) Todos naquela casa (**ler**) e apreciam poemas ingleses.

REVISORES DO COTIDIANO

Leia esta chamada publicada na primeira página de um jornal.

> **Líderes buscam saída honrosa para Mubarak**
>
> Opositores, aliados e intelectuais propõe que presidente do Egito abra mão do poder e continue formalmente com o título até setembro, quando estão previstas eleições no país. [...]
>
> *O Estado de S. Paulo*, 6 fev. 2011.

O texto fala sobre a saída do ditador Mubarak do governo do Egito, em 2011.

a) Quais são as forças políticas que organizaram esse movimento?

b) Os termos que nomeiam as forças políticas contra o presidente expressam um sujeito composto. Qual é o verbo que se relaciona a esse sujeito?

c) A maneira como foi feita a concordância verbal nesse trecho não obedece à norma-padrão. Por quê?

d) Em sua opinião, por que isso pode ter ocorrido?

ATIVANDO HABILIDADES

1. (Enem)

Opportunity é o nome de um veículo explorador que aterrissou em Marte com a missão de enviar informações à Terra. A charge apresenta uma crítica ao(à)

a) gasto exagerado com o envio de robôs a outros planetas.

b) exploração indiscriminada de outros planetas.

c) circulação digital excessiva de autorretratos.

d) vulgarização das descobertas espaciais.

e) mecanização das atividades humanas.

WILL. Disponível em: <www.willtirando.com.br>. Acesso em: 7 nov. 2013.

2. (Prova Brasil) Leia o fragmento abaixo.

O mercúrio onipresente

Os venenos ambientais nunca seguem regras. Quando o mundo pensa ter descoberto tudo o que é preciso para controlá-los, eles voltam a atacar. Quando removemos o chumbo da gasolina, ele ressurge nos encanamentos envelhecidos. Quando toxinas e resíduos são enterrados em aterros sanitários, contaminam o lençol freático. Mas ao menos acreditávamos conhecer bem o mercúrio. Apesar de todo o seu poder tóxico, desde que evitássemos determinadas espécies de peixes nas quais o nível de contaminação é particularmente elevado, estaríamos bem. [...].

Mas o mercúrio é famoso pela capacidade de passar despercebido. Uma série de estudos recentes sugere que o metal potencialmente mortífero está em toda parte — e é mais perigoso do que a maioria das pessoas acredita.

KLUGER, Jeffrey. *IstoÉ*, nº 1927, 27/6/2006. p. 114-115.

A tese defendida no texto está expressa no trecho:

a) as substâncias tóxicas, em aterros, contaminam o lençol freático.

b) o chumbo da gasolina ressurge com a ação do tempo.

c) o mercúrio apresenta alto teor de periculosidade para a natureza.

d) o total controle dos venenos ambientais é impossível.

3. (Enem)

Disponível em: <http://tv-video-edc.blogspot.com>. Acesso em: 30 maio 2010.

A charge revela uma crítica aos meios de comunicação, em especial à internet, porque

a) questiona a integração das pessoas nas redes virtuais de relacionamento.

b) considera as relações sociais como menos importantes que as virtuais.

c) enaltece a pretensão do homem de estar em todos os lugares ao mesmo tempo.

d) descreve com precisão as sociedades humanas no mundo globalizado.

e) concebe a rede de computadores como o espaço mais eficaz para a construção de relações sociais.

4. (Enem)

Disponível em: http://conexaoambiental.zip.net/images/charge.jpg.
Acesso em: 9 jul. 2009.

Reunindo-se as informações contidas nas duas charges, infere-se que

a) os regimes climáticos da Terra são desprovidos de padrões que os caracterizem.

b) as intervenções humanas nas regiões polares são mais intensas que em outras partes do globo.

c) o processo de aquecimento global será detido com a eliminação das queimadas.

d) a destruição das florestas tropicais é uma das causas do aumento da temperatura em locais distantes como os polos.

e) os parâmetros climáticos modificados pelo homem afetam todo o planeta, mas os processos naturais têm alcance regional.

Encerrando a unidade

Nesta unidade você estudou os estruturantes dos gêneros editorial, charge e cartum, e reconheceu casos de concordância verbal e acentuação de verbos. Com base no que você aprendeu, responda:

1. Por que o editorial é considerado um gênero da esfera jornalística? Por que é argumentativo?

2. Quais são as diferenças entre charge e cartum?

3. Você entendeu em que consiste a concordância verbal? Explique.

Conhecimento Interligado

Arte: crítica e denúncia

Vimos, no estudo do editorial, que o texto argumentativo, além de expor a visão pessoal do autor sobre um tema da atualidade, procura suscitar no leitor uma reflexão, um questionamento.

Também na arte, em todas as suas manifestações, ao longo da História, é possível observar, representadas em obras de artistas, questões significativas do momento histórico-social. Observe, nas obras artísticas aqui reproduzidas, o olhar crítico e de denúncia sobre temas sociais retratados por alguns artistas.

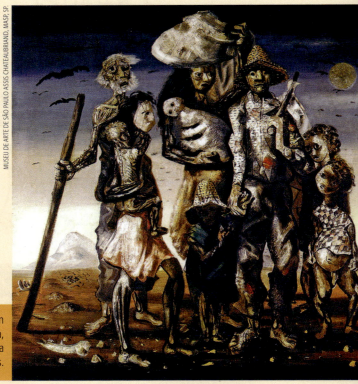

O pintor brasileiro Candido Portinari (1903-1962) registrou em suas obras o povo brasileiro sob vários aspectos. Nesta tela, o artista retrata a situação de dor e miséria de uma família de migrantes e denuncia as desigualdades sociais no país.

Os retirantes (1944), de Candido Portinari.

Em 26 de abril de 1937, durante a Guerra Civil Espanhola, a Força Aérea da Alemanha nazista bombardeou o povoado de Guernica, cujos habitantes resistiam à ditadura. Poucas semanas depois, o artista Pablo Picasso começou a pintar *Guernica*, buscando registrar na tela todo o horror e a destruição que chocaram o mundo.

À direita, a cidade de Guernica, na Espanha, após ser bombardeada pela força aérea nazista em 1937. Abaixo, *Guernica* (1937), painel pintado por Pablo Picasso.

330

Nesta tela, Lasar Segall (1891-1957) retrata a viagem de pessoas que, fugindo da fome e da miséria de sua terra natal, durante a Segunda Guerra Mundial, encontram, em um navio de emigrantes, apenas mais dor e sofrimento.

Navio de emigrantes (1939-1942), de Lasar Segall.

Os burgueses de Calais (1888), escultura de Auguste Rodin.

Nesta famosa escultura, Rodin evoca um episódio da história da França: alguns ilustres habitantes da cidade de Calais oferecem-se como reféns ao rei Eduardo III da Inglaterra para que este salve a população faminta. Durante anos, Rodin dedicou-se a esta escultura, registrando em bronze não só o heroísmo dos cidadãos, mas também o desespero que se reflete na face de cada uma dessas figuras frágeis, com cordas em torno do pescoço e impotentes diante da opressão e do arbítrio do poder absoluto.

1. Essas obras de arte foram criadas por artistas de diferentes nacionalidades. Responda.

a) O que cada artista denuncia em suas obras?

b) Você acha que a crítica e a denúncia social diante da miséria, da violência e da opressão expressas nessas obras de arte são temas compartilhados por diferentes culturas? Por quê?

2. Essas obras artísticas foram criadas em séculos anteriores ao nosso. Que ligação você vê entre o que está retratado nessas obras e nossa realidade atual?

3. Você conhece outras obras artísticas de denúncia ou crítica da realidade social? Em duplas, façam uma pesquisa e procurem citar algumas (podem ser telas, esculturas, fotos, peças de teatro ou outras manifestações artísticas). Se possível, façam cópias da tela ou anotem o nome do artista e da obra e expliquem seu tema central. Vocês podem procurar em livros, antologias, na internet ou em qualquer outra fonte que dê o maior número de informações acerca do artista e da obra em questão.

331

PROJETO DO ANO

Jornal

Vamos agora reunir e divulgar os textos produzidos ao longo do ano: cada grupo produzirá um jornal de um caderno com, no mínimo, quatro páginas. Para isso, junte-se aos colegas do grupo definido no começo do ano e dividam entre si as tarefas, de modo que todos participem.

Planejamento e elaboração

1. Em primeiro lugar:
   a) selecionem, entre os textos que vocês produziram durante o ano, os que vão ser publicados;
   b) criem notícias para o jornal: podem ser os últimos acontecimentos da escola, do bairro ou da cidade;
   c) definam as seções do jornal e criem nomes atrativos para elas;
   d) escolham um nome para o jornal;
   e) decidam se os textos serão digitados, datilografados ou passados a limpo – e quem ficará responsável por esse trabalho;
   f) decidam o tamanho e o tipo de papel usado para a reprodução dos textos;
   g) selecionem imagens para acompanhar os textos e redijam legendas;
   h) criem propagandas.

2. Planejem a diagramação. Por exemplo, como ficará a primeira página? E as demais? Que tamanho terão os títulos? Que imagens entrarão? Vejam a disposição dos elementos nesta primeira página.

Diagramação: disposição de textos, fotos, ilustrações, legendas, gráficos etc. em uma publicação.

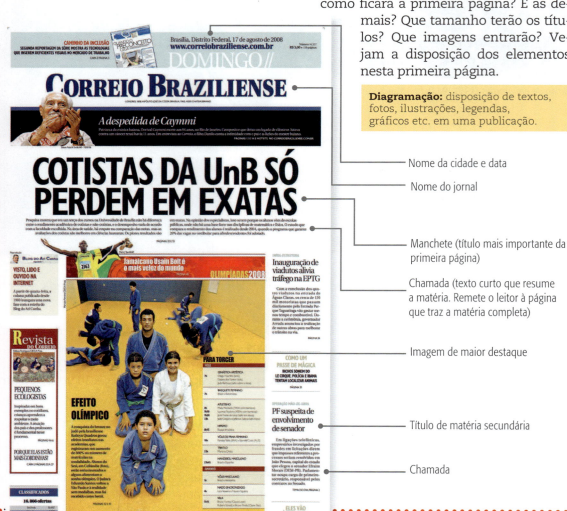

- Nome da cidade e data
- Nome do jornal
- Manchete (título mais importante da primeira página)
- Chamada (texto curto que resume a matéria. Remete o leitor à página que traz a matéria completa)
- Imagem de maior destaque
- Título de matéria secundária
- Chamada

332

Nas páginas internas, costumam-se colocar as matérias na parte de cima e as propagandas – caso haja alguma – na parte de baixo. Observe o esquema.

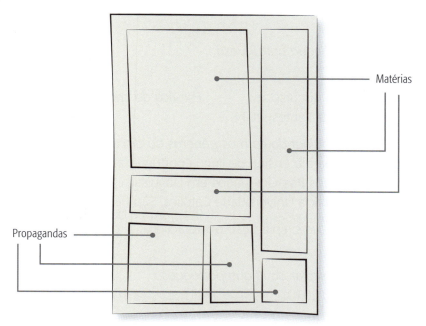

3. Vocês podem criar alguns textos curtos para ocupar pequenos espaços que tenham restado entre os textos – isso deixará o jornal mais agradável de ler. Por exemplo: palavras cruzadas, resenhas de filmes, livros, programas de rádio e TV, horóscopo, notícias da escola, notícias esportivas etc.

A sequência de apresentação dos textos

Sugestão de sequência dos textos:
- Primeira página
- Editoriais
- Notícias
- Cartum ou charge
- Artigos de opinião
- Relatório de visita
- Seção literária (contos, *rap*, paródia)

As propagandas podem ser distribuídas ao longo das páginas.

Distribuição

Quando o exemplar do jornal estiver pronto, apresentem-no aos outros grupos. Se possível, tirem várias cópias para que outras pessoas, além dos colegas, também possam ler o jornal de vocês. Se não for possível, cada componente do grupo poderá levar o exemplar produzido para casa, em sistema de rodízio, e mostrá-lo aos pais, amigos, familiares.

BIBLIOGRAFIA

ANTUNES, Irandê Costa. *Língua, gêneros textuais e ensino.* Florianópolis: Perspectiva, v. 20, n. 1, p. 65-76, jan./jun. 2002.

AZEREDO, José Carlos. *Fundamentos de gramática do português.* Rio de Janeiro: Zahar, 2008.

_____. *Gramática Houaiss da língua portuguesa.* São Paulo: Publifolha, 2010.

BAKHTIN, Mikhail. Os gêneros do discurso. In: _____. *Estética da criação verbal.* São Paulo: WMF Martins Fontes, 2011.

BARBOSA, Jaqueline Peixoto. *Trabalhando com os gêneros do discurso*: uma perspectiva enunciativa para o ensino de língua portuguesa. Tese de doutorado, Programa de Estudos Pós-Graduados em Linguística Aplicada e Estudos da Linguagem, Pontifícia Universidade Católica, São Paulo, 2001.

BAZERMAN, Charles. *Gêneros textuais*: tipificação e interação. São Paulo: Cortez, 2009.

BECHARA, Evanildo. *Gramática escolar da língua portuguesa.* Rio de Janeiro: Nova Fronteira, 2010.

_____. *Moderna gramática portuguesa.* Rio de Janeiro: Nova Fronteira, 2009.

BRASIL. Secretaria de Educação Fundamental. *Parâmetros curriculares nacionais: terceiro e quarto ciclos do ensino fundamental*: língua portuguesa. Brasília: MEC/SEF, 1998.

BRONCKART, Jean-Paul. *Atividade de linguagem, textos e discursos*: por um interacionismo sociodiscursivo. São Paulo: Educ, 2008.

CALKINS, Lucy M. *A arte de ensinar a escrever.* Porto Alegre: Artmed, 1989.

CANDIDO, Antônio. A vida ao rés do chão. In: Fundação Casa de Rui Barbosa. Setor de Filologia. *A crônica*: o gênero, sua fixação e suas transformações no Brasil. Campinas: Editora da Unicamp, 1992.

CASCUDO, Luís da Câmara. *Literatura oral no Brasil.* São Paulo: Global, 2009.

CASTILHO, Ataliba Teixeira de (Org.). *Gramática do português falado.* Campinas: Editora da Unicamp, 1996. v. I: A ordem.

_____. *Gramática do português falado.* Campinas: Editora da Unicamp, 2000. v. IV: Estudos descritivos.

_____. *Nova gramática do português brasileiro.* São Paulo: Contexto, 2010.

CENPEC – Centro de Estudos e Pesquisas em Educação, Cultura e Ação Comunitária. *Estudar pra valer!*: leitura e produção de textos nos anos iniciais do ensino fundamental/módulo introdutório. São Paulo: Cenpec, 2005.

DIONISIO, Ângela Paiva et alii (Orgs.). *Gêneros textuais & ensino.* São Paulo: Parábola, 2010.

_____; BEZERRA, Maria Auxiliadora. *O livro didático de português*: múltiplos olhares. Rio de Janeiro: Lucerna, 2001.

ILARI, Rodolfo. *Introdução ao estudo do léxico*. São Paulo: Contexto, 2002.

_____. *Introdução à semântica*. São Paulo: Contexto, 2001.

KATO, Mary Aizawa. *Gramática do português falado*. Campinas: Editora da Unicamp, 2002. v. V: Convergências.

KLEIMAN, Angela. *Texto & leitor*: aspectos cognitivos da leitura. Campinas: Pontes, 2005.

_____; MORAES, Sílvia E. *Tecendo redes nos projetos da escola*. Campinas: Mercado de Letras, 1999.

KOCH, Ingedore G. V. *A coesão textual*. São Paulo: Contexto, 2002.

_____. *Desvendando os segredos do texto*. São Paulo: Cortez, 2003.

_____; FÁVERO, Leonor L. *Linguística textual*: introdução. São Paulo: Cortez, 2002.

_____; VILELA, Mário. *Gramática da língua portuguesa*. Coimbra: Almedina, 2001.

MACHADO, Anna R. (Org.). *Resenha*. São Paulo: Parábola, 2007.

MARCUSCHI, Luiz Antônio. *Produção textual, análise de gêneros e compreensão*. São Paulo: Parábola, 2008.

_____. *Da fala para a escrita*: atividades de retextualização. São Paulo: Cortez, 2010.

MATEUS, Maria Helena Mira et alii. *Gramática da língua portuguesa*. Lisboa: Caminho, 1987.

MEURER, José Luiz; MOTTA-ROTH, Desirée (Orgs.). *Gêneros textuais e práticas discursivas*. São Paulo: Edusc, 2002.

NEVES, Maria Helena de Moura. *A gramática funcional*. São Paulo: Martins, 2001.

_____. *Gramática de usos do português*. São Paulo: Editora da Unesp, 2011.

_____. *Gramática na escola*. São Paulo: Contexto, 2003.

_____. *Que gramática ensinar na escola?* São Paulo: Contexto, 2003.

PRETI, Dino (Org.). *Fala e escrita em questão*. São Paulo: Humanitas/FFLCH/USP, 2006.

ROJO, Roxane. *A prática de linguagem em sala de aula*: praticando os PCNs. Campinas: Mercado de Letras, 2001.

_____. Letramento e capacidades de leitura para a cidadania. In: _____. *Letramentos múltiplos, escola e inclusão social*. São Paulo: Parábola, 2009.

_____; GOMES BATISTA, Antônio A. (orgs.). *Livro didático de língua portuguesa*: letramento e cultura da escrita. Campinas: Mercado de Letras, 2003.

SACRISTÁN, J. Gimeno. *A educação obrigatória*: seu sentido educativo e social. Porto Alegre: Artmed, 2001.

SCHNEUWLY, Bernard; DOLZ, Joaquim e colaboradores. *Gêneros orais e escritos na escola.* Campinas: Mercado de Letras, 2004.

SOARES, Magda. *Alfabetização e letramento.* São Paulo: Contexto, 2003.

_____. Letramento e alfabetização: as muitas facetas. Disponível em: <http://www.scielo.br/pdf/rbedu/n25/n25a01.pdf>. Acesso em: 5 maio 2015.

TRASK, R. Larry. *Dicionário de linguagem e linguística*. São Paulo: Contexto, 2004.

TRAVAGLIA, Luiz Carlos. *Gramática e interação*. São Paulo: Cortez, 2005.

_____. *Gramática*: ensino plural. São Paulo: Cortez, 2011.

Jornadas.port

Caderno de Atividades 9
Língua Portuguesa

Edição: Daisy Pereira Daniel
Conrad Pichler

APRESENTAÇÃO

Caro estudante,

Este caderno foi elaborado com a finalidade de ajudá-lo a organizar seu conhecimento. Ao resolver as atividades propostas, você terá a oportunidade de buscar informações, utilizar a própria experiência e conhecimento prévio sobre os assuntos tratados, desenvolver habilidades, elaborar opiniões sobre assuntos da atualidade, refletir sobre atitudes e comportamentos e ampliar a sua visão do mundo.

As atividades estão distribuídas em oito unidades, correspondendo às unidades do livro para que possa retomar e ampliar os tópicos estudados. A cada unidade, você encontrará as seguintes seções: Reveja a jornada, Outro olhar e Leitura do mundo.

- Em **Reveja a jornada**, você irá aplicar os conceitos gramaticais trabalhados e organizá-los no quadro Para lembrar.

- A seção **Outro olhar** propõe sempre uma leitura complementar (verbal ou não verbal) ligada a algum tema ou gênero trabalhado na unidade do livro. As atividades visam trabalhar aspectos que não foram abordados no livro ou que são tratados sob outro aspecto.

- Na seção **Leitura do mundo**, você será incentivado a refletir e se posicionar em relação a assuntos da atualidade e que envolvem temas como Consumo e Educação financeira, Ética, Direitos humanos e Cidadania, Sustentabilidade, Culturas africanas e indígenas e Tecnologias digitais. Ao final das atividades, há quase sempre um produto final: pesquisa, entrevista, coleta de dados para chegar a uma conclusão, um *post* nas redes sociais, uma crítica sobre um filme ou livro etc.

Esperamos que sua jornada por este caderno seja bastante produtiva e o auxilie a desenvolver a autonomia nos estudos.

As autoras

SUMÁRIO

1 Um conflito, uma história
Reveja a jornada, **4**
Para lembrar, **9**
Outro olhar, **10**
Leitura do mundo, **13**

2 Propagando ideias
Reveja a jornada, **15**
Para lembrar, **18**
Outro olhar, **19**
Leitura do mundo, **21**

3 Observar e registrar
Reveja a jornada, **23**
Para lembrar, **27**
Outro olhar, **28**
Leitura do mundo, **31**

4 Canta, meu poooovo!
Reveja a jornada, **33**
Para lembrar, **38**
Outro olhar, **39**
Leitura do mundo, **41**

5 Como vejo o mundo
Reveja a jornada, **44**
Para lembrar, **49**
Outro olhar, **50**
Leitura do mundo, **51**

6 Luz, câmera, ação
Reveja a jornada, **53**
Para lembrar, **56**
Outro olhar, **57**
Leitura do mundo, **58**

7 O terror e o humor
Reveja a jornada, **61**
Para lembrar, **65**
Outro olhar, **66**
Leitura do mundo, **68**

8 Penso, logo contesto
Reveja a jornada, **71**
Para lembrar, **75**
Outro olhar, **76**
Leitura do mundo, **79**

UNIDADE 1
Um conflito, uma história

Reveja a jornada

Na seção Reflexão sobre a língua desta unidade você refletiu sobre processos de formação de palavras e observou como certas regularidades ortográficas podem servir como estratégia para solucionar dúvidas de grafia. Retome o conceito sobre derivação para realizar as atividades propostas.

> Muitas das palavras da língua portuguesa são formadas por meio do acréscimo de sufixos ou prefixos; esse processo recebe o nome de **derivação**.

1. Leia o cartaz de uma campanha produzida para o metrô de São Paulo.

Disponível em: <http://www.metro.sp.gov.br/metro/marketing-corporativo/campanhas/coleta-seletiva/campanha-coleta-seletiva.aspx>. Acesso em: 18 fev. 2016.

a) Se na chamada inicial da campanha estivesse escrito "material reciclado" em vez de "material reciclável" haveria diferença de sentido? Justifique.

_____

_____

b) Assinale a alternativa abaixo que apresenta palavras terminadas com o sufixo **-vel** com o mesmo sentido da palavra **reciclável**.

(   ) suportável, louvável, lavável, automóvel

(   ) discutível, adorável, impenetrável, imóvel

(   ) calculável, suportável, lastimável, comparável

4

c) Assinale o grupo cujas palavras iniciam-se com o prefixo **re-** com a ideia de repetição.

( ) reutilizar, reaproveitar, relógio

( ) recomeçar, refazer, renascer, reler.

( ) reanimar, repensar, rever, resolver

d) No grupo assinalado por você, todas as palavras apresentam um mesmo processo de formação de palavras. Que nome se dá a esse processo?

_____

_____

> **Composição** é o processo de formação de palavras que ocorre com a junção de um ou mais radicais, formando uma palavra de novo sentido. As palavras compostas podem ser grafadas com ou sem hífen.

2. Leia a tirinha a seguir.

Ricardo Coimbra. Disponível em: <https://sites.google.com/site/filosofiapopular/_/rsrc/1425872928211/democracia/democracia-e-capitalismo/Charge-Filosofia2.png>. Acesso em: 23 mar. 2016.

A tira apresenta o substantivo **democracia**, formado pelo processo de composição.

a) Separe os radicais e procure no dicionário os significados dos radicais que compõem esse substantivo.

_____

b) Considerando sua resposta anterior, qual o sentido da palavra democracia?

_____

_____

_____

c) O personagem, no primeiro quadrinho, usou o substantivo em seu sentido próprio? Por quê?

_____

_____

_____

5

d) As palavras **plutocracia**, **gerontocracia** e **aristocracia** são formadas utilizando-se como segundo elemento da composição um mesmo radical: **-cracia**. Procure no dicionário os significados desses substantivos e anote-os.

_____
_____
_____
_____
_____

3. Pesquise e anote o nome, formado por composição, de cada ser ou objeto a partir da descrição.

a) Piloto ou passageiro de uma nave espacial.
_____

b) Narração sobre a vida de uma pessoa ou personagem.
_____

c) Aquele que se alimenta de carne humana.
_____

> Nas palavras compostas por **justaposição**, os elementos são colocados um ao lado do outro, separados ou não por hífen. Nesse caso, tanto juntas ou separadas, as palavras mantêm o mesmo som. Nas palavras compostas por **aglutinação**, os elementos se fundem geralmente com perda de fonema ou fonemas.

4. Leia um trecho desta matéria jornalística.

Pernilongos atacam pessoas pelo cheiro, diz cientista

Eles não são vampiros, mas vêm de noite em busca de sangue. Conhecidos como pernilongos, mosquitos do gênero *Culex* – que atacam principalmente no verão – escolhem suas vítimas pelo cheiro. [...]

Os mosquitos têm proteínas em suas antenas que funcionam como receptores de "cheiro", explica Paulo Ribolla, biólogo e professor do Instituto de Biociências de Botucatu, da Unesp. Além disso, a atração que os pernilongos têm por alguma pessoa em especial pode estar relacionada à flora de bactérias e fungos presentes na pele.

Mosquito *Culex pipiens*.

Disponível em: <http://www1.folha.uol.com.br/ciencia/2015/01/1573181-pernilongos-atacam-pessoas-pelo-cheiro-diz-cientista.shtml>.
Acesso em: 19 fev. 2015.

a) No fragmento reproduzido, há três palavras formadas pelo processo de composição. Quais são?

_____

_____

b) Uma dessas três palavras é formada pelo processo de aglutinação. Indique-a e escreva o significado dela.

_____

_____

5. Leia este trecho de uma notícia.

> **Estação Artur Alvim terá posto de vacinação contra poliomielite neste sábado, dia 15**
>
> A equipe de enfermagem do Posto de Saúde do bairro de Artur Alvim estará neste sábado, dia 15, a partir das 8h e até as 17h, na área livre da estação Artur Alvim, na Linha 3 Vermelha do Metrô, para vacinar crianças menores de 5 anos contra poliomielite.
>
> Poliomielite é uma doença viral que pode afetar os nervos e levar à paralisia parcial ou total.
>
> Disponível em: <http://www.metro.sp.gov.br/noticias/estacao-artur-alvim-tera-posto-de-vacinacao-contra-poliomielite-neste-sabado-dia-15.fss>. Acesso em: 20 fev. 2016.

a) Um dos processos de formação de palavras é a abreviação, que consiste na redução de palavras. Procure no trecho da notícia um exemplo de substantivo assim formado. Explique-o.

_____

b) Leia este outro título de um portal de notícias sobre a mesma campanha de vacinação.

> **SP: veja imagens da Campanha de vacinação contra pólio**
>
> Disponível em: <http://noticias.terra.com.br/brasil/sp-veja-imagens-da-campanha-de-vacinacao-contra polio,b7ca0970847ea310VgnCLD200000bbcceb0aRCRD.html>. Acesso em: 20 fev. 2016.

• A redução na escrita da palavra **poliomielite** e o uso da sigla **SP** no lugar do nome da cidade onde é feita a campanha prejudica a compreensão da chamada da notícia? A que você atribui essas reduções?

_____

_____

_____

7

6. O hífen pode ser utilizado nas palavras formadas por derivação pelo acréscimo de um prefixo. Veja agora um mesmo prefixo empregado ora com hífen, ora sem hífen em diferentes textos.

I.

Fernando Gonsales. *Níquel Náusea*. Disponível em: <http://www1.folha.uol.com.br/fsp/quadrin/f30108201005.htm>.
Acesso em: 20 fev. 2015.

II.

- Em quais das situações acima as palavras que apresentam o prefixo **anti-** estão grafadas de acordo com a norma-padrão? Justifique sua resposta.

Para lembrar

- Preencha, a seguir, as definições que faltam no quadro conceitual sobre os processos de formação de palavras.

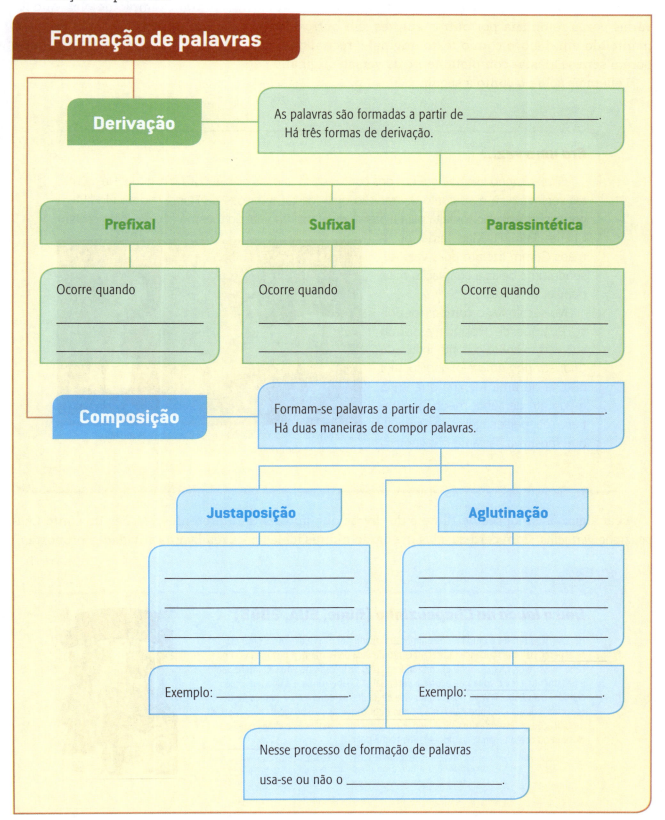

Outro olhar

Com certeza, você conhece o conto *Chapeuzinho Vermelho*. Esse é um exemplo de obra que foi várias vezes retomada por outros autores, em outros contextos e em diversos gêneros textuais, mantendo um diálogo com o texto original e recriando-o com outros objetivos e novos enfoques, porém sem se afastar completamente da versão original.

Leia mais sobre o conto a seguir.

Era uma vez...

Chapeuzinho Vermelho é um dos contos de fada mais divulgados no mundo. Há inúmeras versões para esse conto da tradição oral dos camponeses da França, no século XVII. A primeira adaptação foi feita para a literatura infantil no final do mesmo século, pelo escritor Charles Perrault. Mais tarde, os Irmãos Grimm fizeram duas versões, sendo uma delas a adaptação mais popular do conto.

No século XX, o compositor Chico Buarque de Holanda escreveu sua versão sobre o conto intitulada *Chapeuzinho Amarelo*, que conta a história de uma menina que tinha medo até de sentir medo, ao contrário da personagem de Perrault, que mostrava bastante coragem.

Marionetes em madeira, da República Checa representando Chapeuzinho Vermelho e o Lobo Mau.

Leia algumas sinopses de filme e de livros que apresentam diferentes versões do conto *Chapeuzinho Vermelho*. Com certeza, elas lhe darão muitas ideias para realizar as atividades propostas.

I.

Deu a louca na Chapeuzinho (filme, EUA, 2005)

Hoodwinked (2005) é um filme de animação dirigido por Cory Edwards. Como era de se esperar, há uma mudança radical no conto de fada de Perrault. A história inicia na cena clássica da Chapeuzinho encontrando o Lobo disfarçado de Vovó. O interessante é justamente a reviravolta que ocorre a partir daí. A Chapeuzinho e a Vovó não são comidas pelo Lobo, a Vovó possui uma vida cheia de segredos – ela é praticante de esportes radicais –, o Lobo não é mau e não quer comer as personagens. Além dessas modificações, é inserida uma série de personagens como detetives e vilões que não existem no conto original, criando-se uma trama policial.

Disponível em: <http://daliteratura.com.br/2012/04/08/um-conto-de-fadas-muito-divertido-deu-a-louca-na-chapeuzinho/>. Acesso em: 22 fev. 2016.

II.

Chapeuzinho Vermelho e o lobo-guará, de Angelo Machado (editora Melhoramentos)

Entra na história o Anhangá, personagem do folclore brasileiro, um espírito mau, disfarçado de veado, fazendo maldades e assustando todo mundo, pois detestava gente. Queria que Lobo-guará o ajudasse nas suas maldades, já que o Lobo Mau foi embora. Apesar das aulas que tivera para se tornar mau, o Lobo, em vez de atacar Chapeuzinho, começa a comer melancia, depois outras frutas. Faz amizade com a vovó e, para desespero de Anhangá, rasga sua caderneta de fazer maldades. Chapeuzinho e a vovó ajudam o lobo a se livrar do caçador, já que a caça é proibida por lei por ser um animal silvestre, ameaçado de extinção.

Disponível em: <http://textoemmovimento.blogspot.com.br/2012/07/chapeuzinho-vermelho-luz-da-psicanalise_27.htm>. Acesso em: 22 fev. 2016.

III.

Chapeuzinhos coloridos, de Roberto Torero e Marcos Aurélio Pimenta (Editora Objetiva)

E se Chapeuzinho Vermelho não fosse vermelho? E se o Lobo fosse bonzinho? E se houvesse um romance entre o Caçador e a Mãe? E se tudo fosse um plano diabólico da Avó? E se Chapeuzinho fosse uma menina que sonha em ser famosa, ou caçadora ou ainda adorasse comer (e seu prato preferido fosse bisteca de lobo)? Com uma mudancinha aqui e outra ali, os autores transformam uma história clássica em vários pontos de vista, para crianças com as mais diferentes histórias e visões de mundo.

Disponível em: <http://www.objetiva.com.br/livro_ficha.php?id=759&ebook=true>. Acesso em: 22 fev. 2016.

1. Observe em cada sinopse o que foi modificado no enredo do conto em relação ao original e os detalhes que demonstram a intertextualidade com o conto de Perrault. Agora preencha o quadro com os detalhes que aproximam cada versão abaixo da versão original de Perrault.

> No contexto cinematográfico, uma **sinopse** é um breve resumo do argumento do filme em que se reúnem os aspectos essenciais do enredo, sem especificação de detalhes.

Deu a louca na Chapeuzinho	*Chapeuzinho Vermelho e o lobo-guará*	*Chapeuzinhos coloridos*

2. Imagine que você fosse criar uma sinopse de um filme destinado a alunos do Ensino Fundamental I.

a) Qual seria o nome do filme?

_____

11

b) Como seria a sua Chapeuzinho Vermelho? Que diferenças ela teria da Chapeuzinho Vermelho da história original? Escreva o perfil físico e psicológico da personagem.

_____
_____
_____

c) Que aventura viveria sua protagonista?

_____
_____
_____

d) Com que intenção você produziria o filme (provocar humor, fazer refletir, fazer denúncia de um problema, emocionar etc.)?

_____
_____
_____

3. Com as informações que você recolheu, faça agora uma sinopse do filme idealizado por você. Cole uma imagem ou faça um desenho que represente o filme. Imagine que ela será enviada a um diretor de cinema com o objetivo de despertar seu interesse por dirigir o filme.

Leitura do mundo

Na seção Do texto para o cotidiano, discutimos como a falta de conhecimento sobre uma doença pode gerar problemas para a plena integração de seus portadores à sociedade. Os portadores de deficiência física e intelectual também sofrem discriminação e preconceito. Você sabia que existe um "Dia Nacional de Luta da Pessoa com Deficiência"?

Leia este artigo.

O **Dia Nacional de Luta da Pessoa com Deficiência** foi instituído pelo movimento social em Encontro Nacional, em 1982, com todas as entidades nacionais. Foi escolhido o dia **21 de setembro** pela proximidade com a primavera e o dia da árvore numa representação do nascimento das reivindicações de cidadania e participação plena em igualdade de condições. A data foi oficializada através da Lei Federal nº 11.133, de 14 de julho de 2005.

Esta data é comemorada e lembrada todos os anos desde então em todos os estados; serve de momento para refletir e buscar novos caminhos e como forma de divulgar as lutas por inclusão social.

No Brasil, segundo o IBGE, 14,5% da população tem algum tipo de deficiência (algo em torno de 24,5 milhões de pessoas). Os direitos dos deficientes estão garantidos na Constituição Federal de 1988 e o Brasil tem uma das legislações mais avançadas sobre os direitos das pessoas com deficiência, das quais destacamos algumas:

Lei Federal nº 7.853, de 24/10/1989, dispõe sobre a responsabilidade do poder público nas áreas da educação, saúde, formação profissional, trabalho, recursos humanos, acessibilidade aos espaços públicos, criminalização do preconceito.

Lei Federal nº 8.213, 24/07/1991, dispõe que as empresas com 100 (cem) ou mais empregados devem empregar de 2% a 5% de pessoas com deficiência.

Lei Federal nº 10.098, de 20/12/2000, dispõe sobre acessibilidade nos edifícios públicos ou de uso coletivo, nos edifícios de uso privado, nos veículos de transporte coletivo, nos sistemas de comunicação e sinalização, e ajudas técnicas que contribuam para a autonomia das pessoas com deficiência.

Lei Federal nº 10.436, 24/04/2002, dispõe sobre o reconhecimento da LIBRAS-Língua Brasileira de Sinais para os Surdos.

Estes avanços foram frutos de muita luta e enfrentamentos e muita vontade de transformar. Muito há que se fazer, para que estas leis saiam do papel, trazendo igualdade para todos os cidadãos.

Sandro Roberto Hoici. Disponível em: <http://www.drsandro.org/datas-comemorativas/21-setembro-dia-nacional-luta-pessoas-deficiencia/#sthash.Exh2IsoL.dpuf>. Acesso em: 22 mar. 2016.

1. Com que intenção foi criado o "Dia Nacional de Luta da Pessoa com Deficiência"?

_____
_____
_____
_____

2. Em sua opinião, das quatro leis federais mencionadas no artigo:

   a) Qual delas mais trouxe benefícios para as pessoas portadoras de algum tipo de deficiência? Justifique sua resposta.

_____
_____
_____

   b) Qual delas é a que tem mais visibilidade, ou seja, aquela cuja implantação é mais facilmente reconhecida por todos no cotidiano?

_____
_____
_____
_____

3. Observe a participação dos internautas em relação à leitura do texto.

   a) Quantas pessoas compartilharam o artigo?

_____

   b) Em sua opinião, esse número demonstra pouco ou muito interesse pelo assunto, indicando solidariedade com a luta das pessoas com deficiência?

_____
_____
_____
_____

4. Para você, é importante ter um dia dedicado à luta das pessoas com deficiência? Por quê? Se tiver oportunidade, acesse o artigo na internet e compartilhe-o com seus amigos.

_____
_____
_____
_____
_____

UNIDADE 2 — Propagando ideias

Reveja a jornada

Nesta unidade, você reviu suas noções sobre período e conheceu a organização do período composto por coordenação e seus efeitos e valores na construção de enunciados. Retome os conceitos e realize as atividades a seguir.

> A frase composta de uma ou mais orações recebe o nome de **período**, que pode ser simples ou composto por coordenação ou composto por subordinação. No **período composto por coordenação**, as orações podem ser unidas por uma conjunção (orações sindéticas) ou ser justapostas (sem conjunção, oração assindética).

1. Leia esta tira.

O Estado de S.Paulo, 15 mar. 2015. Caderno 2.

- Releia a fala do segundo balão no primeiro quadrinho.

> Eu fiz isso! Varri, varri e varri mais um pouco!

a) Quantos períodos há nesse trecho?
___

b) Quais são os períodos simples e os compostos?
___

c) Qual a relação de sentido estabelecida pela conjunção **e** no trecho?
___

2. Releia mais este período do folheto.

> "Cuide de sua casa, fale com seus vizinhos e converse com a Prefeitura."

15

a) Nesse período composto, quais orações são justapostas e quais são ligadas por uma conjunção? Explique.
_____
_____

b) Quais são as orações sindéticas e quais as assindéticas?
_____

3. Leia mais esta tira.

O Estado de S.Paulo, 19 jul. 2015. Caderno 2.

a) Qual é relação de sentido estabelecida entre as orações pela expressão **por isso**?
_____

b) Como se classifica a oração coordenada introduzida por essa conjunção?
_____

4. Uma **locução conjuntiva** tem o mesmo valor de uma conjunção. Leia o texto e observe as locuções destacadas.

Os maiores responsáveis pela poluição na cidade [de São Paulo] não surpreendem: os veículos. Com uma frota de quase sete milhões de carros, motocicletas e caminhões (segundo dados de julho de 2010 do Detran-SP), a cidade vê **não só** o trânsito piorar **como também** a saúde dos que a habitam. [...] Investir em áreas verdes poderia ser uma medida eficaz **não só** para São Paulo **mas também** para outras cidades que sofrem com a poluição.

Disponível em: <http://cienciahoje.uol.com.br/noticias/2010/08/filtro-verde-para-a-poluicao/>.
Acesso em: 15 jan. 2016.

a) Qual é a relação de sentido estabelecida pelas locuções destacadas?
_____

b) Circule o(s) período(s) que melhor corresponde(m) à frase "A cidade vê não só o trânsito piorar como também a saúde dos que a habitam":

I. O trânsito na cidade piora e a população sofre com problemas de saúde.

II. O trânsito piora na cidade, mas os habitantes sofrem com problemas de saúde.

III. O trânsito da cidade e a saúde dos habitantes piora com a poluição.

IV. Embora o trânsito piore, a saúde dos habitantes não sofre.

5. Nos períodos a seguir, identifique se as orações estão justapostas ou unidas por uma conjunção.

a) As crianças estarão protegidas, se você usar cadeirinhas no banco traseiro.
___

b) É preciso consciência e respeito às leis do trânsito, evitando congestionamentos e possíveis acidentes.
___

c) Faça sua parte: dirija com responsabilidade.
___

d) Álcool não combina com volante de carro, portanto não beba.
___

6. Leia este trecho de uma narrativa, formado por vários períodos, simples e compostos.

> Fechou a porta da rua. Deu dois passos. E se lembrou de que havia fechado com uma volta só. Voltou. Deu outra volta. Então se lembrou de que havia esquecido a carta de apresentação para o diretor do Serviço Sanitário de São Paulo. Deu uma volta na chave. Nada. É verdade: deu mais uma.
>
> Antonio de Alcântara Machado. "O filósofo Platão". In: ____. *Novelas paulistanas*. Rio de Janeiro: Ediouro, 2012.

• Observe estas orações. Reescreva-as, empregando conjunções que estabeleçam adequadamente as relações entre as orações, de acordo com as ações da personagem no trecho.

a) Fechou a porta da rua. ● Deu dois passos.
___

b) Voltou, ● se lembrou de que havia esquecido a carta de apresentação para o diretor do Serviço Sanitário de São Paulo.
___
___

c) Lembrou-se ● havia fechado a porta com uma volta só, ● deu mais uma volta.
___
___

d) Deu uma volta na chave, ● a porta não se abriu.
___

PARA LEMBRAR

- Preencha, a seguir, as definições que faltam no quadro conceitual sobre as orações coordenadas.

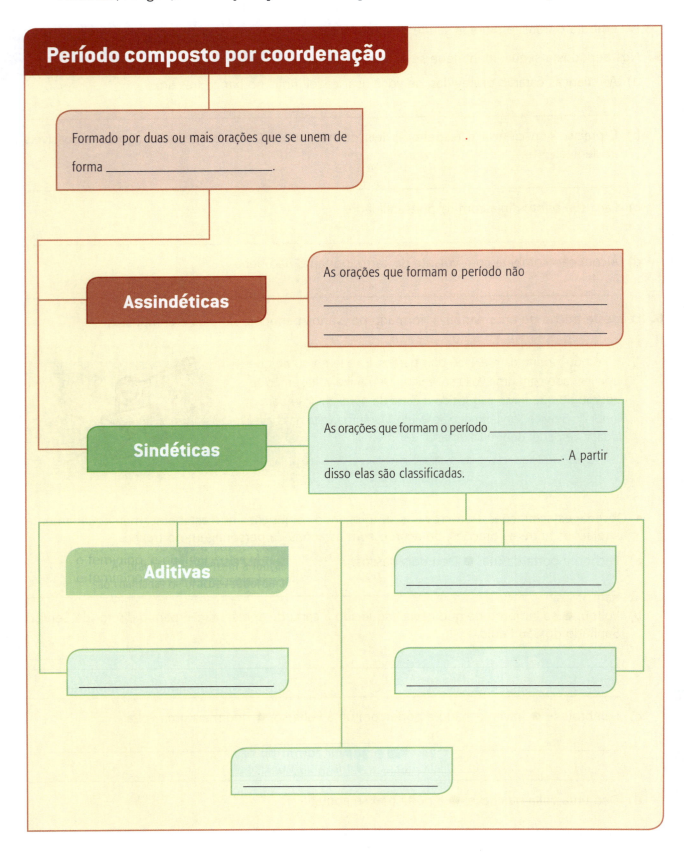

Outro olhar

Na *Leitura 2* desta unidade, você estudou as características de um folheto de uma campanha do governo de combate à dengue, com orientações sobre como evitar a doença, combater as larvas do mosquito, cuidados em caso de contaminação e dicas de prevenção.

Campanhas envolvem várias estratégias de divulgação, como o folheto apresentado nesta unidade, faixas, adesivos, *banners*, criação de *sites*, vídeos etc., que visam ao contato com o público. Veja um outro tipo de campanha.

1. Leia esta notícia.

Campanha contra cigarro sensibiliza nas redes sociais [...]

Campanha mostra história de curitibano que teve um câncer na laringe. Até esta quarta-feira (2), vídeo tinha mais de um milhão de visualizações.

Um vídeo de uma campanha contra o tabagismo divulgado pela Secretaria da Saúde do Paraná (Sesa) tem gerado bastante polêmica nas redes sociais, principalmente entre os adeptos ao uso do tabaco que se preocupam com a saúde.

A proposta, que alerta sobre os efeitos nocivos do cigarro, sensibilizou os fumantes ao mostrar a história do curitibano João Cândido P. Castro Neto, de 60 anos. Ele teve as cordas vocais retiradas por causa de um câncer na laringe, descoberto 14 anos após parar de fumar. O vídeo foi divulgado no dia 17 de agosto e até a manhã desta quarta-feira (2) tinha mais um milhão de visualizações e 14 mil compartilhamentos.

De acordo com um levantamento da Sesa, mais de 5 milhões de pessoas morrem por ano no mundo devido ao uso do tabaco. Atualmente, mais de 55 doenças relacionadas a isso já foram descobertas. [...]

Disponível em: <http://g1.globo.com/pr/parana/noticia/2015/09/campanha-contra-cigarro-sensibiliza-nas-redes-sociais-veja-o-video.html>. Acesso em: 29 fev. 2015.

A campanha foi divulgada nas redes sociais. Em sua opinião, isso aumenta ou diminui a possibilidade de a campanha atingir maior público? Justifique sua opinião.

2. Leia este infográfico.

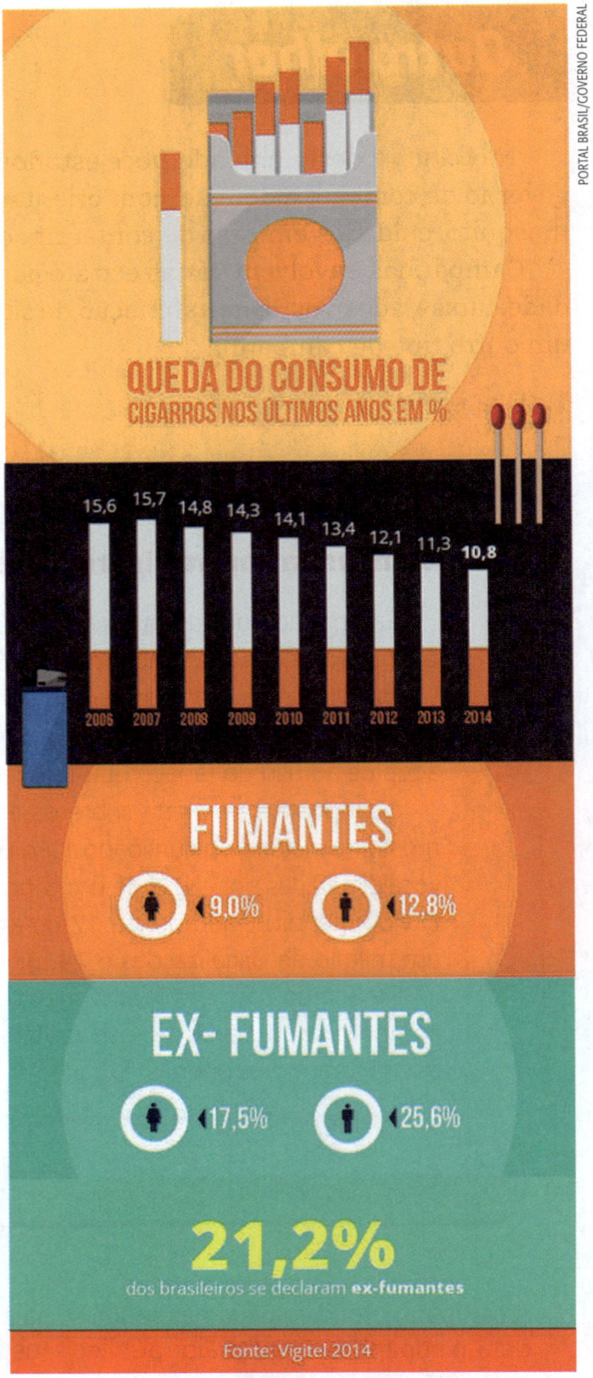

a) Assinale as afirmações corretas de acordo com os dados que você observou no infográfico.

( ) 12% dos brasileiros se declararam como fumantes atualmente.

( ) Mais de 20% dos brasileiros são ex--fumantes.

( ) Entre os ex-fumantes, há mais mulheres que homens.

( ) A queda de pessoas que deixaram de fumar entre 2008 e 2014 foi de 4,8%.

b) Em sua opinião, campanhas contra o tabagismo ajudam as pessoas a deixar de fumar? Justifique sua resposta.

_____
_____
_____
_____
_____
_____
_____
_____
_____
_____
_____
_____
_____
_____
_____
_____

QUEDA DO CONSUMO DE CIGARROS NOS ÚLTIMOS ANOS EM %

2006: 15,6 | 2007: 15,7 | 2008: 14,8 | 2009: 14,3 | 2010: 14,1 | 2011: 13,4 | 2012: 12,1 | 2013: 11,3 | 2014: 10,8

FUMANTES
♀ 9,0%   ♂ 12,8%

EX-FUMANTES
♀ 17,5%   ♂ 25,6%

21,2% dos brasileiros se declaram **ex-fumantes**

Fonte: Vigitel 2014

Disponível em: <http://www.brasil.gov.br/saude/2015/05/cai-numero-de-fumantes-no-brasil/view>. Acesso em: 29 fev. 2016.

Leitura do mundo

Na seção Depois da leitura, nesta unidade, você analisou um gráfico de 2013, que avaliava o grau de confiança do consumidor nas diferentes formas de publicidade, entre elas as mídias impressas e as digitais.

Apesar de a TV continuar sendo uma das mídias mais populares entre os consumidores, a internet tem sido a mais consumida, o que levou o meio publicitário a migrar também para o ambiente virtual.

Leia este trecho de uma notícia.

Publicidade na Internet supera mídias convencionais como rádio, tv, revistas, panfletos e outros veículos de comunicação

[...]

A mídia tradicional como rádio, tv, revista, jornal, panfletos, *outdoors* e outros veículos de comunicação vêm perdendo espaço para a mídia digital.

Isso é fato mais que comprovado.

Antes da chegada da internet já tivemos uma evolução. Os anúncios migraram da mídia impressa para o rádio e depois para a televisão.

A estratégia era a mesma: interrompa o consumidor em seu momento de maior interesse e passe o seu recado. O poder de comunicar estava totalmente nas mãos do anunciante.

Com a chegada da Internet isso mudou. Quem dita as regras agora é o consumidor. Ele está no comando do que quer ou não quer ver e ler.

Disponível em: <http://www.enquantoissoemitapaci.com.br/noticia/411-publicidade-na-internet-supera-midias-convencionais-como-radio-tv-revistas-panfletos-e-outros-veiculos-de-comunicacao.html>. Acesso em: 29 fev. 2016.

1. De que forma o autor explica a superação da publicidade na internet em relação às mídias convencionais?

_____
_____

2. Por que, na visão do autor, com a chegada da publicidade à internet o papel do consumidor mudou?

_____
_____
_____

3. Leia este trecho e compare-o com os dois títulos de notícia a seguir.

O que é publicidade na Internet?

Publicidade na Internet ou publicidade *on-line* nada mais é que a divulgação de um produto, serviço, marca ou ideia pela Internet. Ela pode ser feita em redes sociais, sites e *e-mails*. Hoje em dia não se pode ignorar esta forma de comunicação, pois este meio é o mais usado para a informação de jovens e adultos, muito mais que jornais e revistas. [...]

É usando a rede mundial de computadores que as pessoas fazem compras, conversam com outros amigos, podem dar opinião ou fazer reclamação sobre o seu produto ou serviço.

Disponível em: <http://www.novonegocio.com.br/publicidade/o-que-e-publicidade-na-internet/>. Acesso em: 29 fev. 2016.

Título 1

Pela 1ª vez, acesso à internet chega a 50% das casas no Brasil, diz pesquisa

Disponível em: <http://g1.globo.com/tecnologia/noticia/2015/09/pela-1-vez-acesso-internet-chega-50-das-casas-no-brasil-diz-pesquisa.html>. Acesso em: 29 fev. 2016.

Título 2

67% dos brasileiros não fazem compras pela internet, diz pesquisa

Disponível em: <http://g1.globo.com/economia/noticia/2014/07/67-dos-brasileiros-nao-fazem-compras-pela-internet-diz-pesquisa.html>. Acesso em: 29 fev. 2016.

Depois de ler os dados apresentados, exponha sua opinião sobre o uso da internet para obter informações e adquirir produtos. Escreva um parágrafo, utilizando argumentos para fundamentar sua opinião.

_____
_____
_____
_____
_____
_____
_____

UNIDADE 3
Observar e registrar

Reveja a jornada

Nesta unidade, você revisou a organização do período composto por subordinação. Reveja o conceito de oração subordinada.

> As **orações subordinadas** apresentam determinada dependência de outra oração, a principal, assumindo uma função em relação a ela. Elas são introduzidas geralmente pela conjunção **que** e funcionam como um termo da oração principal.

Você conheceu três tipos de orações subordinadas (substantivas, adjetivas e adverbiais) e seus efeitos de sentido na construção de enunciados. Realize as atividades a seguir.

1. Leia este trecho.

> O projeto *Inspiration Mars* que reúne cientistas, engenheiros, empresas e investidores pretende enviar uma missão tripulada a Marte daqui a menos de cinco anos, em janeiro de 2018, quando a Terra e o planeta vermelho estarão alinhados.
>
> Disponível em: <http://super.abril.com.br/ciencia/marte-2018>. Acesso em: 26 fev. 2016.

Nesse período, temos uma oração principal e várias subordinadas. De acordo com a classificação delas, escreva nos parênteses:

OP - oração principal

SUBS - para oração substantiva

ADJ - para oração adjetiva

ADV - para oração adverbial

a) (   ) O projeto *Inspiration Mars* [...] pretende [...]

b) (   ) [...] enviar uma missão tripulada a Marte daqui a menos de cinco anos, em janeiro de 2018 [...]

c) (   ) [...] que reúne cientistas, engenheiros, empresas e investidores [...]

d) (   ) [....] quando a Terra e o planeta vermelho estarão alinhados.

23

2. Leia esta charge.

Lute. Disponível em: <http://www.blogdogusmao.com.br/v1/2011/09/20/charge-do-lute-3/>. Acesso em: 22 mar. 2016.

a) Localize nas falas da personagem duas orações subordinadas introduzidas pela conjunção **que** e anote-as.

_____
_____

b) Qual a classificação das duas orações **que** você anotou? Explique sua resposta.

_____
_____
_____

3. Transforme os títulos destas notícias em orações subordinadas substantivas introduzidas pela conjunção **que**. Faça as adaptações necessárias.

a)
Participação dos pais é essencial para complementar vida escolar dos filhos

Disponível em: <http://www.correiobraziliense.com.br/app/noticia/cidades/2015/09/09/interna_cidadesdf,497838/participacao-dos-pais-e-essencial-para-complementar-vida-escolar-dos-filhos.shtml>. Acesso em: 26 fev. 2016.

_____
_____

b)
É importante [o tema] a violência contra a mulher cair no Enem

Disponível em: <http://educacao.estadao.com.br/noticias/geral,e-importante-violencia-contra-mulher-cair-no-enem-diz-maria-da-penha,1786479>. Acesso em: 26 fev. 2016.

_____

4. Leia mais este título de notícia.

> ### Estudo afirma que árvores mais velhas absorvem mais CO_2 do que as novas
> *Descoberta carrega consigo a conclusão de que é mais válido preservar florestas do que derrubá-las e plantar novas árvores depois.*
>
> Disponível em: <http://educacao.estadao.com.br/noticias/geral,e-importante-violencia-contra-mulher-cair-no-enem-diz-maria-da-penha,1786479>. Acesso em: 26 fev. 2016.

a) Nesse período, qual é a oração principal?

b) Qual é a oração subordinada introduzida pela conjunção **que**?

c) Que função tem essa oração substantiva que complementa o sentido do verbo **afirmar**?

d) No trecho "Descoberta carrega consigo a conclusão **de que é mais válido** [...]", qual a função da oração substantiva destacada em relação à anterior?

5. Leia a tira.

Greg Walker e Mort Walker. Disponível em: <http://blog.clickgratis.com.br/SOTIRINHAS/366344/recruta-zero.html>. Acesso em: 26 fev. 2016.

a) Qual a oração subordinada no primeiro balão de fala? Classifique-a.

b) Em "a sair com ele", temos uma oração subordinada precedida da preposição **a**, exigida pelo verbo **recusar**. Trata-se de uma oração objetiva indireta ou completiva nominal?

6. Leia esta tira.

Disponível em: <http://benettblog.zip.net/images/BenettDesarma.jpg>. Acesso em: 26 fev. 2016.

a) Nos dois quadrinhos iniciais, há orações subordinadas substantivas. Anote-as aqui, circulando a conjunção que as introduz.
___

b) Qual é a função dessas orações em relação à principal?
___

7. Observe um exemplo do uso que compositores fazem de orações substantivas em suas canções.

É preciso saber viver

Quem espera que a vida
Seja feita de ilusão
Pode até ficar maluco
Ou morrer na solidão
É preciso ter cuidado
Pra mais tarde não sofrer
É preciso saber viver [...]

Erasmo Carlos e Roberto Carlos.
Disponível em: <http://www.cifraclub.com.br/titas/e-preciso-saber-viver/>. Acesso em: 26 fev. 2016.

a) Quais são os dois conselhos que o eu poético dá ao leitor?
___
___

b) Que tipo de oração subordinada substantiva é empregado na canção para dar esses conselhos?
___

26

Para lembrar

- Preencha, a seguir, as definições que faltam no quadro conceitual sobre as orações subordinadas.

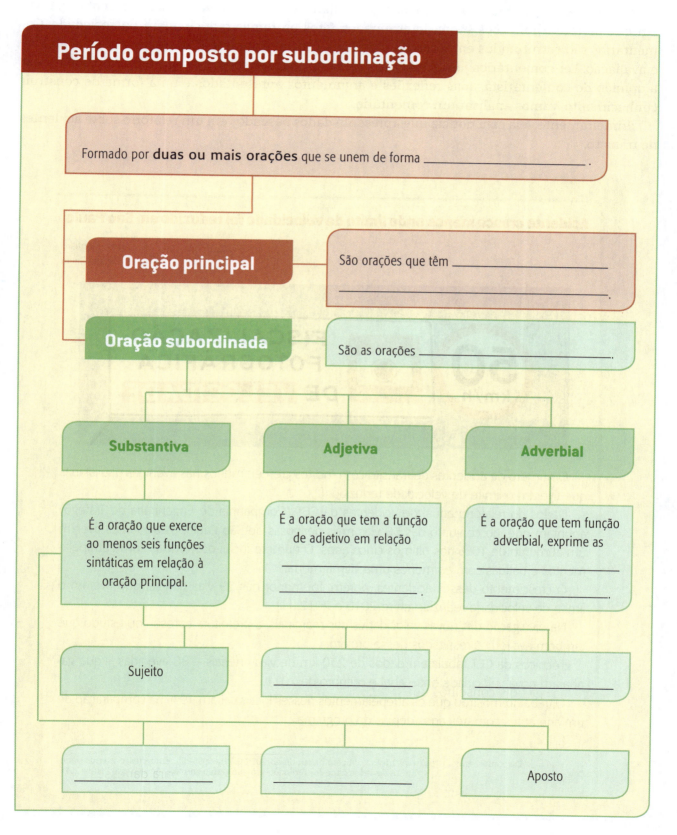

Outro olhar

Nesta unidade, na seção Do texto para o cotidiano, você conheceu o gênero comentário, texto em que se tecem reflexões sobre determinados fatos ou temas que circulam na sociedade. Comentários são estruturados em torno de uma ideia central e argumentos que visam à sua análise e avaliação. Ler comentários jornalísticos e obter informações sobre o assunto tratado, identificar a opinião do comentarista, suas reflexões e argumentos apresentados é uma forma de construir conhecimento. Vamos analisar um comentário.

Primeiramente, leia esta notícia que apresenta dados baseados em um relatório sobre acidentes de trânsito.

Acidente cresce menos onde limite de velocidade foi reduzido em São Paulo

André Monteiro
De São Paulo

O número de acidentes de trânsito com mortes cresceu menos nas avenidas paulistanas que tiveram o limite de velocidade reduzido. [...]

Dados do relatório anual de acidentes da CET (Companhia de Engenharia de Tráfego) apontam que, no conjunto das 50 vias mais perigosas de São Paulo, os acidentes tiveram um aumento de 10% nos últimos cinco anos. O número inclui ocorrências como atropelamentos e batidas com ao menos uma vítima morta.

O crescimento desses acidentes, porém, foi menor nas 29 vias da lista que tiveram o limite de velocidade reduzido entre 2010 e 2012. [...]

Na divulgação das novas velocidades nas marginais, a prefeitura apresentou estudo que também avaliou os resultados desse projeto.

Técnicos da CET tabularam dados de 230 km de vias arteriais – 88 avenidas – que ganharam nova velocidade entre abril e outubro de 2011.

O trabalho mostrou que os atropelamentos nesses locais caíram 19% na comparação de um ano antes com três anos depois do programa.

[...]

Disponível em: <http://www1.folha.uol.com.br/cotidiano/2015/07/1660555-acidente-cresce-menos-onde-limite-de-velocidade-foi-reduzido-em-sao-paulo.shtml>. Acesso em: 26 fev. 2016.

1. Leia agora este comentário sobre o assunto tratado na notícia para identificar a opinião e os argumentos apresentados no texto.

Aperte o cinto, esqueceram o pedestre

O número de atropelamentos caiu 16% na cidade de São Paulo desde o início do ano. Isso é um avanço e deve ser comemorado. Ainda assim, São Paulo é muito violenta para quem se desloca com o que Deus nos deu: os pés. Em números absolutos, é a capital que mais mata (há outras mais violentas proporcionalmente). É preciso avançar mais para garantir à maior cidade do país números de Primeiro Mundo, como já ocorreu com a mortalidade infantil.

Questionado sobre a falta de ações voltadas aos pedestres entre as medidas da prefeitura para mobilidade (faixas exclusivas de ônibus, ciclovias e redução dos limites de velocidade nas ruas), o prefeito Fernando Haddad (PT) disse que a forma mais eficiente de melhorar a segurança do trânsito é diminuir a velocidade. E lembrou as reduções de acidentes alcançadas desde o início dessa ação.

Reduzir a velocidade máxima para 50 km/h na maioria das ruas (em algumas poucas, 70 km/h) é excelente para uma série de aspectos: melhora o fluxo e por isso o tempo médio de deslocamento (porque caem os acidentes que engarrafam as vias); diminui os acidentes e reduz sua violência. Até aí, acerta o prefeito e erram os críticos.

No entanto, a resposta na entrevista à rádio CBN na manhã de sábado (24), em que participei como entrevistador, foi um jeito de escapar da questão sobre o fim da campanha de respeito no trânsito, que ensinava motoristas a pararem nas faixas exclusivas e, transeuntes, a fazerem sinal com a mão para anunciar o desejo de atravessar.

[...]

Isso é sinal de falta de educação no trânsito, que independe de velocidade ou veículo. "É importante saber que alguns ciclistas se comportam muito mal, como os maus motoristas de automóveis", alertou o urbanista colombiano Ricardo Montezuma em entrevista à Folha no mês passado, quando também disse: "É preciso dar prioridade às pessoas, não aos veículos (incluindo bikes)". [...]

O prefeito tem planos para reduzir os atropelamentos – ele mesmo alertou para a insuficiência da queda destes. É imperioso voltar a promover ações educativas em vias públicas. Entre outras medidas adotadas em Bogotá, palhaços chamavam atenção dos motoristas que desrespeitavam regras. Não é preciso ser agressivo, mas é fundamental estar presente para ensinar, vigiar e punir. E assim assegurar o respeito ao pedestre, em qualquer velocidade.

Leão Serva. *Folha de S.Paulo*, 16 out. 2015. Caderno Cotidiano. Disponível em: <http://www1.folha.uol.com.br/colunas/leaoserva/2015/10/1698391-aperte-o-cinto-esqueceram-o-pedestre.shtml>. Acesso em: 02 fev. 2016.

- Releia atentamente o comentário e faça um resumo do texto, preenchendo o diagrama a seguir de acordo com o que se pede.

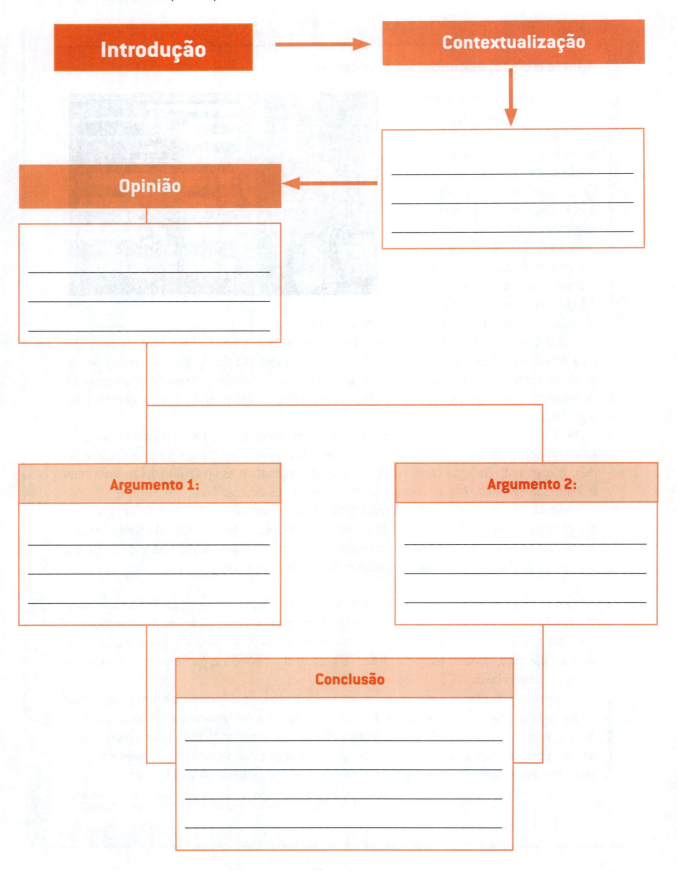

Leitura do mundo

Os resultados de estudos e relatórios baseados em dados de pesquisa preveem problemas e riscos, apontando ações preventivas contra desastres ambientais. No entanto, um relatório com dados incompletos e informações falhas podem também gerar graves consequências.

No final de 2015, uma grande tragédia se abateu sobre a cidade de Mariana, em Minas Gerais. Duas barragens de uma mineradora se romperam, lançando lama, rejeitos sólidos e água sobre a cidades e rios da região, espalhando-se pelos estados de Minas e Espírito Santo, causando mortes e um desastre ambiental de proporções catastróficas. Famílias perderam entes queridos e casas e especialistas afirmam que pode levar séculos para o ambiente se recuperar.

Leia esta notícia sobre o "Relatório de risco" enviado pela Samarco, mineradora responsável pelo acidente, ao governo do estado de Minas Gerais sobre as condições de segurança da barragem.

Relatório de risco da Samarco era defasado

Documento entregue ao Estado antes da tragédia ignorava ampliação de barragem

Rodrigo Gini – Especial para o Estado

O relatório de análise da ruptura (*dam-break*) da barragem de rejeitos de minério do Fundão em Mariana, encaminhado em abril de 2014 pela Samarco à Secretaria Estadual do Meio Ambiente de Minas, traz documentação defasada e imprecisa. Há 45 dias aconteceu o rompimento do reservatório, deixando pelo menos 16 mortos e 600 desabrigados. Uma enxurrada de rejeitos também comprometeu a Bacia do Rio Doce até o Espírito Santo.

Enxurrada de lama em Mariana, MG, em 2015.

O estudo de potencial de risco de acidentes na região, entregue no ano passado, foi elaborado para uma estrutura que, em 2008 (ano de realização do estudo), não tinha mais do que 45 metros de altura, a metade do registrado quando da tragédia. O documento de 47 páginas só considera a possibilidade de vazamento por excesso de chuva, ignorando fatores como acomodações de terreno e pequenos tremores.

[...]

Disponível em: <http://brasil.estadao.com.br/noticias/geral,relatorio-de-risco-da-samarco-era-defasado,10000004959>.
Acesso em: 26 fev. 2016.

1. Por que na notícia afirma-se que o relatório de risco, apresentado pela Samarco, estava desatualizado?

_____
_____
_____

2. Quais outros problemas do relatório são mencionados na notícia?

_____
_____
_____

3. Por que um relatório malfeito pode trazer consequências graves?

_____
_____
_____

4. Faça uma busca em jornais eletrônicos e encontre uma notícia que fale de problemas e tragédias que tenham como uma das causas o descaso com medidas preventivas. Geralmente, ao final da notícia, há um convite para o internauta fazer um comentário. Esse tipo de comentário é sucinto, simples e breve e contém, em geral, apenas a opinião do leitor, uma vez que a contextualização do assunto está presente. Veja como isso aparece no *site* que publicou a notícia que você achou.

- Escolha uma notícia e escreva um breve comentário sobre o assunto, ressaltando a importância da precisão da linguagem e das informações em um relatório técnico ou a necessidade de tomar medidas preventivas para situações de riscos futuros. Apresente um argumento para justificar sua posição.

UNIDADE 4

Canta, meu poooovo!

Reveja a jornada

Nesta unidade, você analisou figuras de linguagem e estudou as orações subordinadas adverbiais assim como a pontuação utilizada nesse tipo de oração. Relembre o primeiro desses assuntos.

> É frequente o emprego de **figuras de linguagem** em textos poéticos em prosa ou em verso para expressar os diversos significados que podem assumir os sentimentos, as emoções, as reflexões. O modo particular com que o autor trabalha a linguagem e as ideias e o modo como recria a realidade atribuindo-lhe novos significados tornam o texto muito pessoal, subjetivo, único.

1. Leia esta estrofe de uma canção.

Felicidade

A felicidade é como a pluma
Que o vento vai levando pelo ar
Voa tão leve, mas tem a vida breve
Precisa que haja vento sem parar. [...]

Tom Jobim e Vinícius de Moraes.
Disponível em: <https://www.letras.mus.br/tom-jobim/53/>. Acesso em: 02 mar. 2016.

Nessa estrofe, as figuras de linguagem contribuem para a construção de sentidos, para expressar as relações subjetivas que o eu poético pretende estabelecer com o mundo. Procure na estrofe:

a) uma comparação: _____

b) uma personificação: _____

c) uma metáfora: _____

33

2. Nos textos do cotidiano, há também muita ocorrência de figuras de linguagem. Observe os fragmentos abaixo, publicados em revistas de circulação nacional.

> Eles transformam feios em bonitos, velhos em jovens, comuns em sofisticados. Alguém tinha de transformá-los em premiados.

Revista *Veja*

> Água de morro abaixo
> fogo de morro acima
> e carro sem
> disco de freio varga
> ninguém segura

Revista *Quatro Rodas*

- Ambos os fragmentos recorrem a uma mesma figura de linguagem. Que figura é essa?

_____

3. Leia a tirinha a seguir.

Clara Gomes. Disponível em: <https://literarizando.files.wordpress.com/2011/04/bdj-101028-web.jpg>. Acesso em: 23 mar. 2016.

- No último quadrinho, é utilizada uma figura de linguagem. Qual? Explique-a.

_____

_____

> As orações que exercem a função sintática de um adjunto adverbial em relação à oração principal são chamadas de **orações subordinadas adverbiais**.

4. Leia estes provérbios.

I. **Quando** um não quer, dois não brigam.

II. Até mesmo o tolo passará por sábio **se** conservar sua boca fechada.

a) Em qual deles a conjunção estabelece uma relação de tempo e no outro uma relação de condição?

_____

b) Por que as orações adverbiais são importantes no contexto de cada provérbio?

_____

_____

5. Leia mais esta tira do Hagar.

BROWNE, Dik. *O melhor de Hagar, o horrível*. Porto Alegre: L&PM, 1997.

a) Na tira aparecem três orações adverbiais. Localize-as e depois diga a relação de sentido que cada uma estabelece com a oração principal.
_____
_____

b) Quais conjunções introduzem as orações subordinadas adverbiais em cada caso?
_____
_____

c) Releia estas duas orações adverbiais introduzidas pela conjunção **quando** e compare-as em relação ao emprego da vírgula.

> **Quando olho para trás**, vejo que perdi um monte de coisas valiosas.

> [...] As pessoas escondem as coisas valiosas **quando você se aproxima**.

- O que você nota em relação à pontuação empregada nelas?
_____
_____

d) Reescreva as duas falas dos quadrinhos, modificando a posição das orações adverbiais introduzidas pela conjunção **quando**. Utilize duas outras maneiras diferentes de organizar os períodos e fique atento à pontuação.
_____
_____
_____
_____
_____
_____

6. Leia este fragmento de uma matéria jornalística.

Preocupado com saídas, Dorival Jr. diz "rezar para que janeiro feche logo"

[...]
"Vou rezar para que janeiro feche logo porque você sabe muito bem que surpresas podem acontecer. Vamos torcer para que poucos jogadores saiam", disse o treinador ao programa Bate-Bola, da ESPN. [...]

Disponível em: <http://esporte.uol.com.br/futebol/ultimas-noticias/2016/01/21/preocupado-com-saidas-dorival-jr-diz-rezar-para-que-janeiro-feche-logo.htm>. Acesso em: 03 mar. 2016.

a) Localize um período em que apareça uma oração principal e duas orações subordinadas adverbiais.

_____
_____

b) Que circunstância expressa cada uma das duas orações adverbiais que você indicou?

_____
_____

7. Veja o que um internauta postou no Facebook.

QUANTO MAIS EU REZO...

MAIS ASSOMBRAÇÃO ME APARECE!

a) De que forma seria possível escrever essa frase de modo literal, denotativo?

_____
_____
_____

36

b) A expressão **quanto mais... mais** indica: progressão de um fato, proporcionalidade entre dois fatos ou diminuição de um fato em relação ao outro?

____

____

c) Que tipo de oração adverbial é introduzida por essa expressão?

____

____

8. Leia este trecho de um livro de crítica cinematográfica.

No início dos anos 2000, Kolski tinha mais de dez filmes. Embora os críticos tenham apontado seu trabalho como um tanto irregular, todos os seus filmes caracterizam-se por um realismo mágico que tenta e consegue transpor o valor poético da natureza e da vida rural [...]

MELEIRO, Alessandra. *Cinema no mundo*: indústria, política e mercado: Europa. São Paulo: Editora Escrituras, 2007. v. 5

MICHAL CIZEK/AFP/GETTY IMAGES

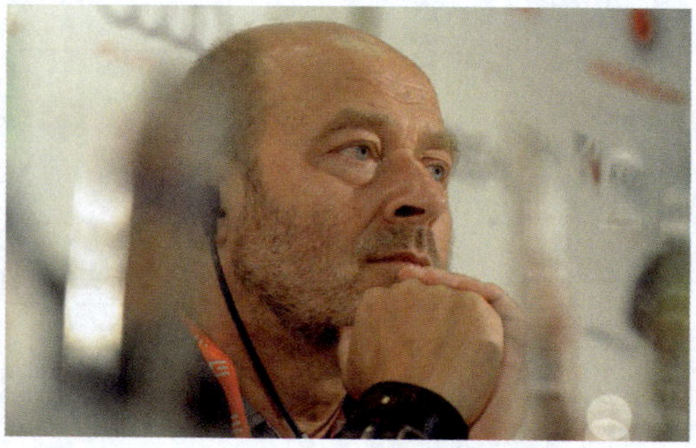

O diretor e produtor polonês Jan Jakub Kolski estreou no cinema com *O funeral de uma batata*, filme com características do realismo mágico, que mistura dados da realidade e elementos irreais.

a) Nesse fragmento, aparece uma oração subordinada adverbial. Qual é e que circunstância expressa?

____

____

____

____

b) Se você quisesse usar uma locução conjuntiva, como ficaria a oração?

____

____

____

____

____

____

Para lembrar

- Preencha as lacunas de modo a completar os conceitos trabalhados.

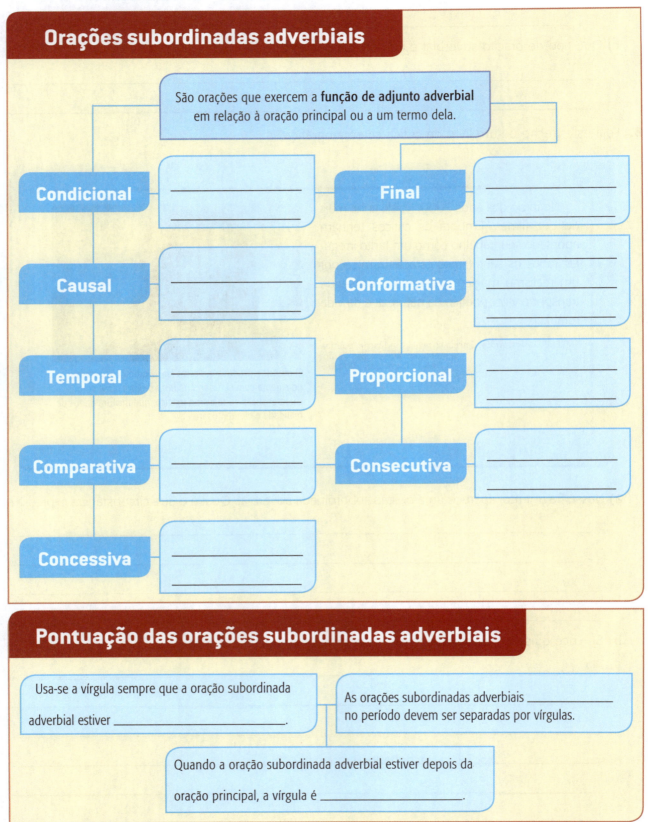

Outro olhar

Nesta unidade, falamos de intertextualidade, que é o diálogo que se estabelece entre dois ou mais textos. Você conheceu também algumas das manifestações da cultura *hip-hop*, como o grafite e o *rap*. Entre os que se dedicam a essa arte das ruas está Bansky, um dos mais conhecidos grafiteiros. Seus grafites destacam-se pelo traço original e pela crítica contundente à sociedade atual. Na imagem abaixo, você encontra um de seus grafites mais famosos e uma releitura dessa obra, desta vez em um suporte bem incomum.

Disponível em: <http://banksy.co.uk/out.asp>.
Acesso em: 4 mar. 2016.

Relembre algumas informações sobre o grafite.

> A arte do **grafite** teve início nos Estados Unidos, Nova Iorque, com o movimento *hip hop*. É uma arte urbana e as técnicas e desenhos deixados nas paredes da cidade apresentam preocupação estética com o uso das formas e cores. O grafite geralmente expressa a realidade das ruas e centros urbanos.

1. Você acha que esse grafite pode ser considerado pichação de espaço público? Explique.
_____
_____
_____
_____
_____

2. Como você sabe, grafites são desenhados em espaços públicos. Que suporte foi utilizado aqui?
_____
_____

3. Como você entende o grafite de Bansky?

_____
_____
_____

4. Veja agora uma releitura do mesmo grafite, feita por Jeff Friesen que reconstrói a cena com blocos de montar.

- Qual a diferença entre o grafite anterior e sua releitura? Assinale as afirmações que considerar adequadas para responder.

Quanto a essa releitura, é possível dizer que se trata

( ) de uma imagem colorida e não em preto e branco.

( ) de uma cena reproduzida, mas com características próprias.

( ) de uma cena reproduzida, mas utilizando suportes diferentes.

( ) releitura que dá um novo significado à versão original.

( ) da única que pode ser apreciada por outras pessoas.

5. O fotógrafo Jeff Friesen deu um toque original à cena recriada. Em quais aspectos ela difere da cena de Banksy e quais significados ele pode ter atribuído à cena acima?

_____
_____
_____
_____
_____
_____

Leitura do mundo

Na leitura 2 desta unidade, você leu um *rap* que faz referência a Zumbi e ao quilombo de Palmares. Não havia um único quilombo, mas várias comunidades quilombolas. Nos dias de hoje, existem apenas alguns remanescentes dessa luta por liberdade e autonomia: na atualidade, existem cerca de 2.000 comunidades quilombolas em pelo menos 24 estados brasileiros. São comunidades que procuram ser reconhecidas por lutar pela reforma agrária e pelo fim do preconceito racial, em particular das comunidades negras rurais e remanescentes de quilombos.

Leia um trecho de um artigo que foi apresentado no IX Seminário de Estudos e Pesquisas "História, sociedade e educação no Brasil". Esse trecho traz informações sobre a origem dessas comunidades.

[...]
Em geral, a denominação Quilombo está ligada à ideia de negros fugitivos que se escondiam no meio das florestas [...]. No entanto, são diversas as origens das comunidades de quilombo localizadas em todo território brasileiro. Elas se formaram por diversos processos como: fugas com ocupação de terras livres e geralmente isoladas; heranças e/ou doações; recebimentos de terras como pagamento de serviços prestados ao Estado; simples permanência nas terras que ocupavam e cultivavam no interior de grandes propriedades; a compra de terras, tanto durante a vigência do sistema escravista quanto após sua abolição. [...]

Além da negação da sociedade escravocrata, que oprimia os negros de todas as formas, os Quilombos eram considerados como um espaço de resistência cultural e preservação da cultura africana, no qual os negros puderam voltar a falar a sua língua e cultuar sua religião, nesse sentido, os Quilombos representaram "[...] a rebeldia contra os padrões de vida impostos pela sociedade oficial e de restauração dos valores antigos" [...].

Atualmente os descendentes de negros que residem nas Comunidades Quilombolas lutam pelo reconhecimento de suas terras e de sua identidade étnica. [...] Essas comunidades quilombolas, localizadas na maioria das vezes em áreas distantes dos centros urbanos, lutam pelo direito à ocupação legalizada e permanente de suas terras, lutam também por uma educação de qualidade que respeite a sua cultura, e pelo direito de serem autores de sua própria história.

Disponível em: <http://www.histedbr.fe.unicamp.br/acer_histedbr/jornada/jornada11/artigos/4/artigo_simposio_4_541_lupadilha5@yahoo.com.br.pdf>. Acesso em: 04 mar. 2016.

41

1. O texto concorda com a compreensão de os quilombos originais serem locais que abrigavam fugitivos ou discorda dela? Explique.

_____
_____
_____
_____

2. Com base na leitura, como é possível definir as comunidades quilombolas dos dias atuais?

_____
_____

3. Leia agora este fragmento de uma notícia.

No Brasil, 75% dos quilombolas vivem na extrema pobreza

Apenas 207 de 2 197 comunidades reconhecidas detêm a posse da terra, o que dificulta o acesso a políticas públicas de incentivo à agricultura familiar.

Ao todo, 24,81% dos quilombolas não sabem ler. Na fotografia, mulheres quilombolas de Cabo Frio, RJ, em 2015.

Relatório divulgado pelo governo federal reforça a visão de que faltam muitos passos para consolidar os direitos básicos das comunidades quilombolas. Das 80 mil famílias quilombolas do Cadastro Único, a base de dados para programas sociais, 74,73% ainda viviam em situação de extrema pobreza em janeiro deste ano, segundo o estudo do programa Brasil Quilombola [...].

Disponível em: <http://www.redebrasilatual.com.br/cidadania/2013/05/no-brasil-75-dos-quilombolas-vivem-na-extrema-pobreza>. Acesso em: 04 mar. 2016.

a) Segundo a notícia, pelo que lutam as famílias quilombolas nos dias atuais?

4. Como você acha que as reivindicações dessas comunidades poderiam ser reconhecidas? Qual a importância dessas reivindicações das comunidades para a preservação de seu patrimônio cultural?

5. Componha um comentário expressando sua opinião e fundamente-a com argumentos. Você pode acessar a página da internet de onde foi extraída a notícia para compreender melhor a situação dos quilombolas e escrever sua opinião a respeito.

UNIDADE 5 — Como vejo o mundo

Reveja a jornada

Nesta unidade, você estudou os pronomes relativos e as orações subordinadas adjetivas. Retome os conceitos e faça as atividades propostas.

> As palavras que relacionam duas orações e, ao mesmo tempo, substituem na segunda oração um termo expresso na oração anterior são chamadas de **pronomes relativos**. São pronomes relativos: **que**, **quem**, **onde**, **o qual** (a qual, os quais, as quais), **quanto** (quanta, quantos, quantas), **cujo** (cuja, cujos, cujas).
>
> O termo anterior a que o pronome relativo se refere é chamado de **antecedente**.

1. Leia a tira abaixo.

Fernando Gonsales. Disponível em: <http://www2.uol.com.br/niquel/bau.shtml>. Acesso em: 04 mar. 2016.

a) Na tira, você encontra duas vezes a palavra **que**. Apenas uma delas é um pronome relativo. Qual delas?

_____

_____

b) Que palavra é retomada pelo pronome?

_____

_____

44

2. Leia o fragmento abaixo.

"A preocupação das pessoas sobre a privacidade na internet é praticamente nenhuma. Analisamos mais de 78 mil perfis do *Facebook* e todos têm acesso completamente público", disse hoje à agência Lusa Francisco Rente, do Centro de Investigação em Sistemas (CISUC) da Faculdade de Ciências e Tecnologia (FCTUC).

[...]

Segundo o coordenador do projeto Vigilis, ao disponibilizar informação "aparentemente básica", como a morada ou a empresa onde trabalha, um utilizador das redes sociais "torna o seu perfil vulnerável a possíveis ataques piratas ou a situações maliciosas".

DN TV & Media. Disponível em: <http://www.dn.pt/inicio/tv/interior.aspx?content_id=1748446&seccao=Media>. Acesso em: 04 mar. 2016.

Na frase "como a morada ou a empresa onde trabalha", do terceiro parágrafo do texto, o pronome relativo **onde** retoma:

a) a expressão "o coordenador do projeto Vigilis".

b) as palavras "redes sociais".

c) os substantivos "morada" e "empresa".

d) os termos "informação 'aparentemente básica'".

3. Reescreva cada item, transformando os dois períodos simples em um período composto. Empregue o pronome relativo adequado e exclua as palavras repetidas. Fique atento à necessidade de uso ou não da preposição.

a) Falou da grande tragédia. A tragédia ocorrera na cidade.

b) O político votou contra o projeto. Eu lhe falei do político.

c) A cidade era muito aborrecida. Ele vivera ali.

d) A seca se prolongava. A seca castigava a região.

e) O projeto de lei não foi aprovado em plenário. O autor do projeto tinha sido aclamado.

4. Leia este título e a linha fina.

> **Polícia fecha desmanche cujo dono é funcionário da prefeitura da Capital**
> *Smov só se manifestará sobre o caso ao ser comunicada oficialmente pela polícia*
>
> Disponível em: <http://zh.clicrbs.com.br/rs/noticia/2007/12/policia-fecha-desmanche-cujo-dono-e-funcionario-da-prefeitura-da-capital-1707105.html>. Acesso em: 04 mar. 2016.

a) Que pronome relativo aparece nesse fragmento de notícia e a qual termo ele se refere?

b) Como ficaria esse período se você o separasse em duas orações?

c) Por meio do pronome relativo, que relação se estabelece entre ele e seu antecessor?

d) Como ficaria o período se você trocasse o termo **dono** por **donas**?

5. Levando em conta o uso dos pronomes relativos e das preposições, responda: quais dos enunciados a seguir não estão de acordo com a norma-padrão? Reescreva-os.

I. Os alunos que conversei estão dispostos a participar do evento.

II. O carro que as portas estavam amassadas foi desmanchado.

III. Encontrava sempre algum colega que não gostava.

IV. A funcionária a quem entreguei os documentos está afastada.

6. Leia esta pergunta de um internauta.

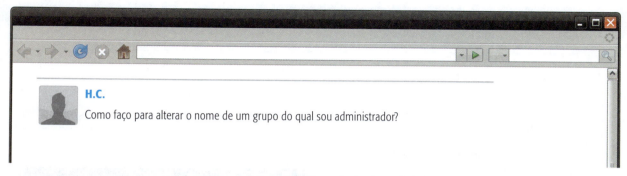

Disponível em: <https://www.facebook.com/help/312721188838183>. Acesso em: 04 mar. 2016.

a) Que pronome relativo aparece nesse período?
___

b) A que palavra ele se refere?
___

c) Explique por que foi empregado o pronome relativo acompanhado da preposição **de** (**de** + **o**). Lembre-se: se separássemos o período em duas orações, teríamos: Como faço para alterar o nome de um grupo? Sou administrador do grupo.
___
___
___

Relembre.

> As orações subordinadas adjetivas são introduzidas por **pronomes relativos**. Elas podem ser classificadas em:
> • **oração subordinada adjetiva restritiva:** limita ou restringe o significado do antecedente do pronome relativo; não é isolada no período por vírgulas.
> • **oração subordinada adjetiva explicativa:** acrescenta uma informação ou explicação acessória ao termo antecedente, não sendo indispensável ao sentido da frase; ela aparece entre vírgulas no período.

7. Leia este fragmento de matéria publicada em um *site*.

> "Todo mundo sabe que ele era uma pessoa com quem eu queria casar e ter filhos. Mas quando eu estava chegando aos 50 anos, a vida me deu uma pessoa com quem não quero só viver, eu quero morrer com ele", desabafou ela.
>
> Disponível em: <http://migre.me/sMdNd>. Acesso em: 04 mar. 2016.

a) Localize no fragmento uma oração adjetiva e classifique-a.
___

47

b) Por que não foi necessário colocar uma vírgula antes do pronome?
___
___

8. Leia o fragmento abaixo.

Qual é a maior ilha do mundo?

É a Groenlândia. Ela tem 2 175 600 quilômetros quadrados. E a Austrália? Com seus 7 682 300 quilômetros quadrados, ela tem uma área três vezes maior que a Groenlândia, porém a maior parte dos geógrafos não a considera uma ilha. [...] Ligada à Dinamarca, a Groenlândia não é uma nação independente. Por isso, entre os países que têm seu território totalmente situado em uma ou mais ilhas, o maior do mundo é a Indonésia, com 1 904 569 quilômetros quadrados.

Disponível em: <http://mundoestranho.abril.com.br/materia/qual-e-a-maior-ilha-do-mundo>. Acesso em: 04 mar. 2016.

a) Localize uma oração subordinada adjetiva e classifique-a.
___
___

b) Qual palavra o pronome relativo retoma?
___

c) Se você retirasse a oração adjetiva do período, o que aconteceria quanto ao sentido da frase?
___
___

9. Qual a diferença de sentido entre as orações a seguir?
   I. Os jogadores da seleção, de quem se esperava mais empenho, foram vaiados.
   ___
   ___
   II. Os jogadores da seleção de quem se esperava mais empenho foram vaiados.
   ___
   ___

48

Para lembrar

- Preencha as lacunas de modo a completar os conceitos trabalhados.

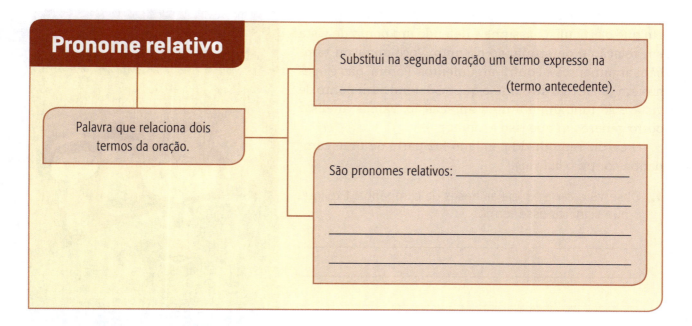

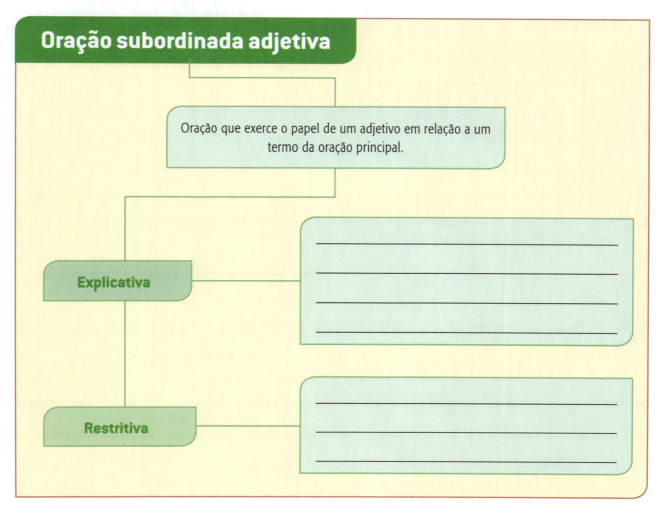

Outro olhar

Nesta unidade, falamos de artigo de opinião, gênero em que o articulista assume e defende um ponto de vista em relação a determinado assunto. Você analisou também argumentos e contra-argumentos. Porém, não é apenas em um artigo de opinião que se defende um ponto de vista e se fundamenta uma apreciação. Vamos analisar outro gênero em que isso acontece.

O cartaz reproduzido ao lado faz parte de uma campanha contra o *bullying*.

Disponível em: <https://vigilantesdobullying.wordpress.com/2010/11/25/cartaz-diga-nao-ao bullying/>. Acesso em: 04 mar: 2016.

1. Observe o cartaz e leia as frases da campanha. Explique o que significa esse termo.

_____
_____
_____

2. A quem o cartaz é dirigido? Cite um argumento que fundamente sua resposta.

_____
_____
_____

3. Qual é o objetivo do cartaz?

_____
_____

4. O cartaz tem uma parte verbal e uma não verbal. Como as ilustrações contribuem para expressar o objetivo que se pretende alcançar?

_____
_____

5. Como pode ser interpretada a presença de uma sombra tão grande do corpo do agressor no desenho?

_____

6. Analise a expressão da menina e dos meninos representados no cartaz. Como você as descreveria?

_____
_____
_____

Leitura do mundo

Na Leitura 1 desta unidade, lemos um artigo de opinião que tinha como tema o papel da mulher na sociedade assim como as relações entre homem e mulher. Vamos falar agora de como esse tema é tratado em algumas canções da MPB.

Um *site* da internet (http://www.brasilpost.com.br) escolheu doze exemplos de canções que reproduzem discursos machistas. Conheça fragmentos de três das músicas selecionadas.

I. "Esse cara sou eu", canção de Roberto Carlos, bastante conhecida e veiculada como tema de novela.

"O cara que pega você pelo braço / Esbarra em quem for que interrompa seus passos / Está do seu lado pro que der e vier / O herói esperado por toda mulher"

II. "Ciúme", da banda Ultraje a rigor, considerada pelo *site* um "dos clássicos da contradição".

"Eu quero levar uma vida moderninha / Deixar minha menininha sair sozinha / Não ser machista e não bancar o possessivo / Ser mais seguro e não ser tão impulsivo"

III. "Ai, que saudades da Amélia", composta por Mario Lago e Ataulfo Alves, canção em que o eu poético recorda uma antiga companheira.

"Às vezes passava fome ao meu lado / E achava bonito não ter o que comer /(...) Amélia não tinha a menor vaidade / Amélia que era mulher de verdade"

1. Que traços de uma concepção machista se revelam em cada um desses fragmentos?

2. Escolha um dos aspectos que mencionou na resposta anterior e redija um pequeno comentário sobre a visão depreciativa e desrespeitosa do papel da mulher na sociedade que alguns ainda possuem.

_____
_____
_____
_____
_____

3. Várias mulheres têm se destacado na luta pela igualdade e por justiça social. A presidente da Libéria, Ellen Johnson Sirleaf, apresentada na ficha a seguir, é um exemplo. Para que você possa conhecer outras mulheres, faça uma pesquisa sobre mulheres da atualidade que têm desempenhado importante papel na sociedade. Complete as outras fichas com as informações que obtiver.

Ellen Johnson Sirleaf recebeu o Prêmio Nobel da Paz em 2011, em reconhecimento pelo esforço de acabar com os conflitos armados em seu país. Foi proclamada presidente da Libéria em 2006, a primeira daquele país e também do continente Africano. Um marco para a construção da igualdade entre homens e mulheres.

52

UNIDADE 6 — Luz, câmera, ação

Reveja a jornada

Você conheceu o que são orações subordinadas reduzidas. Retome o conceito e realize as atividades a seguir.

> A oração subordinada que não é introduzida por conjunção, nem por pronome relativo e que tem o verbo no **infinitivo**, **gerúndio** ou **particípio** é chamada de **oração subordinada reduzida**.

1. Leia a tirinha e responda ao que se pede.

Flavio F. Soares. "A vida com Logan".
Disponível em: <www.avidacomlogan.com.br/imagens/2010-07-15-tira%20069.jpg>.
Acesso em: 04 mar. 2016.

a) Identifique a oração subordinada reduzida ligada ao verbo **nascer**.
_____
_____

b) O verbo **nascer** encontra-se em qual forma? A partir disso, classifique a oração subordinada ligada a ele.
_____
_____

c) É possível transformar a oração subordinada reduzida em uma oração subordinada desenvolvida. Como ela ficaria?
_____

53

2. Leia as orações subordinadas reduzidas destacadas e indique a resposta correta sobre a função que elas exercem no período composto.

> I. Moradores de Olímpia reclamam de água suja **saindo de torneiras**
>
> Disponível em: <http://g1.globo.com/sao-paulo/sao-jose-do-rio-preto-aracatuba/noticia/2014/05/moradores-de-olimpia-reclamam-de-agua-suja-saindo-de-torneiras.html>. Acesso em: 04 mar. 2016.

> II. Viagem de dia para Paris **partindo de Bruxelas**
>
> Disponível em: <http://br.rendezvousenfrance.com/pt-br/informacoes/viagem-dia-para-paris-partindo-bruxelas>. Acesso em: 04 mar. 2016.

> III. Josi Santos chora **ao terminar** prova do esqui aéreo e homenageia Lais Souza
>
> Disponível em: <http://www.correiodopovo.com.br/Esportes/?Noticia=518592>. Acesso em: 04 mar. 2016.

a) As orações I, II e III exercem a função de adjetivo.
b) As orações I e III exercem a função de advérbio.
c) A oração II exerce a função de substantivo.
d) A oração III exerce a função de advérbio.
e) As orações I e III exercem a função de adjetivo.

3. Leia a sinopse de um capítulo da novela *Meu pedacinho de chão*. A seguir, assinale a afirmação que apresenta uma oração subordinada adverbial temporal reduzida.

> Em Meu Pedacinho de Chão, Pituquinha (Geytsa Garcia) sente muita falta de Serelepe (Tomás Sampaio). Inconformada, ela vai atrás do menino para reclamar de sua ausência.
>
> "Antes a gente se via mais, a gente ficava mais junto, não é como agora!", diz.
>
> "Agora eu tenho coisa pra ler, que você mesma me arrumou, não é verdade?", rebate. "Teu irmão não tem mais livros que nem esse?", pede. Pituca fica brava e responde: "Tem, mas eu não te dou!".
>
> Logo depois, ela dá o dedinho para ele e eles oficializam o fim da amizade. Ela pega o livro de volta e deixa Lepe profundamente chateado. Chegando em casa, ela chora e conta para mãe o que aconteceu.
>
> Disponível em: <http://diversao.terra.com.br/tv/novelas/meu-pedacinho-de-chao/meu-pedacinho-de-chao-pituca-e-lepe-rompem-a-amizade,8d998850e6256410VgnVCM3000009af154d0RCRD.html>. Acesso em: 04 mar. 2016.

a) "Antes a gente se via mais [...]"
b) "Agora eu tenho coisa pra ler [...]"
c) "Chegando em casa [...]"
d) "Logo depois, ela dá o dedinho para ele [...]
e) "[...] ela vai atrás do menino para reclamar de sua ausência."

4. Leia este texto e observe as orações adverbiais reduzidas destacadas.

A ciência imita Harry Potter

Chá de sumiço

O sonho de uma capa invisível, como a que Harry usa para ir a Hogsmeade em *O prisioneiro de Azkaban*, ainda não se realizou. Mas está cada vez mais perto. Em 2009, a Universidade Duke (EUA) criou um dispositivo com um material **parecido com fibra de vidro**, capaz de manipular a curvatura da luz. Funcionou com micro-ondas, mas ainda não é possível **tornar objetos invisíveis para nós, humanos**. O mais perto que se chegou disso foi uma simulação **elaborada por um grupo de pesquisadores japoneses**.

1. Uma câmera capta tudo que fica atrás do usuário. Essa cena de fundo é transferida para um computador, que realiza cálculos de perspectivas para ajustar a imagem e fazê-la parecer mais real (e proporcional) quando for projetada na capa.
2. As informações do computador vão para um projetor, que faz a transmissão da imagem para um espelho especial por uma abertura do tamanho de um furo de alfinete. Assim, a imagem é jogada para a capa. Mas, para que o efeito funcione, o observador precisa ver a capa através do espelho.
3. A capa é quase como uma tela de cinema, opaca, feita com um material retrorrefletivo. Milhares de minúsculas esferas (com 50 micrômetros de diâmetro) atuam como um prisma, **rebatendo raios de luz para a direção** de onde vieram.

Revista *Mundo Estranho*, São Paulo, Abril, nov. 2010.

Cena do filme *Harry Potter e as relíquias da morte 2*, de 2011.

Classifique as orações em:

1. oração reduzida substantiva;
2. oração reduzida adjetiva;
3. oração reduzida adverbial.

a) (   ) "[...] criou um dispositivo com um material **parecido com fibra de vidro** [...]."

b) (   ) "[...] ainda não é possível **tornar objetos invisíveis para nós, humanos**."

c) (   ) "O mais perto que se chegou disso foi uma simulação **elaborada por um grupo de pesquisadores japoneses**."

d) (   ) "Milhares de minúsculas esferas (com 50 micrômetros de diâmetro) atuam como um prisma, **rebatendo raios de luz para a direção** de onde vieram."

Para lembrar

- Preencha, a seguir, as definições que faltam no quadro conceitual sobre orações subordinadas reduzidas.

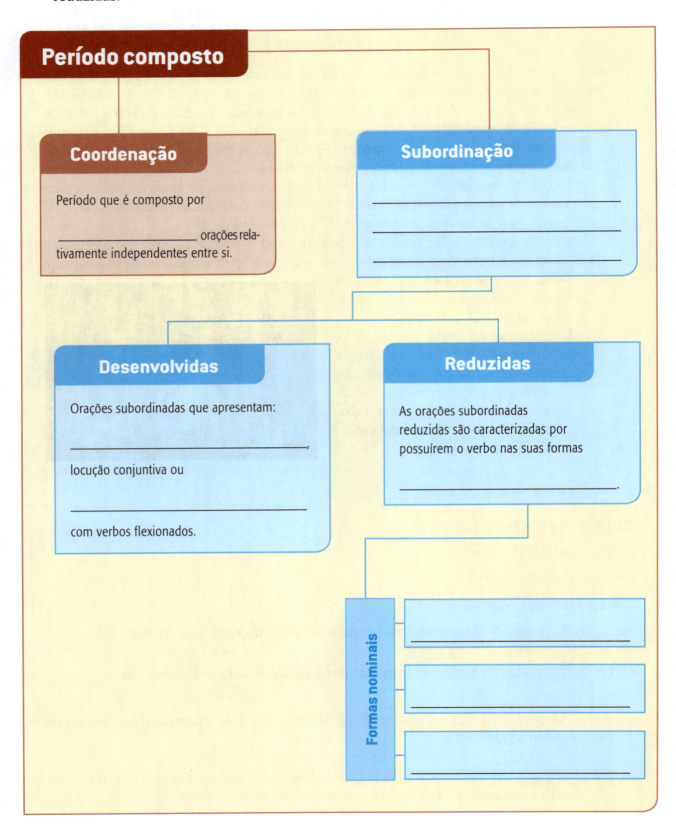

Outro olhar

Ao ler a seção *Como o texto se organiza*, nesta unidade, você aprendeu que um roteiro é construído para orientar, instruir e guiar os profissionais que trabalham na produção de um filme. Além do roteiro de cinema, outros gêneros textuais são usados para orientar os profissionais que transformam as ideias em filmes, vídeos e animações. Um deles é o *storyboard* que usa desenhos ou fotografias para informar aos diretores de fotografia, câmeras, técnicos de iluminação como será a cena imaginada pelo diretor.

Veja um exemplo a seguir e responda às atividades propostas.

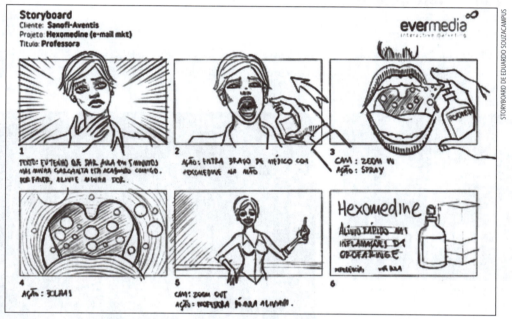

Disponível em: <http://portaldoprofessor.mec.gov.br/storage/discovirtual/galerias/imagem/0000001339/0000015884.jpg>. Acesso em: 04 mar. 2016.

1. As imagens do *storyboard* são apresentadas em uma sequência. Por quê?
___
___
___

2. Além da ilustração, o *storyboard* apresenta quais outros elementos?
___
___

3. Qual a importância desses elementos na composição do *storyboard*?
___
___
___
___

Leitura do mundo

O cinema é uma das artes que nasceu do avanço da tecnologia no setor de ciência da óptica. Com o surgimento das tecnologias digitais, novas técnicas cinematográficas desafiam o limite da imaginação de criadores de animação, cineastas, atores e, também, do público.

Leia o texto a seguir e conheça um aplicativo que permite a construção de *storyboards* digitalmente.

STORYBOARD COMPOSER

O StoryBoard Composer é um aplicativo para iPad em que é possível visualizar *storyboards* e protótipos de histórias. Esse aplicativo é mais utilizado por profissionais da área cinematográfica, mas é possível aproveitá-lo para realizar trabalhos comuns.

[...]

Aplicativo para composição de *storyboards*.

Tela de funcionalidades do aplicativo.

Universia Brasil. Disponível em: <http://noticias.universia.com.br/atualidade/noticia/2014/03/07/1086437/18-ferramentas-digitais-fazer-um-bom-storytelling.html>. Acesso em: 07 mar. 2016.

1. Com os avanços da tecnologia digital, surgiram inúmeros aplicativos (ferramentas). Um deles é o Storyboard Composer que você acabou de conhecer. Faça uma pesquisa na internet para conhecer outros aplicativos que auxiliam no ato de escrever. Você irá ficar impressionado com a quantidade de aplicativos para esse fim. Anote-os abaixo e compartilhe depois com seus colegas de classe.

_____
_____
_____
_____
_____
_____

2. Agora, leia o trecho do roteiro do filme *Os 12 trabalhos*, de Cláudio Yosida, e componha a partir dele um *storyboard*.

Os 12 trabalhos

Herácles sobe na moto e o primo lhe passa um capacete.

JONAS
Usa isso aqui, senão os homens te enchem o saco.

Herácles pega o capacete e olha para o primo.

JONAS
Tá feliz cara?!! Não te preocupa não que o trampo é moleza, é só não vacilar.

HERÁCLES
Eu num vou vacilar não, Jonas, pode deixar. Você não precisava contar pra todo mundo que eu tava na Febem.

JONAS
Desculpa cara, mas eu tinha que contar pro seu Cláudio e pra Roseli, mas aqui é tudo uma cambada de fofoqueiro. Num esquenta não.

Herácles fica quieto um instante. Ele põe o capacete, liga a moto e solta o apoio.

HERÁCLES
Obrigado pela chance, Jonas.
Herácles arranca com a moto.

EXTERNA – DIA – RUAS DE SÃO PAULO
Herácles andando de moto pela cidade. Ele sai de Pinheiros e chega no centro da cidade, onde existem vários prédios mais antigos.

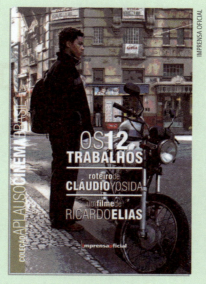

EXTERNA – DIA – FRENTE À PROMOTORIA
Herácles para sua moto no local próprio para motos.
Com muito cuidado, ele a estaciona sem deixar encostar nas outras motos. Percebe uma sujeira próxima do tanque. Olha em sua volta e pega um jornal que está no chão. Com cuidado limpa a sujeira e joga o jornal no lixo. No jornal, pode-se ver um grande número 1.
Herácles entra na Promotoria do Estado.

INTERNA – DIA – SAGUÃO DE ENTRADA PROMOTORIA
Herácles se informa com um senhor que está saindo que lhe aponta uma das salas.

INTERNA – DIA – SALA 1 DA PROMOTORIA
A sala é enorme com várias mesas dispostas e FUNCIONÁRIOS que fazem seus trabalhos mecanicamente. Herácles se aproxima de uma das mesas, que fica mais à frente na sala, e fala com uma MULHER.

HERÁCLES
Com licença? A senhora é a Dona Márcia?

MULHER
(Continua trabalhando) Pois não?

HERÁCLES
Eu vim entregar isso.

YOSIDA, Cláudio. *Os 12 trabalhos*. Disponível em: <http://aplauso.imprensaoficial.com.br/edicoes/12.0.813.444/12.0.813.444.pdf>.
Acesso em: 07 mar. 2016.

Siga estas orientações.
- Divida as cenas do roteiro no mesmo número de quadrinhos do *storyboard*; isso se chama **decupagem**.
- Fique atento ao transpor as rubricas para o *storyboard*: não transponha por escrito o que deve aparecer desenhado.
- O *lettering* aparece junto dos desenhos, mas as falas ficam abaixo dos quadrinhos.

Storyboard

Autor: _____ Título: _____

UNIDADE 7 — O terror e o humor

Reveja a jornada

Nesta unidade, você estudou casos de concordância nominal. Reveja os conceitos antes de realizar as atividades a seguir.

> Adjetivos e locuções adjetivas, artigos, pronomes e numerais concordam em gênero e número com o substantivo a que se referem. A esse fenômeno gramatical damos o nome de **concordância nominal**.

1. Leia este *outdoor*.

Disponível em: <http://www.cesan.com.br/e107_files/downloads/outdoor_2.jpg>. Acesso em: 07 mar. 2016.

a) Com qual ou quais substantivos o adjetivo **limpos** concorda?

_____

b) Por que **limpos** está no masculino plural?

_____

2. Leia este trecho de um conto.

> Tirou a maquiagem um pouco pesada que usava em torno dos olhos enquanto contabilizava três e meio convites recebidos ultimamente para trabalhar, contando com um deles pela metade porque achava que era cantada disfarçada [...].
>
> ÂNGELO, Ivan. "Vai dar tudo certo". In:_____. *O ladrão de sonhos e outras histórias*. São Paulo: Ática, 1994.

61

a) O que se entende por "maquiagem um pouco pesada"?
_____

b) Qual destas palavras ou expressões poderia substituir **um pouco** na expressão **um pouco pesada**?

> muito pouca – pouca – um tanto – apenas – bastante

_____

c) Em "contabilizava três e meio convites", a palavra **meio** foi usada como adjetivo, advérbio ou numeral?
_____

3. Leia estes trechos de um conto e compare o uso das palavras destacadas.

> A opinião dela é que Camilo devia tornar à casa deles, tatear o marido, e pode ser até que lhe ouvisse a confidência de algum negócio particular. Camilo divergia; aparecer depois de **tantos** meses era confirmar a suspeita ou denúncia.
> [...]
> No fim de cinco minutos, reparou que ao lado, à esquerda, ao pé do tílburi, ficava a casa da cartomante, a quem Rita consultara uma vez, e nunca ele desejou **tanto** crer na lição das cartas.
>
> ASSIS, Machado de. "A cartomante". In: *Obra completa*. 4 v. Rio de Janeiro: Nova Aguilar, 1994.

a) No primeiro trecho, a palavra **tantos** concorda com qual substantivo?
_____

b) Ela foi empregada como adjetivo ou como advérbio? Como você chegou a essa conclusão?
_____
_____

c) No segundo trecho, a palavra **tanto** tem a mesma função da palavra **tantos** no primeiro trecho? Explique.
_____

4. Com base no que aprendeu, preencha corretamente os trechos a seguir.

I. É terminantemente _____ entrada de pessoas alcoolizadas neste ambiente de trabalho.

II. Liberdade é _____, respeito também.

III. _____ nos comprovantes de pagamento deste mês estão as cópias dos documentos requeridos para o cadastramento no programa de demissão voluntária.

5. Leia o texto deste grafite.

DENNE, Eduardo. Disponível em: <http://streetartrio.com.br/artista/eduardo-denne/compartilhado-por-denne72-em-sep-04-2013-2344/>. Acesso em: 07 mar. 2016.

a) A expressão **é pouco** indica:

| medida | peso | quantidade | valor |

b) Em que pessoa se usa o verbo **ser** em expressões como "é pouco", "é muito", "é suficiente"?

_____

6. Observe as palavras e expressões destacadas. Em qual das notícias ocorre o mesmo caso de concordância visto na atividade anterior?

a)
Caminhões de coleta passam e não recolhem todo o lixo no DF
Moradores reclamam que a coleta três vezes por semana não é suficiente.

Disponível em: <http://g1.globo.com/distrito-federal/videos/v/caminhoes-de-coleta-passam-e-nao-recolhem-todo-o-lixo-no-df/4767758/>. Acesso em: 07 mar. 2016.

b)
Confira um pouco sobre os personagens da saga Star Wars

Disponível em: <http://www.correiobraziliense.com.br/app/galeria-de-fotos/2015/12/09/interna_galeriafotos,5760/9-12-confira-um-pouco-sobre-os-personagens-da-saga-star-wars.shtml>. Acesso em: 07 mar. 2016.

c)

Chuva leve no Cariri é suficiente para gerar transtornos

Disponível em: <http://g1.globo.com/ceara/cetv-1dicao/videos/v/chuva-leve-no-cariri-e-suficiente-para-gerar-transtornos/4727719/>. Acesso em: 07 mar. 2016.

d)

Todo cuidado é pouco: confira dicas para evitar clonagem de cartões

Disponível em: http://www.correiobraziliense.com.br/app/noticia/economia/2015/05/10/internas_economia,482624/todo-cuidado-e-pouco-confira-dicas-para-evitar-clonagem-de-cartoes.shtml>. Acesso em: 07 mar. 2016.

7. Leia estes fragmentos e observe as palavras destacadas.

10 animais com camuflagens impressionantes

Louva-a-deus

Por serem **parecidos** com o ambiente onde vive, as cores e formato do louva-a-deus o tornam uma presa difícil de ver.

Euthalia aconthea

Essa espécie de lagarta indiana desaparece nas folhagens. Os pequenos espinhos que cobre o seu corpo são **confundidas** com as nervuras das folhas.

Revista *Superinteressante*. Disponível em: <http://super.abril.com.br/10-animais-com-camuflagens-impressionantes#6>. Acesso em: 07 mar. 2016.

a) Na primeira frase, com qual ou quais substantivos o adjetivo **parecidos** concorda?

b) No segundo fragmento, temos um desvio da norma-padrão de concordância nominal e uma forma verbal que não concorda com o sujeito a que se refere. Localize-os e explique por que há problemas nesse trecho.

_____

_____

⚠ Para lembrar

- Preencha, a seguir, as definições que faltam no quadro conceitual sobre a concordância nominal.

Concordância nominal

- É a relação que se estabelece entre um substantivo e os adjetivos, locuções adjetivas, artigos, pronomes e numerais.

- Em geral, o substantivo e os outros elementos concordam em _____.

- O adjetivo posposto que se refere a dois substantivos de gêneros diferentes geralmente fica no _____.

- Em expressões fixas como é proibido, é obrigatório, é necessário, o adjetivo não varia, permanecendo no _____.

- Palavras como meio, pouco, barato, caro, muito, tanto concordam com o substantivo a que se referem quando têm valor de adjetivo. Quando têm valor de advérbio, são _____.

65

Outro olhar

Trabalhamos na Leitura 1 desta unidade com um conto de terror, narrativa que procura envolver o leitor em uma atmosfera de irrealidade e fantasia, tensão e suspense, provocando estranhamento e medo.

O medo é uma das emoções mais primitivas do ser humano, principalmente o medo do desconhecido, ao qual ele reage com ansiedade, angústia e pavor. A arte explora esses sentimentos em quase todas as suas manifestações: na pintura, na literatura, na escultura, no cinema, na música etc. O tema é explorado em diferentes gêneros com sequência narrativa, especialmente em romances, contos, filmes, HQs. Existem obras literárias que se tornaram muito famosas, como *Frankenstein*, *Drácula*, *O Médico e o Monstro* e outros arrepiantes sucessos.

Leia este artigo que fala de HQs.

Com a vantagem da trilha sonora e a direção para ditar o ritmo e a ambientação que criam o clima que envolve o telespectador, o cinema sempre teve a preferência do fã do gênero terror. A literatura segue em segundo lugar, dependendo muito do autor e sua experiência em ditar o ritmo da leitura e a imaginação do leitor para criar a atmosfera necessária para assustar. Desta forma, quadrinhos realmente assustadores são muito difíceis de criar. Afinal, falta a trilha sonora e o ritmo do cinema, e as imagens já criadas deixam a imaginação de fora.

Mas isso não quer dizer que os quadrinhos não podem assustar ou perturbar a mente daqueles que se aventuram por este gênero tão prolífico.

[Um deles é *Hellboy*.] Criado, escrito e ilustrado por **Mike Mignola**, esta história de horror gótico misturado com super-heróis possui uma atmosfera envolvente [...] e personagens muito bem construídos. As histórias do **Hellboy** foram adaptadas para o cinema em dois filmes dirigidos por **Guillermo del Toro** onde o personagem principal da série, um demônio bebê evocado por nazistas que foi criado por um cientista americano e acaba se tornando um super-herói, foi interpretado por **Ron Pearlman** da série **Sons of Anarchy**. Também foram produzidas duas animações, lançadas diretamente em DVD, dubladas pelo elenco dos filmes. No Brasil, **Hellboy** é publicado pela **Mythos** regularmente em edições especiais encadernadas.

Por que é assustador? Mignola é um fanático pelo tema do ocultismo e recheia suas histórias com folclore e fatos históricos que dão à revista um ar todo especial, que ecoa em nossas memórias, como se o que estamos lendo tivesse realmente acontecido. Além disso, sua arte, toda em alto contraste com jogos de luz e sombras, consegue criar uma atmosfera realmente sombria.

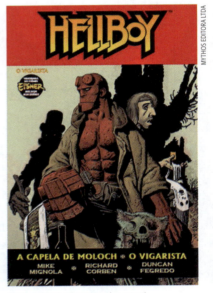

Hellboy (Dark Horse Comics, 1993)

Disponível em: <http://bocadoinferno.com.br/artigos/2015/03/as-13-melhores-historias-em-quadrinhos-de-horror-de-todos-os-tempos/>. Acesso em: 07 mar. 2016.

Responda às questões.

1. O autor afirma que as HQs perdem para a literatura e o cinema na criação do terror. Quais são os argumentos que apresenta para fundamentar essa opinião?

_____
_____
_____
_____

2. Você concorda com o autor quanto à importância da imaginação do leitor na construção de uma atmosfera de terror? Explique.

_____
_____
_____
_____

3. As histórias de terror exploram cenários lúgubres, personagens com características sobrenaturais – vampiros, lobisomens, monstros, mortos-vivos etc. – e eventos sinistros ocorridos em noites escuras e tenebrosas, em castelos, ruínas e cemitérios. Que elementos desses chamam mais a sua atenção em filmes, animações, livros e HQs de terror?

_____
_____
_____
_____

4. Você tem o hábito de assistir a filmes, animações, ou ler livros e HQs de terror? Cite exemplos que você conhece.

_____
_____
_____

5. Na sua opinião por que histórias de terror agradam tanto ao público? Escreva um comentário.

_____
_____
_____
_____
_____
_____

Leitura do mundo

Na *Leitura 2* desta unidade, você analisou um conto de humor e as estratégias linguísticas e semânticas empregadas pelo autor para provocar o riso.

Toda forma de humor está relacionada à sociedade e à cultura de determinado grupo social. A compreensão do humor e os meios de expressá-lo são influenciados pela história e vivências do grupo.

A paródia é um dos instrumentos na criação do humor, pois envolve a releitura cômica de alguma obra, que geralmente é semelhante à obra original, mas envolve diferentes sentidos. Sua compreensão depende necessariamente de um conhecimento prévio do leitor.

Uma das telas mais famosas do mundo – se não a mais famosa – datada de 1503, a *Mona Lisa*, também conhecida como "A Gioconda", de autoria de Leonardo da Vinci, tem sido uma obra intensamente parodiada. Existem inúmeras referências e releituras dela no campo da pintura, da publicidade, do cinema, da música, da arte popular em grafites etc. Observe a tela original, que retrata uma mulher da cidade de Florença, Itália, no séc. XVI. Seu rosto, porte e vestuário representam o padrão de beleza da época.

Leonardo Da Vinci, *Mona Lisa*. (1503-1506) Óleo sobre madeira (77 X 56 cm), Museu do Louvre, Paris, França.

Conheça agora algumas releituras dessa tela dentre as dezenas existentes ao redor do mundo.

68

1. Você reconhece os personagens e elementos presentes em cada uma dessas paródias da tela de Leonardo da Vinci?

2. Compare as telas. Nas três paródias, qual ou quais elementos da tela original foram mantidos?

3. Marque as afirmativas com as quais você concorda. O humor, criado pelo recurso à paródia, nessas releituras, deve-se principalmente à:

    ( ) imitação da tela original.

    ( ) subversão da tela original.

    ( ) complementação da ideia original.

    ( ) quebra de expectativa.

    ( ) presença de elementos não convencionais.

4. É comum humoristas parodiarem músicas, geralmente com intenção de provocar o riso a respeito de um fato cotidiano ou de fatos político-econômicos; no entanto, as paródias nem sempre têm essa finalidade humorística. Leia o trecho inicial de uma matéria jornalística.

> ### II Concurso de Paródias de Matemática
>
> Aconteceu quarta-feira (22), no Campus Santa Cruz, a final do II Concurso de Paródias de Matemática, evento organizado pelos professores da disciplina [...] com o objetivo de utilizar a música para explicar as teorias matemáticas estudadas em sala de aula. [...]
>
> O primeiro lugar ficou com os alunos do segundo período, com a música *Passeio*, que tinha como tema o sistema métrico decimal, da original *Aquarela* (Toquinho e Vinícius de Moraes). [...]
>
> Disponível em: <http://portal.ifrn.edu.br/antigos/santacruz/noticias/ii-concurso-de-parodias-de-matematica>. Acesso em: 07 mar. 2016.

a) Compare os versos iniciais da letra original da música e os da paródia e procure semelhanças no ritmo e nas palavras usadas.

(O texto original.)

Aquarela

Numa folha qualquer eu desenho um sol amarelo.
E com cinco ou seis retas é fácil fazer um castelo.

Corro o lápis em torno da mão e me dou uma luva,
E se faço chover, com dois riscos tenho um guarda-chuva.
[...]

Aquarela. Toquinho - Vinicius de Moraes - M. Fabrizio - G. Morra © Dubas Musica © Tonga/BMG Music Publishing Bras © Parking Musicali © Sugarmusic Edizioni Musicali.

(O texto parodiado.)

Paródia

Numa boca qualquer eu percebo um dentinho amarelo
E com cinco ou seis cáries é fácil saber o mistério
Chocolates e doces na mão, a escova no armário.
E se sinto doer, vou correndo chamar Dr. Mário.
[...]

Disponível em: http://rafaelapedagogia.blogspot.com.br/2014/05/parodiaaquarela.html. Acesso em: abr. 2016.

b) Escolha uma música de sua preferência e que você conheça bem. Crie uma paródia para ela, que pode ser com intenção humorística ou com outra que você preferir e registre-a abaixo.

UNIDADE 8

Penso, logo contesto

Reveja a jornada

Nesta unidade, você estudou alguns casos de concordância verbal. Trabalhou também a acentuação de alguns verbos que costumam causar dúvidas. Então retome o primeiro conceito antes de realizar as próximas atividades.

> O verbo concorda em número e pessoa com o sujeito a que se refere. A esse fenômeno gramatical damos o nome de **concordância verbal**.

1. Observe a transcrição da fala espontânea de dois jovens de formação universitária em um grande centro urbano. Note que a forma de realizar esse registro é muito diferente da forma do registro de um texto escrito.

```
1   então joga esgoto em rios... et ceteras... que isso ainda
    eu considero grandes poluições né?... não tem controle
    aqui.... então na hora que São Paulo ficar pior ainda...
    porque (quando) eu vou para a ci/para o centro...
5   se eu vou de moto eu choro... sai lágrimas ((tossiu))...
    então inicialmente eu pensava bom é que estou andando
    sem óculos... tal... então sai água... aí eu reparei que
    quando eu vou para :: estrada vou para o interior de
    moto... eu pego mais vento e não rola nada então eu
10  chego à conclusão que não é o vento que... que faz
    sair lágrimas e:: é a poluição arde o olho...
```

Depoimento343. Projeto NURC/SP, Núcleo USP.

a) Você leu um fragmento referente a um dos locutores. Se você fosse reescrever o trecho compreendido entre as linhas 1 e 5 obedecendo às convenções da escrita e utilizando a norma-padrão, como o faria?

_____
_____
_____
_____
_____

b) Qual o trecho da transcrição que apresenta erro de concordância?

2. Em uma das frases de para-choques, abaixo, há um erro de concordância. Diga qual é e reescreva a frase de acordo com a norma-padrão da língua.

I. **Preguiça é o ato de descansar antes de estar cansado.**

II. **Quem tudo quer... tudo pede.**

III. **Não me siga! Estou perdido.**

IV. **Cautela e caldo de cana não faz mal a ninguém... exceto à galinha.**

3. Leia este fragmento de um *post* de um blogue de Portugal.

> Bem mais alegres são as recordações dos regressos do engenheiro de minas a casa. "Ele trazia sempre fruta fresca. A minha mãe e a minha tia distribuíam depois essa fruta pelos amigos da rua. Toda a gente ficava abismada com essas ofertas, porque a fruta era um bem muito escasso durante guerra e a maior parte das pessoas não tinham qualquer acesso a esse luxo".
>
> Disponível em: <http://aterrememportugal.blogspot.com.br/2011/06/ivan-sharp-o-homem-do-volframio.html>. Acesso em: 7 mar. 2016.

a) Identifique nesse trecho o sujeito formado por expressão partitiva mais substantivo no plural.

b) Verifique com qual elemento desse sujeito o verbo concorda (com a expressão partitiva no singular ou com o substantivo no plural).

72

c) Como foi feita a concordância entre sujeito e verbo, nesse caso?

d) De que outra forma, também aceita pela norma-padrão, poderia ser feita a concordância do verbo com esse sujeito?

4. Observe o efeito de sentido produzido pela escolha de uma dessas duas formas, singular ou plural, e depois complete a explicação abaixo.

> Conjugar o verbo no _____ dá ênfase à noção de conjunto, de grupo (foco na expressão "a maior parte"). Se conjugarmos o verbo no _____, enfatizaremos aqueles que formam o grupo.

5. Leia este fragmento de um artigo publicado em um *site* de jornal *on-line*.

> Shakespeare, **um dos poucos homens que fizeram jus ao título de gênio**, dizia, numa das suas peças admiráveis: "A consciência é a voz da alma, e fala mais de mil línguas."
>
> Disponível em: <www.parana-online.com.br/canal/opiniao/news/176323/>. Acesso em: 7 mar. 2016.

• Releia o trecho destacado. O verbo está corretamente flexionado? Por quê?

6. Leia o fragmento abaixo.

> Sentamos o mais perto possível da pista de dança para poder ver melhor. A senhorita Marta pediu duas tortas e dois chocolates. Ela está com os olhos brilhando. Dançou todas as danças. Muda frequentemente de par. **Fui eu quem tomou os dois chocolates e comeu as duas tortas**. Estava com muita fome e com muita sede.
>
> Marie Redonnet. *Rosa Amélia Rosa*: tradução de Angela Maria Ramalho Vianna. Rio de Janeiro: Ed. 34, 1995. Disponível em: <http://migre.me/sOIs9>. Acesso em: 7 mar. 2016.

a) Observe o uso do pronome demonstrativo **quem**. Em que pessoa é flexionado o verbo que concorda com esse pronome?

b) A concordância está correta? Explique.

73

7. Os verbos **fazer** e **haver**, quando indicam tempo decorrido, são **impessoais**. Complete estas frases, utilizando adequadamente os verbos entre parênteses.

   a) _____ mais de quinhentos anos que os portugueses chegaram ao Brasil. (fazer)

   b) A bibliotecária reclamou, pois _____ duas semanas que o livro estava emprestado à menina. (haver)

   c) Meu cachorrinho está doente _____ três dias. (fazer)

   d) A internet existe _____ mais de quatro décadas. (haver)

8. Leia este fragmento de um conto de Edgar Allan Poe.

> **Eram nove horas da manhã**. Ora, às nove horas da manhã, durante toda a semana, exceto ao domingo, as ruas da cidade estão, é verdade, cheias de gente.
>
> Edgar Allan Poe. *Contos de Edgar Allan Poe*. Disponível em: <http://migre.me/sPqpL>. Acesso em: 7 mar. 2016.

   a) A forma verbal **eram**, na primeira oração, concorda com o predicativo do sujeito da oração. Qual é ele?
   _____

   b) Nesse caso, o verbo **ser** foi usado de forma pessoal ou impessoal?
   _____

9. Nesta unidade, você utilizou verbos que causam dúvidas quanto ao emprego da acentuação. Um deles é o verbo **ter**. Observe esta tirinha em que ele foi empregado.

Laerte. Disponível em: <www2.uol.com.br/laerte/tiras/index-hugo.html>. Acesso em: 7 mar. 2016.

   a) Releia a segunda fala do primeiro balão. O verbo **ter** foi corretamente acentuado? Por quê?
   _____

   b) Como ficaria essa mesma frase se a personagem se referisse a um computador em particular?
   _____

10. Reescreva cada frase completando-a adequadamente com o verbo entre parênteses, no presente do indicativo.

   a) Nenhum desses internautas _____ (vir) a manifestações.

   b) Esses arquivos _____ (conter) todos os meus trabalhos.

   c) Os deputados não _____ (ver) o que acontece a sua volta.

Para lembrar

- Preencha as lacunas de modo a completar as explicações dadas.

Concordância verbal

É a relação estabelecida entre _____ a que se refere.

Em geral, o verbo concorda com o sujeito em _____ e _____.

Sujeito composto posposto
O verbo pode concordar com o núcleo do sujeito que estiver mais próximo ou ir para o plural.

Substantivo coletivo
Quando o núcleo do sujeito é um **substantivo coletivo** no singular, o verbo fica _____.

Pessoas gramaticais diferentes
O verbo fica _____. Se for formado apenas pela segunda e terceira pessoas, o verbo ficará na segunda pessoa do plural.

Com sujeito formado por **expressão partitiva** seguida de substantivo ou pronome no plural, o verbo _____.

Expressões como **um dos que** e **um daqueles que** seguidas de palavra no plural deixam o verbo geralmente _____.

O pronome **quem**, em geral, leva o verbo para _____.

Outro olhar

Nesta unidade, você pode discutir um pouco sobre a importância da água para os seres humanos, sobre o problema da escassez desse bem tão precioso, sobre a necessidade de consumo consciente por parte dos cidadãos, sobre os efeitos em larga escala que a destruição do meio ambiente produz. Agora amplie esse conhecimento focando um fenômeno que também se relaciona aos temas estudados.

Fenômeno dos rios voadores

Os rios voadores são "cursos de água atmosféricos", formados por massas de ar carregadas de vapor de água, muitas vezes acompanhados por nuvens, e são propelidos pelos ventos. Essas correntes de ar invisíveis passam em cima das nossas cabeças carregando umidade da Bacia Amazônica para o Centro-Oeste, Sudeste e Sul do Brasil.

Trecho da Floresta Amazônica.

Essa umidade, nas condições meteorológicas propícias como uma frente fria vinda do sul, por exemplo, se transforma em chuva. É essa ação de transporte de enormes quantidades de vapor de água pelas correntes aéreas que recebe o nome de rios voadores – um termo que descreve perfeitamente, mas em termos poéticos, um fenômeno real que tem um impacto significante em nossas vidas. [...]

Por incrível que pareça, a quantidade de vapor de água evaporada pelas árvores da floresta amazônica pode ter a mesma ordem de grandeza, ou mais, que a vazão do rio Amazonas (200.000 m³/s), tudo isso graças aos serviços prestados pela floresta.

Estudos promovidos pelo INPA já mostraram que uma árvore com copa de 10 metros de diâmetro é capaz de bombear para a atmosfera mais de 300 litros de água, em forma de vapor, em um único dia – ou seja, mais que o dobro da água que um brasileiro usa diariamente! Uma árvore maior, com copa de 20 metros de diâmetro, por exemplo, pode evapotranspirar bem mais de 1.000 litros por dia. Estima-se que haja 600 bilhões de árvores na Amazônia: imagine então quanta água a floresta toda está bombeando a cada 24 horas!

Disponível em: <http://riosvoadores.com.br/o-projeto/fenomeno-dos-rios-voadores/>.
Acesso em: 7 mar. 2016.

1. Analise cada afirmação colocando (F) se considerar falsa ou (V) se considerar verdadeira.

( ) Rios voadores são cursos de água atmosféricos invisíveis que transportam umidade e vapor de água da bacia Amazônica.

( ) Rios voadores são uma simples imagem poética que procura expressar o respeito que os habitantes da floresta têm por seus rios.

( ) São os ventos que impulsionam os rios voadores, permitindo que a umidade seja transportada acima de nossas cabeças.

( ) As massas de ar que vêm da Amazônia trazem umidade para outras regiões do Brasil.

( ) Essa umidade, nas condições meteorológicas propícias, transforma-se em chuva.

2. O volume de vapor de água lançado na atmosfera pelas árvores da floresta amazônica é significativo? Responda utilizando informações do próprio texto lido.

_____

_____

3. Analise o infográfico abaixo.

77

a) Ele amplia, repete ou contraria as informações dadas pelo texto?

b) Cite informações que o infográfico retoma.

c) Você encontrou informações novas no infográfico? Se encontrou, dê um exemplo.

4. Qual a importância dos elementos não verbais do infográfico?

5. A partir da sua leitura escreva o significado dos elementos visuais a seguir.

6. Considerando o que viu sobre o fenômeno dos rios voadores, como a destruição de árvores da Floresta Amazônica tem impacto direto em nossas vidas no cotidiano?

Leitura do mundo

Nesta unidade, falamos sobre sustentabilidade e ações que o ser humano precisa tomar para preservar sua casa, o planeta Terra. Leia a notícia abaixo, que trata desse assunto.

Segundo Stephen Hawking, humanidade pode não sobreviver aos próximos mil anos na Terra

Um dos físicos e cosmologistas mais conhecidos do mundo, Stephen Hawking recentemente deu uma palestra em que, além de lembrar "o maior erro de sua carreira", ressaltou a importância da busca por outros planetas habitáveis. "Nós temos de continuar indo ao espaço pela humanidade", disse. "Não vamos sobreviver por mais mil anos sem escapar do nosso frágil planeta".

A palestra foi dada no Centro Médico Cedars-Sinai, em Los Angeles (EUA), pioneiro na busca de tratamentos com células-tronco para doenças degenerativas – entre elas a de Lou Gehrig, com a qual Hawking foi diagnosticado há 50 anos e que o fez perder quase toda sua habilidade motora.

O "maior erro" ao qual se referiu foi a ideia de que nada é capaz de escapar de um buraco negro. Embora nem a própria luz esteja a salvo desse fenômeno, existe, sim, algo que escapa: radiação Hawking – cuja descoberta é um dos grandes orgulhos do cientista.

Já o reforço quanto à importância da exploração espacial faz referência ao corte de US$ 300 milhões (quase R$ 600 milhões) feito esse ano no orçamento de ciência espacial da NASA – projeto de grande importância na busca por planetas que possam ser "colonizados".

Disponível em: <http://hypescience.com/segundo-stephen-hawking-humanidade-pode-nao-sobreviver-aos-proximos-mil-anos-na-terra/>. Acesso em: 7 mar. 2016.

1. De que trata o texto?

2. Por que o físico faz uma recomendação tão surpreendente?

3. No contexto de suas respostas anteriores, comente a informação dada no último parágrafo do texto.

79

4. Leia agora este trecho de uma resenha de um filme no qual o tema da existência fora da Terra é tratado de modo ficcional.

> ### Elysium, EUA, 2013
>
> Em um futuro não muito distante, a Terra está doente. Enquanto a população vive em condições precárias, um seleto grupo de terráqueos habita um oásis, espécie de Abu-Dhabi, só que flutuante. Nessa estação espacial (título da produção) em órbita do planeta, a segurança e os serviços são feitos por robôs sob o comando do homem. Lá, a morte está controlada, o poder da cura é uma realidade, mas a luta pelo poder ainda é uma doença. É quando o interesse por salvação de Max, trabalhador infectado por radiação e com cinco dias de vida pela frente, converge com um golpe de estado planejado por uma ambiciosa secretária de defesa. Mas eles estão em lados opostos e os planos de ambos poderão sofrer uma drástica mudança. (...)
>
> [O ator brasileiro] Wagner Moura faz um expert em tecnologia e sabe como fazer Max chegar até o seu objetivo, porque vive como um explorador da esperança dos cidadãos, que almejam dias melhores lá nas alturas. Uma espécie de coiote do futuro. Qualquer semelhança com os famigerados movimentos migratórios em busca de melhores condições de vida em outros países não terá sido mera coincidência.
>
> Roberto Cunha. Disponível em: <www.adorocinema.com/filmes/filme-182991/criticas-adorocinema/>. Acesso em: 7 mar. 2016.

a) Cite uma semelhança e uma diferença entre a notícia lida na seção anterior e a sinopse do filme.

_____
_____
_____
_____

5. Lendo as seis primeiras linhas do texto e o último período do último parágrafo, o que é possível concluir sobre as condições de vida na Terra e a vida na estação espacial?

_____
_____
_____

6. Considerando a sua resposta anterior e a recomendação de Hawking, reflita: Mesmo que seja em um futuro bem remoto, se houver possibilidade de o homem colonizar outros planetas, você acha que será possível:
   a) Levar todos os seres humanos para lá? Se não, quem iria?
   b) Construir uma sociedade mais justa nesse novo espaço de convivência?
   Redija, no caderno, um parágrafo expressando sua opinião sobre essas questões e apresentando pelo menos um bom argumento para sustentá-la.